JN418504

비용추정론

강성진 저

도서출판 두남

불법복사는 지적재산을 훔치는 범죄행위입니다
저작권법 제97조의 5(권리의 침해죄)에 따라 위반자는 5년 이하의 징역
또는 5천만원 이하의 벌금에 처하거나 이를 부과할 수 있습니다.

머리말

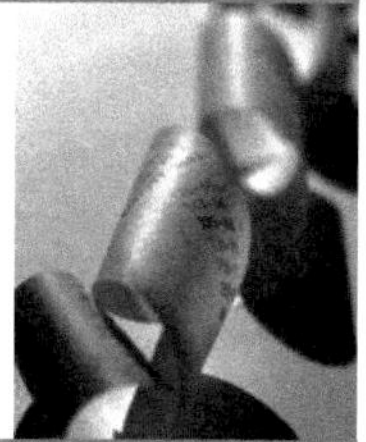

과학기술의 발달과 정보화 사회 진입은 군의 무기체계에서도 첨단화 및 고도의 정밀성을 요구하고 있다. 이를 충족시키는 무기체계의 비용은 갈수록 고가화 되고 있는 상황에서 획득 예산은 한정되어 있어 경제적이며 효율적인 체계 획득이 매우 중요한 시점에 와 있다.

우리 군도 2000년대에 들어서면서 무기체계 획득과정에서 투명성과 효율성 강화를 위해 획득 단계별로 비용분석을 제도화 시켰으며 이와 관련된 조직과 인원을 보강한바 있다. 즉 사업 초기 단계부터 비용분석결과가 첨부되어야만 의사결정이 이루어지고 기획재정부에서도 사업분석 결과나 비용분석 결과를 근거로 예산 반영이 되고 있다.

짧은 기간에 비용분석의 중요성은 충분히 인식되었으며, 그 동안 다양한 사업에 대해 전문비용분석과 비용분석서 작성 및 검증을 통해 비용분석 방법론이 확산되어 가고 있으며, 선진국에서 사용중인 비용분석 전산모델(PRICE)의 활용도 광범위하게 확산되어 가고 있는 실정이다.

본 저자는 국방대학교에서 주간 석·박사과정 및 야간 석사과정, 직무연수부 비용분석 단과과정 등에 비용추정과 관련된 방법론을 강의하면서 기본적인 개념들을 정리해서 단행본으로 발간하고자 한다.

아직까지 비용추정 및 분석에 관한 국내 인프라가 부족한 실정이고, 이 분야에 대한 연구도 초보단계라고 할 수 있지만 장차 많은 인원이 교육받고 제도적으로 비용분석이 정착된다면 경제적이며 효율적인 무기체계 획득에 크게 기여할 것으로 판단된다. 2009년부터 한국형 비용분석 전산모델 개발을 위한 사전연구가 시작되면서 개념연구, 체계개발이 이루어지면 비용추정 및 분석 분야는 더욱 발전하는 계기가 될 것이다.

본서에서는 비용분석의 중요성이나 방법론, 기초이론 등을 정리하였으며 실제 적용을 위해 비용관리 방법론과 EVMS와 연계한 적용방안도 제시하려고 했다.

끝으로 본서가 출판되기까지 여러 가지로 협조해 주신 두남출판사 여러분께 진심으로 감사드린다.

2010년 국방대학교 교수 연구실에서

강 성 진

차 례

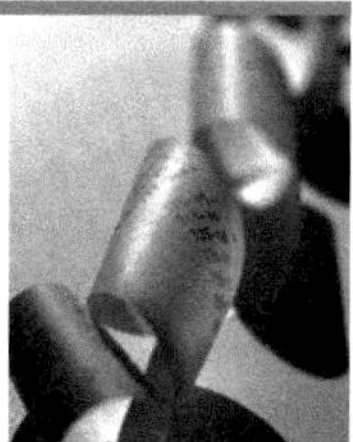

●●● 제1장 비용추정개요 ●●●

●●● 제2장 비용추정 방법론 ●●●

••• 제3장 Hardware 비용추정 •••

••• 제4장 Software 비용추정 •••

●●● 제5장 효율적인 비용관리 방법론 ●●●

●●● 제6장 비용관리 측면에서 EVMS 적용방안 ●●●

제1장 비용추정 개요

1. 비용추정 기본이론

가. 비용추정은 왜 필요한가?

국방부와 방위사업청에서는 무기체계 획득과정에서 투명성과 효율성을 높이기 위해 획득단계별로 비용분석을 제도화 시키고 이와 관련된 조직과 인력을 보강시켰다. 비용추정은 이제 국방부이 무기체계 획득과정에서 사업추진여부를 결정하고 결정된 사업을 관리하는데 중요한 수단이 되어가고 있다. 의사결정 단계마다 비용분석 결과를 토대로 진행하기 때문에 기획, 계획, 예산편성, 집행의 전 단계에서 비용분석은 중요한 역할을 하고 있다.

그럼에도 불구하고 아직까지 비용추정/분석에 관한 연구보고서나 방법론들은 실제 적용을 하기에는 부족하고, 충분한 연구가 이루어지지 못했다. 이러한 어려움들은 주로 다음과 같은 결함들에 그 원인이 있다고 볼 수 있다.

(1) 비용추정을 위해 근거자료로 사용된 과거 경험 자료가 부적합하거나 대표성이 결여되어 신뢰성이 떨어지는 경우
(2) 이미 알려진 비용에 대해 충분한 검증절차를 거치지 않은 경우
(3) 비용과 관련된 인플레이션 등 각종 기준 및 지수들이 불명확한 경우

획득과정에서 비용추정이 의사결정에 영향을 미치기 위해서는 위에서

제기된 결함들이 충분히 검증되어야 할 것이다. 최근 미국방성회계국(GAO : Government Accountability Office, 2009)에서는 비용추정 방법론에 대한 보고서를 내면서 비용추정이 효과적으로 이루어지기 위해서는 다음과 같은 조건들을 갖추어야 한다고 제시하고 있다.

첫째, 비용추정결과 보고서는 분명한 목적과 연구범위가 제시되어야 한다.

둘째, 비용추정치 산출시 신뢰성과 전문성을 얻기 위해 분야별 전문가가 참석해야 한다.

셋째, 비용추정에 사용된 자료는 타당성을 검증할 수 있어야 한다.

넷째, 추정결과에는 불확실성에 대한 처리방안과 인플레이션과 같은 각종 지수 효과가 충분히 고려되어야 한다.

마지막으로 비용추정 결과는 제3의 기관에 의한 객관적인 검증이 필요하다고 했다.

이처럼 무기체계 획득사업에 대한 비용추정은 의사결정에 결정적인 영향을 미치기 때문에 그만큼 신중하면서도 객관적이며 전문성을 요구한다고 볼 수 있다. 따라서 신뢰성 있는 비용분석은 계획된 획득사업의 승인을 위해 대단히 중요하며 승인된 이후 지속적으로 사업을 추진할 때 적정 예산을 획득하기 위해서도 중요하다.

건전한 비용추정치를 산출하기 위해서는 고도의 비용전문가 뿐만 아니라, 신뢰성 있는 비용자료가 필수적이다. 아직까지 한국적 여건에서는 비용 추정 및 분석에 필요한 전문 인력이나 조직, 방법론, 환경, 제도 등 여러 가지 측면에서 미흡한 수준이며, 현재는 비용분석의 필요성을 인식하고 있으나 초보단계에서 시작하는 수준이다.

따라서 본 교재에서는 비용추정 및 비용분석에 관련된 제반 이론과 적용방법을 제시하고자 한다.

나. 비용추정이란?

(1) 비용추정의 정의, 목적, 범위

"비용추정"은 어떤 시스템이나 계획, 주어진 임무에 소요되는 미래 비용을 예측하기 위해 과거 경험 자료를 수집하여 분석하고 정량적인 모델이나, 기법, 수단, 데이터베이스를 적용하는 과정으로 정의하고 있다.

기본적으로 비용추정은 미래에 진행될 사업을 완료하는데 필요한 비용을 현재 가용한 자료와 방법으로 예측해 나가는 과정이다.

"비용추정의 목적"은 획득예정인 사업이나 관련된 체계에 대한 기능적인 소요를 예산소요로 전환시키는데 있다. 비용추정을 통해서 하나의 시스템이나 계획의 현실적인 수행가능 여부를 확인할 수 있다.

이와 같은 비용추정 결과는 계획 중인 시스템이나 사업을 지원하고 실행하는 구체적인 계획을 수립하는 기준이 된다. 따라서 비용추정은 다음과 같은 두 가지 목적을 가지고 있다.

첫째, 의사결정자 또는 관리자가 여러 가지 대안에 대한 평가와 선택을 할 수 있도록 도와주며,

둘째, 사업추진이 결정된 이후에는 효과적으로 사업을 추진하는데 필요한 예산을 확보하고 할당하는데 도움을 준다.

"비용추정의 범위"는 통상 비용추정을 요구하는 고객의 필요에 달려있다. 하지만 대부분의 경우 개발비, 획득비, 운영유지비가 포함된 수명주기비용(Life Cycle Costs)이 포함된다. 그러나 비용추정의 특성에 따라 범위가 제한되기도 한다.

(2) 비용추정 결과의 적용

비용추정 결과는 다양한 분야에서 활용될 수 있다. 이제는 비용추정이 하나의 사업관리 수단으로서 의사결정자에게 획득단계마다 중요한 의사결정의 핵심요소로서 활용되고 있다. 비용추정은 추정치를 얻는 그 자체의 목적에 그치지 않고 전체 시스템의 기술, 시간, 계획을 분석하는 전체 체계분석(Total System Analysis)의 일부분이기도 하다. 비용추정 결과는 의사결정, 의사결정지원, 사업관리 등의 다음과 같은 다양한 분야에서 유용하게 활용할 수 있다.

첫째, 비용추정은 분석대상 사업의 가능성과 자원소요 등에 필요한 의사결정을 지원해줄 뿐만 아니라 예산소요의 타당성을 제시하고 확보하는

데 활용된다.

둘째, 비용추정결과는 신기술 도입이나 신규장비 획득, 새로운 정비개념 도입을 평가하는데 쓰이기도 한다.

셋째, 여러 가지 대안들 중에 가장 우수한 대안을 선정하려고 할 때 비용추정 결과가 결정적인 판단 기준이 되기도 한다.

넷째, 새로운 사업 추진시 제안서를 작성하거나 계약 및 협상시에도 비용추정 결과가 활용된다.

다섯째, 분석대상 체계의 임무수행 능력을 변화시킴으로서 발생하는 비용변화를 정량화함으로서 비용과 성능간의 절충효과(Trade-Off)를 분석하거나 중요 변수에 대한 민감도 분석을 하는데도 비용추정 결과가 활용된다.

(3) 비용추정과 관련 학문체계

비용추정은 다양한 학문체계와 관련되어 있다. 따라서 비용 추정 및 분석 전문가는 수학이나 통계, 확률, 경제학, 회계학, OR, 전산, 경영과학,

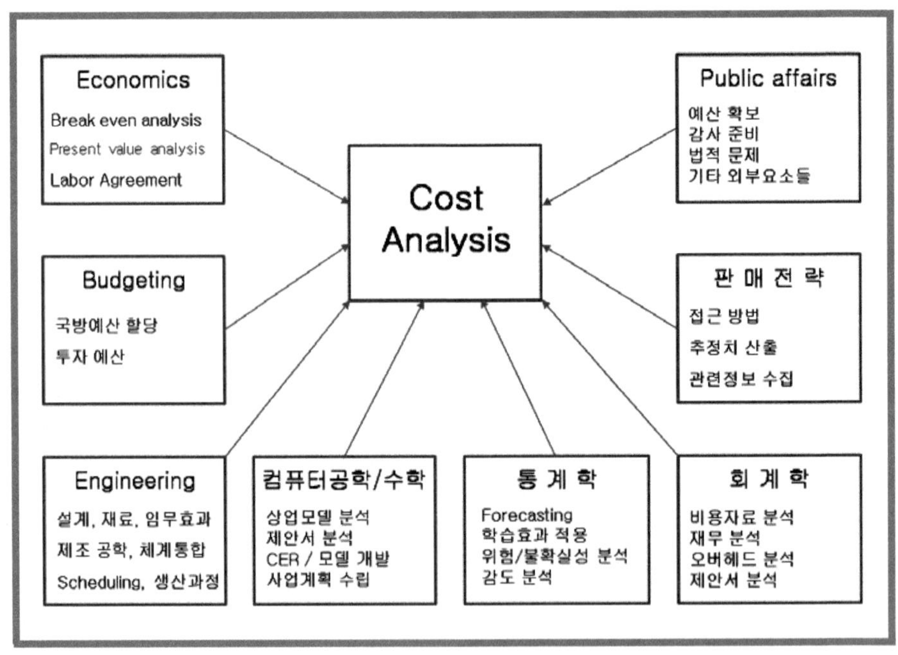

〈그림 1-1〉 비용분석과 관련된 학문 분야들

산업공학 등과 같은 분야에 대한 학제 간 이해가 요구되고 있으며, 때로는 기계공학, 체계공학, 물리학분야에 대한 이해도 필요하다. 비용추정 팀을 구성할 때는 분석대상 사업이나 체계의 특성을 고려하여 다양한 분야의 전문가들이 참여할 수 있도록 해야 한다.

다. 비용추정 및 분석 개관

비용추정(Cost estimating)과 비용분석(Cost analysis)은 가끔 동일한 의미로 사용되기도 하지만 실제 비용추정은 비용분석의 한 부분으로 볼 수 있다.

비용분석은 분석대상 사업을 체계적으로 분석해서 소요되는 자원을 산출해 내는 활동을 의미한다. 비용분석은 다음의 세 가지 활동을 포함한다.

첫째, 분석적인 접근방법과 기법을 통해 비용추정치를 산출하고 분석하여 문서화하는 노력을 의미한다.

둘째, 하나의 대안을 선택하기 위한 종합적인 단계로서 과거, 현재, 미래에 요구되는 총 소요자원이나 증가 소요를 추정하고 분석하는 절차이다.

셋째, 획득단계별 중요 의사결정과정에서 자원소요를 평가하는 수단이다.

비용추정은 과거 역사자료를 수집하여 정량적인 모델이나 기법, 데이터베이스에 적용하여 해당사업에 소요되는 비용을 예측하는 것이다. 즉, 비용추정은 과거 경험 자료를 활용해서 미래에 생산하거나 개발하려고 하는 새로운 체계의 비용을 예측하는 것이다.

가용한 자원은 항상 제한되어 있기 때문에 어떤 사업이든지 의사결정이 이루어지기 전에 노동이나 자본, 장비와 같은 일정 규모의 자원이 사전에 판단되어야 하고 그 규모가 합리적이며 적정한 수준이라는 것도 증명되어야 한다. 특히 국방부의 PPBEES제도 하에서는 사업추진 단계별로 소요되는 예산추정치가 반드시 포함되어야 한다. 또한 정부의 전체 예산운영 차원에서 주요 대형획득사업이 계획대로 추진되기 위해서는 획득단계별로 제시된 비용추정치가 타당성과 신뢰성을 동시에 제공해야 한다.

(1) 비용추정의 이득

궁극적으로 비용추정의 결과는 예산으로 반영될 수 밖에 없다. 그러므로 비용추정치는 예산편성 과정에서 정정소요에 대한 타당성을 제공하게 된다.

2006년 방위사업청이 신설되면서 사업추진 단계별로 비용분석활동이 강화되었다. 사업별로 통합사업관리팀(IPT)이 구성되고 사업이 진행되면서 비용분석 활동을 체계적으로 실시하여 비용추정결과를 중기계획이나 예산편성에 반영하여 예산사용의 투명성과 효율성을 높이고 있다.

방산업체에서도 사업을 시작하기 전에 정확한 비용추정을 통해 정당한 이윤이 보장된 추정치를 정부에 제시하여 사업추진의 타당성과 신뢰성을 인정받을 수 있도록 해야 한다.

비용추정은 이미 개발되어 있는 방법론과 Tool을 사용함으로서 추정치에 대한 검증이 용이하며, 누구나 동일한 방법으로 추정결과를 추적할 수 있어 신뢰성을 얻을 수 있다. 또한 비용추정을 통해 사업추진 간에 발생할 수 있는 비용증가 요인을 사전에 식별할 수 있고, 사업기간 변경에 따른 비용변화 요인도 예측할 수 있어 효과적인 사업관리에도 크게 기여할 수 있다.

비용추정 과정에서 민감도 분석을 통해 비용절감 요인을 식별할 수 있으며, 기술적인 위험이나 개발기간의 불확실성을 반영하는 비용변화를 미리 예측할 수 있다.

이러한 비용추정결과는 서로 다른 대안에 대한 비용/편익분석의 기초자료로 활용될 수 있으며, CAIV / DTC / Target Costing[1] 같은 개념과 연계하여 비용변화 요인을 판단하는데 적극적으로 사용될 수 있다.

---

1) CAIV는 Cost As an Independent Variable로서 비용을 독립변수로 하는 개념으로 상세 설명은 추후 기술. DTC는 Design To Cost의 약자로 CAIV이전에 설계중심 비용을 강조하던 개념.

(2) 비용추정치의 특성 및 제한사항

비용추정치가 의사결정과정에 효과적으로 사용되기 위해서는 다음의 여섯 가지 특성이 구비되어야 한다.

첫째, 정확성(Accuracy)이다. 비용추정에 사용된 비용추정 관계식(CER)은 과거의 비용자료를 가지고 미래를 예측할 수 있도록 회귀분석을 실시한 결과이다. 이때 사용된 자료는 기술적 수준이나 인플레이션 등이 충분히 반영된 표준화된 자료이어야 하며, 대표성이 없는 자료는 반드시 제거되어야 한다.

둘째, 포괄성(Comprehensiveness)이다. 비용추정에 사용된 WBS는 추진대상체계를 표현할 때 누락되거나 중복되지 않아야 하며, WBS 구성요소별로 비용추정과정이나 절차가 명시되어야 한다.

셋째, 비용추정결과는 반복성(Repeatability)과 감사(Auditability)가 가능해야 한다. 추정결과는 반드시 문서화되어 추정에 사용된 CER이나 추정결과에 대해 검증이 가능해야 한다. 제 3자가 비용추정절차를 따라 수행시 동일한 결과를 얻을 수 있어야 한다.

넷째, 추적가능성(Traceability)이다. 비용추정에 사용된 자료는 원천 자료로부터 확인이 가능하고, WBS와 관련된 자료도 해당기관으로부터 타당성을 인정받고 구성요소별로 확인 가능해야 한다.

다섯째, 신뢰성(Credibility)으로서 비용추정에 가장 중요한 요소이다. 이 요소는 위에서 언급한 요소들이 종합되어 나타나는 결과라고 볼 수 있다.

마지막으로 비용추정치는 적시성(Timeliness)을 갖추어야 한다. 중요한 의사결정을 지원하기 위해 비용추정 결과가 요구되는데 그 시점까지 최종 결과가 나오지 않으면 비용추정의 의미가 퇴색되기 때문이다.

비용추정 과정에는 여러 가지 제한사항들이 존재한다. 비용분석가들은 분석대상 체계에 대한 기술적 특성과 자료에 관련된 충분한 이해가 부족한 상태에서 비용추정을 하게 되는 경우가 많다. 비용추정에 사용되는 과거 자료를 해석하는 과정에서 분석가마다 주관적인 요소가 반영될 수 있다. 미래에 대한 여러 가지 형태의 불확실한 요소를 동시에 고려하여 하나의 추정치를 산출하다 보면 추정치 자체에 많은 오차가 발생할 수 있다는 점을 인식해야 한다.

그러므로 비용추정 과정에는 항상 정확한 자료만이 사용될 수 없으며, 때로는 불확실하거나 부족한 자료를 가지고 분석가의 건전한 판단에 의해 결정되기도 한다. 비용분석가는 여러 개의 대안 가운데 가장 타당하다고 생각하는 한 개의 대안을 선택하여 최종 결과로 제시한다. 때로는 정책적인 효과까지도 예측해야한다. 궁극적으로 비용분석가는 가용한 자료를 이용해서 가장 적합한 방법으로 이상적인 추정치를 산출하기 위해 최선을 다해야 한다.

(3) 비용추정 고려사항

비용추정치는 입력자료가 제공되는 수준 이상의 좋은 결과를 얻을 수 없다. 또한 비용추정과정에서는 정치적인 의미나 예상되는 행동은 수치화하여 반영할 수 없다. 그러므로 비용추정치 자체만 가지고 최종 의사결정이 될 수가 없으며, 건전한 판단과 관리 및 통제 기능을 대신할 수 없다는데 한계가 있다.

비용추정과정에서 고려할 사항들은 다음과 같은 요소들이 있다.

첫째, 비용추정결과는 중요한 의사결정을 하는데 도움을 줄 수 있다는 것이다. 때로는 여러 가지 대안들 간의 차이를 정량화 하기가 어려울 수도 있으며 비용변수가 아닌 경우에는 절충효과를 얻을 수 없는 경우도 있다.

둘째, 비용추정결과의 적시성(Timeliness) 문제이다. 추정치의 질은 시간과 비례적인 관계가 있을 수 있다. 때로는 추정에 필요한 과거 비용자료 획득이 신속하게 이루어지지 않는 경우 요구되는 시간에 맞추기 위해서는 추정치의 질이 저하될 수도 있다. 하지만 의사결정에 필요한 시간을 놓치면 비용추정결과는 쓸모없게 된다.

셋째, 비용추정결과의 질(Quality)은 우수한 자료에 달려있다. 물론 원천자료는 여러 단계를 거쳐 보정 과정이 필요하다. 비용추정 결과에 대한 문서화가 되어 있지 않으면 질을 보장 받을 수 없다.

넷째, 비용추정과정에서 관련 기관 간의 협조(Coordination)가 매우 중요하다. 비용 추정은 과거 비용 및 기술 자료와의 전쟁이라고 할 수 있다. 이러한 자료는 합참, 각 군, ADD, 업체, 연구기관 등 다양한 기관이 보유하고 있어서 자료 획득을 위해서는 긴밀한 협조가 필수적이다.

다섯째, 비용추정치는 일관성을 유지해야 한다. 모든 비용자료는 시간대별로 일관성을 유지하고, 추정치는 반드시 동일한 가정과 내용으로 산정되어야 한다. 자료 획득과정에서 비용요소나 WBS가 차이가 있으면 먼저 일치시켜야 한다.

여섯째, 비용자료의 접근성과 보안문제이다. 업체가 보유한 자료나 비밀로 분류된 자료의 활용을 위해서는 반드시 필요한 보안조치가 필요하다.

(4) 비용추정치의 형태

비용추정치는 수요자의 요구에 따라 여러 가지 형태로 사용되고 있다.

(가) 예산 추정치(Budget Estimate)

대부분의 경우 획득사업 추진과정에서 비용추정 결과는 예산편성의 근거자료로 활용될 목적으로 연구된다. 사업추진의 타당성과 예산획득의 근거자료와 현실적인 실현가능성, 일정계획 등을 판단하는데 비용추정치가 활용된다.

(나) 수명주기 비용추정(LCCE : Life Cycle Cost Estimate)

LCCE는 하나의 체계가 개발되어서 생산, 운영유지, 폐기단계까지 소요되는 비용의 추정을 의미한다. LCCE는 가능한 한 초기단계에 식별하는 것이 바람직하다. 사업이 시작되기전 제안서를 작성할 때 이미 수명주기 비용을 추정하기도 한다. 통상 LCCE는 획득초기 단계에는 다양한 대안에 대한 의사결정을 지원하기 위해 활용되고 사업진행단계에서는 단계별, 분야별 예산확보를 위한 근거로서 활용된다.

(다) ROM & EA

ROM(Rough-Order-Magnitude) 추정치는 초기단계 사업에 대한 정보가 아주 부족한 상태에서 개발된 추정치를 의미한다. 어떤 사업이나 계획이 시작되지 않은 상태에서 과거의 경험이나 핵심 요소를 이용해서 개략적인 비용을 추정하는 과정을 의미한다. ROM은 여러 개 대안 중에서 하나를 선택해야 하거나 사업의 추진가능성 판단에 활용되기도 하며, 때로는 "Quick Look" 추정치라고 불리기도 한다. 아주 기본적인 비용자료만 입력시켜서 개략적인 비용 규모만 판단하는 단계를 말한다.

EA(Economic Analysis)는 경제성 분석을 의미하며, 여러 개 대안들에 대한 비용과 편익분석을 통해 의사결정을 지원한다.

(라) AOA & ABC

AOA(Analysis Of Alternatives)는 가용한 대안 분석을 의미하며, 수요자의 요구를 충족시키면서 비용 대 효과를 분석하여 최적대안을 산출하는 방법을 의미한다.

AOA는 의사결정자에게 고려중인 대안들의 장단점을 분석하여 제시함으로서 의사결정에 직접 활용할 수 있도록 하는데 목적이 있다. EA가 경제적 효과 측면에 중점을 둔 분석이라고 한다면, AOA는 비용과 운영효과 측면의 평가에 중점을 둔 분석이라고 볼 수 있다.

ABC(Activity Based Costing)는 모든 비용을 활동에 중점을 두고 산정하는 회계적인 접근 방법을 의미한다. 이 방법은 종전에 Overhead로 취급되던 비용들을 포함하여 모든 자원들을 정확하게 생산제품이나 서비스에 할당하게 된다.

라. 비용추정 절차

비용추정과정은 과거 비용을 근거로 미래의 비용을 예측하는 복잡한 과정을 거치게 되므로 체계적인 접근과정이 필요하다. 지금까지 비용추정과정은 문제 정의, WBS 구축, 자료 수집, 자료 분석, CER 모형 구축, 불확실성 분석 등과 같이 6단계로 이루어져 왔으나, 최근에는 보다 세분화하여 12단계로 식별하여 적용하고 있다<그림 1-2>.

그림에서처럼 비용추정은 크게 4단계로 구분하여 초기단계는 무엇을 비용추정하며 왜 비용추정이 필요한가를 식별하고, 두 번째 평가단계에서는 비용추정의 구체적인 계획을 수립하고 접근방법을 결정하며, 비용자료를 수집하여 비용추정치를 찾아내는 과정이다.

세 번째 단계는 분석단계로서 산정된 비용추정치의 타당성을 검증하기 위해 감도분석을 실시하고 비용추정 결과치를 사용할 때 예상되는 위험요소나 불확실성에 대비한 분석을 실시한 후 최종 보고서를 작성하는 단계이다.

네 번째 단계는 보고단계로서 실제 비용추정 결과를 활용하게 될 부서에 연구결과를 보고하여 승인을 득하며, 필요시에는 앞의 단계로 돌아가서 수정 보완하는 단계이다.

각 단계별로 이루어지는 세부 활동은 <도표 1-1>에서 제시한 바와 같다.[2)]

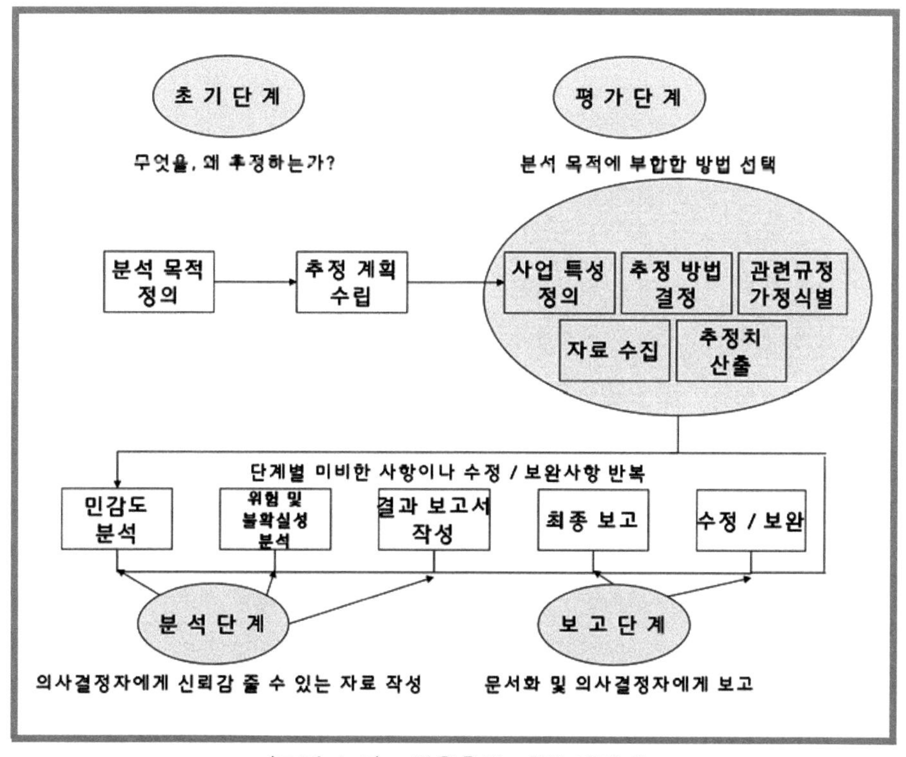

〈그림 1-2〉 비용추정 과정 12단계

2) GAO(미정부 회계국)에서는 2009년 7월 비용평가 지침(Cost Assessment Guide)을 작성하여 사업관리에 활용하도록 권장하고 있다.

도표에서 제시한 비용추정 12단계는 신뢰성 있는 비용추정치를 개발하여 관리자가 의사결정과정에 직·간접으로 활용하는데 매우 중요한 과정들이다. 모든 비용추정 과정에서 항상 위에서 제시한 전 단계를 적용할 필요는 없다. 상황에 따라 어떤 단계는 더 중요하게 취급되고 어떤 단계는 다른 것과 통합될 수도 있을 것이다.

〈도표 1-1〉 비용추정과정 단계별 활동사항들

단 계		관 련 임 무
1	비용추정 정의/목적	• 비용추정의 용도 식별 • 비용추정요구의 세밀화 정도 • 비용추정 결과의 활용자 • 비용추정의 범위 식별
2	비용추정 계획수립	• 비용추정 일정 수립 • 비용추정 개략적인 접근방법 식별 • 책임자 및 연구원별 임무 식별 • 연구팀별 연구주제 및 일정 식별
3	사 업 의 특성정의	• 사업의 목적 • 배치 및 유지계획 • 체계와 임무수행의 특성 • 기술적인 특성과 체계의 형상 • 체계의 획득계획과 다른 체계와의 관계, 유사성 등 • 획득전략 • 지원 사항(인력, 교육훈련 등)과 보완요구 사항 등 • 위험요소 • 개발, 시험, 양산의 체계소요
4	추정방법 결정	• WBS를 정의하고 구체적으로 묘사 • 각 WBS별로 가장 적합한 추정방법 선정 • 비용과 일정을 상호 교환할 수 있는 사항 식별 • 비용추정 체크리스트 개발
5	원칙과 가정사항 식별	• 사업추진 단계별 연도, 수명주기, 사업기준연도 • 단계별 사업계획 정보 및 획득전략 • 예산 및 시간 제약 사항 • 인플레이션 적용 • 관급장비, 주계약자, 부품업체 식별 • 현존하는 시설사용, 개조사용, 신규사용여부 • 기술 반복 주기 • 기술적 가정 사항과 신규 기술 개발소요

6		• 공통사항과 절감사항들 • 사업의 효과적인 추진방법
6	자료획득	• 가능한 자료 출처 조사 • 자료수집계획수립(사업계획, 비용, 기술자료) • 자료수집 및 자료 표준화(비용, 회계, 인플레이션, 학습, 수량 조정 등) • 비용주도요인, 경향, Outlier를 찾기 위한 자료 분석 : 과거 표준화된 자료와 비교 • 자료의 정확성과 신뢰성 평가를 위해 각종 문서나 자료 출처에 대한 인터뷰 • 미래 추정을 위해 자료 저장
7	점 추정치 산출	• 수집된 자료로부터 가장 적합한 추정방법을 사용하여 각 WBS별 비용추정모델 개발 • 비용은 불변가 기준으로 산출 • 획득사업 단계별 소요비용 산출 • WBS별 추정비용을 종합하여 총체계비용 산출 • 비용의 중복계산이나 누락비용을 확인하여 추정치의 타당성 검증 • 유사비용체계와 비교를 통해 비용주도 요인에 대한 Cross Check • 자료의 추가확보나 변화상황 발생시 모델 Update
8	민감도 분석	• 입력 자료나 핵심 가정 사항 변경시 비용요소 변화에 대한 감도분석 • 가정 사항, 핵심 비용주도 요인에 대한 비용변화 추세 파악
9	위험 및 불확실성 분석	• WBS별 비용, 일정, 기술적 위험수준을 결정 • 각 위험요소별로 최소치, 최대치, 가장 가능성 높은 추정치 등을 식별 • 점 추정치에 대한 신뢰구간을 구하기 위해 수용가능한 통계적 분석방법 사용 • 위험분포를 결정하고 사용이유 설명 • 우발계획에 소요되는 추가비용 식별, 위험에 대비한 비용추정 소요 개발 • 예상되는 위험요소를 완화시키거나 추적하기 위한 위험관리 계획을 개발하여 사업계획부서에 추천
10	비용추정 보고서 작성	• 비용추정치를 산출한 단계별 모든 절차를 문서화하여 이 사업과 친숙하지 않은 다른 비용분석가가 동일한 결과를 재생할 수 있도록 작성 • 비용추정의 목적, 참여인원, 승인권자, 일정 등 포함 • 비용추정치 산출에 사용된 일정, 기술적 기준 등이 포함된 사업계획을 설명 • 모든 가정 사항, 관련규정을 명시하고 사업단계별 수명주기 비용을 제시 • 각 비용요소별 확인가능하며 감사할 수 있는 자료원이 포함

		• 모든 자료의 표준화 과정을 명시 • WBS별로 비용추정에 사용된 방법을 설명 • 비용추정에 대한 위험성, 불확실성, 감도분석 결과와 추가 비용 소요 내역을 포함 • 과거 비용추정치와 비교하여 추적 가능한 자료 제시
11	최종보고	• 비용추정결과를 승인 받기위한 최종 브리핑자료 작성 - 기술적, 사업계획의 기준, 불확실성 설명 - 수명주기 비용제시 - 비용추정결과의 정확성, 타당성에 대한 근거 제시 • 브리핑의 초점은 논리적이면서 가장 큰 비용요소와 비용주도요인 설명에 중점 • 비전문가인 관리자가 쉽게 이해할 수 있도록 간단명료하게 작성
12	비용 추정치의 최신화	• 상세한 설명을 위해 보충자료 준비 • 비용추정결과에 대한 피드백 조치 • 기술적 변화나 사업계획 가정상의 변경, 일정 변경 등으로 인한 Update • 사업추진과정에서 통합된 EBM체계에 의해 지속적으로 추정치 수정 • 비용이나 일정 추정에 맞추기 위해 사업진척상황 보고 • 사업 추진 간 실제 비용과 추정치간의 차이점, 변화요인을 식별하여 문서화

이와 같은 절차를 통해 생산된 비용추정 보고서는 살아 있는 문서로서 역할을 할 수 있다. 사업이 진행됨에 따라 지속적으로 추정치가 수정 보완되면서 의사결정에 활용되고, 비용추정결과는 다른 비용전문가에 의해 검증될 수 있으며, 재생산을 통해 신뢰성과 효율성을 인정받을 수 있다. 비용추정은 사업추진 과정의 어느 한 단계에서 종료되는 것이 아니라 개념형성 단계부터 개발, 생산, 운영유지 등 모든 단계에서 지속적으로 이루어지며, 최초의 추정치는 Feedback 과정을 통해 수정 보완되어 진다. 여기에서는 앞서 제시한 비용추정과정 12단계를 수행하는데 필요한 기법들을 제시하고자 한다.

2. 비용추정 기법들

비용추정기법들은 통계적인 특성이나 논리적인 관련성, 경험적인 요소에 의존해서 비용추정치를 산출하는 방법론이다. 이들 방법에는 유사추정법과 변수추정법, 공학적 추정법이 있으며 그 외에 전문가추정법과 실제자료로부터 추정하는 방법이 있다.

가. 유사추정법(Analogy)

유사추정법은 한 개의 표본으로부터 추정을 해나가는 방법으로 현재 비용추정하려고 하는 체계와 가장 유사한 체계를 선정하여 체계 전체, 하부체계, 구성품 단계까지 비교 가능한 부분을 식별하여 비용을 추정하는 방법이다.

일반적으로 구형체계와 신규체계의 비용을 비교할 경우에는 약간의 조정이 이루어져야 한다. 즉 여기에는 계획물량, 일정, 물리적인 특성(재질, 중량)과 같은 사업정보에 근거를 두고 비교해야 한다. 정확도, 신뢰도, 마력과 같은 체계 임무수행 특성의 차이점도 조정되어야 한다. 또한 정부나 방산업체의 사업추진 방법이나 계약형태도 새로운 체계에 적용시 변화요인을 식별해야 한다. 물가지수나 인플레이션, 임금 상승률 등과 같은 각종 경제지수 변화도 반드시 조정하여 신규 사업에 반영하여야 한다.

분석의 핵심요소인 WBS도 새로운 체계와 차이가 날 경우에는 과거 자료의 활용을 위해 분석대상 체계의 WBS를 재조정할 필요도 있다. 이와 같은 조정을 통해 구형체계와 신형체계 사이에서 비용 관련사항을 찾아내고 이들 비용에 영향을 미치는 요인을 식별해 내야 한다. 비용추정 결과는 건전한 상식을 가진 사람들에 의해 인정을 받아야 하며 구형체계의 각종 비용 요소에 대한 조정 사항들이 논리적이며 신뢰성이 있고 상식 차원에서 수용가능 해야 할 것이다.

유사추정법은 일반적으로 사업추진 초기에 새로운 사업에 대한 정보가 거의 없거나 현존하는 비용모델이 가용하지 않을 때에 많이 사용된다. 신구체계 간 유사성이 많을 경우에는 좋은 결과를 얻을 수 있다. 비용요소 산출과정에서 지나치게 주관적인 판단을 최소화 하는 것이 비용추정 결과의 신뢰성을 높이는 지름길이다.

유사추정법은 추정 대상 시스템과 가장 유사한 체계의 1 : 1 비교를 통해서 추정하는 방법이기 때문에 기존 체계에 대한 비용자료의 신뢰성이 매우 중요하다. 이 방법은 다른 비용추정 방법을 통해서 얻은 결과와 상호 비교를 하기 위한 수단으로도 사용될 수 있다. 비용추정 자체가 불확실한 상황에서 하나의 추정치를 산출해 내는 것인 만큼 여러 가지 방법에서 얻은 숫치를 서로 비교함으로서 추정치에 대한 신뢰성을 높일 수 있다.

유사추정법의 장점은 어떤 사업에 대한 세부사업계획이 수립되기전 초기 단계에 신규 사업에 대한 개략적인 윤곽이나 의사결정을 지원하는데 활용될 수 있다. 유사성이 많을수록 비용추정이 용이하고 그 결과에 대한 신뢰도가 높아 질 수 있다. 유사추정법은 유사체계에 대한 데이터베이스가 충분히 구축되어 있으면 적용하기에 쉬운 기법이다.

이 방법의 단점은 유사성을 판단하여 신규체계에 적용시키는 과정에서 지나치게 주관적인 요소가 많이 개입될 수 있다는 것이다. 신규체계의 특성을 무시하고 구형체계에 맞추다 보면 신규체계에 필요한 기술도약과 같은 신기술 소요가 누락될 수 있다. 실제 비용추정 과정에서 비교대상이 되는 신구체계에 대한 비용 및 기술자료 확보가 대단히 어렵다. 통상 새로운 체계의 구성품들이 구형체계에 비해 20% 이상 복잡할 경우에는 구형체계를 이용한 비용추정에 의문을 제기할 수밖에 없다. 20% 이하인 경우에도 적정 수준의 조정과정에서 신규체계에 대해 20% 이상 가중치를 부여해서 판단해야 할 것이다.

〈유사장비 적용사례〉

속 성	구형체계	신형체계
엔 진	F-100	F-200
출 력	12,000lb	16,000lb
비 용	$5.2M	

Q : F-200의 단위 비용은?

A : $5.2M × (16,000 / 12,000) = $6.9M

이 예제에서 주의할 사항은 두 가지가 있다. 첫째는 이 추정치에서 적용된 비율(16,000/12,000)은 회귀분석 추정치 같지만 실제는 추측치에 불과하다. 둘째는 여기에서 적용된 비율 적용 방법의 당위성에 대한 검증이 있어야 한다.

F-200의 새로운 엔진비용을 추정하기 위해서 엔진출력을 임무수행 변수로 보았다. 엔진의 비용은 엔진출력과 선형관계에 있다는 가정 하에 새로운 엔진의 비용은 구형 엔진의 비용에 신구체계의 출력비율(16,000/12,000)을 곱해서 $6.9M을 얻었다.

이와 같은 방법을 적용하기 위해서는 수학적, 과학적, 논리적인 근거가 반드시 뒷받침되어야 한다. 대부분 유사추정법을 이용하여 비용 추정시 그런 논리적인 관계를 무시하고 단순한 비율만을 적용함으로서 실제 비용과 많은 차이를 낼 수 있다. 위의 예에서 엔진출력이 33% 증가함으로서 과학적이나 공학적 차원에서 엔진비용이 같은 비율로 증가할 것이라는 주장에 과연 설득력이 있느냐 하는 것이다.

나. 매개변수 추정법(Parametric Estimating)

유사추정법이 한 개의 시스템 자료를 가지고 새로운 체계의 비용을 추정해 내는 것인데 비해 매개변수 추정법은 여러 개 시스템 비용자료를 가지고 일정 패턴을 분석해서 추정하는 방법이라고 할 수 있다.

매개변수 추정법은 비용을 종속변수로 보고 시스템 특성(중량, 출력, 성능 등)을 한 개 혹은 그 이상의 변수를 독립변수로 가정해서 상호간 수학적 관계식을 찾아내는 것이다. 이러한 관계식은 과거 유사한 사업들을 수행하면서 수집한 자료를 사용해서 개발된 것인데, 이때 사용된 독립변수는 비용주도요인(Cost Drivers)이라고 하며 통상 물리적인 특성, 임무수행능력, 운영 및 계획변수, 기타 비용들이 된다.

매개변수 추정법은 통계적으로 추정이 가능하다. 기본적인 가정 사항은 신규로 추정하려고 하는 체계가 과거 유사체계의 기술, 제조과정 등이 획기적으로 변하지 않는 한 기본적인 속성을 동일한 수준으로 유지하고 있다고 전제하고 있다.

매개변수 비용추정법은 회귀분석모형(Regression Model)형태로 결정되는데 이를 비용추정 관계식(CER : Cost Estimating Relationship)이라고 한다. 상세한 내용은 다음 장에서 체계적으로 다루어지게 된다. 이 방법은 여러 가지 상황에서 다양하게 사용된다. 사업추진 초기단계에서부터 계약협상 단계에 이르기까지 광범위하게 사용되고 있다. 그러나 매개변수 추정법을 적용하기 위해서는 반드시 적정한 자료가 확보되어 있어야 한다.

모델을 구축하기 위해 확보된 자료는 모델 개발에 사용하기 위해 표준화 과정을 거쳐야 한다. 이 방법은 획득 전 단계에서 활용되고 있지만 구체적으로 설계가 진행되지 않은 개발초기 단계에 많이 사용된다. 대부분 사업계획은 초기 단계에 예산과 임무 특성 등을 고려하여 빈번하게 계획이 수정되는 경우가 많은데 이러한 상황을 매개변수 추정방법이 쉽게 반영할 수 있기 때문이다. 설계변경 사항은 모델에서 입력변수를 조정함으로서 쉽게 확인할 수 있다.

또한 이 방법은 다른 비용추정 기법과 병행하여 사용함으로서 비용추정결과의 타당성을 검증하는데 활용될 수 있다. 어떤 체계의 구성품 단위별로 비용추정식을 개발한 후 이를 이용하여 전체 체계의 CER을 구할 수도 있다.

매개변수 비용추정법을 사용함에 있어 가장 중요한 점은 추정대상 체계의 추정치가 추정에 사용된 자료들의 범위를 지나치게 초과하지는 않아야 한다는 것이다. 예를 들면 새로운 우주선의 중량이 250kg 정도인데, 이 체계의 비용을 추정하기 위해 사용된 과거 자료들은 2,000kg 이상이었다면 그러한 자료를 가지고는 제대로 추정할 수 없다.

매개변수 추정법의 장점은 입력변수를 변화시킴으로서 여러 가지 형태의 체계에 대한 비용추정을 쉽게 할 수 있다.

첫째, 가용한 자료의 확보 정도에 따라 시스템 전체, 하부시스템, 구성품 단위별 추정 모델을 개발할 수 있다.

둘째, 비용주도요인이 되는 입력변수를 변화시켜 시스템 전체 비용의 변화 정도를 알아 낼 수 있다. 의사결정자의 입장에서는 다양한 대안들에 대해 감도분석을 통해 비용추정치를 얻을 수 있는 장점을 활용할 수 있다.

셋째, 통계적 검증을 통해서 추정모델의 타당성을 검증할 수 있으며 추정된 결과에 대한 위험성도 판단할 수 있다. 위험관리 및 위험비용추정은 다음에 상세하게 다룰 것이다.

매개변수 추정법의 단점은 추정모델을 구축하는데 사용된 자료의 타당성과 일관성을 보장하기가 어렵다는 것이다. 과거 자료로부터 구축된 CER은 전적으로 사용된 자료의 신빙성 여하에 모델의 신뢰성이 달려있기 때문이다. 과거 유사체계가 많지 않기 때문에 항상 모델 개발에 사용된 자료는 4~5개로 제한된 경우가 많은데 이들 자료 중 어느 하나라도 이상치(Outlier)가 포함되어 있다면 CER은 전혀 다른 방향으로 예측될 수 있다.

한번 개발된 CER은 사업계획의 변경이나 기술발전, 기타요소들의 변화요인을 반영하여 기술적으로 재검토되어야 한다. 따라서 CER에 사용된 자료와 방법론은 항상 제 3자가 추적할 수 있어야 하며 사용된 자료의 표준화절차도 쉽게 확인할 수 있어야 한다. CER이 “Black Box”로 간주되어서는 비용추정의 신뢰도를 얻을 수 없다. 이 방법은 과거 자료에 의존한 방법이기 때문에 기술 변화나 기술도약에 의한 비용 예측은 어렵다. CER이 개발된 지가 오래되었다면 이런 측면을 고려해서 사용여부를 결정해야 할 것이다.

다. 공학적 추정방법(build up method)

공학적 추정방법은 체계의 하위단계부터 세부적인 추정을 실시하여 최상위 단계까지 전부 누적시켜 최종 추정치를 산출하는 방법이다. 가용한 자료가 허용하는 한 WBS 최하위 단계에서부터 비용을 산출해 내는 방법으로 소요되는 재료와 노동시간 등을 계산하게 된다. 어떤 작업을 수행하는데 소요되는 재료나 노무공수, 설계시간 등은 산업표준에서 적용되는 기준을 따른다. 공학적 추정법을 적용하는 시기는 사업의 초기단계를 지나서 시제품을 만들어 본 경험이 있으면서 양산단계에서나 적용가능한 방법이다. 비용전문가 측면에서 기술적인 부분에 대한 추적이 불가능한 부분도 있다. 현지 공장에서 엔지니어들에 의해 판단되는 부분이 많고 소요되는 인시나 재료 등에 대해 체계적인 검증도 어렵다.

공학적 추정법은 초기단계보다는 사업이 어느 정도 진척이 되어서 최하위 단계까지 상세 정보가 가능할 때만이 사용할 수 있는 기법이다. 이 방법의 장점은 실제 공장의 생산과정에서 소요되는 노무시간과 활동들을 정확하게 추정할 수 있으며, 부품이나 하부시스템을 제작하는데 필요한 재료나 노무시간, 인시 등을 상세하게 식별해 낼 수 있다. 과거 경험 자료와 비교해서 변화 요인들도 쉽게 확인해서 비용추정에 적용할 수 있다.

공학적 추정법의 단점은 비용자료를 수집하고, 분석하며, 유지하는데 너무 많은 시간과 비용이 소요된다는 것이다. 실제 비용자료 수집이 어려울 뿐만 아니라 변화 요인들을 모니터링 하는데도 많은 비용이 소요된다. 많은 부분의 비용들(공구비, 재작업 비용, 품질관리비용)이 직접노무비의 일정 비율로 적용되기 때문에 직접 노무공수에 오차가 발생하면 나머지 비용에 더 큰 오차가 발생되어 비용이 과다하게 예측되는 경우가 발생할 수 있다. 때로는 상세하게 추정된다고 하면서도 어떤 분야에 있어서는 누락되는 비용이 발생할 수 있다. 이 방법은 비용 정보 부족으로 인해 사업 초기 단계에서는 적용이 곤란하고 사업이 구체화되고 시제품이 제작되며 양산단계에 들어간 정산과정에서 적용이 가능하다.

라. 기타 비용추정 기법들

(1) 전문가 추정법

이 방법은 전문가들의 공학적인 판단을 이용하는 방법으로서 사업의 초기단계나 다른 방법에 의한 비용추정 결과를 검증할 때 보조 수단으로 활용될 수 있다. 전문가 추정법은 세 가지로 요약될 수 있다.

첫째는 전문가를 상대로 1 : 1 인터뷰를 통해 의견을 청취하는 방법이다. 비용추정 대상 시스템에 대한 기본 정보를 제공해주고 전눈가적인 판단에 의해 적정 비용을 예측하는 방법이다.

둘째는 해당분야 전문가들을 한자리에 모아 놓고 Round Table 방식에 의해 집단 의사결정을 하는 방법이다. 모든 전문가들이 테이블에 마주앉아 주어진 주제에 대한 공통점을 찾을 때까지 토의하는 방법이다.

셋째는 델파이 기법(Delphi method)으로서 어느 한명의 전눈가에 의해 의사결정에 영향을 미치는 것을 방지하는 방법이다. 참여한 모든 전문가들이 추정대상에 대한 적정 비용을 예측하면 그 결과를 종합하여 전문가들에 알려주어서 다시 예측할 수 있도록 하여 하나의 추정치에 접근하도록 하는 방법이다.

이 방법은 참여한 전문가들이 객관적이고 합리성을 가지고 있다는 전제 하에만 적용가능한 방법이다. 일반적으로 이 방법은 비용추정에 직접적으로 활용되기에는 부적절한 방법이다.

그러나 전문가 추정법은 주어진 시간 내에 다른 방법이 가용하지 않고 체계적인 비용추정 상황이 허락되지 않을 때에 한해서 사용될 수 있다.

이 방법은 유사추정법과 같이 자료를 수정하거나 보완할 때 적용될 수 있다. 예를 들면 분석대상 시스템에 대한 전문가라면 수집한 비용자료에 대해 비정상치를 쉽게 식별해 낼 수 있을 것이다. 또한 전문가 추정법은 사업 초기단계에 의사결정을 위한 개략적인 비용을 신속하게 추정하는데 도움을 줄 수 있다.

전문가 추정법의 장점은 다른 방법에 의한 추정치를 검증하는데 효과적으로 활용될 수 있으며 기존의 추정방법에서 확인하지 못한 부분에 대한 추정치를 찾아서 보완할 수 있다. 단점은 다른 추정방법에 비해 지나치게 주관적이며 앞에서 제시한 세 가지 방법과 병행하여 사용하지 않는다면 신뢰성을 얻기가 어렵다.

(2) 실제 자료로부터 추정

실제 발생된 자료를 이용해서 비용을 추정하는 것은 앞에서 설명한 세 가지 비용추정 기법과는 다르다. 하지만 실제 발생된 비용 자료를 사용해서 미래 동일한 품목을 생산하기 위한 비용추정을 하는데 활용될 수 있다.

(가) 평균(Average)

실제 생산에 소요된 비용자료가 있다면 이들에 대한 평균비용은 앞으로 동일한 품목을 생산할 때 중요한 추정치가 된다.

(나) 학습곡선(Learning Curves)

학습곡선은 실제 생산 자료를 통해서만 얻을 수 있다. 단위생산비용이나 누적평균생산비용을 추정하는데 필요한 근거자료는 생산 자료를 이용해서 관계식을 도출해 낼 수 있다. 이와 관련된 내용은 다음 장에서 상세하게 설명이 된다.

(다) 최종사업비 추정(EAC)

EAC는 실제 비용발생으로부터 추정될 수 있는 특별한 경우이다.

EVM(Earned Value Management)체계를 적용할 경우 중간단계에서 실 발생 비용과 계획비용을 비교하여 사업추진의 효율성을 판단할 뿐만 아니라 그때 시점에서 최종 사업비를 예측하여 계획예산과 차이를 식별해 낼 수 있다.

실 발생자료를 이용해서 비용추정을 한 경우에는 변수추정법이나 유사추정법과 연계하여 활용될 수 있다. 이 방법의 핵심은 시스템의 하부체계나 구성품 수준에 이르기까지 분석이 가능할 정도로 상세한 비용자료가 확보되어야 하며 이들에 대한 데이터베이스가 구축되어 있어야 한다. 실제 비용자료로부터 추출된 자료라고 하더라도 자료의 표준화가 이루어지고 타당성이 검증되어야만 미래 비용추정에 사용될 수 있다.

이 방법의 장점은 실 발생된 자료를 가지고 미래 발생될 비용을 추정함으로서 추정치에 대한 정확성과 신뢰성을 높일 수 있다. 정확한 노무공수, 재료비, 총비용을 예측할 수 있으며 다른 방법에 비해 믿을 수 있는 결과를 얻을 수 있다.

단점은 회계방법의 변화나 계약조건의 변화, 형상의 변화가 있을 경우 예측하기가 복잡하며, 때로는 합리적인 범위 이상에서 추정하려고 하는 경우도 발생한다. 예를 들면 20명의 소프트웨어 개발자가 1년에 걸쳐서 어떤 시스템을 개발하는데 소요되는 비용추정 결과가 있다고 해서 이 자료를 이용해서 240명이 1개월에 동일한 시스템을 개발하는데 소요되는 비용추정을 하는 것은 무리라는 것이다.

마. 비용추정 기법의 사용과 비교

비용추정이 시작되면 그 사업 전반에 대한 이해와 비용추정 목적을 충분히 이해해야 한다. 비용추정 결과가 언제, 어디에, 어떤 용도로 사용될 것인가를 알아야 비용추정 범위가 결정되게 된다.

비용추정의 결과는 획득단계별 사업진행여부를 결정하는 “Go, Not Go” 의사결정에 사용되기도 하며, 중기계획이나 예산편성에 반영할 적정 규모의 예산을 식별하는데 쓰이기도 한다. 또한 사업 초기 단계에는 개략적인 예산규모(ROM : Rough Order of Magnitude)를 파악하거나 대안을 비교하며 제안서를 평가하는데 활용되기도 한다.

비용추정을 접근하는 방법은 하향식 접근법(Top Down)과 상향식 접근법(Bottom Up)이 있다. 하향식 접근방법은 매개변수 추정법이나 유사추정법이 해당된다. 이 방법은 시스템 전체 비용추정치를 개발하기 위해 중량, 출력, 부피 같은 시스템의 물리적 특성이나 기술적 복잡도와 같은 변수를 사용해서 추정하는 방법이다.

상향식 접근방법은 전체 시스템 비용 추정치를 구하기 위해 시스템을 최하위 단계까지 구분하여 각 단계별 상세한 비용정보가 있는 경우에 적용하는 방법이다. WBS의 각 단계별로 노무공수, 재료비, 기타 제 비용 등과 직접 및 간접비용의 비용 정보가 있어서 모든 단계별 비용을 종합하여 시스템 전체 비용을 구한다. 공학적 추정법이 여기에 해당된다.

(1) 비용추정 기법 간 비교

지금까지 제시한 비용추정 기법은 각각 장점과 단점을 가지고 있다. 실제 비용추정을 하려고 할 때 어떤 기법을 사용할 것인가는 비용추정 대상의 목적, 범위, 가용시간, 자료 확보 정도에 따라 달라질 수 있다. 가능하다면 어느 한 가지 추정 방법에만 의존하기 보다는 두 가지 이상의 추정 방법을 선택해서 상호 검증을 해 보는 것이 더 바람직하다.

공학적 추정기법을 옹호하는 자들은 시스템의 최하위 단계까지 상세한 정보를 가지고 종합한 추정치가 보다 정확한 추정치라고 주장할 수 있다. 이들은 유사장비 추정법은 적정한 비교가 되지 못하며 매개변수 추정법은 너무 이론에 치우친 방법이라고 한다.

그러나 공학적 추정치를 구하기 위해서는 많은 시간과 노력이 필요하다. 사업 초기 단계 의사결정을 하거나 예산편성을 위해 짧은 시간에 비용추정치가 요구되는 상황에서 적용하기에는 부적절한 방법이다.

유사추정법을 주장하는 이는 근본적으로 모든 비용은 비슷한 수준에서 발생한다고 보고 있다. 공학적 추정법은 지나치게 세분화하여 중복되거나 누락되는 부분이 많을 수밖에 없으며 매개변수 추정법은 적용하기 어려운 시스템 자료를 가지고 만들어 낸 추정치라고 한다.

매개변수 옹호론자들은 과거 경험 자료를 이용한 추정기법이 가장 우수하다고 주장한다. 유사추정법은 1개의 자료를 이용한 CER에 불과하고, 공학적 추정법은 불확실한 사항들을 지나치게 세분화함으로서 중복 추정이나 누락 가능성이 많아 신뢰성이 떨어진다는 것이다.

<도표 1-2>는 미 국방성에서 사업 수명주기 동안 비용추정에 적용되는 기법들을 보여주고 있다. 획득단계별로 일정 비율로 서로 다른 추정 기법이 적용되는 것은 가용한 비용정보가 제한되거나 비용추정 결과의 활용

목적이 다르기 때문이다. 사업 초기인 개념연구나 체계개발 기간 중에는 유사추정법이나 매개변수 추정법이 주로 사용되고 있음을 알 수 있다.

〈도표 1-2〉 사업추진 단계별 비용추정 기법 적용

Concept & Technology Development	System Development	Production & Deployment	Operation & Support
Analogy	Parametric	Engineering Build up	Extrapolation from actuals
Gross	Estimate	Detailed	Estimate

이 단계에서는 사업 추진을 위해 적절한 소요 비용 추정이 요구되며 세부 비용자료가 확보되지 않은 상태이기 때문에 공학적 추정은 불가능하다.

사업이 어느 정도 진행됨에 따라 체계개발이 이루어지고 보다 많은 비용자료가 수집되면 비용 추정치는 더욱 세분화 될 수 있다. 생산단계나 운영유지 단계에서는 실제 발생된 자료를 이용해서 향후 시스템 개발이나 생산에 필요한 생산율, 학습율과 같은 비용자료를 찾아 낼 수 있다.

3. 매개변수 추정법(Parametric Estimating) 

가. 매개변수 추정법이란?

매개변수 추정법은 어떤 시스템의 비용을 추정하고자 할때 과거 경험

자료를 기초로 구축된 비용추정관계식(CER)을 사용해서 비용을 추정하는 방법이다. 이와 같은 접근방법은 비용추정을 위해 추정 대상 체계의 중량이나 크기, 기술복잡도와 같은 비용주도요인(Cost Drivers)을 매개변수로 사용한다.

매개변수 추정법의 장점은 추정결과를 쉽게 추적할 수 있다. 입력변수를 조정함으로서 시스템이나 하부시스템의 변화를 쉽게 수정이 가능하고 이에 따른 비용추정 결과를 손쉽게 얻을 수 있다. 또 하나 가장 큰 장점은 감도분석을 통해 의사결정자가 원하는 정보를 쉽게 제공해 줄 수 있다. 설계조건을 변경시키거나 중량의 변화, 생산기간이나 물량의 조정에 따른 비용의 변화 상황을 신속하게 확인하여 의사결정에 반영할 수 있다.

매개변수에 의한 비용추정 결과는 통계적으로 타당성을 검증받을 수 있다.

회귀분석을 통해 구축한 모형에서 얻은 추정치는 t 통계량, F 통계량, R^2, 분산계수(CV) 등을 통해 모형의 적절성을 평가할 수 있다. 다음 장에서 회귀분석에 대한 내용과 위험관리에 대한 내용이 보다 구체적으로 언급될 것이다.

앞에서 비용추정기법 세 가지에 대해 언급했지만 이들을 서로 비교해보면 다음 도표에서 보는 바와 같이 요약할 수 있다. 공학적 추정법은 시스템의 세부 단계까지 비용을 구해서 종합하는 방법으로 많은 시간과 노력이 필요하고, 유사추정법은 신규체계와 비슷한 과거 시스템을 선정하여 신규체계와 연계시켜 비용을 추정하는 방법이지만 타당성을 검증하기가 쉽지 않다.

〈도표 1-3〉 비용추정 기법 비교

기 법	접근방법	내 용
공학적 추정법	• 각 구성품별 비용산정 후 통합 • 노동 집약적 • Bottom up	• 세부단계별 비용 추정가능 • 중복 추정이나 누락 가능성
유사 추정법	• 과거 한 개의 사업을 근거로 비용 추정	• 사업초기단계 세부 비용정보 불가능시 활용가능 • 타당성 검증이 곤란, 주관적 요소개입 가능
매개변수 추정법	• 사전에 판단된 매개변수 이용 CER 모형 사용 • 과거 여러 개 자료이용	• 자료확보의 어려움 • 구축된 CER은 쉽게 수정 및 변화가능 • 통계적 검증이 가능

나. 매개변수 추정과정

매개변수에 의한 비용추정 과정은 <그림 1-3>에서 보는바와 같이 자료수집, 비용주도요인 식별, CER 구축, Parametric 모형구축의 4단계로 요약할 수 있다.

(1) 자료 수집

매개변수 추정방법은 과거 유사한 사업의 자료를 여러 개 사용하여 추정하는 방법이다. 따라서 비용추정관계식(CER)을 개발하기 위해서는 유사사업들에 대한 비용, 일정, 기술, 사업계획에 관련된 모든 자료를 확보해야 한다.

이들 자료의 형태는 각종 비용 보고서, 컴퓨터 코드, 시스템 배치, 하부시스템 획득, 시험평가 일정, 중량, 속도, 승무원의 규모와 같은 다양한

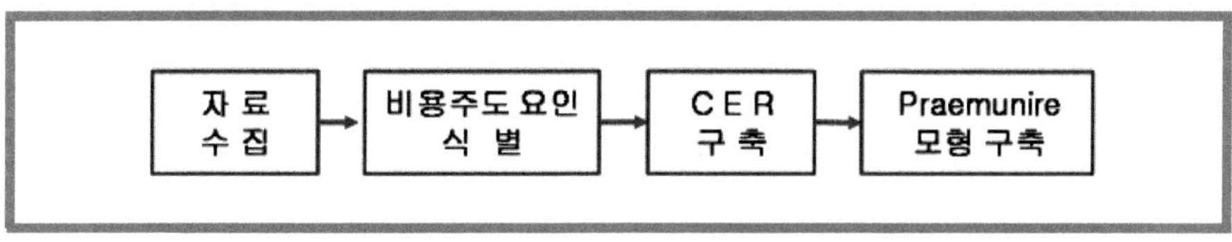

〈그림 1-3〉 매개변수 비용추정 과정

형태일 수 있다. 비용분석가는 추정하려고 하는 시스템과 관련된 모든 자료를 일단 수집하고 나서 활용 가능성을 판단하게 된다. 이러한 자료 수집을 위해서는 반드시 어느 한 자료에만 의지할 것이 아니라 다양한 출처에서 나온 자료를 이용해야 한다. 나중에 이들 자료를 사용해서 CER을 개발할 경우 사용한 자료의 출처는 반드시 유지될 수 있어야 한다.

(2) 비용주도요인 식별(Cost Drivers)

자료수집이 완료되면 자료 분석이 이루어지게 된다. 이 단계는 비용추정에 직접적으로 사용하게 될 핵심변수인 비용주도 요인을 식별하는 단계이다. 비용분석가는 분야별 전문가들과 인터뷰를 통해서 비용주도요인을 파악하거나 이들로부터 분석대상 체계의 기술적인 특성이나 운영요소들을 이해하고, 수집된 자료의 산포도를 통해 매개변수와 비용의 관련성을 확인하기도 한다. 비용에 영향을 미치는 여러 가지 변수 중에서 핵심 변수 한 두 개를 식별해 내는 것은 대단히 중요하면서도 어려운 과정이다.

가끔 비용 주도요인과 시스템 비용의 많은 부분을 차지하고 있는 핵심 구성품과 혼동하는 경우가 있다. 즉, WBS에서 가장 큰 부분의 비용을 차지하고 있는 요소들을 비용 주도요인으로 잘못 인식할 수 있다는 것이다.

비용 주도요인은 시스템을 설계할 때 의사결정요인이 될 수도 있고, 시스템 전체 비용에 주도적으로 영향을 미칠 수 있는 변수를 의미한다. 예를 들면 함정의 선체나 항공기 기체는 승무원과 중요 임무장비를 운반할 수 있도록 설계되어 있으며 시스템 전체 비용 측면에서 보면 상당한 부분을 차지하고 있지만 이러한 요소들이 비용 주도요인은 되지 못한다는 것이다.

비용 주도요인은 시스템 전체 비용변화에 절대적인 영향을 미치며, 이러한 변수들을 조정함으로서 상당한 비용 절감 효과를 얻을 수 있다. 자동화 정도, 정확성, 신뢰도, 정비철학, 중량 등과 같은 요인들이 비용주도요인으로 식별될 수 있다.

(3) CER 구축

가용한 과거 시스템의 비용 자료가 확보되고 비용 주도요인이 식별되면 비용분석가는 비용주도요인과 비용간의 관계를 찾아내려고 한다. 일차적으로 수집된 자료의 산포도를 통해 개략적인 관련성을 식별 할 수 있다.

그림에서 보는 바와 같이 비용추정 대상체계와 유사한 체계의 비용자료가 있다면 핵심변수와 비용 간에 회귀분석을 통해서 선형관계식을 구할 수 있다.

이와 같이 CER은 <그림 1-4>에서처럼 과거 자료로부터 주어진 변수값으로 비용을 구할 수 있다면 그 자료를 통해 변수와 비용의 관련성을 찾아 낼 수 있다.

첫 번째 형태는 비용과 변수 간 일정한 선형관계의 상수형태(a*X)로 구해진다. 예를 들면 1GB RAID 저장비용은 105$이라고 한다. 가장 공통적인 비용추정요소는 노동시간에 비례한다는 것이다. 2GB의 저장비용은 210$이고 3GB의 저장비용은 315$가 된다는 것이다.

두 번째 형태는 하나의 비용을 추정하기 위해 또 다른 비용을 이용해서 구하는 방법이다. 예를 들면 어떤 시스템을 획득하는데 체계공학과 사업관리(SE/PM) 비용은 주 임무 장비 비용(하드웨어 및 소프트웨어) 20%를 차지하게 되는 경우이다. 방산업체에서는 이러한 요소를 적용해서 또

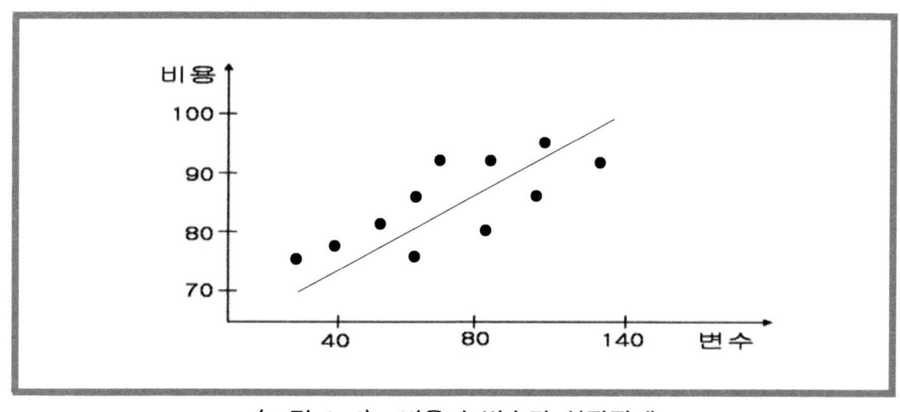

〈그림 1-4〉 비용과 변수간 상관관계

다른 부분의 비용을 추정하기 위해 여러 가지 형태의 표준 모델을 가지고 있다.

세 번째 형태는 변수와 변수간 상호 관련성을 나타내는 비율(Ratio)을 적용하는 방법이다. 예를 들면 소프트웨어 개발시 외부로부터 개발된 소프트웨어 패키지(COTS; Commercial Off The Shelf)를 사용할 경우 패키지당 1,200 line으로 간주해서 노무공수를 산정한다는 것이다.

지금까지 언급한 세 가지 요소인 선형관계의 상수형태, Factors, Ratio는 가끔 혼용되어 사용되기도 한다. 그러나 대부분의 CER은 회귀분석 과정을 통해서 구해지는데 통상 다음의 5단계를 거치게 된다.

(가) 변수 선정

첫 번째 단계는 독립변수로 어떤 변수를 선택할 것인가의 문제이다. 비용에 영향을 미치는 여러 가지 변수 중에서 어떤 변수가 시스템 비용을 가장 대표적으로 잘 나타 낼 수 있는가? 설정된 변수와 관련된 자료는 확보할 수 있는가? 비용추정의 초기 단계에는 여러 개의 독립변수를 고려하기 보다는 단일 변수와 비용관계를 먼저 식별하는 것이 순서다.

(나) 관련성 검증

회귀분석모형을 사용하기로 했다면 먼저 수집된 자료에 대한 관련성을 검증해 보아야 한다. 내가 수집한 자료가 추정하려고 하는 시스템의 비용에 심각한 영향을 미치고 있는가? 변수가 한 개일 경우에는 비용과 변수간 산포도를 이용해서 개략적인 관련성을 예측해 볼 수 있다. 수집한 자료 중에서 비정상치나 Outlier의 존재 유무도 확인해 보고 만약 그런 자료가 있다면 분석대상에서 제외시켜야 할 것이다.

(다) 회귀분석 수행

회귀분석은 주어진 자료를 이용해서 선형 또는 비선형 관계식을 도출할 때 모든 자료를 가장 잘 표현할 수 있도록 하는 최소자승법(Least Square Best Fit)을 사용하게 된다. 상세한 내용은 다음 장에서 설명될 것이다. 회귀분석에서 구해지는 비용추정식은 다음과 같은 형태가 된다.

Linear : $y=a+bx$

Polynomial : $y=a+b_1x+b_2x^2+b_3x^3+.....b_nx^n$

Logarithmic : $y=a+\ln x$

Exponential : $y=a\ e^{bx}(+c)$

Power : $y=ax^b(+c)$

위의 식에서 y는 종속변수로서 추정비용이 되며 x는 비용주도요인으로서 독립변수가 되며 a, b, c는 주어진 자료로부터 추정하게 될 매개변수들이다.

(라) CER 선정

동일한 자료를 가지고 여러 가지 모형을 구축한 후 가장 적합한 모형을 선택하게 된다. 이때 기준은 주어진 자료를 가장 잘 표현된 모형이 된다.

(마) CER 타당성 검증

마지막 단계로 비용분석기는 수집된 자료로부터 구축된 CER의 타당성을 검증하게 된다. 가능하다면 모델 구축에 사용된 자료와 다른 자료를 구해서 검증하는 것이 바람직하다. 실제로 검증절차는 복잡한 과정을 거치게 되지만 핵심은 CER 개발자와 사용자가 모델개발 소요를 어느 정도 충족시켜 주었는가에 대한 공감을 얻는데 있다.

구축된 CER은 사용된 자료의 범위 내에서만 활용될 수 있다. 자료의 범위가 최소치, 최대치를 초과하는 경우에는 그 CER은 사용할 수 없다.

(4) Parametric 모형구축

모든 비용 요소에 대해 CER이 구축되면 이러한 CER들이 통합되어서 전체 시스템에 대한 비용추정 모델을 구축하게 된다. 상용으로 판매되는 하드웨어 및 소프트웨어 비용추정 모델은 내부에 이런 CER들이 수 천개가 포함되어 있다고 볼 수 있다.

비용분석가는 Parametric 모형이 구축된 후 실제 모형을 운영하면서 CER들의 수정 및 보완 작업을 수행하게 된다. 예를 들면 소프트웨어 비용 추정시 상용 소프트웨어(COTS)의 비용 추정을 위해 하나의 COTS 당

SLOC의 크기를 1,200 line으로 정했다가 실제 추정과정에서 비용이 과소하게 추정되는 경향을 보였다면 크기를 1,500 line으로 수정해서 적용할 수 있다는 것이다.

비용모델이 구축되면 다양한 입력 자료를 사용하여 비용반응곡선(CRC : Cost Responsive Curve)을 찾아낼 수 있다.

이런 곡선을 통해 의사결정에 직접적으로 활용할 수도 있고 엔지니어는 입력변수 변화에 따라 전체 비용에 미치는 영향에 관한 정보를 얻을 수도 있다. 비용곡선 자체가 정확하지는 않더라도 모델에 익숙하지 않거나 제대로 훈련되지 않은 의사결정자나 시스템 설계팀에게 신속한 반응을 할 수 있는 기초자료를 제공하고 있다.

다. 매개변수 추정의 사례연구

매개변수 추정법을 적용하기 위해 앞에서 자료수집, 비용주도요인 식별, CER 개발, 그리고 매개변수 추정모델 구축 4단계를 언급했다. 그러나 실제 적용과정에서 보면 자료수집과 비용주도요인 식별은 거의 동시에 이루어진다. 다음의 사례에서는 어떤 기지에 자동화 정보체계(A/S)의 설치비용을 추정하려고 하는데 이때 비용주도요인으로는 워크스테이션 숫자로 보았다. 즉, 사이트에 설치되는 워크스테이션의 숫자가 기지의 자

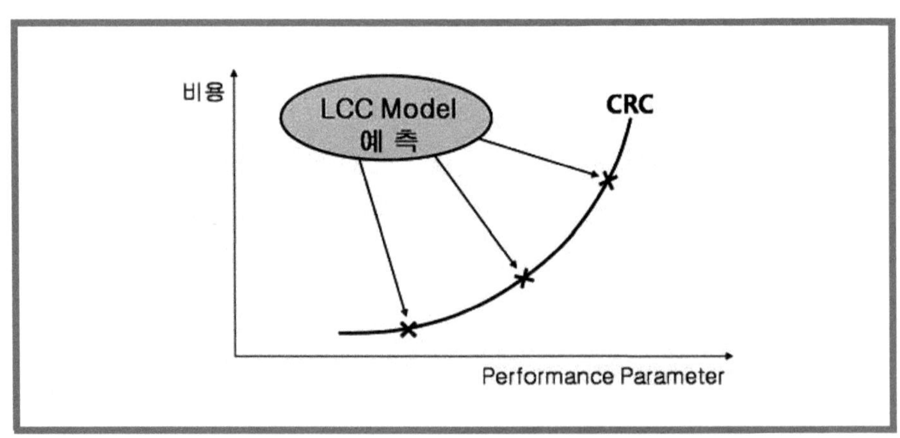

〈그림 1-5〉 비용곡선 예

동화 정보체계 설치비용에 결정적인 영향을 미친다고 보았다.

(1) 자료수집 및 Cost Driver 식별

이 예제에서는 지난 수년 동안 11개 기지에서 자동화 정보체계를 설치한 자료를 수집하였으며 비용자료는 수집 당시 년도가 서로 다르지만 본 예제에 적용하기 위해 현재 기준으로 불변가로 환산되어 표준화가 되었다고 가정한다.

〈도표 1-4〉 자동화 정보체계 수집 자료

구 분	워크스테이션 숫자 (독립 변수)	비용(1,000$) (종속 변수)
site 1	8	398
site 2	28	769
site 3	12	430
site 4	9	199
site 5	21	447
site 6	29	851
site 7	47	1,258
site 8	7	359
site 9	36	1,267
site 10	9	300
site 11	7	275

(2) 산포도 검증

이 자료들을 비용과 설치된 워크스테이션 숫자를 대상으로 산포도를 작성해서 비용의 변화 추세를 확인한다. 산포도를 작성한 후 추세선을 그려서 적당한 수식을 예측해 볼 수 있다. 실제로는 이 자료를 사용해서 회귀분석을 하게 된다.

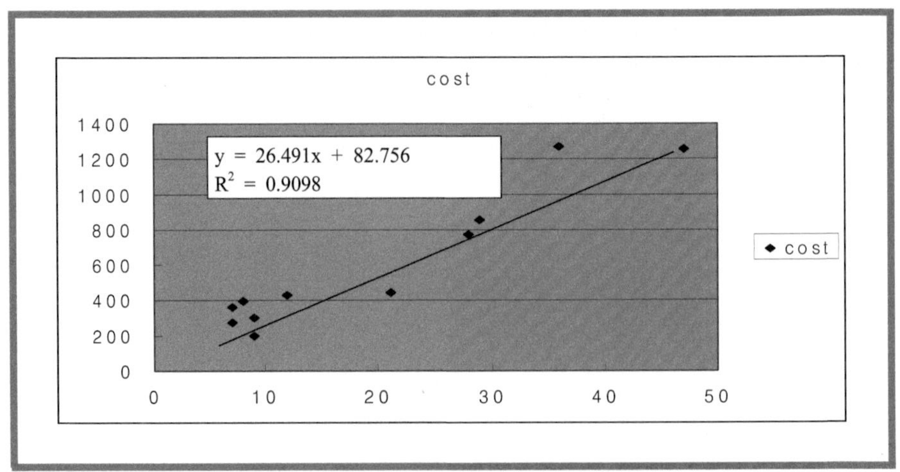

〈그림 1-6〉 비용추세 Scatter Plot

(3) 회귀분석 실시

위에서 수집된 자료를 이용해서 산포도를 확인해본 결과 비용과 워크스테션 관계가 어떤 선형관계식이 있다고 판단되면 회귀분석을 실시하여 다음과 같은 결과를 얻을 수 있다.

Regression Statistics	
Multiple *R*	0.9538
R Square	0.9079
Adjusted R square	0.8977
Standard Error	121.6606
Observations	11

ANOVA

	D. F.	*SS*	*MS*	*F*	*P-value*
Regression	1	1343622.4	1343622.4	90.772	5.345E-06
Residual	9	133211.8	1480.3		
Total	10	1476834.2			

	Coeff	*Standard Error*	*t stat*	*P-value*	*Lower 95%*	*Upper 95%*
Intercept	82.75	65.148	1.27	0.236	-64.6	230.13
X value	26.49	2.78	9.52	5.34E-06	20.2	32.78

회귀분석 결과 CER은 y = 26.49x + 82.75의 수식을 얻을 수 있었으며, 이 식은 자료의 대표성을 나타내는 R^2 값이 0.91이므로 비교적 우수한 모델이라고 할 수 있다. 만약 이 식을 이용해서 워크스테이션 수가 10개인 사이트에서 정보체계를 설치하려고 한다면 예상 추정비용은 y = 26.49 × 10 + 82.75의 답인 347.65가 된다는 의미이다.

통계적으로 CER 모형의 타당성이나 추정된 변수들의 적합성 검증은 다음 장에서 소개하는 회귀분석 모형에서 상세하게 다루고자 한다. 또한 이 예제에서는 비용추정의 비용주도 요인으로 워크스테이션 수 한가지만을 고려했는데 실제는 여러 가지 변수가 추가적으로 고려될 수 있다. 변수가 두 개 이상인 경우는 다중 회귀분석 모형을 통해 CER을 구할 수 있다. CER의 형태도 선형, 비선형 관계식의 다양한 형태로 구해질 수 있다.

제2장

비용추정 방법론

1. 자료수집 및 표준화 

간단한 CER 모델이나 복잡한 비용 모델 모두 매개변수 추정방법을 사용할 경우에는 신뢰성 있는 자료가 반드시 확보되어야 한다. 이번 절에서는 비용추정에 사용되는 자료의 중요성과 자료의 형태, 자료수집 절차, 사료의 표준회 방법 등에 관해 논하고자 한다.

비용추정을 과거에 발생된 비용자료를 이용해서 미래에 발생될 비용을 추정하는 것이기 때문에 자료는 비용추정에 있어 가장 중요한 요소이다. 비용자료를 통해서 CER을 개발하는데 필요한 정보를 얻고 비용 구조를 예측할 수 있다. 이러한 자료는 반드시 출처가 분명하고 신뢰성이 있어야 하며, 비용추정을 한 후 제 3자가 필요시 추적 가능해야 한다.

가. 자료수집 절차

자료수집은 비용추정 과정에 있어서 가장 어려운 과제 중의 하나이다. 처음부터 어떤 자료가 구체적으로 필요한지 분명하지 않으며 자료의 원천도 식별하기가 쉽지 않다. 자료의 출처를 알고 있다고 해도 때로는 접근하기가 어려운 경우도 있다. 어렵게 찾아낸 자료가 실제 추정에 활용하려고 보면 필요한 자료가 아닐 수도 있다. 일단 수집된 자료는 직접 활용할 수 없고 복잡한 표준화 과정을 거쳐서 검증된 후에야 사용할 수 있다.

자료수집을 위해 비용분석가는 다음과 같은 4단계 과정을 거쳐서 원하는 자료를 수집할 수 있다. 첫째, 비용분석가는 비용추정 임무의 전반적인 구조를 이해하고, 둘째, 비용추정 구조와 추정범위를 설정하고, 셋째, 비용추정에 사용하게 될 추정기법과 필요한 자료를 이해하고, 마지막으로 자료수집 계획을 수립한다.

(1) 비용추정의 전반적인 구조 이해

비용분석가는 자료수집 전에 비용분석의 목적과 범위, 용도 등 전반적인 구조를 먼저 이해해야 한다. 비용추정 목적이 예산편성을 위한 것인지, 독자적인 추정(ICE : Independent Cost Estimate)인지 또는 계획을 위한 수명주기 비용추정인지가 명확히 식별되어야 한다. 때로는 서로 경쟁되는 대안에 대한 비용추정일 수도 있고 투자를 하기 위한 경제성 분석이 될 수도 있다. 가끔 비용추정 자체가 위험분석에 중점을 두거나 체계선정이나 계약을 위한 목적으로 실시하는 경우도 있다.

비용추정 내용에 대한 이해도 있어야 한다. 시스템에 대한 전체 비용인지, 분야별 직접비, 간접비, 개발비 등인지에 대한 세분화 정도도 파악되어야 하고, 비용분석에 소요되는 기간과 주어진 조직과 인원으로 수행가 능한지 여부에 대한 판단도 되어 있어야 한다.

(2) 비용추정 세부구조 설정 및 범위 제한

비용추정 임무의 전반적인 사항에 대한 이해를 했다면 다음 단계는 정확히 무엇이 추정되어야 하고 어떻게 비용추정을 할 것인가를 보여주어야 한다, 먼저 비용요소구조(CES : Cost Element Structure)를 차례로 정리해 나가는데 이것은 WBS로부터 찾아낸다. 이러한 CES은 비용추정 전반에 걸쳐 누락되지 않도록 식별되어야 한다. 수요자가 비용추정에서 요구하는 부분이 모두 포함되어야 하며, 이를 충족시키기 위한 자료수집의 한계를 결정해야 한다. 자료의 규모나 년도, 수집범위 등에 관해 경계선을 찾아낸다. 불필요하게 수집범위를 확대하면 그만큼 비용과 시간이 많이 소요될 수 있기 때문이다.

비용요소가 정의되면 CES는 비용범주별로 보다 세분화되어야 한다. 실제 시스템을 운영할 때 연구예산, 자본개선, 일일 운영과 같이 구분되어 있다면 비용자료를 그에 맞게 구축해야 할 것이다. 이것은 나중에 수집된 자료를 추적하거나 검증하는데 도움을 줄 수 있다.

(3) 자료 소요 판단

비용분석가는 어떤 자료가 필요하며 수집되어야 하는가를 이해해야 한다. 즉, 추정에 사용하고자 하는 기법을 사용할 때 구체적으로 어떤 자료들이 필요하며 그러한 자료원은 식별되었는가? 식별된 CES별로 잠재적 자료 출처는 알고 있는가? 선정된 비용추정 기법에 필요한 CER이나 모델, 필요한 요소들에 대해 충분한 이해를 하고 있으며 여기에 사용될 자료들의 가용성과 한계는 식별되었는가? 비용분석가는 식별된 자료에 대해 분석이 제한되면 또 다른 기법이나 방법들을 준비해야 하며 여기에 필요한 자료들이 추가적으로 수집되어야 할 것이다.

잠재적인 자료원은 과거 비용 DB나 예산, 회계자료, 또는 사업계획 추진과정에서 얻을 수 있는 성과관리자료, 계약자료, 창정비 자료, 기타 관련기관의 자료들이 될 수 있다. 그리고 공급자 비용정보, 시장조사 자료, 방산업체 정보자료, 카탈로그 자료 등이 또 하나의 자료원이 될 수 있다. 가능하다면 비용추정 대상 시스템과 유사한 시스템이나 앞서 추진한 사례가 있다면 이와 관련된 자료는 반드시 식별해 두어야 한다. 비용추정은 결코 자료 없이는 분석적인 추정 근거를 확보할 수 없기 때문이다.

비용분석가는 CER에 의존하면서도 비용추정 대상 시스템에 가장 영향을 많이 주는 비용주도요인(Cost Drivers)을 알고 있어야 한다. 자료수집 과정에서 단순히 숫자를 모으는 것이 아니라 비용추정에 영향을 주는 요소를 이해하고 이들이 비용에 어떤 영향을 미치는지 이해해야 한다. 비용주도요인은 CER에 있어서 독립변수로서 중요한 역할을 할 뿐만 아니라 전체 비용추정에도 상당한 영향을 미치기 때문이다. 예를 들면 운영유지비 추정을 위해서 항공기는 비행시간, 함정은 운항시간이 중요한 비용요소이며, 생산비 추정 시에는 생산량, 평균 롯드 수, 단위생산 비용 등이 비용주도 요인이 될 것이다. 또한 비용은 무인 항공기와 유인 항공기의 경우나, 상업용과 군사용 시스템 같이 운영환경에 따라 상당한 차이가 날 수 있다.

이와 같은 비용주도 요인을 식별하는 방법으로는 해당 분야의 전문가와 인터뷰를 통해서 확인할 수도 있고, 시스템의 기술적, 운영적 변수를 이해함으로서 찾아낼 수도 있다. 일단 자료를 수집한 다음에는 자료를 산포도로 표시하거나 그림을 통해 비용에 가장 영향을 미치는 요소를 찾아낼 수도 있다.

(4) 자료수집 계획 수립

비용추정에 필요한 자료가 식별되면 구체적인 수집계획을 수립해야 한다. 가능하면 비용추정에 요구되는 각각의 비용요소에 대해 주 자료원과 보조 자료원을 식별해 두는 것이 바람직하다. 보조 자료원은 주자료원에서 문제가 생겨서 자료수집이 곤란할 경우 대안으로 활용할 수 있기 위해서이다. 모든 자료원에 대해서는 상호 검증을 통해 신뢰성을 확인할 필요가 있다. 비용추정 일정을 준수하기 위해서는 자료수집 일정이 체계적으로 수립되어야 한다. 비용추정에서 가장 많은 시간이 자료수집에 할당되기 때문이다.

비용추정에 필요한 자료는 여러 기관과 업체에서 보유하고 있기 때문에 비용추정 담당부서는 이들 관련 기관과 자료협조 체제를 반드시 구축해 두어야 한다. 최종적으로 세부 자료수집 계획이 완료되면 상부로부터 이 계획을 승인받고 관련기관과 협조 하에 주어진 기간 내에 수집을 완료할 수 있도록 해야 한다.

그러나 자료수집 과정에서 예상되는 문제점도 많이 발생할 수 있다. 자료에 대한 정의 자체가 일관되지 못해서 혼란을 주는 경우가 있으며, 동일한 자료를 서로 다른 기관에서 다르게 정의하고 있는가 하면 동일한 자료원이라고 하더라도 시간에 따라 자료를 다르게 정의하고 있는 경우도 있다. 사업계획의 특성상 새로운 기술이나 자재가 필요하거나 사업일정이 지나치게 공격적인 경우, 제조과정에 변화가 있는 경우, 비용절감 정책이 포함되어 있는 경우 등은 기존의 수집된 자료를 활용해서 추정하는데 한계가 있다.

나. 자료의 형태

비용자료는 일차자료(Primary data)와 이차자료(Secondary data)로 식별된다. 일차자료는 근본적인 자료원으로부터 얻어진 자료로 가장 신뢰할 수 있으며 수정되거나 변형되지 않았으며, 과거 자료로서 가장 신뢰성 있는 자료들이다. 이 자료는 계약자로 부터 직접 수집하거나 정부의 보고서, 검사결과, 창정비자료 등과 같은 자료들이다.

이차자료는 일차자료에서 추출된 자료이다. 비용추정치, 각종 연구자료, 계약자 비용보고 요약서, 하청업체 비용추정자료와 같은 것들이다. 이차자료는 질적인 측면에서는 일차자료에 뒤지지만 비용추정을 위해 여러가지 측면에서 유용하게 활용될 수 있다. 특히 이차자료는 자료의 표준화 과정에서 많은 참고가 되며, 다른 자료와 함께 사용할 때 검증하는데도 효과적으로 사용될 수 있다.

다른 측면에서 비용자료는 객관적인 자료와 주관적인 자료로 분류할 수 있다. 객관적인 자료는 통상 정량적인 자료이며 일차적인 자료로서 공식적인 자료수집과정을 통해서 얻은 자료를 의미한다. 예를 들면 공장에서 근무시간, 검사결과, 코드 수(SLOC), 기능점수(FP)와 같은 자료들이다.

주관적인 자료는 추정대상체계의 어떤 특성이나 조건에 대해 개인적, 집단 간의 느낌이나 이해에 근거를 둔 자료이다. 이러한 자료들은 정량화하기 어렵지만 객관적인 자료를 뒷받침하는데 사용될 수 있다. 주로 공학적인 판단을 하는데 많이 쓰인다. 예를 들면 복잡도, 난이도, 신기술 정도, 안정화 정도, 통합도 등은 정량화할 수 없는 자료이지만 필요에 따라 정량화를 위해 주관적으로 숫자를 부여할 수 있다.

〈도표 2-1〉 자료의 형태 및 자료원

자료범주	자 료 형 태	자 료 원
비용 자료 (Cost)	• 과거비용자료 • 노무 공수 • 과거자료로부터 구한 CERs	• 기본 회계자료 • 비용보고서 • 과거 DB • 계약관련 자료 • 비용제안서(2차 자료)
기술 자료 (Technical)	• 물리적인 특성 • 임무수행 특성	• 기능 전문가 • 기술 DB • 공학적 전문가, 설계
계획 자료 (Program)	• 연구개발및 생산계획 - 생산계획 문건 - 생산율/생산중단 • 설계변경 • 비정상치(스트라이크 등)	• 사업계획 DB • 조직/ 기능

자료는 <도표 2-1>에서 보는 바와 같이 비용, 기술, 계획과 관련된 3가지 분야를 식별할 수 있다. 비용자료는 주로 재료비나 노무공수와 관련된 자료가 주종을 이루는데 단순한 숫자 자체는 아무런 의미가 없고 반드시 기준년도, 단위 등이 포함되어 있어야 한다.

기술 자료나 사업계획 자료는 비용추정을 하는 기반을 조성하는데 필요한 자료이다. 기술적인 특성은 시스템을 정의하고 비교할 수 있게 한다. 예를 들면 구성품의 크기, 중량, 고장 및 수리율, 신뢰도, 정비 관련 변수들이 물리적 특성이 된다. 기술적인 자료는 시스템 운영자료, 운행시간, 배치계획 등이 되며 이런 요소들이 비용추정에 직접적으로 활용될 수 있다.

사업계획과 관련된 자료는 추진 일정, 자금할당, 계약형태, 설계변경, 생산중단, 물량조정 등과 같은 요소들이며 이러한 자료 역시 비용에 많은 영향을 미치게 된다.

앞에서도 언급했지만 비용 자체는 단순한 숫자로 아무런 의미를 갖지 못한다. 비용자료에는 반드시 시간과 구체적인 범위, 옵션 등이 포함되어 있어야만 비용분석가가 활용할 수 있다. 다음의 예제를 보자.

좋은 비용자료 예

2008년 Dodge Ram 1,500 regular cab ST 4x4 Truck은 표준 모델로서 선택사양으로 Power Package 와 Tow Package를 가지고 있고 수동미션인 경우 선적비용과 운송비용(750$)을 제외하고 18,500$이다.

이 자료에서는 Dodge Ram의 비용자료를 제시함에 있어 수량과 구체적인 모델, 년도, 선택사양 등이 상세하게 제시되어 있다. 추가적으로 선적비용과 운송비용까지 제시하고 있으므로 비용분석가의 입장에서 필요한 모든 정보를 포함하고 있다고 볼 수 있다.

다음은 불완전한 비용자료의 예이다.

불완전한 비용자료 예

- O & M Utilities 3,600$
- 해군은 함정당 일일 5,000 바렐의 유류를 소모

이 자료에서는 어떤 유틸리티를 의미하며 어디에서 얼마 기간 동안(1년 혹은 1개월) 36,500$가 필요한지 설명되지 않고 있다. 또한 비용 자체가 2008년 기준인지 10년 전인지 알 수가 없다.

또한 비용자료 역시 충분한 정보를 제공해주지 못하고 있다. 함정의 종류나 유류의 종류가 식별되지 않고 있으며 모든 함정의 평균인지, 작전중인 함정만을 의미하는 것인지 불분명하다. 이와 같이 불완전한 정보를 가진 자료는 비용추정에 사용될 수 없고 자료로서 가치가 떨어진다.

다. 자료수집시 고려사항들

지금까지 비용분석가에 있어서 자료가 얼마나 중요하며 어떤 형태의 자료가 필요한가에 대해 언급했다. 비용추정에 필요한 자료는 항상 가까운 곳에 쉽게 수집할 수 있는 위치에 있지 않다. 이런 자료는 다음과 같은 특성을 만족해야 한다.

첫째는 자료의 가용성(Availability)이다. 많은 경우에 필요한 자료를 식별해 놓았지만 주어진 시간 내에 확보할 수 있는 것인가의 문제다. 비용추정에 필요한 만큼 충분한 자료가 있으며 요구하는 수준만큼 세분화 되어 있느냐 하는 것이다. 대부분 가용한 자료는 부분적으로 필요한 만큼만 가지고 있거나 분석가의 요구를 충족시키지 못하는 불완전한 자료들이다. 어떤 자료는 가용하지만 분석가의 목적에 맞는 형태가 아닌 경우도 있다. 예를 들면 비용분석가는 어떤 시스템의 체계공학 시간과 관련된 자료를 원하고 있는데 실제 수집된 자료는 체계공학과 사업관리 자료가 복합적으로 혼합된 자료만 있으며 시간과 관련된 자료는 없다는 경우이다. 이 경우에 정확한 자료는 구할 수 없고 분석가는 수집된 가용한 자료로부터 필요한 자료를 추정해 내야 한다.

둘째는 자료의 접근성(Accessibility)이다. 자료는 있지만 어떤 이유에서든지 접근할 수 없는 경우가 있다. 비밀로 분류되어 있거나 지나치게 민감한 자료이어서 획득이 곤란한 경우를 들 수 있다. 아무리 좋은 자료라고 하더라도 주어진 시간 내에 자료원에 접근할 수 없다면 그러한 자료는 비용추정에 사용할 수 없게 된다. 일차적 자료가 가용하지 않거나 접근할 수 없다면 비용분석가는 그 자료를 확보할 수 있다는 가정 하에 설정한 추정 방법론을 계속 사용할 수 있는지를 검토해야 한다.

셋째는 자료의 타당성 또는 합리성(Reasonability)이다. 수집되었거나 수집예정인 자료가 비용추정에 사용할 수 있을 만큼 현실성이 있으며 적용가능한 자료인가를 확인해야 한다. 지나치게 오래된 자료이면 현재 혹은 미래의 시스템을 추정하는데 적절하지 않을 수 있기 때문이다. 예를 들면 최신 항공기의 각종 미사일에 장착된 탄두의 비용을 추정하려고 하는데 20~30년전 항공기에서 공중투하용으로 쓰던 Non-Smart탄의 자료는 적용 자체가 곤란하다. 수집된 자료에 대해서는 비용추정에 사용할 수 있는가에 대한 타당성 검증되어야 한다. 예를 들면 일반적으로 상용소프트웨어 패키지는 통상 1,000$정도로 알려져 있는데, 비용추정 대상 체계의 컴퓨터 터미널에서 사용하는 상용소프트웨어 패키지(COTS)를 9,000$이라고 수집되었다면 이 자료는 수집과정에서 잘못 기재되었거나 착오가 있는 것이 분명하다. 하나의 자료에 대해 두 개 이상의 자료원으로부터 수집이 가능하다면 상호 확인 과정을 통해 타당성을 교차검증할 수 있다.

넷째는 자료수집에서의 시간제한(Time Constraints)이다. 자료수집은 시간과의 전쟁이다. 모든 자료를 일차 자료원으로부터 수집할 수 있다면 가장 바람직하지만 때로는 시간제약 때문에 그러지 못한 경우가 많다. 수집된 자료가 어떤 목적으로 어디에 사용될 것인가에 따라 수집요구가 달라지게 된다. 만약에 수집된 자료를 실제 비용추정 모델에 사용하기 위해 복잡한 표준화 과정을 거치게 된다면 시간제한으로 인해 다른 자료를 찾을 수밖에 없다. 자료원으로부터 자료수집이 너무 시간이 많이 걸리거나 수집후 표준화 과정 등 가공 처리시간이 많이 걸린다면 이차 자료원으로부터 수집한 자료가 더 유용할 수도 있다. 다시 말하면 "준비된 상자 안"으로 들어갈 수 있는가를 먼저 확인해야 한다. 그렇지 못하다면 또 다른 형태의 자료를 구하거나 표준화 과정을 거쳐야 한다.

라. 자료의 표준화(Normalization)

비용분석가가 직면하는 가장 어려운 문제 중의 하나는 비용자료의 식별과 표준화이다. 실제 수집된 자료는 일정한 기준에 의거 보정작업이 필요한데 두 가지 목적이 있다. 첫째는 자료의 일관성을 유지하면서 분산을 최소화하는 것이며 둘째는 비교가능한 동질의 자료를 확대시키는 것이다. 과거 자료는 시간대별로 구매지수가 다르기 때문에 비교시점을 기준으로 환산할 필요가 있다.

<그림 2-1>은 전형적인 비용자료 표준화 과정을 보여주고 있다. 이 그림이 모든 상황을 설명하고 있는 것은 아니지만 자료 표준화 과정에서 중요한 활동들을 나타내고 있다.

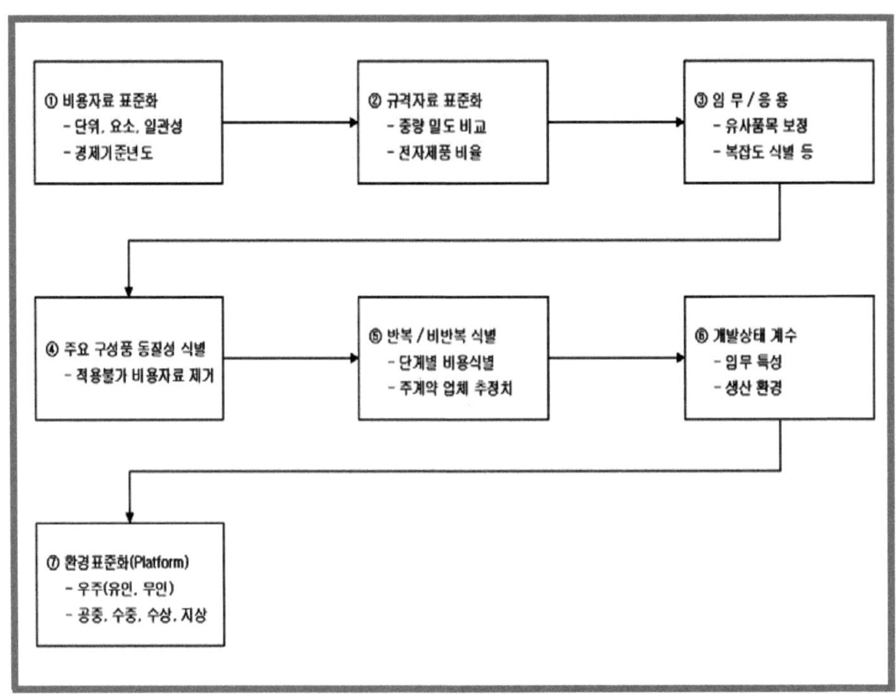

〈그림 2-1〉 자료 표준화 과정

(1) 비용자료의 표준화

비용자료는 통상 재료비와 시간당 노무비를 의미한다. 단순한 비용만으로는 아무런 의미가 없다. 비교 가능한 자료가 되기 위해서는 인플레이션 지수가 반영된 비용으로 조정해야 한다. 97년, 99년, 2000년, 2005년 등의 비용자료가 수집되었다면 이들 자료를 서로 비교 가능하도록 어떤 기준년도에 맞추어서 표준화 시켜야 한다. 노무공수에 대한 자료도 동일한 차원에서 다루어져야 한다. 노무공수는 쉽게 파악될 수 있지만 단위시간당 노무비는 정확히 식별되어야 한다. 수집된 노무공수 자료가 직접 노무시간인지, 간접 노무시간까지 포함되었는지 여부가 식별되어야 한다. 일차원 자료라고 하더라도 서로 다른 기관에서 수집된 것이라면 이런 측면에서 자료를 분석하여 표준화 과정을 거쳐서 비용추정에 활용해야 한다.

다음은 비용단위의 표준화이다. WBS상에 나타난 각 하부체계별로 수집된 비용이 달러나 파운드, 원화, 기타 유럽 및 다국적 기준화폐로 제시되어 있다면 어느 한 가지 화폐로 통일을 시켜야하며, 비용단위도 1,000$ 혹은 10,000$ 등 어느 하나의 기준으로 환산해서 쉽게 비교할 수 있어야 한다.

(2) 규격의 표준화

크기나 중량, 밀도와 같은 규격과 관련된 자료는 반드시 어느 한가지로 표준화 되어야 한다. 대부분 비용추정 전산모델에서는 WBS상의 하부체계에 대해 크기나 중량, 밀도와 같은 자료를 요구하는데 이러한 자료는 공통된 단위로 입력을 시켜야 한다.

(3) 임무 응용 및 주요 구성품의 동질성 식별

또 다른 표준화 방법 중 하나는 수집된 자료를 적용가능 하도록 통합하거나 조정 하는 것이다. 대부분의 경우 수집된 자료가 추정하려고 하는 시스템과 정확하게 일치하지는 않는다. 이때 유사한 임무나 특성별로 그룹을 지어서 분석가가 사용 가능하도록 하는 것을 의미한다.

<도표 2-2>에서 보는 바와 같이 과거 어떤 항공기의 개발사례에 대해 자료를 수집했는데 현재 추정하려고 작성한 WBS와 비교해 보니 유사한 부분과 통폐합 부분을 식별할 수 있다. 즉, 현재 분석하려고 하는 시스템에서는 "Communication과 Navigation"을 분리해 놓았으나 수집된 자료에서는 통합되어 있었으며, 과거 자료는 "Avionics"와 관련 자료가 통합되어 있었으나 분석대상 시스템에서는 "ECM, Auto Flight Control, Mission Subsystem"으로 구분해 두었고 SE와 PM은 통합하였다. 이런 경우에는 과거 자료를 수집한 다음 현재 WBS에 맞추어서 분리할 것은 분리하고 통합이 필요한 것은 다시 조정 통합해서 활용하도록 해야 한다.

〈도표 2-2〉 수집된 자료의 재구성

분석대상 WBS	과거 자료 WBS
Air vehicle('11)	Air vehicle('97)
Airframe	Airframe
Power plant	Propulsion
Communication	Comm/NAV
Navigation	Avionics
ECM	
Auto Flight Control	
Mission Subsystem	SE
SE/PM	PM
DATA	DATA

(4) 주요 구성품의 동질성 식별

WBS에서 식별된 모든 하부 체계별로 비용자료를 수집한 후에 각 항목별로 누락된 부분이 있는가를 확인해야 한다. 실제 자료수집 과정에서 보면 여러 개의 기관이나 업체에서 수집하기 때문에 자료의 구성이나 요구하는 수준이 서로 다를 수 있다. 수집된 자료 중에서 중복되거나 사용할 수 없는 비용자료는 오히려 혼란을 줄 수 있으므로 제거하는 것이 낫다. 또한 상당한 부분에 있어서 자료가 누락되어 있는 부분을 발견하게 되면 추가로 수집을 하거나 전문가적인 판단에 의해 추정하여 사용할 수 있도록 해야 한다.

(5) 반복, 비반복 비용 식별

시스템 획득비용을 추정할 경우에는 반드시 반복 비용과 비반복 비용이 구분되어야 한다. 비반복 비용은 시스템의 개념설계, 분석, 개발, 시험평가 등과 같은데 소요되는 비용을 총 망라하는 일종의 고정비용이다. 개발에 필요한 장비의 제작, 시험, 운영과 관련된 비용, 시스템이 정상적으로 운영되기 전 소프트웨어의 개발, 시험 평가 비용 등도 비반복 비용에 속한다. 개발, 생산, 검사에 소요되는 각종 공구, 지원 장비도 비반복 비용에 포함된다.

반복 비용은 양산단계에서 시스템의 완제품을 반복적으로 생산하는데 소요되는 비용을 의미한다. 생산에 필요한 각종 재료비, 노무비, 시험평가비, 지원 장비비, 검사장비비, 각종 수리부속비 등이 여기에 속한다. 각종 시험장비, 생산 장비의 정비비, 하드웨어 및 소프트웨어 운영유지비도 반복 비용에 속한다.

이와 같이 수집된 자료에 대해 반복 비용과 비반복 비용을 정확히 식별하여 구분하고 누락된 부분에 대해 추가로 수집하거나 추정을 해야 한다. 실제 비용추정과정에서 비반복 비용들이 잘못하여 반복 비용으로 추정된다면 양산단계는 예상했던 것 보다 높게 추정될 것이다.

(6) 운영 환경의 표준화

또 하나의 표준화는 운영환경의 표준화이다. 유인 우주선과 무인 우주선 시스템을 비교하면 시스템의 특성이나 비용 측면에서 상당한 차이가 있다는 것을 알게 된다. 시스템이 운영되는 지역이나 온도, 습도, 기간에 따라 시스템의 형상이 달라지고 그로 인해 비용도 많은 차이가 나게 된다. 비용추정 전산모델들은 이런 시스템 운영환경 변수를 중요하게 취급하고 있으며, 상업용과 군용시스템에서 플랫폼 변화에 따른 비용추정 변화를 예측하고 있다.

(7) 생산물량의 표준화

생산물량과 비용은 어떤 관계를 가지고 있는가? 생산 물량이 많을수록 비용 개선 효과가 얼마나 일어나고 있는가? 이와 같은 비용 개선 효과를 학습곡선(Learning Curve), 또는 학습이론(Learning Theory)라고 한다. 상세한 내용은 나중에 설명하지만 여기서 언급할 내용은 수집된 자료를 이용해서 이러한 학습이론에 맞추어 자료를 표준화해야 한다. 각종 매개변수 추정모델에서는 직접노무비를 추정하는데 단위학습이론이나 누적학습이론에 의한 방법을 사용해서 단위생산 비용이나 누적생산비용을 추정하고 있다.

비용자료를 통해 생산시간이나 비용 추정 CER을 개발하고자 할 때 가장 중요한 자료가 최초 생산시간 (T1)이다. 실제 추정과정에서 최초 생산에 소요된 시간을 찾아내는 것은 대단히 어렵다. 이는 대부분 현장에서 초도제품을 생산할 때 체계적으로 노무시간에 대한 자료가 확보되어 있지 않기 때문이다.

(8) 자료 표준화시 고려사항들

자료 표준화 과정에서는 수집된 자료에 대해 보정 및 수정과정이 필요하다. 과거 시스템과 현재 추정하려고 하는 시스템을 비교하면 기술적인 변화, 자료수집 방법의 차이, 생산 방법 및 시설 개선, 설계방법, 인플레이션이나 디플레이션에 의한 비용 차이가 발생할 수 있기 때문이다.

첫째, 과거 및 현재 시스템 간에 사업계획이나 범위에서 차이점을 식별해야 한다. 예를 들면 시스템 체계공학 부서에서 5개의 주요 사업계획을 추진했는데 그 중에서 2개의 사업은 DTC(Design To Cost)소요로서 현재 시스템에서는 다른 부서에 반영되었다고 한다. 이런 경우에 사업계획 범위를 일치시키기 위해 2개의 사업에 소요된 DTC 시간은 제외시켜야 한다.

둘째, 비정상 자료에 대한 보정이 필요하다. 자료를 수집하는 단계에서는 사용가능 여부를 판단할 수 없다. 일단 필요한 자료라고 판단되어 수집된 자료는 일차적으로 사용가능성을 분석하여 비정상적으로 수집되었거나 이상치로 판단되면 그 자료는 버리든지 보정하여 사용하도록 해야 한다. 이러한 과정은 반드시 문서화하여 나중에 검증이 가능하도록 하는 것이 좋다. 예를 들면 어떤 무기체계의 개발사업에 대한 자료를 수집했는데 그 중에서 1개의 자료는 검사과정에서 중요한 요소에 대한 실패한 경우를 포함하고 있다고 했다. 이 때문에 문제를 식별하고 해결책을 강구해서 추가 시험을 하느라고 상당한 노무공수가 추가되었다고 한다. 이 경우 그 자료를 다른 자료와 함께 수집된 DB에 포함시키는 것이 타당한가? 만약에 포함시키려면 어떤 보정 절차를 거쳐야 하는가?

때로는 기술 변화로 인해 자료들이 보정되어야 하는 경우도 있는데 이런 상황을 반영하기위해 대부분 비용추정 상용모델들은 입력자료를 작성할 때 기술 개선 효과에 대한 보정을 하도록 요구하고 있다. 어떤 전자회로가 최초에는 Discrete Component로 구성되어 있다가 지금은 기술의 발달로 아날로그를 거쳐서 디지털 형태로 발전하고 있다. 이 때 전자회로나 부품들은 성능의 향상뿐만 아니라 부피도 작아지고 무게도 줄어들게 되는데 이런 상황에서 과거 자료를 가지고 직접 비용추정을 한다면 많은 오차가 발생될 수 있다. 이러한 경우에는 적절한 보정이 필요하다.

만약 비용 분석가가 다음과 같은 4종류의 자료를 수집했다고 하자.

〈도표 2-2〉 로트별 수집 자료

lot	총 시간	로트별 숫자	단위당 평균시간
lot1	256,000	300	853
lot2	332,000	450	738
lot3	361,760	380	952
lot4	207,000	300	690

이런 경우 Lot 3의 자료는 다른 자료에 비해 단위당 시간이 너무 큰 것을 볼 수 있는데 자료분석을 통해 어느 정도 보정을 하든지 아니면 이상치로 처리하는 결정을 내려야 한다.

다음은 어떤 회사에서 수년전에 생산했던 시스템을 업그레이드 시켜서 생산하려고 한다.

과거 생산 자료를 이용해서 새로 생산예정인 시스템의 비용을 추정하려고 하면 몇 군데 보정이 필요하다. 이 자료는 앞으로 생산예정인 시스템에 적용시키기 위해서는 인플레이션 요소, 생산량의 차이, 생산기간, 예비부품의 추가, 중량 및 부피의 변화 등에 관한 사항들이 수정 및 보완되어야 한다. 생산량의 증가로 인한 생산능력의 수용여부가 판단되어야 하고 중량이나 부피가 축소되면서 전자부품의 중량은 오히려 늘어나서 성능 향상을 가져왔으므로 인해 제조과정에서 난이도는 증가되었을 것으로 판단할 수 있다. 과거 자료는 새로운 시스템의 비용을 추정하는데 충분한 정보를 제공하고 있지만 그런 자료를 미래 시스템에 적용하기 위해서는 충분한 검증과 보정과정을 거쳐야 한다.

〈도표 2-4〉 과거 시스템과 생산예정 시스템 수집 자료(성능)

변 수	과거 시스템	생산예정 시스템
생산량	500	750
규 격	외부 케이스 22lb 내부 샤시 5lb 전자 부품 8lb	외부 케이스 20lb 내부 샤시 5lb 전자 부품 10lb
부 피	1 cubic ft	0.75 cubic ft
단위생산비용	100$	?
기타 요소	5% electrical 추가 spare parts	5% electrical no spare parts

2. 학습효과 적용방법

가. 학습효과의 이론적 배경

학습효과란 작업자가 생산현장에서 동일한 작업을 반복하여 계속할 경우 작업능률이 향상되는 것을 의미한다. 한 가지 작업을 반복하여 수행함으로서 그 작업에 대한 경험, 지식, 기술이 축적되어 작업을 보다 용이하게 수행할 수 있기 때문이다. 이와 같이 작업장에서의 노동생산성 증가현상을 학습효과(Learning Effect)라고 한다. 학습효과는 여러 가지 명칭으로 불리는데 함수식에 의해 나타낸 것을 학습곡선(Learning Curve)라고 하며 이것은 학습률(Learning rate), 경험곡선(Experience Curve), 효율곡선(Efficiency Curve), 제조과정곡선(Manufacturing Progress Curve), 향상곡선(Improvement Curve), 원가수량관계(Cost-quality Relationship), 동적원가함수(Dynamic Cost Function) 등으로 불리기도 한다.

이러한 학습효과는 작업방법, 설비배치, 생산계획, 동기부여 등 여러 가지 관리적 요인과 기술적 요인의 개선에 의해서 생산 초기에 주로 발생한다. 시간이 지나면서 학습효과는 점점 줄어들게 되고 일정한 시점에서는 더 이상 학습효과가 발생하지 않는 정체현상이 생기게 된다.

비용분석 및 추정에서 학습효과는 직접 노무공수를 산정할 때 중요한 기준이 되고 있다. 학습효과를 적용시키는 기본적인 이론은 단위학습이론(Unit Learning Theory)과 누적학습이론(Cumulative Learning Average Theory)이 있다. 최초 학습이론을 제시한 사람은 T.P. Wright로서 "안정적인 작업환경에서 생산량을 2배로 증가시킬 때 마다 직접 노무비(시간)가 일정 비율로 감소한다"고 했다. 직접 노무비용은 그 품목의 생산비용에만 제한이 되어 있다. 이것은 생산 기간 중에 설계 및 생산과정이 동일한 수준으로 남아있을 때 적용 가능한 기준임을 의미한다.

학습이론은 <그림 2-2>에서 보는 바와 같이 생산량을 두 배로 증가할 때마다 비용은 일정한 비율로 감소하는 비율을 학습율, 또는 학습곡선이

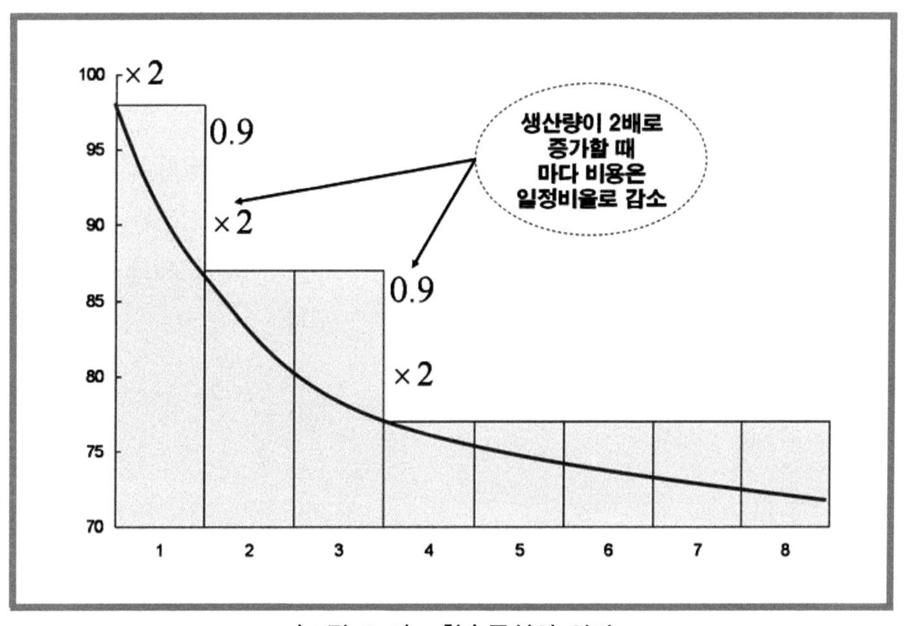

〈그림 2-2〉 학습곡선의 의미

라고 하며 다음의 수식으로 표현된다.

$$y = ax^b$$

y는 비용(시간)을 의미하고, x는 생산량이며, a, b는 학습율을 나타내는 매개변수이다.

그림에서 보면 첫 번째 제품의 비용이 100이었다고 하면, 2번째 제품의 비용은 10%가 절감된 90이 되고, 다음 생산량의 두 배인 4번째 제품은 2번째 제품의 90%인 81이 되며 8번째 제품은 81×0.9=72.9가 된다는 것이다.

이와 같은 곡선 형태의 수식은 양변에 로그함수를 취하면 선형관계식으로 전환되어 회귀분석 방법을 통해서 쉽게 a, b와 같은 변수들을 추정해 낼 수 있다.

나. 단위학습이론(Unit Learning Theory)

단위학습이론은 1947년 J.R Crawford에 의해서 2차 대전 중 미 공군의 항공기 기체 생산과정에서 "생산량을 두 배로 늘릴 경우 단위당 평균비용이 일정 비율로 감소하는 것"을 보고 학습율이 발생함을 제기하게 되었다. 즉 생산량이 두 배로 증가하게 되면 단위 생산 비용은 일정한 비율로 감소하게 된다. 예를 들어 80%의 학습곡선을 가지고 있다고 하면, 그 의미는 매번 생산량이 두 배로 증가할 때 비용은 20% 절감된다. 첫 번째 생산 비용이 100이라고 하면, 두 번째 생산 비용은 80이 되고 네 번째 생산 비용은 두 번째 생산비용의 80%인 64가 된다.

이것을 수식으로 표현하면 다음과 같다.

$$Y_n = AN^b$$

여기서,

$Y_n = n$번째 생산제품의 비용(종속 변수)

A = 첫 번째 생산제품의 비용

N = unit number(종속 변수)

b = 학습율을 나타내는 상수, 경사도(slope=2^b)

위의 식에서 가장 중요한 파라메타는 b이며, 통상 그 값은 -0.5에서 -0.05의 범위의 값을 가진다. 그 의미는 대략 학습율이 70%에서 96%의 범위를 갖고 있음을 의미한다. 학습율이 크다는 의미는 생산량이 증가할수록 비용절감이 많이 이루어짐을 의미하는데 이런 경우는 수작업이 많은 경우이다.

자동화 정도가 많은 경우에는 생산량이 아무리 증가해도 학습율이 적게 발생한다. 따라서 b값이 0이면 생산량이 아무리 증가해도 단위생산 비용은 최초 생산비용 A와 동일하여 전혀 학습율이 없는 경우이다. b는 다음과 같은 방법으로 구할 수 있다. 즉, 생산량을 n에서 2n으로 증가하면 2n번째 생산비용은 일정비율로 감소하게 된다.

(2n)의 생산비용 = (n의 생산비용) × (학습곡선 경사도(slope))

$$A(2N)^b = AN^b \times (\text{학습곡선 경사도})$$

$$\text{학습곡선 경사도} = \frac{A2^b N^b}{AN^b} = 2^b$$

양변을 log 함수를 취하면 b를 다음과 같이 구할 수 있다.

$$\ln(slope) = b\ln 2$$

$$b = \frac{\ln(slpoe)}{\ln 2}$$

예를 들어 학습효과가 90%라고 하면 학습곡선 경사도값 b는 다음과 같이 된다.

$$\ln(0.9) = b \times \ln(2)$$

$$b = \ln(0.9)/\ln(2)$$

$$b = -0.152$$

(1) 학습곡선 경사도(b)와 최초 생산 비용(A)

비용추정을 하기위해 학습곡선을 이용하려고 하면 반드시 학습곡선 경사도(b)와 최초 생산비용(A)을 알아야 한다. 경사도(b)는 유사체계의 생산환경이나, 산업평균, 동일한 제품의 과거 자료 등에서 구할 수 있다. 최초 생산시간은 공학적 추정 방법이나 CER 또는 과거 생산 자료로부터 얻을 수 있다. 학습곡선에서는 최초 생산비용 값에 의해 나머지 생산비용들이 결정되기 때문에 가장 중요하게 결정되어야 하는 값이다.

경험에 의해 A와 b값을 구하지 못한 경우는 과거 생산 자료를 이용해서 구해야 한다. 앞서 언급한대로 단위 학습 곡선은 다음과 같이 표현된다.

$$Y_n = A\,N^b \tag{2-1}$$

이식을 자연로그 함수로 양변에 취하면,

$$\ln(Y_n) = \ln(A) + b\ln(N) \tag{2-2}$$

이식을 $Y^{'} = A^{'} + bN^{'}$로 표현하면 선형관계식이 되며 일련의 자료만 주어진다면 단순회귀분석(simple regression analysis)으로 변수값 $A^{'}$와 b를 구할 수 있다. 여기서 $A = e^{A^{'}}$로 치환하면 원하는 A, b를 모두 구하게 된다.

예제 2-1 다음과 같은 과거 자료가 있다고 하자. 이 자료를 이용해서 학습곡선식을 추정하고 경사도를 구한다음 150번째 생산비용을 추정하고자 한다.

unit #(X)	hours	ln(x)	ln(y)
5	60	1.60944	4.09434
12	45	2.48491	3.80666
35	32	3.55535	3.46574
125	21	4.82831	3.04452

먼저 5, 12, 35, 125번째 생산비용에 대한 생산시간 자료를 구한 다음 각각에 대해 자연로그 함수 값을 구한다. 이 값들에 대해 단순회귀분석 값을 구하면,

$$b = -0.32546$$

$$A' = 4.668 \rightarrow A = 101.298 \ (A = e^{A'})$$

따라서 학습곡선은 다음과 같은 수식이 된다.

$$Y_N = 101.3X^{-0.32546}$$

위의 식으로부터 150번째 생산제품의 생산시간을 구하면 다음의 값을 얻을 수 있다.

$$Y_{150} = 101.3(150)^{-0.32546}$$

$$Y_{150} = 19.83 \text{ hours}.$$

이 경우 학습곡선 경사도는 다음과 같다.

$$\text{학습곡선 경사도} = 2^{-0.32546} = 0.7980(79.8\%)$$

(2) Lot 별 생산비용 추정

학습곡선에 대한 방정식이 구해지면 그 식을 이용해서 일정한 로트에 대한 비용을 추정할 수 있게 된다. N 번째까지 총 생산비용은 다음과 같이 구한다.

$$CT_N = A(1)^b + A(2)^b + \dots + AN^b$$

$$CT_N = A(\sum_{N=1}^{N} N^b) \quad (2\text{-}3)$$

CT_N 은 N번째까지 누적 생산비용의 합이 되며, 이 값은 다음과 같은 근사값으로 구할 수 있다.

$$CT_N \cong \frac{A\,N^{(b+1)}}{b+1} \tag{2-4}$$

위의 예제에서 150번째 생산제품까지 총 생산비용은 위의 근사식을 이용하며, 다음과 같다.

$$CT_{150} \cong \frac{A\,150^{(b+1)}}{b+1}$$

$$CT_{150} \cong \frac{(101.3)\,150^{(-0.325+1)}}{-0.325+1}$$

$$CT_{150} \cong 4417.4 \text{ hours}$$

또한 로트별로 시작이 F이고 마지막 생산이 L일 경우 로트의 총 생산비용은 다음과 같이 구한다.

$$CT_{F,L} = A[\sum_{N=1}^{L} N^b - \sum_{N=1}^{F-1} N^b] \tag{2-5}$$

이 식은 다음과 같이 근사값으로 구해진다.

$$CT_{F,L} \cong \frac{AL^{b+1}}{b+1} - \frac{A(F-1)^{b+1}}{b+1} \tag{2-6}$$

다시 예제를 이용해서 26번부터 75번까지 생산비용의 합을 구하면 다음과 같다. 여기서, A=101.3, F=26, L=75, b=−0.375,

$$CT_{26,75} \cong \frac{(101.3)75^{(-0.325+1)}}{-0.325+1} - \frac{(101.3)(26-1)^{(-0.325+1)}}{-0.325+1}$$

$$CT_{26,75} \cong 1448.8 \text{ hours}$$

대부분의 비용자료는 단위당 생산비용으로 유지되기 보다는 로트 단위별로 유지되는 경우가 많다. 로트별 생산비용이 있는 경우에는 학습율을 계산하기 위해 자료의 수정이 필요하다. <그림 2-3>과 같이 로트별 생산수량이 다른 생산자료가 있다고 하자.

여기서 평균단위비용(AUC)과 일치하는 롯드의 중간지점 ALM(Algebraic

Lot Midpoint)를 구해야 한다. 정확한 ALM은 반복적인 과정을 통해서 구해질 수 있다. 통상 AUC와 일치하는 ALM을 구하기 위해 다음과 같은 수식을 이용한다.

$$ALM = \frac{F + L + 2\sqrt{FL}}{4} \tag{2-7}$$

ALM : 개략적 로트의 중간지점
F : 로트의 최초 시작시점
L : 로트의 최종 단위 숫자

ALM이 구해지면 이 값이 로트를 대표하는 독립변수 N 값이 되면서 앞에서 적용한 학습곡선식을 이용해서 장차 생산하게 될 생산비용을 추정할 수 있게 된다.

예제 2-2 로트별 생산비용 추정

다음은 Tank Turret Assembly에 대해 로트별 생산 자료를 수집한 것이

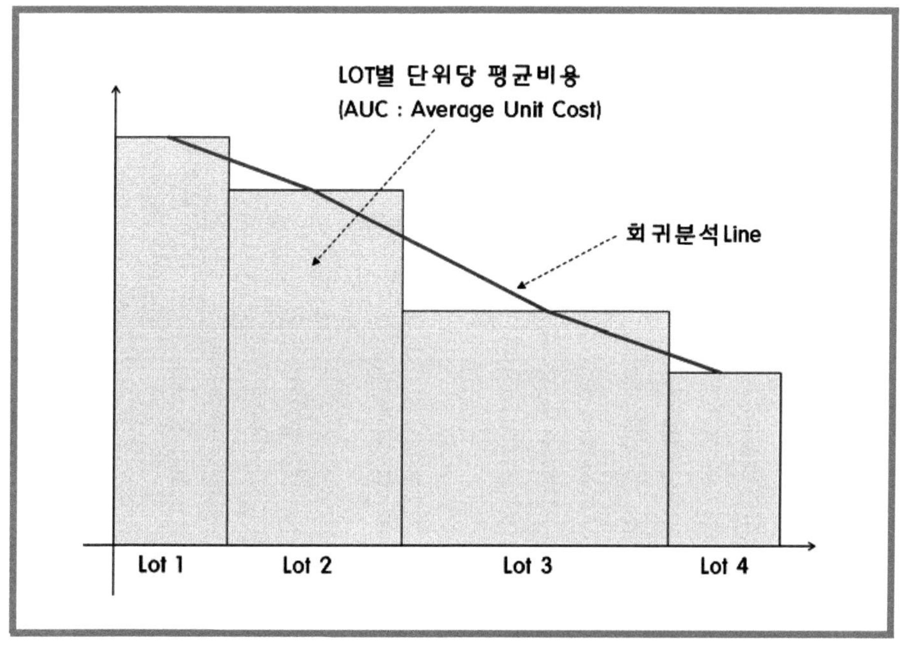

〈그림 2-3〉 로크별 비용자료가 있는 경우

다. 이 자료를 이용해서 단위학습곡선 식을 구하고 7번째 로트 75개를 생산하려고 계획하고 있는데 여기에 소요되는 비용을 추정하고자 한다. 과거 생산자료로부터 다음과 같은 일련의 자료를 확보했다고 한다.

Lot #	*Lot Size*	*Cost(Manhours)*
1	15	36,750
2	10	19,000
3	60	90,000
4	30	39,000
5	50	60,000
6	50	in process

이 자료를 이용해서 단위학습곡선 식을 구하기 위해서는,

첫째, 각각의 로트별 ALM, AUC 를 먼저 구한다.

둘째, 구해진 ALM 과 AUC 에 대해 자연로그값을 구한다.

셋째, 변환된 값을 이용해서 단순회귀분석을 실시하여 학습곡선 경사도 b와 A값을 구한다.

넷째, 주어진 구간 값에 대한 로트별 비용추정 값을 구한다.

위의 자료를 가지고 학습곡선을 로그함수로 변형시켜서 회귀분석하면 다음과 같은 결과가 얻어진다.

Lot#	*Lot*크기	*cost*	누적숫자	*ALM*	*AUC*	*ln(ALM)*	*Ln(AUC)*
1	15	36,750	15	5.0	2,450	1.609	7.804
2	10	19,000	25	20.25	1,900	3.008	7.550
3	60	90,000	85	51.25	1,500	3.937	7.313
4	30	39,000	115	99.97	1,300	4.605	7.170
5	50	60,000	165	139.42	1,200	4.938	7.090
6	50		215				

위의 자료를 가지고 회귀분석을 실시하면 다음의 결과를 얻게 된다.

$$b = -0.217$$

$$A' = 8.17 \Rightarrow A = 3533.22$$

$$slope = 2^b = 2^{-0.217} = 0.8604(86.4\%)$$

단위학습곡선 식 :

$$Y_N = 3533.22\,N^{-0.217}$$

위의 식을 이용해서 앞으로 생산하게 될 7번째 로트 75개를 생산하는데 소요되는 비용을 추정해보자. 이 경우 생산숫자는 실제 216번째부터 290번째까지 생산하는데 소요되는 비용을 추정하게 된다.

$$CT_{F,L} \cong \frac{AL^{b+1}}{b+1} - \frac{A(F-1)^{b+1}}{b+1}$$

A = 3533.22
F = 216
L = 290
b = -0.217

$$CT_{216,290} = \frac{3533.22}{-0.217+1}(290^{-0.217+1} - 216^{-0.217+1})$$

$$CT_{216,290} = 79,866.7 \text{ hours}$$

다. 누적학습이론(Cumulative Learning Average Theory)

누적학습 이론은 누적생산량이 두 배가 되면 생산 평균비용이 그 전에 비해 일정한 비율로 감소한다는 것이다. 예를 들어 90%의 학습곡선을 가지고 있을 때, 첫 번째 생산품의 평균비용이 100이라고 한다면 두 번째까지 평균 생산비용은 90%가 소요되어 90이 되며, 네 번째 누적생산 비용의 평균값은 2 번째 생산비용의 90%인 81이 된다는 것이다. 참고로 단위생산이론의 경우와 누적생산이론을 비교해보면 <도표 2-5>에서 보는 바와 같다.

〈도표 2-5〉 단위 및 누적생산 노무공수 비교

누적생산 수량	단위당 노무공수	누적평균 노무공수
1	100	100
2	90	95
4	81	88.91
8	72.9	82.17
16	65.61	75.25
32	59.05	68.47

누적학습이론과 단위학습이론을 그래프로 나타내면 <그림 2-4>와 같다. 평균적으로 단위학습이론이 누적학습이론에 비해 학습효과가 큰 것을 알 수 있다.

누적학습이론은 어떤 제품의 초도제품 생산비용이 크게 변화할 때 많이 사용된다. 시제품을 만들 때나 지원장비 및 시설이 충분히 갖춰지지 않았거나 초기단계 설계변경이 자주 있을 때 적용시킴으로서 학습율을

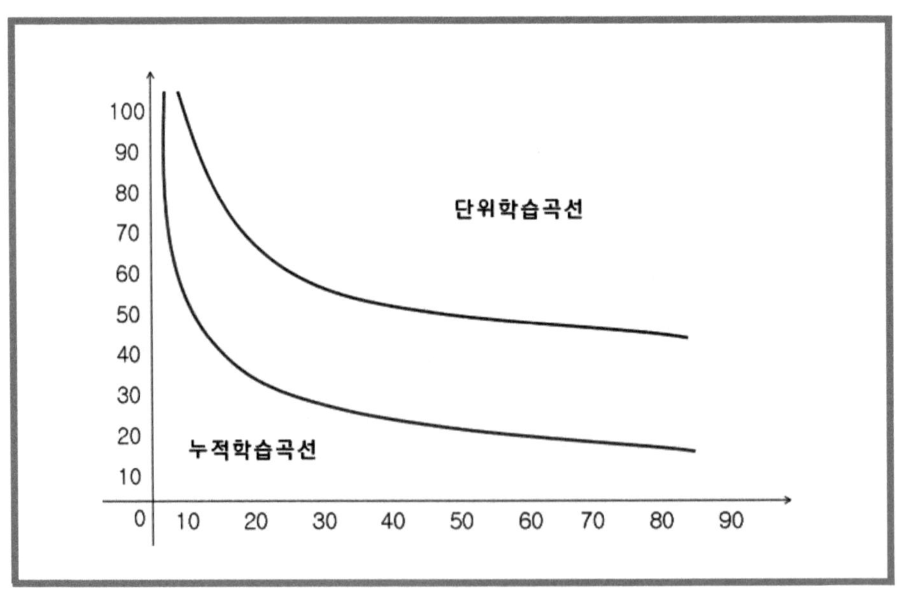

〈그림 2-4〉 누적 및 단위학습 곡선

완만하게 나타내는 방법이다.

누적학습이론은 단위학습이론과 수식은 동일한 형태로 표현되지만 해석은 서로 다르게 한다.

$$\overline{Y_N} = A N^b$$

$\overline{Y_N}$ = N개 까지 평균비용
A = 최초 생산비용
N = 누적 생산량
b = 학습경사도

첫 번째 생산품에서 (2n)번째 생산품까지 평균비용 = 학습곡선 경사도 × 첫 번째부터 n번째까지 평균비용

$$\text{학습곡선 경사도} = \frac{\text{첫번째부터 } 2n\text{번째까지 평균비용}}{\text{첫번째부터 } n\text{번째까지 평균비용}}$$

$$\text{학습곡신 경사도} = \frac{A(2n)^b}{A(n)^b} = 2^b$$

양변에 자연로그를 취하여 b를 구하면 다음과 같다.

$$\ln(\text{학습곡선 경사도}) = b \times \ln(2)$$
$$b = \ln(\text{학습곡선 경사도})/\ln(2)$$

비용추정을 위해 누적학습곡선을 사용하려면 앞서 언급한대로 학습곡선 경사도와 초도제품 생산비용이 필요하다. 학습곡선 경사도는 단위학습이론 때와 마찬가지로 유사제품 생산 경우나 산업평균치, 또는 과거자료를 통해 얻을 수 있다. 초도제품 생산비용은 공학적 추정치, CER, 과거 생산자료로부터 구할 수 있다.

과거자료가 가능한 경우에는 단위학습이론과 마찬가지로 회귀분석을 통해 학습곡선식을 구할 수 있다.

$$\overline{Y_N} = A N^b \tag{2-8}$$

양변에 자연로그를 취하면 선형관계식이 된다.

$$\ln(\overline{Y_N}) = \ln(A) + b\ln(N) \tag{2-9}$$

이 식은 y=ax+b 형태의 단순회귀분석과 같은 형태로서 단위학습이론에서 보여준 방법대로 A와 b를 구할 수 있다.

예제 2-3 다음과 같은 로트별 생산자료가 주어져 있다고 할 때 학습곡선 식을 결정해보자.

로트	로트비용 (백만$)	누적 수량(N)	누적 비용	누적평균 비용	ln(N)	ln(Y)
22	98	22	98	4.445	3.09104	1.49393
36	80	58	178	3.069	4.06044	1.12134
40	80	98	258	2.633	4.58497	0.96799
40	78	138	336	2.435	4.92725	0.88986

위의 도표에서 제일 우측의 ln(N), ln(Y) 값을 이용해서 회귀분석을 실시하면 다음과 같은 결과를 얻을 수 있다.

$$b = -0.33354$$

$$\ln(A) = 2.5078 \Rightarrow A = e^{2.5078} = 12.27789$$

$$Y_N = 12.278(N)^{-0.33354}$$

$$\text{학습곡선경사도} = 2^b$$

$$\text{학습곡선경사도} = 2^{-0.33354}$$

$$= 0.7936(79.36\%)$$

누적학습이론의 경우 n개까지 총 생산비용 추정은 단위학습이론 보다는 간단하다. 학습곡선식 Y_N이 n번째까지 생산품에 대한 누적평균 비용이기 때문에 총생산비용은 n을 곱해주면 된다.

$$CT_N = AN^b \times N$$

$$CT_N = N\text{개까지 총누적생산비용} \tag{2-10}$$

N번째 생산비용은 대략적으로 $(1+b)AN^b$로 추정된다.

그러므로 F번째부터 L번째까지 총 생산비용은 다음과 같은 수식으로 표현된다.

$$CT_{F,L} = CT_L - CT_F$$

$$CT_{F,L} = A[L^{b+1} - (F-1)^{b+1}] \tag{2-11}$$

예제 2-4 앞에서 제시한 (예제 2-2)를 누적학습이론을 적용해 보자. 이 경우 누적평균 학습곡선을 구하고, 7번째 로트인 75개 품목에 대한 비용을 추정하고자 한다.

Lot #	*Lot Size*	*Cost(Manhours)*
1	15	36,750
2	10	19,000
3	60	90,000
4	30	39,000
5	50	60,000
6	50	in process

이 자료를 이용해서 누적평균비용과 누적생산량을 구한다음 자연로그를 취하면 다음과 같은 도표를 얻을 수 있다.

Lot#	*Lot*크기	*cost*	누적숫자	누적비용	누적평균비용	*ln(N)*	*ln(AUC)*
1	15	36,750	15	36,750	2,450	2.70805	7.80384
2	10	19,000	25	55,750	2,230	3.21888	7.70976
3	60	90,000	85	145,750	1714.71	4.44265	7.44700
4	30	39,000	115	184,750	1606.52	4.74493	7.38180
5	50	60,000	165	244,750	1483.33	5.10595	7.30205
6	50		215				

위의 도표에서 마지막 2개의 열 ln(N)과 ln(AUC)를 이용해서 회귀분석을 하면 다음과 같은 식을 구할 수 있다.

$$b = -0.21048$$

$$\ln(A) = 8.3801 \Rightarrow A = 4359.43$$

$$Y_N = 4359.43(N)^{-0.21048}$$

$$\text{학습곡선경사도} = 2^{-0.21048} = 0.8643(86.43\%)$$

이 식을 이용해서 7번째 로트에 대한 비용추정은 다음과 같다.

$$\begin{aligned} CT_{216,290} &= A[L^{b+1} - (F-1)^{b+1}] \\ &= 4359.43[290^{-0.2105+1} - 216^{-2105+1}] \\ &= 80,845 \text{ hours} \end{aligned}$$

(예제 2-2)와 (예제 2-4)의 경우를 그림으로 비교해 보면 다음과 같다.

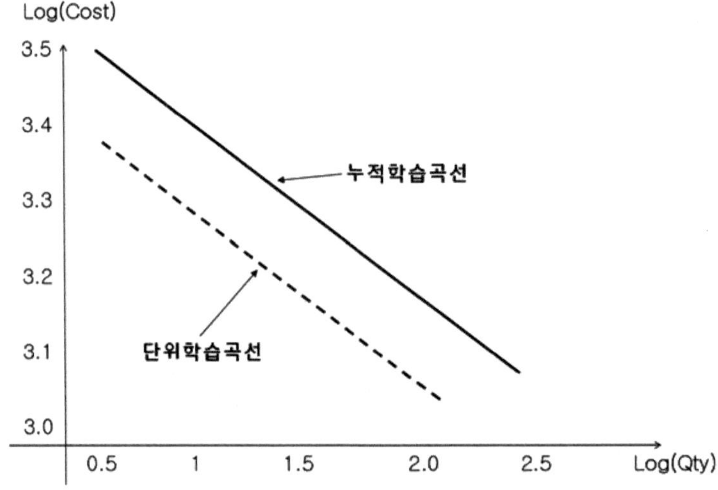

누적평균학습곡선은 특정한 품목의 생산비용보다는 생산물량 전체 비용에 대한 평균비용을 나타내므로 단위생산이론 보다는 비용에 덜 민감하다. 누적학습이론은 어느 한 단위 비용이나 로트의 비용이 직접적으로

나타나지 못해서 이 곡선은 항상 단위학습이론 곡선 보다는 부드럽고 회귀분석시 R^2 값도 높다. 실제 비용분석 결과를 가지고 계약에 참고하고자 할 경우에 국방부(정부) 입장에서 보면 비용절감 효과를 얻기 위해 절감효과가 큰 단위학습이론을 적용하려고 한다.

라. 비용추정시 학습효과 적용 방법

학습효과는 좁은 의미에서 동일한 생상라인, 동일한 제품에 대한 노무공수의 변화를 나타내는 것이라고 할 수 있다. 하지만 실제 학습효과는 매우 다양한 원인에 의해 발생한다고 할 수 있다. 학습효과를 거시적 관점에서 보면 관리적 혹은 조직적 학습도 포함된다. 학습효과에 미치는 영향은 긍정적, 부정적 효과 두 가지 관점에서 생각해 볼 수 있다.

학습효과를 향상시키는 요인으로는 설비장비나 도구의 개선으로 인해 작입의 효율성을 증진시키는 요인이 있거나, 작업방법의 개선, 관리계획능력의 향상으로 비용절감요인의 발생하는 경우를 들 수 있다. 우수한 인력을 확보하거나 인센티브제도를 도입함으로서 생산성을 향상시킬 수도 있다.

학습효과의 감소요인으로는 생산공백 기간이 발생하여 숙련된 인력이 손실되거나, 과거 제품에 비해 디자인이 변하여 숙련도를 발휘할 수 없는 경우도 있을 수 있다. 작업인력이 자주 교체되거나 신규 인원이 많이 충원되었을 경우나 생산 물량의 급격한 증가, 부품의 국산화, 성과급의 부재로 인한 인센티브가 없으므로 인한 작업의욕 저하로 인한 학습효과 감소가 있을 수 있다.

이처럼 학습효과에 미치는 요인은 여러 가지가 있지만 이러한 요소를 식별허여 수식으로 반영하기는 불가능하다. 분석대상체계의 생산환경, 수량, 작업의 특성에 따라 각각 다르게 적용되어야 하기 때문이다.

(1) 학습율의 적용 분야

이처럼 다양한 원인에 의해 발생되는 학습효과를 실제 어느 정도 어떻게 적용할 것인가는 아직까지 구체적으로 연구된 바는 없다. 그러나 학습율의 정의에서도 언급한대로 노동시간의 감소로부터 학습율의 개념이 시작되었기 때문에 노무비와 관련된 부분에 직접적으로 적용해 오고 있다. 이를 세부적으로 다음의 몇 가지로 정의할 수 있다.

첫째, 제품을 생산할 때 예상되는 노동소요량의 판단이나 이와 관련된 부분의 비용추정에 적용할 수 있다.

둘째, 생산품목에 대한 노무공수를 추정하여 생산비용을 예측하고 이러한 방법을 통해 내부 생산과 외부 발주에 대한 비교를 통한 생산방법을 결정하는데 활용할 수 있다.

셋째, 학습율 발생의 다양한 원인을 분석하여 미비점을 보완함으로써 생산성을 향상시켜 비용절감 효과를 달성할 수 있다.

넷째, 학습효과를 분석하여 노무비를 판단하고 궁극적으로 총비용에서 차지하는 비율을 확인하여 비용추정의 타당성을 판단할 수 있다. 학습율을 적용하여 비용추정한 결과를 대당 획득가격 결정에 참고하거나 예산 편성시 근거자료로 활용하기도 한다.

이처럼 학습효과에 대한 적용은 비용에 직접적으로 영향을 받기 때문에 업체의 입장에서는 매우 중요한 부분이라 할 수 있다. 그럼에도 불구하고 국내의 방산업체들은 학습율에 대한 이해가 부족하고 이를 체계적으로 적용시키기 위한 기반구축이 미흡한 상태에 있다.

(2) 학습율의 적용 방법

학습효과를 적용하는 방법은 분석대상 체계에 대해 신뢰성 있는 생산실적 자료가 확보되어 있는 경우와 그렇지 않은 경우를 구분할 수 있다. 해외로부터 직구매하거나 기술도입 생산을 할 경우에는 이미 도입하고자 하는 무기체계에 대한 생산경험이 있으므로 자료확보가 이루어진 상태이지만 연구개발의 경우에는 아직까지 생산과 관련된 자료가 생성되지 않은 상태이다.

연구개발 품목에 대한 생산비 추정시에는 시제품 생산실적을 분석하여 학습곡선을 도출하여 적용할 수도 있다. 그러나 생산단계의 분석이 아닌 기획단계나 계획단계에서 비용추정을 할 경우 획득하고자 하는 무기체계에 대한 생산실적이 없으므로 학습율을 구해서 적용할 수 없다. 이러한 경우에는 이미 여러 연구를 통해 도출된 학습율을 적용할 있는데 다음의 세 가지 방법 중의 한 가지나 두 가지 이상의 방법을 혼용해서 적용할 수 있다.

첫째, Rodney Stewart는 기계작업과 수작업의 구분에 따라 <도표 2-6>과 같은 학습율을 제시하고 있다. 생산하기 전에 대상체계의 작업 특성을 정확하게 식별하기는 어렵지만 수작업 비율과 기계작업의 비율을 고려하여 80-90% 수준으로 적용할 수 있다.

〈도표 2-6〉 수작업/기계작업 비율에 의한 학습율

수작업 비율	기계작업 비율	학습율
75%	25%	80%
50%	50%	85%
25%	75%	90%

둘째, 여러 산업분야에 대한 연구를 통해 주요 분야별 산업에 대해 평균적으로 적용할 수 있는 학습율에 대해서도 <도표 2-7>[3]에서 제시하고 있다. 이 표에서 제시하고 있는 내용도 모든 경우에 일률적으로 적용할 수 있는 기준이라기보다는 생산환경, 기간, 작업환경 등이 학습율을 적용하기에 적당한 조건일 경우로 한정하고 있다.

〈도표 2-7〉 산업별 평균적 적용 학습율

구 분	학습율	구 분	학습율
항공 산업	85%	원자재 산업	93-96%
조선 산업	80-85%	구매품	85-88%
정밀기계 가공 장비	75-85%	절단및 압축작업	90-95%
반복 전자부품조립	90-95%	반복 전기기계작업	75-75%
반복 기계설비작업	90-95%	반복 용접작업	90%

3) 조남훈외 3명, "비용분석지수표준화 연구,한국구방연구원", 2001, pp.95-96

셋째, 비용분석 전산모델에서 적용하고 있는 도표값을 참고해서 적용할 수 있다<도표 2-8>.

〈도표 2-8〉 비용분석전산모델(PRICE) 학습율 적용

구 분	신규공정	유사공정	동일공정
노동집약적	80%	83%	87%
반 자 동	86%	90%	91%
완전자동 (수동시험평가)	92%	93%	94%
완전 자동화	93%	94%	95%

PRICE 모델의 학습율 도표값은 기존의 생산 관련 자료를 분석하여 비용추정에 직접 활용하고 있는 것으로서 가용한 학습율 자료획득이 어려울 경우에는 참고로 활용할 수도 있다. 특히, 대부분 비용추정 전산모델(PRICE, SEER)에서는 학습율을 자체 계산할 수 있는 기능이 있으므로 모델을 이용하여 비용추정을 할 때는 모델내에서 자체 추정한 학습율을 적용할 수도 있다. PRICE 모델의 경우 수작업은 76%까지 학습율을 적용하고 자동화 공정은 98%의 학습율울 적용하고 있으며, 통상 80~95%로 앞에서 제시한 산업체 평균값들과 유사하다.

(3) 방산원가에서의 학습율 적용

무기체계를 직구매하거나 연구개발을 통해 획득할 경우 방산원가규칙에 의해 원가가 계산되며, 원가구성 내역은 <도표 2-9>에서 보는 바와 같다4).

4) 국방부 조달본부, 국방조달원가실무, 2000, pp.301-302

〈도표 2-9〉 방산 원가 구성

구 분		내 용
재료비	직접재료비	• 주요재료비, 구입부품비, 포장재료비
	간접재료비	• 보조재료비, 소모공구, 비품비
노무비	직접노무비	• 직접작업 노무공수, 간접작업 노무공수 (조회, 작업지시, 작업준비, 여유 등) • 무작업 노무공수(연월차, 각종휴가, 출장, 교육 등)
	간접노무비	• 직접노무비 × 간접경비율
경 비	직접 경비	• 감가상각비, 임차료, 설계비, 공사비, 기술료, • 연구개발비, 특허권사용료, 시험검사비, 행사비 등.
	간접 경비	• 노무비 × 간접경비율
제조원가		• 재료비 + 노무비 + 경비
일반관리비		• 제조원가 + 일반관리비율
총원가		• 제조원가 + 일반관리비
이 윤		• 총원가 × 이윤율
계산가격		• 총원가 + 이윤

방산원가에서 학습효과가 직접적으로 적용되는 부분은 당연히 노무비와 관련된 부분이다. 노무비는 직접노무비와 간접노무비로 구분되고 직접노무공수도 세부적으로 구분하면 직접작업 노무공수, 간접작업 노무공수, 무작업 노무공수로 구성되어 있다. 여기에서 실제로 학습효과가 발생하는 곳은 직접 작업 노무공수이다.

하지만 비용분석과정에서 적용하는 학습율은 이렇게 세분화하지 않고 직접노무공수만 판단하고 간접노무 공수는 직접노무공수의 비율로 적용하고 있다. 또한 경비에도 간접경비에서는 노무비의 일정부분을 간접경비로 인정해주고 있다. 획득대상 체계의 특성상 단순한 기술도입생산의 경우는 노무비의 비중이 10~20%에 불과하지만 연구개발이나 양산과정에서 자체 제작이 많은 경우에는 노무비관련 분야의 비중이 30% 이상을 차지할 수도 있다. 궁극적으로 노무비는 총원가에 포함되어 일반관리비 및 이윤에도 영향을 미치고 있다. 실제 비용분석과정에서 확인한 바에 의하면 노무비 분야에서 상당한 비용절감 요인을 발굴해 낼 수 있었다.

(4) 분야별 적정 학습율 적용 사례

비용분석과정에서 연구개발이나 양산단계에서는 노무비의 영향이 큰 만큼 적정 학습율을 적용시키는 것이 매우 중요하다. 그러나 학습율을 제대로 적용하기 위해서는 과거 생산실적 자료가 충분히 확보되어 있어야 할뿐만 아니라 이 자료들이 신뢰성이 있어야 한다.

여기서 제시하는 학습율 적용사례는 지금까지 무기체계 획득과정에서 비용분석 결과를 종합해 볼 때 평균적으로 적용 가능한 학습율 수준을 제시하고자 한다. 동일한 무기체계라고 하더라도 획득방법이 틀리거나 생산환경이 과거와 바뀌었다면 학습율도 다르게 적용되어야 할 것이다.

(가) 전차, 장갑차 종류의 학습율 적용

전차나 장갑차 종류는 기계적인 작업이 많고 작업 난이도가 유사한 점을 고려한다면 지금까지 비용분석 과정에서 적용한 결과를 상황에 따라 융통성 있게 적용할 수 있을 것이다. <도표 2-10>에서 K-9 자주포의 학습율은 각 업체별로 공장별 학습율을 적용한 것이므로 적용폭이 크다고 할 수 있다. 여기서 제시된 학습율의 적용수준은 앞서 언급한 Rodney Stewart의 연구결과나 비용분석 전산모델의 결과 값과 유사하게 도출되었으므로 생산관련 자료가 제한되는 상황에서는 충분히 참고할 수 있다고 본다.

〈도표 2-10〉 주요 장비류에 대한 학습율

사 업 명	적용 학습율	비 고
10톤 차량/ 중장비 수송차량	86.75%	최대값 : 90.59% 최소값 : 85.0% 평균값 : 88.29%
K1 성능 개량 전차	89.88%	
상륙돌격 장갑차(KAAV)	87.5%	
155mm 신형자주포(K-9)	70-95%	
차기 VHF 무전기	90%	
신형 청음 장비	90.59%	
전자광학 영상장비	85%	

(나) 항공기류의 학습율

항공기류의 국내 생산은 제한된 편이지만 최근에 KF-16, T-50, UAV 등의 경험을 토대로 적용된 학습율은 다음의 <도표 2-11>과 같다.

〈도표 2-11〉 항공기류의 학습율

사 업 명	적 용 학 습 율
KF-16 추가생산	69.5%-98%(1호기-10호기, 학습손실고려) 75.3%-98%(11호기부터)
T-50 생산	제조 95%, 조립 90%, 최종작업 85%
정찰용무인항공기(UAV)	비행체 85%, 지상장비 95%

도표에서 보면 항공기의 경우는 작업분야에 따라 학습율의 적용범위가 크게 차이 나고 무인항공기 경우 비행체는 생산대수가 많았으나 지상장비는 생산대수가 적었기 때문에 학습율에 차이가 있는 것으로 분석되었다.

항공기의 경우를 보다 세부적으로 분석해보면 각업체별/공장별로 학습율이 상당한 차이를 가지고 적용되고 있음을 볼 수 있다. KF-16을 생산하는 과정에서 실제 공장별 적용된 학습율을 보면 한국항공 사천공장에서는 80.5~94.2%, 창원공장 84.0~96.7%, 서산공장에서는 75.3~92.9%가 분야별로 적용되었고 대한항공의 후방동체는 85.8%, 위아의 랜딩기어는 84.5%, 한화는 94.1~97.6%, 삼성테크윈의 항공기 엔진은 76.6~87.1%의 학습율을 적용했다[5]. 전체적으로 각 공장별 평균치를 계산해보면 약 85.95% 수준이며 표준편차 3.05를 고려시 항공기의 적정 학습율의 범위는 82.9~89%이고, 이는 Stewart의 연구에서 발표한 항공산업의 학습율 85%와 근사하게 나타나고 있으므로 위에서 언급한 학습율의 범위를 향후 항공기 비용추정이나 분석시 참고할 수 있을 것이다.

(다) 함정류의 학습율

함정류에 대한 비용분석 과정에서 학습율을 적용한 예는 많지 않다. 국

5) 조남훈외 3명 앞의 글 pp.105

내에서는 2002년 고속상륙정(LCAC)을 기술도입 생산하면서 적용한 사례가 있는데 1~6호정까지의 자료를 분석해보면 약 87.46%의 학습율을 적용했다. 한편 미국의 TM&LS 사에서는 동일한 형태의 함정을 1~73호정까지의 생산시 소요된 노무공수 자료를 공개하였는데 이 자료를 분석하여 학습율을 판단해본 결과 79.5%로 분석되었다. 이러한 수치는 Rodney Stewart의 연구자료에서 조선산업의 학습율인 80%~85%의 범주에 근접하고 있으므로 차후 함정류의 비용추정이나 분석에 적정 학습율로 80%~85%로 적용하는 것이 타당하다고 본다.

(라) 학습효과 정체현상의 적용

학습효과는 초기에는 많이 적용되어 비용절감을 가져다 주지만 생산량이 어느 정도 지속되면 정체현상이 발생하게 된다. 실제 정체현상이 발생하는 지점을 알아보기 위해 노무공수가 100M/H인 경우 학습율이 80%, 85%, 90%일 때 다음의 식과 같이 N번째와 N+1 번째 노무공수의 차이를 비율(Rate)로 나타내고 이를 기준으로 학습효과 정체현상을 파악할 수 있다.

$$X = \frac{N\text{번째 노무공수} - N+1\text{번째노무공수}}{N\text{번째 노무공수}} \tag{2-12}$$

즉, N+1번째 생산시의 한계노무공수 비율(N번째 생산품을 생산할 때 소요되는 노무공수와 차이에 대한 비율)을 1%로 정한다면 학습율이 80%일 때는 32번째 생산품 이후로는 학습효과가 없이 모든 생산품의 노무공수가 32.77M/H가 된다. 마찬가지로 학습율이 85%인 경우는 23번째, 90%인 경우는 15번째 생산품 이후 학습효과 발생이 미미해짐을 알 수 있다.

〈도표 2-12〉 학습율의 정체 현상 분석

학습율	X값	X 발 생 시	
		생산대수(대)	노무공수(M/H)
80%	1%	32	32.77
	0.5%	63	26.46
	0.1%	321	25.6
	0.05%	643	12.47
85%	1%	23	47.94
	0.5%	46	40.75
	0.1%	233	27.85
	0.05%	468	23.65
90%	1%	15	66.25
	0.5%	30	59.63
	0.1%	151	46.64
	0.05%	303	41.95

도표에서 나타난 결과는 이미 기존 연구에서 이루어진 것처럼 학습효과가 낮은 경우(90%)에 정체 현상이 먼저 발생하는 것을 알 수 있다. 한계노무공수비율을 기준으로 학습효과의 정체현상을 판단할 경우 15번째 생산품이후로 정체 현상이 발생하는 것이므로 학습효과의 적용 의미가 약해진다. 또한 0.5%의 비율을 기준으로 한다면 80%의 학습율의 경우 첫 번째 제품의 생산시간이 100M/H인데 비해 이 때 노무공수는 12.47M/H가 되므로 실제 생산 환경에서 적용하기에는 무리일 수가 있다.

이런 측면들을 고려할 경우 비용분석과정에서 일반적으로 적용될 수 있는 정체현상 시점은 대략 N번째 생산품이 노무공수가 최초 생산품의 노무공수의 1/3로 줄어든 이후라고 볼 수 있다. 실제로 K1전차의 생산실적을 보면 학습율은 89.88%로 분석되었는데 최초 생산품의 노무공수는 45,171M/H이었으며 K1전차의 성능개량형인 K1A1의 1호기(K1 1028호기)의 노무공수는 15,524M/H이고, 고속상륙정의 경우 1호기의 생산 노무공수가 약 220,000M/H이며 73호기의 노무공수는 약 70,000M/H로 발생한다. 즉, 최초 생산 노무공수의 1/3로 줄어든 이후로는 학습효과가 거의 발생하지 않는 것으로 판단할 수 있다. 이를 적용하여 학습효과의 정체현상의 발생지점을 분석해보면 다음의 표와 같다.

〈도표 2-13〉 최초 생산품 노무공수의 1/3 감소 지점

학습율	정체현상 발생 시점	
	생산대수(대)	노무공수(M/H)
80%	30	33.459
85%	100	33.228
90%	1,327	33.359

위 도표에서 80% 학습율을 적용할 경우 30번째 생산품 이후에는 학습효과의 정체현상이 발생한다는 것을 의미하며, 이 결과는 학습율 적용이 클 경우 초기에 정체현상이 나타남을 알 수 있다. K1A1 전차의 비용분석과정에서도 학습율이 약 90%라고 분석되었는데 1,000대 이후에도 학습율이 발생하는 것을 확인할 수 있었다. 비용분석과정에서 학습율을 무리하게 적용하면 분석결과에 대한 신뢰성이 저하될 우려가 있다. 어디까지나 학습율은 적용할 수 있는 환경이 되었을 때 업체에서도 공감할 수 있는 적정 수준을 적용해야 할 것이다.

마. 기타 학습곡선의 적용방법 소개

(1) 생산중단시 학습율 적용

어떤 경우에는 예산부족이나 기술적인 제한사항 등으로 인해 사업이 지연되거나 생산중단이 발생할 수 있다. 이때 이미 얻어진 학습효과가 생산중단으로 인해 얼마나 손실이 발생할 것인가? 이러한 학습손실 효과는 장차 생산이 재개될 경우 비용에 어떤 영향을 미칠 것인가?

첫 번째 질문에 대해 "Anderlohr method"에 의해 학습손실을 계산해 낼

수 있고, 두 번째 질문에 대한 해결책은 학습곡선을 뒤로 후퇴시키는 방법인 “Retrograde method”로 구할 수 있다.

(가) Anderlohr 방법

생산중단이 비용추정에 미치는 영향을 분석하기 위해서는 학습에 분야별로 미치는 효과를 정량적으로 평가해야 한다. George Anderlohr는 1960년대 미국방성 계약국(DCAS : Defense Contract Administration)에 근무하면서 생산중단으로 인한 학습손실을 다음과 같이 다섯가지 부분으로 식별하였다.

1) 인원손실(Personnel learning)
2) 관리자/감독자 손실(Supervisory learning)
3) 생산의 연속성(Continuity of productivity)
4) 방법론 (Method)
5) 특수 공구(Special tooling) 등

생산 중단을 평가하는 절차는 다음과 같다.

먼저 생산중단이 발생하면 각각의 범주에 대해 가중치를 결정해야 한다. 예를 들어 헬기 생산라인에 있어서 생산중단에 따른 가중치를 인원손실 30%, 관리자/감독자 손실 20%, 생산의 연속성 20%, 공구 및 방법론을 각각 15%라고 정한다. 그 다음은 학습손실비율(Learning Lost Factor : LIF)을 얻기 위해서는 각 범주별로 학습손실을 계산하고 가중평균을 구한다. 예를 들어 헬기 조립업체가 생산기간 중에 계약지연으로 인해 6개월간 생산중단이 발생했다고 한다. 업체에서는 생산중단이 발생된 기간 중에 많은 인력과 자원을 재배치하게 되었다. 그러나 6개월 이후 다시 생산이 시작됨에 따라 헬기사업 부분에서 다음과 같은 조치가 이루어지게 된다.

1) 75%의 생산인력이 헬기사업에 다시 복귀하게 되고, 25%는 신규인력으로 대치하거나 다른 사업으로 전환한다.
2) 관리자 90%는 다시 돌아오게 되고 나머지는 승진하거나 다른 사업

분야로 전환된다.

3) 생산중단 기간 중 4개의 조립라인 중 2개 라인은 해체되고 2개 라인은 다른 용도로 사용되었는데 이 중 2개 라인을 다시 헬기 생산에 사용토록 한다.
4) 각종 치공구는 5% 정도가 손실되어 다시 확보되거나 수리되어야 한다.
5) 또한 생산중단 기간 중에 업체에서는 조립라인을 업그레이드하여 생산 방법 숙달을 위해 7% 정도 학습손실이 예상된다.
6) 마지막으로 조립라인의 기술자들은 생산중단으로 인해 35% 정도 학습손실 예상되고 관리/감독자는 10% 학습손실이 예상되어 추가 교육이 필요하다.

이 상황을 요약하면 <도표 2-14>와 같이 된다.

〈도표 2-14〉 생산중단시 학습효과 손실 판단(Anderlohr 예)

범 주	손 실 내 용	손 실	가중치	가중손실율
인원 손실	75%복귀×65%기술보유	51.25%	30%	15.4%
관리/감독	90%복귀×90%기술보유	19%	20%	3.8%
생산연속성	2라인 유지(4개라인)	50%	20%	10.0%
공 구	5% 손실	5%	15%	0.8%
방법론	7% 수정 및 보완	7%	15%	1.1%
총 손실(LIF)				31%

인원 손실의 경우 75%가 돌아온 대신 65%만 기술을 보유하고 있으므로 실제 48.75%만 기술수준을 유지하고 있어 51.25%의 학습손실이 예상된다. 동일한 방법으로 관리감독의 경우는 81%가 기술을 유지하고 있어서 실제 손실은 19%가 된다. 이렇게 범주별로 손실율을 계산한 다음 범주별 가중치를 곱해서 더하면 총 손실율 31%를 얻게 된다.

(나) Retrograde 방법

앞서 제시한 방법대로 학습 손실율(LIF)이 추정되면 학습곡선 상에서 얼마나 뒤로 돌아가서 시작함으로서 손실을 보충할 수 있는가를 추정하게 된다.

즉, 그림에서 보는 바와 같이 손실이 B시점에서 발생한다면 손실시간을 계산해서 다음에 추가로 생산할 때는 A시점에서 시작할 수 있도록 후퇴시킨다는 것이다.

Anderlohr 방법을 통해 학습손실을 계산한 결과를 시간으로 환산하여 생산중단 이후 시작할 때 더해줌으로서 학습손실을 반영시킬 수 있다.

만약 생산중단이 이루어지기 전에 10대의 헬기가 조립되고 나서 6개월의 공백기간이 있었다고 하자. 이 헬기의 첫 번째 생산에 소요된 시간은 10000시간이며 학습율은 88%였다고 한다. 앞에서 계산한 LIF를 이용하여 6개월 이후 10대의 헬기를 추가로 생산하고자 할 때 생산비용을 추정하고자 한다.

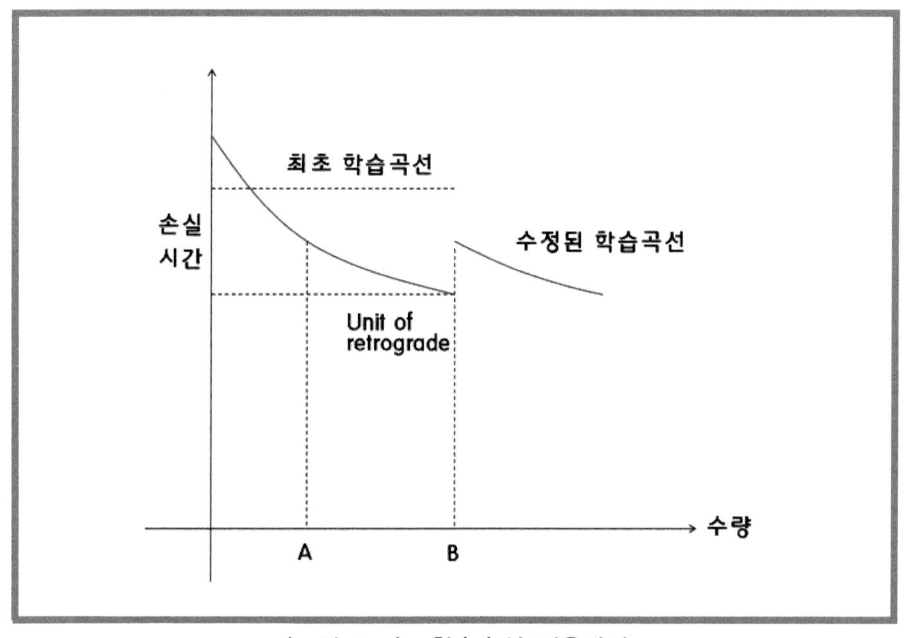

〈그림 2-5〉 학습손실 적용방법

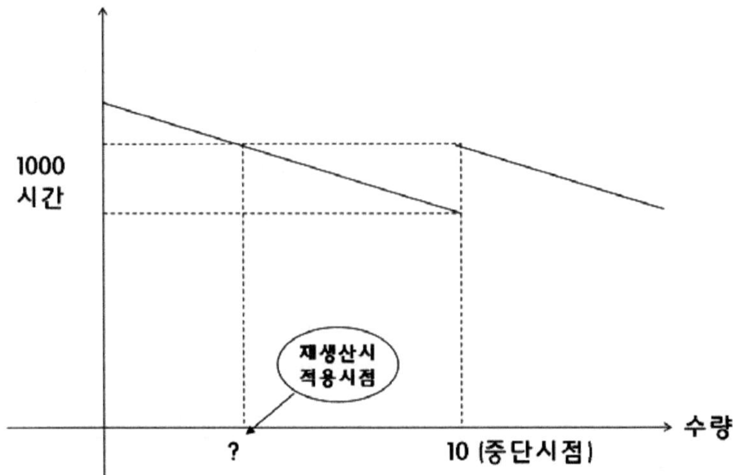

step 1 : 생산중단 이전까지 얻어진 학습량 산출

$$학습량 = Y_1 - Y_{10}$$
$$= 10{,}000 - Y_{10}$$
$$Y_{10} = A\,N^b$$
$$= 10{,}000(10)^{\frac{\ln(0.88)}{\ln(2)}}$$
$$= 6{,}540\text{시간}$$

학습량 = 10,000 − 6,540 = 3,460시간

step 2 : 학습손실 계산

학습손실 = (학습량) × (LIF)

학습손실 = (3460) × (0.31) = 1,073시간

앞의 예제에서 6개월간 생산 공백 기간으로 인해 31%의 학습손실이 발생한 것으로 가정했다. 이 값은 그때 상황에 따라 융통성 있게 적용할 수 있다.

step 3 : 생산중단 후 11번째 생산시간 추정

$$Y_{11}^{\star} = Y_{11} + \text{학습손실}$$

$$Y_{11} = AN^{b}$$

$$= 10{,}000(11)^{\frac{\ln(0.88)}{\ln(2)}}$$

$$= 6{,}426\text{시간}$$

$$Y_{11}^{\star} = 6{,}426 + 1{,}073 = 7{,}499\text{시간}$$

11번째 생산에 소요되는 시간은 10번째 생산되고 정상적으로 학습율을 고려하여 11번째 생산에 소요될 시간을 추정한 값에다 학습손실 시간을 더해주면 된다.

step 4 : 다음은 3단계 추정된 시간에 가장 근접한 생산단위를 추정하는 단계이다. 즉 위에서 계산한 7,499시간을 가지는 단위가 몇 번째인가를 확인하는 것이다.

$$Y = A\,N^{b}$$

$$N^{b} = Y/A$$

$$N = (Y/A)^{\frac{1}{b}}$$

$$= (7{,}499/10{,}000)\frac{\ln(2)}{\ln(0.88)}$$

$$= 4.76 \simeq 5$$

이 단계는 실제 가용한 자료를 가지고 구할 수 있으며 11번째 생산을 하지만 학습손실을 고려하면 5번째 생산하는 것과 동일한 시간으로 추정을 해야 한다.

step 5 : 생산단계를 뒤로 후퇴시키는 숫자를 계산한다.

$$\text{Retrograde} = 11 - 5 = 6$$

생산중단 이후 재생산 할 때 몇 단계를 뒤로 후퇴시키는가 하는 것은 학습손실의 크기에 달려있다. 위의 예제에서는 11번째 생산에 소요되는 시간은 학습손실을 감안시 6 단계를 뒤로 후퇴시켜 5번째 단위를 생산하는 시간과 같이 추정한다는 것이다.

step 6 : 생산중단 이후 10대의 추가 헬기 생산 비용 추정

10대를 생산하고 6개월의 생산중단이 있은 후 나머지 10대를 생산하는데 소요되는 비용은 실제 11번째부터 20번째까지 생산비용을 추정해야 하지만 학습손실을 감안해서 6단계를 후퇴시킨 5번째부터 14번째까지 생산에 소요되는 비용을 추정하면 된다.

11-6 =5, 20-6 = 14

$$TC_{F,L} = A\left(\sum_{N=1}^{L} N^b - \sum_{N=1}^{F-1} N^b\right)$$

$$TC_{5,14} = 10,000\left(\sum_{N=1}^{14} N^b - \sum_{N=1}^{4} N^b\right)$$

$$= 66,753 \text{ 시간}$$

따라서 생산중단 이후 6개월 뒤 다음 10대를 추가로 생산할 경우 학습손실을 고려하여 66,753시간이 소요된다고 추정할 수 있다.

(2) 시제품 비용자료를 이용한 T1 비용추정

실제 생산현장에서 첫 번째 생산비용 추정은 어렵다. 그럼에도 불구하고 T1값은 전체 생산비용 추정에 결정적인 영향을 미치고 있다. Step-Down Function은 시제품 개발비용자료를 이용해서 이론적인 초도제품 생산비용을 추정하는 방법이다. 통상 시제품을 생산할 때 소요된 평균비용은 첫 번째 생산에 소요되는 비용보다 비싼 것으로 알려져 있다.

시제품 생산의 평균비용과 초도제품 생산비용의 비율을 Step-Down-Factor라고 한다. Step-Down-Factor를 구하기 위해서는 유사한 무기체계의 개발자료로부터 구할 수 있다. 이 경우 시제품 비용자료를 독립변수로 하고 개발비 추정을 위한 CER을 구한다.

적당한 CER이 개발되면 초도생산비용을 추정하기 위해 시제품 생산비용이나 추정된 비용을 사용하게 된다. 다음은 새로운 미사일 레이다 시스템(APGX-99)의 초도제품의 생산비용을 추정하고자한다. 학습율을 95%로 예측하고 있으며 이 제품을 생산하기 전에 8개의 시제품을 개발할 때 평균 개발비용은 $3,5M으로 추정되었다. 유사체계에 대해 자료를 수집한 결과는 다음과 같다.

〈도표 2-15〉 유사체계 수집 자료

Radar System	150번째 생산비용	시제품수	시제품 평균비용
APG-63	0.985M	13	7.47M
APG-666	0.414M	12	2.78M
Patriot	6.500M	4	65.20M
Phoenix	1.752M	11	13.25M

주어진 자료는 150번째 생산비용과 시제품 평균비용을 주었기 때문에 시제품 평균비용을 독립변수로 하고 150번째 생산비용을 종속변수로 하는 CER을 구한다.

단순회귀분석을 통해서 DAC(시제품 평균비용)과 PR_{150}(150번째 생산비용)간의 관계식을 추정하면 다음과 같다.

$$PR_{150} = 0.2902 + 0.0957 \times DAC$$

$$PR_{150} = 0.2902 + 0.0957 \times 3.5$$

$$PR_{150} = \$625,150.$$

새로운 미사일 레이다 시스템(APGX-99)의 150번째 생산비용이 $625,000으로 추정되었으므로 이 시스템의 첫 번째 생산품의 비용은 95% 학습율을 적용할 경우 다음과 같이 추정된다.

$$b = \frac{\ln(0.95)}{\ln(2)} = -0.0740$$

$$Y_{150} = AN^b$$

$$\$625,000 = A(150)^{-0.0740}$$

$$A = \$905,766$$

Step-Down-Factor를 이용해서 시제품 평균비용으로부터 구한 CER을 통해 새로운 체계의 초도제품 생산비용은 $905,766로 추정되었다. 이 경우 유사체계의 개발 및 생산비용 자료의 신뢰도가 대단히 중요하고, 새로운 체계와 개발 및 생산여건이 비슷할 것이라는 전제하에서 적용될 수 있는 기법이다.

(3) Stanford-B 이론

Harold Asher(1956)는 학습곡선 추정에 일반적으로 사용되고 있는 대수 선형함수가 어떤 경우에는 적절치 않다는 것을 발견하였는데, 이러한 경우는 일정 상수를 고려해 주는 것이 적합도가 높다는 것을 발견하였다.

Stanford의 연구에 의하면 29가지의 학습효과지수(b)가 −0.397 ~ 0.0599 사이에 있는 것을 발견하였고, 이 자료 중에서 보잉747 제작시 B-Factor의 적용이 더 적절하다는 것을 확인하였다. 일정한 상수를 단위학습이론의 생산대수에 더하여 수식을 표현하였으며, 여기에서 B의 역할은 연구개발 후 최초 생산전 시제품의 수량으로 이해할 수 있다.

$$Y_N = A(N+B)^b$$

위의 식에서 Y_N, A, b는 누적/단위학습곡선과 동일한 지수들이며 B는 제조과정 초기에 적용되는 경험치로서 그 범위는 $1 \le B \le 10$이다. 즉, 이 이론의 의미는 생산초기에 시제품 생산과정에서 습득한 학습효과를 어느 정도 반영한다는 것이다. 따라서 생산 초기에는 B의 영향이 크지만 생산량이 증가하게 되면 영향이 점차 감소하게 된다. 그러나 B값에 따라 최초 생산제품의 비용에 많은 영향을 받기 때문에 생산경험 자료수집과 정확한 분석을 통해 B값을 결정하고 적용해야 할 것이다.

3. 비용추정 방법에서 회귀분석 

가. 회귀분석과 비용추정의 관계

회귀분석은 변수들간의 관계를 설명하는데 사용된다. 즉, 한 개 혹은 그 이상의 독립변수와 종속변수들의 관계를 가장 적합하게 표현할 수 있는 함수를 추정하는 과정으로서

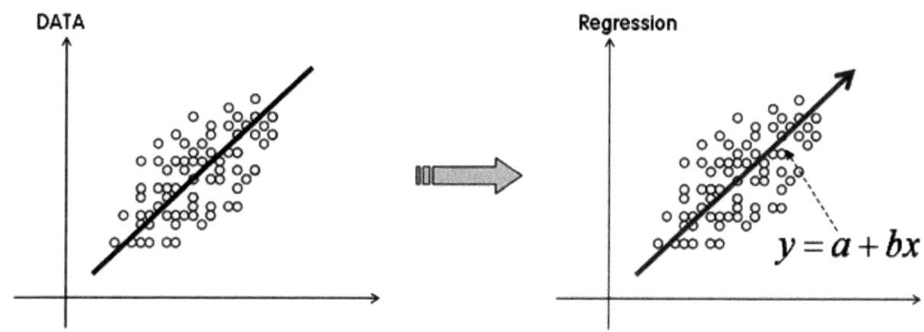

주어진 자료로부터 함수관계를 찾아내기 위하여 가장 적합한 파라메터 a, b 를 추정하는 것이다. 종속변수가 비용일 경우 회귀식은 비용추정관계식(CER : Cost Estimating Relationship)이라고 불리워지며 때로는 Cost Driver라고 쓰여지기도 한다. 많은 경우에 하나의 CER을 구축하기 위해 여러 개의 독립변수들이 사용된다. 체계의 중량, 크기, 마력과 같은 요소들이 전형적인 독립변수가 된다.

독립변수가 1개일 경우 대표적으로 사용되는 CER을 보면 항공기 설계 시에는 설계횟수, 소프트웨어 추정시에는 코드수, Power Cable은 길이와

같은 변수가 사용된다. 독립변수가 2개 이상일 경우에는 항공기 비용추정 시 공허중량과 속도, Power Cable은 길이와 Power가 변수로 사용된다.

이러한 분야에 회귀분석을 적용하기 위해서는 기본적인 통계적 개념과 수집된 자료의 분석능력이 필요하다. 주어진 모델을 이용해서 CER이 구축되면 이에 대한 타당성을 증명할 수 있어야 한다.

회귀분석모형은 선형회귀분석, 비선형회귀분석이 있으며 선형회귀분석은 다시 단순회귀분석(Simple iinear regression)과 다중회귀분석(Multiple linear regressoion)이 있다. 여기에서는 가장 기본이 되는 단순회귀분석에 대한 내용을 집중적으로 설명하고 나머지 분야는 개략적인 개념만 소개하고자 한다.

나. 단순회귀 분석

비용추정에 회귀분석을 적용할 때 종속변수는 비용 또는 시간이 되고, 독립변수는 시스템의 물리적인 특성이나 성능이 되며, 이들은 알고 있는 변수로 간주된다.

$$y_i = b_0 + b_1 x_i + \epsilon_i \tag{2-12}$$

b_0, b_i는 추정되어야 할 변수들이고 ϵ_i는 오차항이다. 일반적으로 오차항(ϵ_i)은 분산이 σ^2이고 평균이 0인 정규분포로 가정한다. 실제 자료수집 과정에서는 x값과 y값만을 수집하게 되며, 그러한 자료로부터 다음과 같은 모형을 추정한다.

$$\hat{y} = \hat{b_0} + \hat{b_1} x \tag{2-13}$$

이때 $\hat{b_1}$과 $\hat{b_0}$는 잔차(residuals)의 합이 최소가 되도록 선택되어진다(Least Squares Best Fit). 우리가 추정하려고 하는 자료가 다음과 같다고 가정하자.

$$y_i = b_0 + b_1 x_i + e_i$$

$$e_i \sim N(0, \sigma_x^2) \text{ and } iid \tag{2-14}$$

주어진 자료에 대한 오차항은 평균이 0이고, 분산이 σ_x^2인 정규분포이며, i.i.d의 의미는 종속변수 y가 통계적으로 독립적이며 동질성을 가지고 분포된 확률변수로 가정한다는 의미이다.

$$e_i = y_i - (\hat{b_0} + \hat{b_1} x_i) = y_i - \hat{y_i}$$

$$SSE = \sum (y_i - \hat{y_i})^2 \tag{2-15}$$

여기서 e_i는 오차항을 의미하며 SSE는 오차항의 제곱의 합(Sum of Squares Error)을 나타낸다. 이 값이 최소가 되도록 SSE를 x에 대해 미분하여 정리하게 되면 다음과 같은 식이 구해진다.

$$\sum Y = n\hat{b_0} + \hat{b_1} \sum x_i \tag{2-16}$$

$$\sum XY = \hat{b_0} \sum x + \hat{b_1} \sum x_i^2 \tag{2-17}$$

위의 식(2-16) 과 식(2-17) 식을 $\hat{b_0}$와 $\hat{b_1}$에 대해 풀면 다음과 같은 결과를 얻을 수 있다.

$$\begin{aligned} \hat{b_1} &= \frac{\sum (x_i - \bar{x})(y_i - \bar{y})}{\sum (x_i - \bar{x})^2} \\ &= \frac{\sum x_i y_i - n\bar{x}\bar{y}}{\sum x_i^2 - n\bar{x}^2} \end{aligned} \tag{2-18}$$

$$\begin{aligned} \hat{b_0} &= \frac{\sum y_i}{n} - \hat{b_1} \sum \frac{x_i}{n} \\ &= \bar{y} - \hat{b_1}\bar{x} \end{aligned} \tag{2-19}$$

수집된 자료가 선형관계식이 존재한다고 가정하면 위에서 구한 식(2-18) 과 식(2-19)을 이용해서 하나의 CER을 구할 수 있다. CER을 사용할 수 있는지 여부는 여러 단계 검증과정을 거쳐야 하지만 일단 자료만 주어지면 추정식은 쉽게 구할 수 있다.

예제 2-5 다음과 같은 통신 장비에 대한 자료가 있다고 한다. 가장 기본적인 자료로서 무게에 따라 생산변화 추이를 조사했다. 이 자료를 이용해서 회귀분석을 실시해보고자 한다.

체 계	1	2	3	4	5	6	7	8	9	10
중 량(kg)	90	161	40	108	82	135	59	68	25	24
비 용 (1천만원/'09년)	22.2	17.3	11.8	9.6	8.8	7.6	6.8	3.2	1.7	1.6

먼저 이와 같은 자료가 구해지면 산포도를 통해 대략적으로 자료가 어떤 형태로 나타나는지를 확인한다. 대략적으로 선형관계식 형태로 나타나면 앞에서 제시한 수식을 이용해서 간단한 CER을 구할 수 있다.

Y = 2009년 기준 평균생산비용(단위 1,000만)

X = 중량(Kg)

N = 10

$$\overline{x} = \frac{\sum x_i}{n} = 79.2kg, \quad \overline{y} = \frac{\sum y_i}{n} = 9.06$$

$$\sum x_i y_i = 8,739.4. \qquad \sum x_i^2 = 81,540$$

$$\widehat{b_1} = \frac{\sum x_i y_i - n\overline{x}\overline{y}}{\sum x_i^2 - n\overline{x}^2} = \frac{8739.4 - (10)(79.2)(9.06)}{81,540 - 10(79.2)^2} = 0.0831$$

$$\widehat{b_0} = \overline{y} - \widehat{b_1}\overline{x} = 9.06 - (0.0831)(79.2) = 2.48$$

$$\therefore \widehat{y_i} = 2.48 + 0.083x_i$$

이 예제에서 얻은 수식은 중량의 83%가 비용과 선형관계식의 기울기로 작용함을 알 수 있다. 즉, 100kg의 새로운 통신장비를 생산한다면 예상되는 생산비용은 위의 식을 이용하면 1억 7,800만원으로 추정된다.

(1) 회귀분석모델의 타당성 평가

(가) 표준편차

추정된 CER의 타당성을 검증하기 위해서는 여러 가지 기준이 사용된다. 우선 추정된 수식 $\hat{y}$에 대한 표준편차(SE)는 다음과 같다. SE값은 작을수록 좋은 모델로 평가할 수 있다.

$$SE = \sqrt{\frac{\sum(y_i - \hat{y_i})^2}{n-2}} \tag{2-20}$$

앞의 통신장비에서 SE 값은 다음에서 보는 바와 같이 계산한다.

(단위 : 1,000만원)

장 비	y_i	$\hat{y_i}$	$y_i - \hat{y_i}$	$(y_i - \hat{y_i})^2$
1	22.2	10.0	12.2	149.7
2	17.3	15.9	1.4	2.07
3	11.8	5.8	6.0	35.98
4	9.6	11.5	-1.9	3.44
5	8.8	9.3	-0.5	0.25
6	7.6	13.7	-6.1	37.19
7	6.8	7.4	-0.6	0.36
8	3.2	8.1	-4.9	24.3
9	1.7	4.6	-2.9	8.15
10	1.6	4.5	-2.9	8.15
계				269.6

$$SE = \sqrt{\frac{269.6}{8}} = 5.8$$

주어진 자료를 가지고 비용추정을 할 경우에는 5,800만원의 표준편차를 가지고 있음을 의미한다.

(나) 분산계수(CV)

또 하나의 타당성 지표로서는 분산계수(CV : Coefficient of Variation)를 사용한다.

$$CV = \frac{SE}{\overline{Y}} \tag{2-21}$$

분산계수의 의미는 미래 시스템 비용을 추정시 평균적으로 추정치의 평균과 얼마나 떨어져 있는가를 판단하는 기준이다. 분산계수의 값은 적을수록 좋은 모델이라고 할 수 있다. 이 예제에서 분산계수 값은 5.8/3.06으로 64%를 나타낸다.

(다) ANOVA

분산분석(Analysis of Variance)은 회귀분석에서 모델의 타당성을 검증하는 기초를 제공해준다.

SST를 총분산(Total Sums of Squares), SSE를 총오차의 제곱의 합(Sum of Squares), SSR을 평균과 회귀분석선과 차이점의 제곱의 합(Sum of Squares Regression) 이라고 한다면 다음과 같은 관계를 가지고 있다.

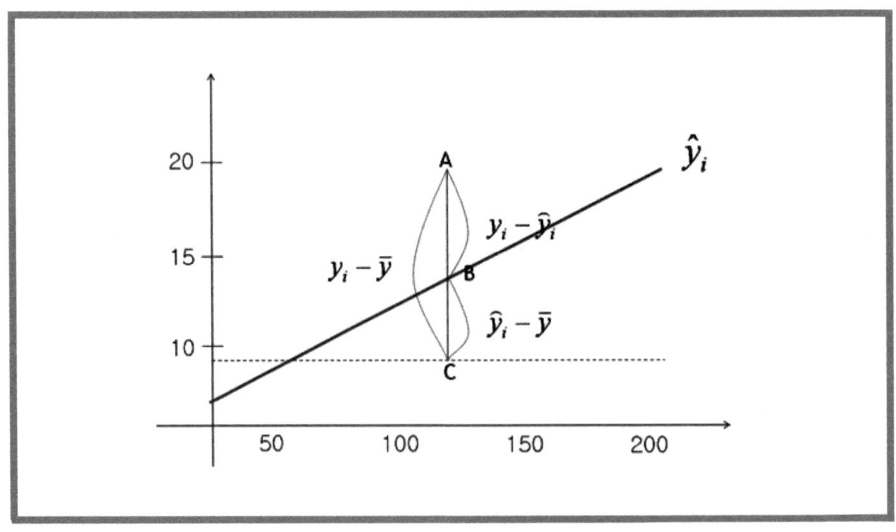

〈그림 2-6〉 편차의 종류

$$SST = \sum (y_i - \overline{y})^2 \quad (2\text{-}22)$$

$$SSE = \sum (y_i - \widehat{y_i})^2 \quad (2\text{-}23)$$

$$SSR = \sum (\widehat{y_i} - \overline{y})^2 \quad (2\text{-}24)$$

$$SST = SSE + SSR \quad (2\text{-}25)$$

SSE는 오차항으로 설명할 수 없는 변화량이고 SSR은 회귀분석으로 인해 생긴 변화량으로 설명할 수 있는 부분이다. 모델 측면에서 보면 SSR이 크고 SSE가 작은 모델이 좋은 모델이라고 할 수 있다.

평균자승오차를 MSE(Mean Squared Error)라고 하며 다음과 같이 표현된다.

$$MSE = \frac{SSE}{n-k} \quad (2\text{-}26)$$

평균회귀분석의 제곱은 MSR(Mean Squares of Regression)이라고 하며 다음과 같이 나타낸다.

$$MSR = \frac{SSR}{k-1} \quad (2\text{-}27)$$

여기서 n은 모델 추정에 사용된 자료의 개수이며, k는 추정에 사용된 독립변수의 숫자이다. 단순회귀분석의 경우 $\widehat{b_0}$와 $\widehat{b_1}$을 추정해야 되기 때문에 k=2가 된다. 분산분석의 도표는 다음과 같이 나타낸다.

〈도표 2-16〉 분산분석 도표

	df	SS	MS	F
SSR	k-1	$\sum (\widehat{y_i} - \overline{y})^2$	SSR/k-1	MSR/MSE
SSE	n-k	$\sum (y_i - \widehat{y_i})^2$	SSE/n-k	
SST	n-1	$\sum (y_i - \overline{y})^2$		

(예제 2-5)에서 얻은 자료를 가지고 정리하면 ANOVA table은 다음과 같이 정리된다.

	df	SS	MS	F
SSR	1	130	130(MSR)	3.85
SSE	8	269.83	33.7(MSE)	
SST	9	399.83		

이 도표에서 보면 전체 자료의 숫자는 10개이고, 회귀분석에 대한 자유도는 독립변수가 한 개이며 추정하려는 변수가 2개(k=2)이기 때문에 1이 되고, 오차항에 대한 자유도는 n－k=10－2이므로 8이 된다. 모델의 타당성 검증에서 분자의 자유도가 1 이고 분모의 자유도가 8인 F 분포에서 추정하려고 하는 변수값이 모두 0 일 경우는 0.083 즉 8.3%의 값으로 가정이 수락될 수 있다는 것이다. 모델의 타당성은 91.7%가 된다는 것이다.

(라) 결정계수(Coefficient of Determination)

결정계수(R^2)는 회귀분석모형에서 모형의 적절성을 평가하는데 가장 일반적으로 사용되고 있다. R^2는 총변화량 가운데 회귀분석모형으로 인해 설명되는 변화량의 비율을 나타낸 것이다.

$$R^2 = \frac{SSR}{SST} = 1 - \frac{SSE}{SST} \tag{2-28}$$

일반적으로 R^2값이 90% 이상이면 우수하다고 평가되어 CER로 사용할 수가 있다. 앞서 언급한 통신장비의 예제에서는 $R^2 = 130/399.8 = 0.3252$로서 총변량에서 회귀분석을 통해 설명될 수 있는 부분이 32.5%에 불과하다는 것이다. 보정된 결정계수 R^2_{adj}는 자료의 수와 독립변수의 수를 고려한 값이다. 실제 독립변수가 증가하면 R^2의 값은 커지게 되어 있다. 이러한 약점을 보완하기 위해 보정된 R^2을 사용한다.

$$R_{adj}^2 = 1 - \frac{(SSE)/(n-(k+1))}{SST/(n-1)} \tag{2-29}$$

주어진 예제에서 $R_{adj}^2 = 0.241$로서 R^2보다 낮은 값임을 알 수 있다.

(마) t 검증

회귀분석에서 추정한 변수들에 대해 t-test를 통해 타당성을 검증하는 방법이다. 단순회귀분석에서 $\widehat{b_1}$값은 독립변수가 회귀분석모형에서 기여하는 정도를 나타내는 값이다. t-test는 독립변수(X) 와 종속변수(Y)간에 상호관련성이 있다면 회귀분석모형에서 $\widehat{b_1}$이 있는 것이 낫다는 것을 보여준다. t 검증에서 귀무가설과 대립가설은 다음과 같다.

$H_0 : \beta_1 = 0$ (비용은 무게와 관련성이 없다)

$H_a : \beta 1 \neq 0$ (비용은 무게와 관련성이 있다)

$$Test\ Statistic\ t_{\beta_1} - \frac{\widehat{b_1} - 0}{s_{b_1}}$$

$$s_{b_1} = SE/\sqrt{(\sum(x_i - \overline{x})^2)}$$

여기서 t통계량 t_{β_1} 값이 t 분포값 $t(n-k, 1-\alpha)$ 값보다 크면 귀무가설을 기각할 수 있다. 즉, 앞의 예제에서 비용과 무게는 관련성이 있다고 말할 수 있다.

$$t_{\beta_1} = \frac{0.0831}{(5.8)/137.16} = 1.97$$

만약 $\alpha = 0.2$라고 한다면 t_{β_1}값은 t(n-2,0.8)=1.397이기 때문이다.

t분포 값은 자유도와 α값을 주어지면 각종 통계표에서 찾을 수 있다. 이 예제의 경우 귀무가설(H_0)를 기각할 수 있으므로 회귀분석모형에서 b_1 값을 포함한 모델을 사용할 수 있게 된다.

(바) F 검증

앞에서 제시한 t 검증은 독립변수가 개별로 회귀분석모형에 들어있는 것이 적합한가를 테스트하는 것이다. F 검증은 전체 회귀분석 모델 $\hat{y}$이 $\bar{y}$를 사용하는 것보다 의미가 있는가를 테스트하는 것이다. F 검증에서는 모든 독립변수의 상수값이 0인가를 테스트한다

$$H_0 : \beta_0 = \ ... = \beta_k = 0 \text{(모델이 부적합)}$$

$$H_a : H_0 \text{ 가 거짓이다 (모델이 타당)}$$

$$\text{검정통계량} : F = \frac{MSR}{MSE}$$

$$\text{검정방법} : \quad F \geq F(k-1, n-k, 1-\alpha)\ reject\ H_0$$

$$F < F(k-1, n-k, 1-\alpha)\ conclude\ H_a$$

주어진 예제를 다시 한번 적용해보면 다음과 같은 값을 얻을 수 있다.

$$\text{검정통계량} : \quad F = \frac{MSR}{MSE} = \frac{SSR/df_R}{SSE/df_R} = \frac{130/1}{269.8/8} = 3.85$$

F 값은 F 분포에서 $F_c(1,8,0.9) = 3.46$ 보다 크므로 기각역에 포함된다고 볼 수 있다. 따라서 이 모형은 $\bar{y}$를 사용하는 것 보다는 $\hat{y} = \hat{b_0} + \hat{b_1}x$의 회귀분석모형을 사용하는 것이 타당하다고 결론지을 수 있다.

지금까지 제시한 SE, R^2, R^2_{adj}, SSE, SSR, MSE, MSR, S_{b_1} 등과 같은 값들은 회귀분석모형을 통계 패키지에 적용하면 다음과 같은 도표의 결과를 얻을 수 있다.

〈도표 2-17〉 예제 2-5의 회귀분석 결과

Regression Statistics	
Multiple *R*	0.5702
R Square	0.3251
Adjusted R square	0.2408
Standard Error	5.8076
Observations	10

ANOVA

	df	*SS*	*MS*	*F*	*significance F*
Regression	1	130	130.0	3.85	0.0852
Residual	8	269.83	33.77		
Total	9	399.83			

	Coeff.	*Std, Error*	*t test*	*p value*	*lower 95%*	*upper 95%*
Intercept	2.477	3.823	0.648	0.535	-0.340	11.29
weight	0.083	0.042	1.963	0.085	-0.015	0.181

(2) 신뢰구간

회귀분석을 통해서 얻은 추정치들은 t 분포를 이용해서 $(1-\alpha)\times 100\%$ 신뢰구간을 산출해 낼 수 있다. 주어진 자료를 통해서 회귀분석모형의 변수값 $\hat{b_0}$, $\hat{b_1}$이 구해졌다면 그 값들에 대한 표준편차와 자유도를 알면 t 분포를 이용해서 신뢰구간을 찾을 수 있다.

(가) 추정치 $\hat{b}$에 대한 $(1-\alpha)\times 100\%$ 신뢰구간

$$\text{신뢰구간 :}\quad \hat{b} \pm t_{\alpha/2,\, df} \times stdev(\hat{b}) \tag{2-30}$$

(예제 2-5)에서 추정된 $\hat{b_1}$ 에 대해 95% 신뢰구간을 구하면 다음과 같다.

$$0.083 \pm t_{(0.025,8)} \times 0.042 = (-0.015 \sim 0.181)$$

회귀분석 상수가 여러 개 있다고 하더라도 이들에 대한 t 분포를 이용해서 각 상수별로 신뢰구간을 구할 수 있다.

(나) 주어진 X 값에 대한 추정치 $\hat{Y}$의 평균에 대한 신뢰구간

주어진 X_h 값에 대한 회귀분석모형에서 추정치는 다음과 같다.

$$\widehat{Y_h} = \hat{b_0} + \hat{b_1} X_h$$

이 값에 대한 기댓값과 분산과 표준편차는 다음과 같이 구할 수 있다.

$$E[Y_h] = b_0 + b_1 X_h$$

$$\begin{aligned} Var(\widehat{Y_h}) &= Var(\widehat{b_0} + \widehat{b_1} X_h) \\ &= Var(\overline{Y} - \widehat{b_1}\overline{X} + \widehat{b_1} X_h) \\ &= Var(\overline{Y} + \widehat{b_1}(X_h - \overline{X})) \\ &= Var(\overline{Y}) + Var(\widehat{b_1})(X_h - \overline{X})^2 \\ &= \frac{\sigma^2}{n} + \frac{(X_h - \overline{X})^2 \sigma^2}{\sum (x_i - \overline{x})^2} \end{aligned}$$

여기서 σ^2의 추정치는 앞에서 언급한 바와 같이 MSE이므로 위에서 구한 값에 대한 표준편차는 다음과 같이 정의된다.

$$SE^2(Y_h) = MSE(\frac{1}{n} + \frac{(X_h - \overline{X})^2}{\sum (x_i - \overline{x})^2})$$

$(1-\alpha) \times 100\%$의 $E[Y_h]$ 에 대한 신뢰구간은 다음과 같다.

$$\begin{aligned} &\hat{Y} \pm t_{\alpha/2, df} \times SE(Y_h) \\ &SE(Y_h) = \sqrt{SE^2(Y_h)} \\ &\quad = \sqrt{MSE(\frac{1}{n}) + \frac{(X_h - \overline{X})^2}{\sum (x_i - \overline{x})^2}} \end{aligned} \qquad (2\text{-}31)$$

(다) 주어진 X_h 값에 대한 새로운 관측치 Y에 대한 신뢰구간

주어진 X_h 값에 대해 실제 관측치 Y 값은 추정치 $\hat{Y}$의 평균에 대한 신뢰구간보다 더 크다. 이 값은 오차항에 대한 변화량이 추가로 고려되어야 하기 때문이다. 그러므로 $(1-\alpha) \times 100\%$의 신뢰구간은 다음과 같다.

$$\hat{Y} \pm t_{\alpha/2,df}\, SE_{\neq W}(Y_h) \quad (2\text{-}32)$$

$$SE_{\neq W}(Y_h) = \sqrt{MSE[(\frac{n+1}{n}) + \frac{(X_h - \overline{X})^2}{\sum(x_i - \overline{x})^2}]} \quad (2\text{-}33)$$

신뢰구간을 구할 때 t 분포를 사용한 것은 표본의 숫자가 적은 경우이다. n이 30 이상으로 크다면 t 분포 대신에 표준정규분포를 사용할 수 있다. 그럴 경우에 자유도와 상관없이 다음과 같이 95% 신뢰구간을 표현할 수 있다.

- 추정치 $\hat{b}$: $\hat{b} \pm 1.96 \times stdev(\hat{b})$
- 추정치 $\hat{Y}$: $\hat{Y} \pm 1.96 \times SE(Y_h)$
- 추정치 $\widehat{Y_{\neq W}}$: $\hat{Y} \pm 1.96 \times SE_{\neq W}(Y_h)$

지금까지 회귀분석을 통해서 얻은 CER의 타당성을 평가하기 위한 여러 가지 기준들을 제시하였는데 다음과 같이 요약할 수 있다.

1) R^2나 보정된 R^2_{adj} 값은 그 값이 클수록 좋은 모델로 평가할 수 있다. 통계량이 기각역 밖에 있을 때는 회귀분석모형의 타당성을 인정받을 수 있다.
2) 분산계수 CV 값은 작을수록 좋다.
3) 회귀분석모형의 상수 값 $\hat{b}$에 대해서는 t 검증을 통해 독립변수가 모델에 기여하는 정도를 평가할 수 있다. t 통계량이 $(1-\alpha)\times 100\%$의 t분포 값 보다 크면 모형 내에서 타당성을 인정할 수 있다.
4) 추정된 $\hat{b}$나 주어진 X_h 값에 대한 $\hat{Y}$의 기댓값, 새로운 Y에 대한 예상 신뢰구간은 각각의 추정치의 표준편차와 t 분포값을 이용해서 구할 수 있다. 이들 신뢰구간은 그 폭이 좁을수록 좋은 모형으로 평가할 수 있다.

(3) 잔차분석(residual analysis)

회귀분석모형은 수집된 자료를 근거로 구축한 선형 또는 비선형 관계식들이다. 자료에 이상치(Outlier)가 있으면 모형은 원래의 모습과는 전혀 다른 방향으로 예측될 수 있다.

일반적으로 어떤 주어진 자료에서 평균으로부터 2σ 이상의 범위에 존재하는 값들은 이상치로 간주한다. 그러나 실제 자료를 사용할 때는 수집된 자료가 충분치 않기 때문에 함부로 이상치를 판단하여 버릴 수가 없다. 이상치는 주로 세 가지로 분류되는데 다음과 같다.

$$\frac{Y_i - \hat{Y}}{SE} \text{ or } \frac{X_i - \overline{X}}{S_X}, \quad \frac{Y_i - \overline{Y}}{S_Y}$$

즉, 추정모델 $\hat{Y}$나 X 변수, Y 값에 대한 이상치이다.

(가) X에 대한 이상치

모든 자료는 반드시 동일한 모집단 내에서 수집되어야 한다. 독립변수(X)들에 대한 자료들이 동질성을 갖지 못한 것들이라고 한다면 회귀분석을 통해 비용추정에 사용할 수가 없다. 회귀분석모형의 기본가정에서 사용된 자료는 동질성임을 가정하고 수집된 자료의 오차항의 분포는 정규분포를 따르는 것으로 가정하고 있기 때문이다.

X에 대한 이상치는 평균($\overline{X}$)과 표준편차(S_X)를 구해서 $(X_i - \overline{X})/S_X$ 값이 2 이상일 때는 일단 이상치로 간주하고 조사해 볼 필요가 있다. 다음의 자료를 보자. 여기서 제일 마지막 자료는 일단 이상치로 볼 수 있다.

Range	$\overline{X}$	$X_i - \overline{X}$	$(X_i - \overline{X})^2$	$(X_i - \overline{X})/S_X$ ($S_X = 377.65$)
600	823	-223	49875	-0.59
925	823	102	10379	0.27
450	823	-373	139222	-0.99
420	823	-403	169510	-1.07
1000	823	177	31285	0.47
800	823	-23	535	-0.06
790	823	-33	1097	-0.09
1600	823	777	603535	2.06

(나) Y에 대한 이상치

Y에 대한 이상치는 두가지 형태인데 첫 번째는 Y 자신에 대한 이상치로서 X와 마찬가지로 평균($\overline{Y}$)과 표준편차 $(Y_i - \overline{Y})/S_Y$ 값의 차이가 2 이상일 경우 이상치로 간주하고 확인해 볼 필요가 있다.

추정치($\hat{Y}$)에 대한 이상치는 특별히 모델의 적합성에 영향을 많이 미치고 있기 때문에 관심을 가져야 한다. 회귀분석을 통해서 얻은 표준편차(SE)를 구한다음 표준화된 잔차(Standardized Residuals)를 구하고자 한다.

$$Standard\ errors = \frac{(Y_i - \hat{Y})}{SE} \quad \text{단,} \quad SE = \sqrt{MSE}$$

표준화된 잔차 값이 2배 이상 큰 값을 가진 경우에는 이상치로 간주하여 모델에 계속 사용할 것인가를 검토해 보아야 한다.

(다) 이상치 처리방법

독립변수(X)나 종속변수(Y)에 있어서 이상치를 발견했다고 해서 반드시 그런 자료가 문제가 되지는 않는다. 문제는 그런 자료 자체가 정말로 이상치인지, 수집된 자료 자체가 불충분해서 이상치로 나타나는지를 판단해야 한다. 이상치가 발견되는 데는 다음과 같은 몇 가지 이유가 있을 수 있다.

1) 확률적으로 발생되는 오차(Random Error)인 경우는 모델 자체를 확률분포로 가정했기 때문에 문제가 되지 않는다.
2) 동일한 모집단에서 추출한 자료가 아닌 경우이다. 이때는 수집한 자료에서 이상치는 제외시키고 분석해야한다.
3) 때로는 하나 혹은 그 이상의 비용주도요인을 누락시켰기 때문에 이상치로 나타날 수도 있다.
4) 회귀분석모형 자체가 적절하지 않은 경우이다. 예를 들어 선형회귀분석모형으로 예측했는데 실제 주어진 자료는 비선형이 적합할 수도 있기 때문이다.
5) 수집된 자료가 잘못 추정된 경우도 있다.

6) 자료의 표준화 과정에서 발생된 오차일 수도 있다.

이처럼 여러 가지 원인에 의해서 이상치가 발생할 수 있기 때문에 일차적으로 조치해야 될 사항은 발견된 이상치를 버릴 필요는 없다.

우선 이상치를 그대로 모델에 남겨둔 채로 종속변수나 독립변수를 변환시켜서 여전히 이상치로 나타나는가를 확인해 보고 그다음은 이상치를 두거나, 제거한 상태에서 변수를 추가해 보는 방법을 통해서 확인해 볼 수 있다. 이상치 자체가 분석가에게 유용한 정보가 될 수도 있다.

모형의 타당성을 확인하기 위해 $\widehat{Y}_i$와 X_i를 도표상에 산포도를 구해보면 대략적으로 추세를 판단할 수 있다. 그림에서 보는 바와 같이 잔차(e_i)와 X_i, $\widehat{Y}_i$와 e_i를 도표상에 표현해보면 여러 가지 형태로 나타날 수 있다. 가장 정상적인 경우는 정규분포 형태로 나타남을 알 수 있으나 모형

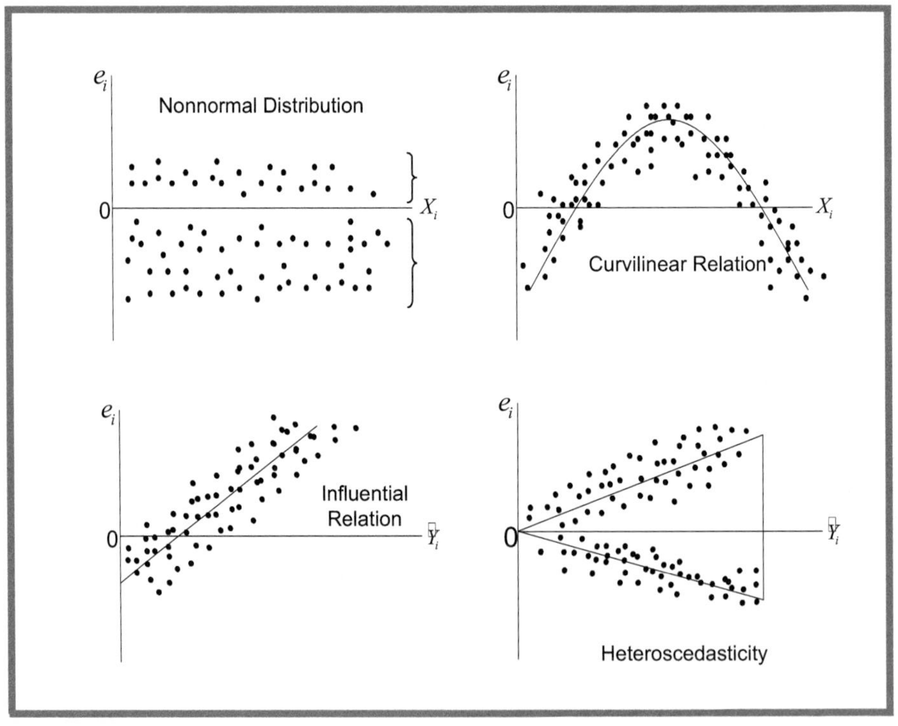

〈그림 2-7〉 잔차의 형태들

이 적절치 못할 경우에는 잔차들이 곡선 형태나, 선형, 비선형, 삼각형, 역삼각형 형태로 나타난다.

이런 추세를 보일 때는 독립변수나 종속변수들을 다음에서 제시하는 적당한 형태로 변환(Transformation)시켜 볼 수 있다.

$$X' = 1/X, \quad X' = \log X, \quad Y' = \log Y, \quad Y' = \ln Y$$
$$X' = \sqrt{X}, \qquad Y' = \sqrt{Y} \; ....$$

앞서 연구한 학습곡선의 경우가 전형적인 로그변환 형태이다.

$$Y = aX^b$$
$$\log Y = \log a + b \log X \;\Rightarrow\; Y' = a' + b'X'$$

log변환을 통해 비선형 모델을 선형회귀분석으로 변환하여 변수값을 예측한 다음 원래 모델로 환원시킬 수 있다. 회귀분석 결과가 논리적이지 못할 경우, 즉 물리적인 특성이나 임무변수들이 상식적인 예측과는 달리 비용 변화 추세를 보인다면 두가지 경우를 생각해 볼 수 있다. 첫 번째는 선형모형이 적합지 않을 수가 있고, 두 번째는 현재 모형에 있는 독립변수가 부적합하여 제거시킬 필요가 있거나, 아니면 추가로 새로운 독립변수가 도입될 필요성이 있는지 여부를 분석해 볼 필요가 있다.

(라) OLS(Ordinary Least Square Method)의 기본가정

회귀분석모형의 기본 가정은 다음과 같다.

1) 동일한 X_i 값에 대해 서로 다른 Y_i 값을 가질 수 있다.

2) 모든 오차항의 합은 0 이다.

$$E[e_i] = 0$$

3) 오차항은 일정한 분산을 가진다. 즉, 모집단은 동일하다.

$$VAR(e_i) = \sigma^2 \quad i = 1, ..., n$$

4) 오차항은 서로 상관관계가 있지 않다. 확률분포를 갖기 위해 독립적

으로 분포되어 있다.

$$Cov(e_i, e_j) = 0 \quad \text{for}\, all \;\; i \neq j$$

5) 오차항은 정규분포 되어 있다.

$$e_i \sim N(0,\; \sigma^2)$$

다. 다중회귀분석(Multiple Regression)

어떤 사업을 진행할 때 실제 비용에 영향을 미치는 요소는 중량, 부피, 수량과 같은 규격(size)요소, 속도, 마력, 출력 등과 같은 임무수행능력(performance)요소, 재질, 스텔스, 복잡도 등과 같은 기술(technology)요소가 있다.

지금까지 비용에 미치는 요소가 가장 핵심적인 한가지 요소만 고려한 단순 회귀분석모형을 고려했다. 만약 비용추정식(CER)에 하나 이상의 독립변수가 관련되어 있다면 다음과 같은 다중회귀모형을 고려해 볼 수 있다.

$$Y_i = b_0 + b_1 x_1 + b_2 x_2 + ... + b_k x_k \tag{2-34}$$

새로운 독립변수를 도입함으로서 기대효과는 예측능력을 향상시키고 변화량을 감소시키는 것이다. 총변화량(SST)의 변화는 없지만 설명되지 않는 변화량(SSE)은 줄이고 설명할 수 있는 변화량(SSR)은 확대시킨다는 것이다.

다중회귀분석의 해법은 근본적으로 단순회귀분석과 동일한 개념으로 전개된다. 독립변수가 추가되었기 때문에 행렬 형태로 표현되어 단순회귀분석과 동일한 해법으로 변수 값을 구할 수 있다. 다중회귀분석에서 다루고 있는 핵심사항은 세 가지로 요약할 수 있는데 첫째는 각각의 X 변수와 Y 간에 잔차분석이고, 둘째는 X 변수들 상호간에 상관관계분석을 통해 높은 상관관계를 피하고, 셋째는 모형의 타당성 평가(Goodness of fit)를 통해 모형 내 변수들의 적합도를 검증하는 것이다.

다중회귀분석에서는 다차원이기 때문에 모형을 구축하기 전에 산포도를 통해 사전에 타당성을 평가하거나 예측할 수 없다. 아무리 독립변수가 여러 개 있다고 하더라도 총변량은 변화하지 않는다.

$$SST = \sum (Y_i - \overline{Y})^2$$

독립변수를 추가시킴으로서 설명되지 않는 변량을 최소화시키려고 노력할 뿐이다.

$$SSE = \sum (Y_i - \widehat{Y}_i)^2$$

다중회귀분석의 특징은 변수를 한 개씩 추가할 때마다 자유도가 하나씩 줄고, R^2 값은 최소한 상승하도록 되어있다. 다중회귀분석에서도 기본 가정사항은 단순회귀분석모형과 동일하다. 독립변수(X)들의 값은 알고 있으며 오차항(e_i)은 평균이 0이고, 분산은 σ^2이며, 정규분포를 따르고 변수들 간에 상관관계는 없는 것으로 가정한다.

(1) 다중회귀분석의 타당성 평가

모형의 타당성 평가방법은 단순회귀분석의 경우와 거의 동일하다. 다만 회귀분석모형에서 얻은 ANOVA 도표나 회귀분석모형에서 얻은 상수값($\widehat{b_i}$)이 변수가 추가되는 차이가 있을 뿐이다.

단순회귀분석에서는 변수가 1개뿐이기 때문에 $\widehat{b_1}$의 의미는 X가 한단위 변하는데 Y의 변화 정도를 나타내는 값으로 해석될 수 있다. 하지만 다중회귀분석에서는 여러 개의 독립변수가 Y값을 결정하고 있다. 따라서 b_1 값은 다른 독립변수 값들이 고정되어있다는 전제하에 X_1 값이 한 단위 변할 때 Y 값에 기여하는 변화량(Marginal Change)으로 해석될 수 있다. 다시 말하면 b_i 값은 모형 내 다른 변수들이 있다는 전제하에 조건부로 Y에 영향을 미치는 값으로 해석될 수 있다는 것이다.

모형의 타당성을 평가하는 요소는 단순회귀분석에서 사용한 결정계수(R^2), 보정된 결정계수(R^2_{adj}), 표준편차(SE), 분산계수(CV), 분산분석($ANOVA$)

값 등을 사용할 수 있다. 다만 t 검증은 독립변수 개수만큼 실시할 수 있으며, 모형의 타당성 평가를 위한 F 검증은 모든 독립변수들의 상수값이 0인 경우($b_1 = b_2 = ... = b_k = 0$)에 대한 검증을 실시할 수 있다.

(2) 다공선성(Multicollinearity) 평가

다중회귀분석에서 가장 중요한 부분은 여러 개의 독립변수가 있을 경우 어느 변수가 얼마나 모형에 기여하고 있는가를 분석해 내는 것이다. 만약 독립변수 X_i와 X_j가 통계적으로 독립적이라고 한다면 X_i의 변화는 X_j에 아무런 영향을 주지 않는다. 그러나 대부분 비용추정 모델에서는 변수 간 약간의 상관관계는 있게 마련이다.

다공선성 효과는 독립변수들 상호간에 상관관계가 있을 경우 모델에 미치는 효과를 의미한다. 이런 경우 X_i가 종속변수 Y를 설명하는 부분과 X_j가 Y를 설명하는 부분이 중복되어 모형에 X_i, X_j가 동시에 도입될 경우 Y의 설명변수를 결정하는데 어려움이 예상된다.

다공선성을 확인하는 방법은 회귀분석모형에서 추정된 상수 값들의 변화를 보면 된다. 예를 들어 독립변수 X_1만 모형에 도입되었을 때 추정된 상수값 $\hat{b_1}$이 또 다른 변수 X_2가 도입되었을 때와 비교해서 심각한 차이가 발생하면 X_1과 X_2변수 간에 상관관계가 내재되어 있음을 알 수 있다.

독립변수가 여러 개 있을 경우에는 각각의 변수 간에 쌍비교를 통해서 상관관계를 확인하면 된다. 상관계수(r) 값이 0.7보다 크면 다공선성효과가 있다고 예측할 수 있다. 일반적으로 다공선성 자체가 반드시 나쁜 결과만을 가져다 주는 것은 아니다. 분석가가 추정하려고 하는 모형 내 변수 상호 간에 다공선성이 존재하는 것을 알고 추정범위가 동일한 자료와 같은 범주에 있다면 모형을 구축하거나 구축된 모형을 통해 비용을 예측하는데 무리없이 사용할 수 있다는 것이다.

다음의 예를 보자. 어떤 무기체계의 비용을 추정함에 있어 중량과 출력이 핵심변수로 선정되었다고 한다.

구 분	cost	thrust	weight
1	10	7	18
2	20	8	44
3	30	17	57
4	40	13	67
5	50	22	112
6	60	34	112
7	70	39	128
8	80	39	165

이 자료를 이용해서 비용과 출력, 비용과 중량, 비용과 중량, 출력을 동시에 고려한 세 가지 CER 모형을 생각해 볼 수 있다.

〈도표 2-18〉 다공선성 효과 (비용과 Thrust)

Regression Statistics	
Multiple *R*	0.9781
R Square	0.9588
Adjusted R square	0.9498
Standard Error	5.6223
Observations	8

ANOVA

	df	*SS*	*MS*	*F*	*significance F*
Regression	1	4197.838	4197.84	132.79	0.000
Residual	6	189.662	31.610		
Total	7	4387.500			

	df	*SS*	*MS*	*F*	*significance F*
Regression	1	4197.838	4197.84	132.79	0.000
Residual	6	189.662	31.610		
Total	7	4387.500			

	Coeff.	*Std, Error*	*t test*	*p value*	*lower 95%*	*upper 95%*
Intercept	2.712	4.078	0.665	0.531	-7.268	12.691
Thrust	1.834	0.159	11.52	0.000	1.445	2.224

$$Cost = 2.712 + 1.834 \times (Thrust)$$

<도표 2-18>에서는 독립변수를 Thrus만 고려하고 <도표 2-19>에서는 중량을 독립변수로 고려했다. 두가지 경우 모두 R^2값을 각각 95.8%, 97.4%로서 종속변수인 비용에 대해 설명력이 대단히 우수한 편이다.

〈도표 2-19〉 다공선성 효과 (비용과 중량)

Regression Statistics	
Multiple *R*	0.9870
R Square	0.9742
Adjusted R square	0.9699
Standard Error	4.3465
Observations	8

ANOVA

	df	*SS*	*MS*	*F*	*significance F*
Regression	1	4274.147	4274.147	226.24	0.000
Residual	6	113.353	18.8892		
Total	7	4387.500			

	Coeff.	Std. Error	t test	p value	lower 95%	upper 95%
Intercept	-0.4177	3.3142	-0.126	0.9038	-8.527	7.692
weight	0.5026	0.0334	15.041	0.000	0.4209	0.5844

$$Cost = (-0.418) + 0.505 \times (Weight)$$

〈도표 2-20〉 다공선성 효과 (비용과 중량, 출력)

Regression Statistics	
Multiple R	0.9997
R Square	0.9995
Adjusted R square	0.9992
Standard Error	0.6916
Observations	8

ANOVA

	df	SS	MS	F	significance F
Regression	2	4385.108	2192.554	4583.0	0.000
Residual	5	2.392	0.478		
Total	7	4387.500			

	Coeff.	Std. Error	t test	p value	lower 95%	upper 95%
Intercept	-0.5062	0.5274	-0.959	0.3813	-1.8620	0.8496
Thrust	0.8292	0.0544	15.23	0.000	0.6892	0.9690
weight	0.2925	0.0148	19.785	0.000	0.2545	0.3305

$$Cost = (-0.506) + 0.829 \times (Thrust) + 0.293 \times (Weight)$$

위의 도표에서 보는 바와 같이 중량과 출력(Thrust) 2개의 독립변수를 동시에 사용했을 때 추정된 변수들이 독립적으로 사용되었을 때 보다 변화량이 큼을 알 수 있다. 이것은 분명히 중량과 Thrust 간에 상관관계가 있음을 보여주고 있다. 즉, Thrust 와 중량이 독립적으로 사용되었을 때는 상수의 추정 값이 각각 1.834, 0.5026이었으나 두 개의 변수가 동시에 모델에 투입되었을 경우 추정된 값은 0.8291, 0.2925로서 원래 값과 비율적으로 많은 차이가 남을 알 수 있다.

다음은 Thrust와 중량에 대한 관련성을 확보하기 위해 중량을 독립변수로 하고 회귀분석을 실시하면 <도표 2-21>과 같은 결과를 얻을 수 있다.

〈도표 2-21〉 공선성 효과 (중량과 Thrust)

Regression Statistics	
Multiple *R*	0.9331
R Square	0.8706
Adjusted R square	0.8491
Standard Error	5.1889
Observations	8

ANOVA

	df	*SS*	*MS*	*F*	*significance F*
Regression	1	1086.454	1086.454	40.384	0.001
Residual	6	161.421	26.903		
Total	7	1247.875			

	Coeff.	*Std, Error*	*t test*	*p value*	*lower 95%*	*upper 95%*
Intercept	0.107	3.955	0.027	0.979	-9.571	9.784
weight	0.253	0.040	6.355	0.001	0.156	0.351

$$Thrust \approx 0.25 \times Weight$$

이 도표에서 보면 Thrust 는 대략 중량의 25%의 관계를 가지고 있음을 알 수 있다. 두 가지 변수는 높은 상관관계를 가지고 있기 때문에 동시에 회귀분석모형에 투입된다면 다공선성을 유발시킬 수 있다.

다공선성이 있을 때는 주어진 입력자료에 따라서 정확하게 예측되기도 하고 많은 오차를 보이기도 한다. 다음에서 보는 바와 같이 두 개의 시스템 자료에 대해서 비교해 보자. 시스템 1의 경우는 중량과 Thrust에 대해 적당한 관계가 설정되면서 3가지 모형 모두 비용이 근소한 차이로 추정되고 있음을 볼 수 있다. 그러나 시스템 2에 있어서는 어떤 변수가 모형에 투입되느냐에 따라서 비용추정치가 상당히 달라지고 있다.

〈도표 2-22〉 공선성 효과 비교

구 분	시스템 1	시스템 2
Weight	95	25
Thrust	25	12
Cost(weight)	47.33	12.15
Cost(thrust)	48.56	24.72
Cost(weight, thrust)	48.01	16.76

다공선성이 존재할 경우에는 b_1의 의미가 더 이상 X_2 변수를 고정시킨 상태에서 종속변수 Y의 변화라고 결론지을 수 없다. 그 이유는 X_1, X_2가 서로 상관관계가 형성되어 있기 때문이다.

모형 구축과정에서 어떤 변수를 투입할 것인가를 판단할 때 투입변수들의 효과가 제대로 판단되지 않을 수 있다. 즉, 한 변수가 독립적으로 사용될 때는 그 효과가 크다고 판단되다가 상관관계가 있는 또 다른 변수를 동시에 투입하면 먼저 사용되던 변수는 기여도가 극히 낮게 평가되거나 역효과가 나타날 수도 있기 때문이다.

이러한 다공선성 효과를 치료하는 방법은 어느 한 변수를 제외시키거나 전문가를 통해 모형의 타당성을 검증해 보는 것이다. 변수들 상호간에 곱하거나 나눔으로서 추정에 미치는 영향을 분석해 볼 수 있다. 다공선성을 확인하는 일반적인 원칙은 독립변수 간 상관관계 행렬을 구한 다음 상관계수가 0.3 이하이면 문제가 없고, $0.3 \le r \le 0.7$ 구간에서는 의심이 되는 구간이며, r이 0.7 이상이면 다공선성 문제가 있는 것으로 판단하면 된다. 또 하나의 방법은 여러 개의 독립변수가 있을 경우 새로운 변수가 투입되거나 제거될 때 $\hat{b_i}$의 추정치 값의 변화가 심하다면 다공선성 효과가 있다고 의심해 볼 필요가 있다.

(3) 최적 모형의 선택

지금까지 비용추정을 위해 여러 가지 형태의 회귀분석모형에 대해 알아보았다. 독립변수들과 종속변수들의 관계는 선형모형으로 식별되거나 비선형 모형으로 식별된다. 동일한 시스템에 대해 여러 가지 형태의 모형을 구축할 수 있는데 최적의 모형을 선택하는 방법을 제시하고자 한다.

제1단계 : 가능성 있는 선형 및 비선형 회귀분석모형 식별

실제 비용추정에 영향을 미치는 여러 종류의 독립변수를 생각해 볼 수 있지만 F 검증을 통해 적정수준 이하의 모형은 일단 고려대상에서 제외시킨다. 다음은 t 검증을 통해 변수 중에서 $(1-\alpha)\times 100\%$의 범위를 벗어나는 기각역에 있는 변수는 제외시킨다.

제2단계 : 동일 형태 내에서 R^2을 기준으로 선정

동일한 형태란 선형 및 비선형 모형들이 고려되고 있다면 우선 선형모형 내에서 가장 적합한 모형을 선택하고, 비선형 모형은 그 범주 안에서 최적 모형을 선택한다. 이때 선택 기준은 R^2이 된다. 예를 들면, 어떤 시스템의 비용추정을 위해 출력과 중량, 표면적이 독립변수로 되는 선형모형을 CER로 개발했다고 한다. 이때 R^2 값이 각각 0.95, 0.79, 0.90이라고 한다면 첫 번째 모형은 세가지 변수 중에서 출력을 독립변수로 먼저 도입한다. 그리고 비선형 모형에서는 길이와 속도를 독립변수로 하는 지수형태의 회귀분석모형을 구축했다고 한다. R^2 값이 각각 0.80, 0.96이었다면 두 번 째 모형에서는 속도를 독립변수로 먼저 선택한다.

제3단계 : 모든 형태에서 최적 모형 선택

이 단계에서는 선형모형과 비선형모형(지수, 로그, Polynomial) 간에 최적 모형을 선택하는 방법이다. 이때 비교하는 기준은 SSE를 비교한다. 예를 들어보면 지수모형은 SSE 값이 7.2, 선형모형은 SSE 값이 8.3이면 첫번째 지수모형을 선택한다.

4. 비용추정 위험분석

가. 비용추정에서 위험분석은 왜 필요한가?

어떤 사업이든지 개념형성단계나 기획단계에서 비용추정은 여러 가지 측면에서 위험성과 불확실성을 가지고 있다. 비용추정치는 상당히 제한된 비용 및 기술 정보를 가지고 5~10년 후의 비용을 추정한 값이다. 급변하는 산업 환경 변화나 기술 변화 등을 고려할 때 현재 비용추정에서 사용되는 비용자료는 일정한 시긴이 지나면 쓸모없는 자료가 되어 있을 수 있으며, 비용분석 당시 제조과정에서 적용된 학습효과는 실제 생산단계에 들어갔을 때 지나치게 과대평가 되거나 과소평가 될 수도 있다. 또한 비용추정치를 구하기 위해 사용된 WBS는 세분화 될수록 하위 단계에서 불확실한 요소가 더욱 많아져서 비용추정치에 더 많은 오차가 발생할 수도 있다.

과거 경험에 비추어 보면 비용추정을 하는 그 자체는 정부나 업체측 모두 비용추정 전문가나 사업을 계획하는 책임자 및 사업관리자에게 상당한 도전을 주는 과제임에 틀림이 없다. 그동안 대규모 국책사업이나 무기체계 획득사업 추진실적을 보면 실제 초기단계에 추정된 사업비용과 최종단계에 들어간 비용에는 엄청난 차이가 나는 경우가 많았기 때문이다.

한정된 국방재원으로 국방투자사업을 추진함에 있어 잘못된 의사결정으로 인해 사업추진이 지연되거나 추가예산 확보가 어려워서 획득사업에 차질이 발생한다면 이로 인해 국방투자 사업 전체에 대한 신뢰도가 떨어질 수 있다. 따라서 중요 의사결정자의 입장에서는 다음과 같은 필요성에 의해 획득 단계별 의사결정 시점에서 위험과 불확실성에 대해 계량적인 수치를 제공해 주기를 바라고 있다.

첫째, 비용추정치 하나만으로 건전한 의사결정에 한계가 있다.

무기체계 획득사업 초기단계에 비용추정치 하나만 보고 가용한 재원을 할당하는 것은 위험요소가 많이 있다. 이때 기술적인 요구조건이 제대로 충족될 수 있는지, 비용추정치는 어느 정도 정확성을 가지고 추정되었는지, 사업추진계획은 제대로 계획되어 일정을 준수할 수 있는지 등에 대한 정보가 불완전한 상태이다. 관리자의 입장에서 건전한 의사결정을 하기 위해서는 추정치에 대해 어느 정도 수준의 불확실성을 반영한 신뢰구간이 주어지기를 바라고 있다.

이런 측면에서 정량적인 비용추정 위험분석은 점추정치에 대한 변화정도를 제공함으로서 보다 건전한 의사결정을 하는데 도움을 줄 수 있다는 것이다. 특히 장기 투자 사업의 경우 점추정치는 사업초기 단계에서 비용과 일정, 기술 등 변화 요인을 너무나 많이 가지고 있다. 사업이 진행되어 가면서 상세한 비용 및 기술 정보가 획득되어 위험성을 감소하게 될 것이다.

비용 추정치 한 개의 값만으로는 잠재되어 있는 위험이나 불확실성에 대한 어떤 정보도 얻을 수 없기 때문이다. 이에 비해 신뢰구간을 주면 주어진 확률분포에 의해 가용한 비용 범위를 식별해 낼 수 있다. 예를 들면 어떤 무기체계 사업의 경우 비용추정치가 100억이며 95% 신뢰구간이 50억에서 150억이라고 한다. 또한 비용추정의 분포가 S 커브를 가지고 있다면 의사결정자는 일정한 예산이 주어지면 그 예산으로 사업을 성공적으로 수행할 확률을 판단할 수 있다는 것이다. 즉, 예상하는 성공가능성을 달성하기 위해 얼마만큼의 자원을 투자해야 하는가를 판단할 수 있다.

둘째, 비용위험 분석은 가용한 대안에 대한 절충 분석(Trade studies)을 하는데 필요하다. 하나의 무기체계 획득사업이 추진되기 전에 다양한 대안에 대한 절충 분석이 실시된다. 초기단계에 거론되는 대안들은 비용뿐만 아니라 성능부분에도 많은 위험성을 가지고 있다. 그러나 정부나 기업의 의사결정자들은 여러 가지 대안에 대한 상세한 분석을 위해 충분한 시간을 투자하지 않으면서 위험분석을 통해 보다 나은 대안을 식별하려고 한다.

비용은 가용한 대안의 우선순위를 결정하는데 중요한 요소가 되지만 초기단계(절충 분석 단계)에 얻어진 비용추정치는 상대적으로 신뢰도가 낮다. 그 이유는 거론되고 있는 대안들에 대한 기술적 판단이 미흡하고 설계의 불확실성, 사업추진기간 판단의 어려움, 사업계획 추진가능성 판단, 시험평가 및 기타 예상치 못한 사건이 발생할 수 있기 때문이다. 절충 분석 단계에서 단순히 각 대안별 판단된 점추정치만 가지고 의사결정을 하는 것은 그만큼 위험이 있다는 것이다.

실제 프로젝트의 비용은 비용추정치의 신뢰구간 범위 내에서 판단될 수밖에 없다. 이 단계에서 최선의 방안은 불확실성을 충분히 이해하고 의사결정자가 이러한 불확실성을 고려한 상황에서 결정을 내리도록 해야 한다.

예를 들어 두 개의 경쟁되는 대안 A, B가 있을 때 성능 및 일정부분의 위험이 대등하다고 할 때 비용추정치가 작은 대안이 선택될 수 있다. 그러나 이때 점추정치의 신뢰구간이 주어졌다고 하면 대안 A가 점추정치 값은 작게 판단되었지만 변화의 폭이 크기 때문에 상대적으로 신뢰구간이 작은 대안 B를 선택함으로서 가용한 예산을 가지고 사업의 성공확률을 높일 수 있다. 즉 위험성이 높은 프로젝트는 사업이 추진되면서 추가비용증가 확률이 그만큼 높을 수 있다는 것이다.

셋째, 효율적 사업관리를 위해서도 비용추정 위험분석은 필요하다.

무기체계 획득사업이 시작되면 최고 의사결정자나 사업 관리자(PM)는 사업의 성공적인 보장을 위한 방안을 강구하게 된다. 초기단계에는 비용 및 기술정보가 불확실하기 때문에 현재 계획된 일정과 예산으로 목표를 달성하는데 위험성이 따를 수 있다. 가능하다면 이러한 위험성을 사전에 분석하여 대처한다면 위험비용도 줄이고 사업의 불필요한 지연도 막을 수 있다.

Black은 미국의 항공우주산업 추진과정에서 비용위험 분석의 활용 방법에 관한 설문조사를 실시한 바 있다.[6] 이 설문 조사에 의하면 프로젝트의 규모와 관계없이 40% 정도는 위험분석을 실시하고 특별히 기술적인 위험성이나 일정에 위험이 있는 프로젝트에 대해서도 32~35% 정도 위험분석을 실시한다고 했다.

위험분석을 실시하는 시기는 프로젝트의 초기단계, 개발을 위한 제안서 작성단계나 ROM 단계[7], 주요 설계변경을 위한 절충 분석 단계에 실시하며 독립적인 비용추정치(Independent Estimates)를 산출할 때 한다고 조사되었다.

넷째 추가예산 확보 논리를 얻기 위해 비용추정 위험분석이 필요하다.

무기체계 획득사업의 규모가 큰 대형사업의 경우 사업초기 단계에 반영된 예산만으로 실제 사업추진이 불가능한 경우가 많다. 기획단계에서 실시한 비용추정은 서로 경쟁되는 대안에 대한 비용분석에 중점을 두었기 때문에 상세한 비용추정보다는 개략적인 추정결과를 가지고 의사결정에 활용하는 경향이 있다. 또한 사업을 꼭 보내야 한다는 목적을 가지고 있는 경우에는 예상되는 위험요소를 과소평가하여 비용추정치를 지나치게 낙관적으로 평가하여 실제 추진과정에는 비용상승이 초래되는 사례가 많았다. 이는 미 RAND 연구소에서 SAR 자료 분석 결과에서도 증명이 되었으며 GAO 보고서에서도 미 국방성에서 추진중인 항공모함 건조 사업이나 항공우주사업 추진과정에서 최초 판단된 예산에 비해 수십억 달러 이상 추가 예산을 요구하고 있었다.[8]

주요 연구개발 사업의 경우 최초 개념연구 단계나 탐색개발 단계에서는 어떤 이유에서든지 개발 가능성에 대해 낙관적으로 평가하는 경향이

6) Hollis M. Black, “US. Aerospace Industry Cost Risk Analysis Survey”는 2008년 SCEA/ISPA 합동 연계 학회에서 발표된 비용위험 분석에 관한 논문으로 미국의 32개 주요기관 사업관리에 종사하는 전문 인력에게 22개 문항에 대해 설문을 실시하여 종합한 것으로 1998년도 동일한 내용과 비교분석한 것임.

7) ROM은 “Rough Order of Magnitude”를 의미하며 개발 초기 개념형성단계에서 주요입력변수(중량, 속도, 부피, 난이도)의 변화에 따른 시스템 비용의 변화추이를 식별하여 공학적 설계시 활용하는 방법을 의미함.

8) GAO : “GAO Cost Estiomaiong and Assessment Guide,” pp.155~157

있으며 비용추정 전문가들도 사업 계획의 위험성을 무시하거나 과거 기술 자료를 지나치게 신뢰하여 기술적인 위험성을 과소평가하는 경향이 있다.

적정수준의 획득예산을 승인 받기 위해서는 요구된 예산이 비용추정 위험분석을 통해 어느 정도 성공 가능성을 가지고 있다는 것을 증명할 필요가 있다. 그러기 위해서는 점추정치를 근거한 누적확률분포, 즉 S 커브가 식별되면 위험비용을 쉽게 추정할 수 있다.

궁극적으로 비용위험분석을 통해 얻을 수 있는 기대효과는 첫째, 프로젝트의 수행전략을 평가할 수 있다. 예를 들면 위험분석 결과를 통해 bid or no bid, 또는 Make or Buy를 결정하는데 기여할 수 있으며 핵심 분야의 위험분석 결과를 절충 분석(Trade Analysis)에 활용할 수 있다. 둘째, 위험분석을 통해 비용의 과도한 초과를 미리 인지하여 막을 수 있고 비용절감에 기여할 수 있다. 셋째, 비용위험 분석 결과를 가지고 관리예비비의 충분성을 판단할 수 있으며, 넷째, 비용위험 분석을 통해 프로젝트의 위험을 효과적으로 관리하거나 발생된 위험성을 완화시킬 수 있는 방안을 찾을 수 있다고 했다.

비용위험 분석을 평가하는데 가장 중점을 두는 분야는 역시 예산 측면에 초점을 두고 있었으며, 그 다음으로 기술과 일정, 사업관리에서 발생될 수 있는 위험성을 들고 있었다. 비용의 불확실성은 근본적으로 비용추정에 활용된 과거 비용 자료에서 온다고 보고 있었으며, 비용추정치의 신뢰구간은 최소한도 70% 이상은 되어야 한다고 했다. 또한 비용위험 분석에 가장 장애가 되는 요인은 과거 비용 및 기술자료 확보가 어려운 점과, 사업관리 및 초기단계에 목표비용을 지나치게 낙관적으로 설정해 놓은데도 그 원인이 있다고 했다.

지금까지 언급한대로 무기체계 획득과정에 위험분석의 필요성은 변화요인이 너무 많은 장기 사업에서 비용추정치 하나만 가지고 의사결정을 하기에는 위험성이 너무 많으며, 초기단계 대안결정을 위한 절충 분석이나 효율적 사업관리측면, 사업 진행과정에서 적정수준의 관리예비비 확보

측면에서 반드시 필요하다고 보여진다.

나. 위험(Risk)과 불확실성(uncertainty)의 개념

비용추정에서 위험과 불확실성을 통상 같은 개념으로 쓰이지만 실제 그 의미는 서로 차이가 있다. 위험은 "어떤 작업을 수행할 때 손실이나 손해가 발생될 수 있는 기회"를 의미한다. 즉, 유리한 상황이나 불리한 상황 중에서 위험은 불리한 상황이 발생될 수 있는 확률을 의미한다.

한편 불확실성은 어떤 상황의 결과가 확정되지 않은 상태(Indefiniteness)를 의미한다. 불확실성은 유리한 상황이나 불리한 상황 모두가 포함될 수 있다.[9] 위험을 측정하기 위해 불확실성을 분석하게 된다. 체계공학에서 주로 목표성능을 달성하지 못할 상황이나 예산초과, 일정이 지연될 위험성을 측정하는데 불확실성 분석의 초점을 둔다.

(1) 비용불확실성 분석(Cost Uncertainty Analysis)

비용불확실성 분석은 시스템의 기술적 정의와 비용추정과 관련된 불확실성이 비용에 미치는 효과를 정량화하는 과정이라고 할 수 있다. 이 분야는 최근에 군사체계 분석의 한 분야로서 2차 대전 이후 RAND 연구소에서 부대구조, 전력비교, 미래 작전 위협 분석 등에 관해 국방 기획 담당자들에게 장기 의사결정에 도움을 주기 위해 시작되었다. 비용은 군사체계분야 분석에서 과거부터 현재까지 결정적인 고려요소로 간주되었다. 특히 Fisher는 그의 저서 "Cost Consideration in System Analysis"에서 비용의 불확실성을 비용추정 단계에서 위험성과 소요단계의 불확실성으로 구분하였다.[10]

---

9) Francis M. Dello Russo, Paul R. Garvey and Beverly S. Woodward, "What Every systems Engineer shoud know about Cost and Cost Risk Analysis," The MITRE Institute, 2002.3.

10) Gene Fisher, "Cost Consideration in System Analysis," RAND, 1963.

(2) 비용위험 분석(Cost Risk Analysis)

비용위험 분석은 시스템의 기술적 정의와 비용추정 방법론과 연관된 위험요소들이 비용에 미치는 효과를 정량화하는 과정이라고 할 수 있다. 비용위험(Cost Risk)은 예상하지 못한 사건이나 계획, 프로젝트의 비용이 주어진 예산을 초과할 확률을 의미한다.

다. 비용추정 위험의 종류

비용추정의 위험분석을 위해서는 어떤 종류의 위험이 있는지가 먼저 식별되어야만 효과적으로 그 위험을 관리할 수 있다. 프로젝트마다 위험의 종류가 다르지만 전문가 인터뷰나 유사사업 비교, 사업계획의 객관적인 평가를 통해 위험을 식별해 낼 수 있다. 위험의 종류에 관해 Fisher는 비용추정의 불확실성, 소요의 불확실성, 체계 정의의 불확실성을 들고 있으나 미예산회계국(GAO)에서는 일성위험과 소프트웨어 개발의 위험, 사업계획의 불완전성, 경제적 여건의 불확실성을 추가하였다.

(1) 비용추정의 위험

비용추정의 위험은 비용추정 모델의 부정확성에서 오는 위험성, 비용, 일정 자료의 잘못된 사용에서 오는 위험성과 비용 및 일정 추정 모델의 적용 방법에 관한 문제 등에서 오는 위험들이 그 예가 될 수 있다.

(가) 비용추정식(CER)의 오차

비용추정식은 과거 자료를 바탕으로 구축되는데 대부분의 경우 자료원이 부족하여 추정식에 사용된 자료가 4~5개일 경우 1개의 자료만 비정상치가 있어도 그 CER은 실제 상황에 부적합한 모델이 될 수 있다. 자료의 부족이나 누락, 잘못된 자료의 해석 등으로 인해 CER에 문제가 있을 수도 있다.

(나) 비용추정모델의 잘못된 적용에서 오는 오차

대부분 비용추정모델은 회귀분석모형에 기초를 두고 있는데 실제 적용하려고 하는 자료의 범위가 모형구축에 사용된 자료의 범위를 훨씬 초과하는 경우 제대로 추정치를 예측할 수 없다. 과거 비용자료에 의한 CER이 지금의 자료에 적합하지 않을 때 추정치에는 오차가 발생할 수 있다. 많은 경우 입력자료를 지나치게 낙관적으로 작성하거나 각종 경제 지수도 유리하게 반영함으로써 비용추정치가 낙관적으로 예측되는 경향이 있다.

(다) 비용분석 전문가의 오차

비용분석은 비용, 일정, 기술자료를 근거로 추정치를 산출해 내는데 비용분석 전문가의 자료해석 기법, 즉 낙관적, 비관적 자료 해석 방식에 따라 실제 적용된 모델의 비용추정치는 상당한 오차가 발생할 수 있다.

(라) 경제적 여건이나 방산환경에 대한 가정상황 변화

장기 연구개발사업의 경우 임율 적용 방법에 따라 비용추정치의 차이가 클 수 있다. 예를 들면 KHP 사업의 경우 최초 2002년도 분석 과정에서 추정된 수명주기 비용과 2004년도 추정된 수명주기 비용의 차이는 약 40% 이상 차이가 났다.[11] 또한 자원체계의 변화, 인플레이션 지수 적용, 시장환경, 그리고 미래 획득시장에서 경쟁적인 상황 등을 어떻게 가정하고 비용추정을 실시할 것인가에 따라 추정치는 크게 달라질 수 있다.

(2) 소요의 불확성에서 오는 위험(Requirement Uncertainty)

소요의 불확실성에서 오는 위험은 단순히 요구조건의 변화라기보다는 체계의 임무목표가 바뀌거나 요구 성능이 변경되는 것을 의미한다. 때로는 정책적, 전략적 고려사항이 바뀌어서 요구 성능이 높아지거나 낮아지는 경우가 있을 수도 있다.

(가) 사업 계획의 변경

사업계획변경은 사업관리자의 권한을 벗어난 외부의 위협이라고 볼 수

11) 강성진, 외 3명, "KMH 비용 분석"에 의하면 2002년도 KDI에서 주관한 KMH 수명주기 비용추정치는 25~30조원이었으며, 이 연구결과에 방산업체 평균 임율을 적용할 경우에는 약 38조원으로 추정되었다. 2004년 국방대에서 재추정한 결과, 수명주기 비용이 22~23조원 정도로 추정되어서 1차 추정치와 비교시 40% 이상 차이를 볼 수 있다.

있다. 사업추진에 부정적인 영향을 미치는 상황들이 발생하거나 예산삭감, 계약 업체 간에 일정조정, 자원할당의 문제 등으로 인해 상급기관에서 계획 변경이 불가피할 경우 최초 비용추정치와는 상당한 차이가 발생할 수 있다.

(나) 기술적인 위험

최초 요구 성능을 계획된 기간에 달성할 것으로 판단했지만 실제 사업추진 과정에서 기술의 성숙도가 미치지 못해 발생되는 위험을 의미한다. 초기에 예상했던 하드웨어나 소프트웨어 기술개발이 제대로 이루어지지 못한다면 그 기술과 연동되어 있는 하드웨어 개발이 불가능하므로 일정 및 비용증가 위험이 따를 수밖에 없다. 새로운 기술을 개발해야 될 경우 성공 가능성에 대한 정보가 부족하여 초기단계에는 개발 가능성을 낙관적으로 판단하는 경우가 많다.

(다) 형상의 불확실성에서 오는 위험

형상의 불확실성은 체계의 물리적인 특성 혹은 성능변화와 연관된 위험이다. 실제 개발과정에서 요구 성능을 충족시키기 위해 형상 변경이 불가피한 경우가 있다. 예를 들면 ① 최초 설계형상이 목표성능을 충족할 수 없어서 변경되어야 하는 경우, ② 하드웨어 규격 변화에 의해서 성능특성 자체가 변하는 경우, ③ 초기 요구 성능 설정이 잘못되어 체계규격이 변경된 경우, ④ 무기체계의 배치 및 사용 방법에 영향을 미치는 전략적 상황 변화 등을 들 수 있다.

(3) 일정관련 위험

무기체계 획득사업 추진 일정은 요구 성능 충족 및 비용에 영향을 받는다. 복잡한 체계의 개발사업은 여러 종류의 핵심기술 개발 일정이 네트워크 형태로 연관되어 있으므로 어느 한 기술개발이 지연되거나 불가능해지면 다른 기술개발과 연동되어 있어 체계의 설계, 규격변화 등에 영향을 받게 된다. 이러한 상황 변화는 가용한 자원의 변화를 초래하게 되고 비용의 증가를 가져오게 된다. PERT(Program Evaluation and Review

Technique) / CPM(Critical Path Method) 기법은 이러한 위험성을 관리하는데 사용되는 기법들이다. 획득사업을 PERT 기법으로 분석한 다음 사업단계별로 위험성을 판단하여 위험비용을 산정하는 기법이 광범위하게 활용되고 있다.

소프트웨어 개발에 있어서 최초 개발가능성 판단시 생산성을 지나치게 낙관적으로 평가하거나 개발규모(Size)를 과소평가하는 경우가 많다. 상용소프트웨어(Commercial Off-The-Self)에 대한 정보부족과 개발제품과 연계성의 한계, 지원체계 형상변화나 소프트웨어 재사용의 제한 등으로 인한 라이센스 비용의 증가 등에 대한 사전정보 부족에서 오는 비용위험을 간과할 수 있다.

라. 비용추정 위험분석 방법론

비용추정은 의사결정자에게 획득과정이 진행되는 과정에서 다양한 선택을 할 수 있도록 필요한 정보를 제공해 준다.

- 서로 다른 획득대안들에 대한 비용은 어느 정도인가?
- 현재 계획중인 획득대안에 대한 적정 예산은 어느 정도인가?
- 업체가 제시한 제안서는 현실적으로 가능한 수준인가?
- 현재 진행중인 사업이 최초 추정치보다 많은 추가비용이 필요하다면 추가 예산확보는 가능한가?

이와 같은 의문사항들이 의사결정자들이 알고 싶어 하는 사항들이다. 하지만 비용추정의 한계는 미래에 대한 정보부족으로 비용추정전문가라 할지라도 여러 가지 이유로 인해 예상치와는 크게 차이가 날 수도 있다는 것이다. 이런 문제를 해결하기위해 비용추정 위험분석이 필요하며 의사결정자가 사전에 비용추정치 자체에 위험성을 인식할 필요가 있다. 즉 의사결정자가 사전에 비용추정치 자체에 위험성이 있다는 것을 인식한 상황하에서 의사결정을 실시한다면 위험 발생시에 예산지원문제도 함께 고려할 수 있을 것이다. 가끔 의사결정자는 비용위험분석을 통해 현재의 추정치가 어느 정도 성공 또는 실패확률이 있는지를 알고 싶어하며 성공 확률을 자기가 요구하는 수준으로 높이기 위한 추가예산을 판단하게 된다.

비용추정 위험분석은 정량적인 방법과 정성적인 방법이 있다. 정량적인 방법은 비용증가 또는 감소가 예상되는 금액이 발생할 확률을 제시하는 것이다. 정성적인 방법은 비용증가가 예상되는 범위를 대략 2~3개 구간별로 정하거나 언어적인 표현으로 "불확실하게", "가장 불확실하게" 등과 같이 나타내는 방법이다. 사실 정성적인 방법에서 비용증가범위에 대한 대처방안은 수치적으로 불투명하기 때문에 의사결정자 입장에서 직접 적용하기에는 곤란하다.

(1) 결정적인 비용위험 방법(Deterministic Cost Risk Method)

결정적인 비용위험 방법은 과거 유사사업 추정시 사용한 비용자료나 입력자료를 변화시킴으로서 얻어진 추정치와 같은 여러 개의 비용추정치를 사용하는 방법이다. 비용분석전문가는 의사결정자에게 여러 개의 비용추정치를 제시하여 의사결정에 직접 활용할 수 있도록 한다. 이 방법의 한계는 여러 개의 변수가 동시에 변화할 경우 비용추정치의 변화 상태를 제대로 나타낼 수 없다는 것이다.

(가) 유사장비 비교법

이 방법은 비교적 적용하기 쉬운 방법으로서 먼저 비용분석전문가는 적용 가능한 비용추정방법을 사용하여 주어진 프로젝트의 비용추정치를 구한다. 그리고는 과거 유사한 프로젝트의 최종비용들을 의사결정자에게 제시함으로서 현재 추정된 비용이 어느 정도 위험성을 가지고 있는가를 판단하게 한다는 것이다. 물론 과거유사장비의 비용결과치를 제시할 때는 수량이나 환율, 인플레이션과 같은 것을 고려한 표준화 과정을 거친 추정치를 제공해야 한다.

사례연구 1 : 유사장비 비교

예를 들어 한 비용분석 전문가가 100개의 새로운 항공기 기체 제작비용을 추정했을 때 평균비용이 29억 달러로 추정되었다고 한다. 한편 지난 수년간 유사한 항공기에 대한 9번(100개씩) 기체제작을 실시한 경험이 있으며 최종적으로 소요된 비용은 그림에서 나타난 바와 같이 최소 6.4억 달러에서 최대 120억 달러가 지출되었다. 이러한 자료를 접하게 된 의사결정자에게 가장 먼저 떠오르는 아이디어는 항공기 기체제작에 비용 변화폭이 너무 심하며, 현재 추정된 수치가 너무 과소평가 되었다는 사실이다. 그러므로 의사결정자는 현재 추정된 비용 추정치를 수용하기 전에 왜 비용추정치가 유사장비 추정치의 30%수준으로 낮게 추정되었는가에 대한 설명을 듣고 싶어 할 것이다.

유사장비 비교방법의 장점은 가용한 자료만 가까이 있다면 쉽게 보완해 나갈 수 있다는 점이다. 최근에 완료된 사업인 경우에는 비용결과치들을 어렵지 않게 구할 수 있으며 전체비용 뿐만 아니라 WBS 하위체계에 이르기까지 세부적인 자료도 얻을 수 있을 것이다.

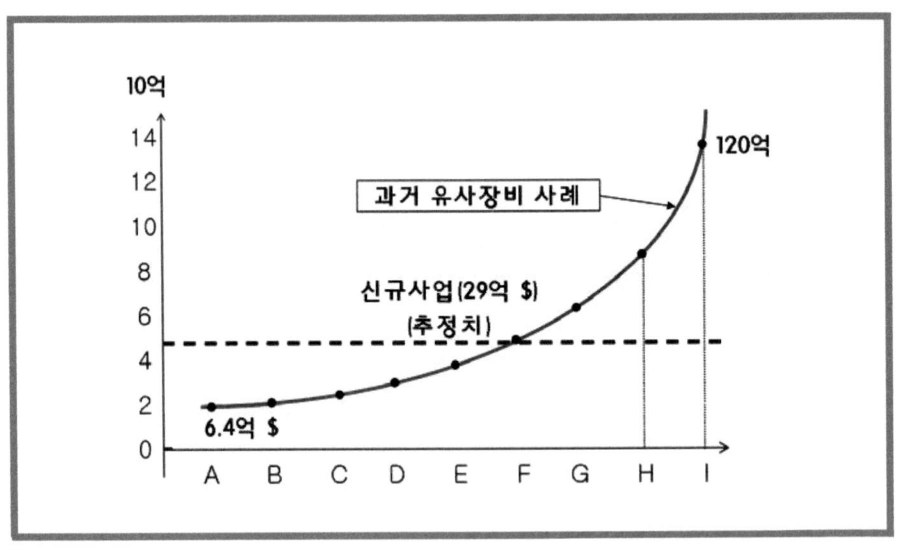

〈그림 2-8〉 유사장비 추정법 사례

그렇지만 이 방법의 장점이자 제한사항으로 반드시 신뢰성 있는 과거 자료가 필수적이라는 것이다. 또 하나 중요한 사항은 실제 “유사한 사업”을 정의하기가 쉽지 않다는 데 있다. 사람마다 어떤 프로젝트가 “유사하다”, “유사하지 않다”를 판단하는 기준이 서로 다를 수 있기 때문이다. RAND에서 실시한 연구결과에 의하면[12] 프로젝트의 범주를 미사일, 함정, 항공기 등과 같은 방법으로 유사사업을 구분하고 있었다. 그러나 실제는 같은 범주라 하더라도 직접 비교하기는 어려운 분야가 많이 있다. 예를 들면 같은 항공기라고 하더라도 항공모함에 있는 함재기나 지상전투기, 스텔스, 재래식 항공기 등의 기체구조는 서로 다른 측면이 있기 때문이다. 또한 기술의 변화나 시대가 변화함에 따라 차이가 날수도 있다. 근본적으로 이 방법은 유사한 프로젝트가 있을 경우에만 적용이 가능하며 비교대상 사업들을 선정하는데도 주관적인 판단에 의존할 수밖에 없다.

(나) 비용증가계수(Cost Growth Factor : CGF) 이용법

비용증가계수는 과거 획득된 체계의 비용자료를 분석하여 얻을 수 있다. 이 방법은 이미 완료된 사업에 대해 최초 비용추정치와 최종단계에 지불된 비용간의 비율을 비교하여 구한다. 이와 같은 방법으로 유사장비에 대해 회귀분석을 통해 현재 추진중인 유사사업의 비용증가율을 추정한다. 아직까지 한국에서는 과거 수행된 프로젝트에 대한 진행단계별 비용증가계수를 구한 적이 없지만 미국의 경우는 SAR 비용자료를 분석하여 정상적인 사업추진과정에서 최초 비용추정치와 최종비용과의 증가율을 구하여 위험비용을 판단하기위한 의사결정 자료로 활용하고 있다.

비용증가계수는 과거 비용추정오차를 보고 새로운 상황에서 예상되는 불확실성 추정을 위한 자료로 활용할 수 있다. 이 방법은 유사장비추정법과 유사하며 적용하기에 대단히 쉽다. 과거 획득이 완료된 사업들로부터 최초추정치와 최종비용간의 차이를 비교해 봄으로서 통상적인 비용증가 추세를 판단할 수 있다는 것이다. 이 방법은 자료수집이 용이하고 신뢰성이 있는 편이며 실제로 적용이 용이하다. 그렇지만 유사한 사업들을 선택

12) Dregner et. al. 1993.

하는 방법에 있어서는 주관적일 수밖에 없으며 통계적 분석과정에서 어떤 자료를 선택하고 배제할 것인가에 대한 판단이 분석가마다 다를 수 있다.

또한 비용증가계수를 위험분석에 직접 적용하는데 있어 한계점은 이 증가계수 자체가 과거 완료된 사업의 비용자료에 근거를 두고 있기 때문에 이때 불확실성 또는 증가율이 앞으로 추진될 사업에 비슷한 증가율로 적용될 수 있는가이다. 때로는 비용증가원인이 사업관리자의 관리능력이나 비용추정의 정확성과는 무관하게 정치적 영향이나 의회의 예산삭감 또는 증가에 의한 것일 수 있기 때문이다.

(다) 감도분석 방법(Sensitivity Analysis)

결정적인 비용위험 방법으로 앞에서 언급한 두 가지 방법과는 달리 감도분석방법은 비용추정에 사용된 핵심변수를 변화시킴으로서 비용추정치의 변화정도를 파악하여 그 결과를 의사결정에 활용하는 방법이다. 이 방법을 사용하는 가장 큰 목적은 비용추정치에 가장 중요하게 영향을 미치는 비용핵심변수가 어떤 것인가를 찾아내어 그 민감도를 분석하는데 있다.

① 대상 시스템의 획득비용이나 수명주기비용을 추정한다. 추정방법은 가용한 자료와 수단에 따라 전산모델, 공학적 추정법 또는 유사장비 추정법을 택할 수 있다.

② 분석하고자 하는 핵심요소를 선정한다. 전체 비용추정에 영향을 많이 미치는 핵심변수를 선택한다. 이때 핵심요소는 3~4개 정도가 적당하다. 더 많은 요소를 선정할 때에는 분석대상이 많아져서 상당히 복잡한 형태가 된다.

③ 분석을 위해 선정된 핵심요소들에 대해 최대값, 최소값, 가장 가능성이 높은 값을 결정한다. 즉, 선정된 핵심요소에 변화를 주어 전체 비용에 미치는 효과를 판단한다는 것이다.

④ 앞서 선정된 핵심요소들의 변화된 값에 따라 체계의 획득비용이나 수명주기 비용을 다시 계산한다. 이러한 감도분석은 다른 요소들을 상수로 간주하고 한 개의 요소만 변화시켜 적용시킨다.

사례연구 2 : 감도 분석

위의 방법을 적용시키기 위해 다음과 같은 감도분석 예를 들어보자. 어떤 무기체계의 최초 수명주기 비용이 $573,632일 때 아래와 같은 불확실성이 있다고 고려해 보자.

- 학습곡선 경사도가 96%이며 ±2%의 오차가 있을 수 있다.
- 시스템의 총중량은 15톤에서 17톤으로 증가할 수 있다. 이는 임무 수요를 충족시키기 위한 소요이다.
- 연간 평균 운행거리는 6,400km이나 ±1,600km의 오차가 발생할 수 있다.

위의 경우 각각의 변화 요소를 동시에 고려하는 것이 아니라 한 가지 요소씩 고려하여 비교해 나간다는 것이다. 다음 <도표 2-23>에서 각 대안별 총비용을 비교해 보았다. 즉, 최초 추정값이 $573,632이었는데 학습곡선 경사도를 98%(#1) 적용시 비용은 $585,812로 증가하고 다시 운행거리를 연간 8,000km로 증가(#2)하면 비용은 $593,932로 증가하며 15톤에서 17톤으로 증가시키면(#3) 비용은 1%가 더 증가하여 $600,115가 된다는 것이다.

〈도표 2-23〉 감도분석 요약

변화요소	비용		
	최초추정값	대안	차이
1. 학습곡선 경사도 94%	$573,632	563,574	10.058(-1.8%)
2. 학습곡선 경사도 98%	$573,632	585,812	12.180(2.1%)
3. 중량이 17톤으로 증가	$573,632	579,824	6.192(1%)
4. 연간 운행거리 4,8km로 감소	$573,632	565,521	-8.111(-1.4%)
5. 연간 운행거리 8,000km로 증가	$573,632	581,743	8.111(1.4%)

표 내용을 그림으로 표현하면 이해에 도움을 줄 수 있다.

이 방법은 시스템 비용추정에 결정적인 영향을 미치는 핵심비용요소를 선정하여 그 요소들의 변화에 따라 시스템의 총 비용에 미치는 영향을 분석하여 의사결정에 반영한다는 것이다. 그러나 이 방법은 복잡한 체계의 경우 어느 한 요소에 의해 비용변화가 발생하는지를 쉽게 판단할 수 없다는데 그 단점이 있다.

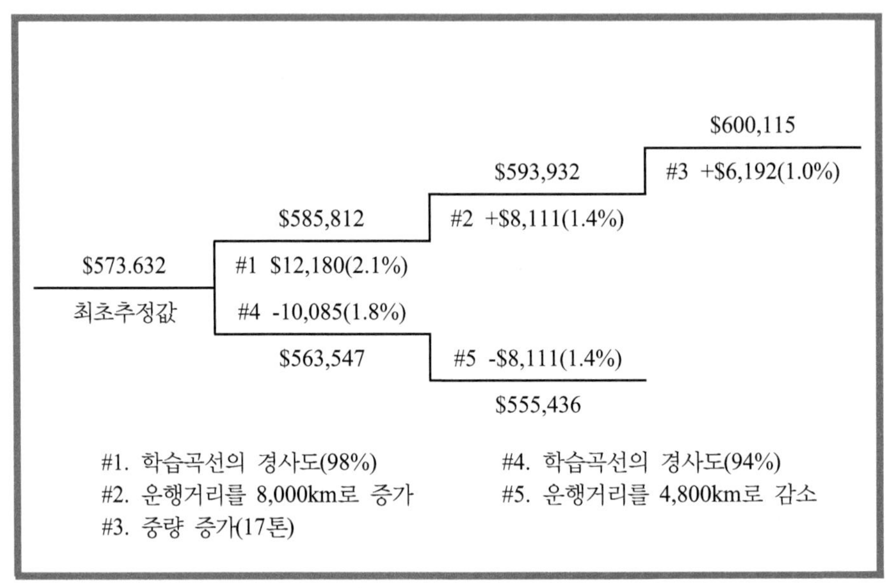

〈그림 2-9〉 수명주기 비용 감도분석

(2) 확률적 비용위험분석 방법

결정적인 비용위험 방법과는 달리 확률적인 위험분석 접근방법은 프로젝트의 미래최종비용을 확률변수로 취급하여 불확실성을 정량화하는 것이다. 궁극적인 목적은 최종비용추정치에 대해 모든 불확실성 정보를 가지고 있는 확률분포함수(Cumulative Distribution Function) (혹은 확률밀도함수 : Probability Density Function)을 구하는데 있다. 다음에 다섯 가지의 확률적 비용위험 분석방법을 소개 하고자 한다.

(가) 오차 확산법

오차확산법은 앞서 언급한 감도분석 방법의 일종이라고 할 수 있다. 비용추정치 과정에서 부정확한 입력자료 사용 등으로 인해 최종결과에 계산상 오차가 발생할 수 있다. 이 방법의 근본적인 목표는 입력자료에 의한 것이든, 계산상의 착오이든지, 혹은 비용추정에 사용된 수식에 의한 오차이든지간에 총오차의 범위를 한정 지운다는 것이다. 비용추정시 단순한 덧셈이나 뺄셈과정에서 오는 오차는 간단하게 더하면 되지만 곱셈이나 나눗셈, 삼각함수 등과 같은 복잡한 수식에서 발생된 오차는 더욱 커질 수 있다. 그러나 분석적인 접근을 쉽게 하기위해 모든 오차는 비용추정식들의 개별오차의 합으로 간주한다는 것이다. 이러한 오차는 최종비용추정치에 비해서 충분히 적은 수준이어야 할 것이다.

이 방법의 장점은 별도의 시뮬레이션이 필요하지 않다. 실제 비용분석분야에서 많이 알려져 있으며 획득과정에서도 활용되고 있다. 그렇지만 규모가 크고 복잡한 비용추정시에는 이 방법도 시뮬레이션을 사용하는 것과 유사한 노력이 요구될 수 있다.

사례연구 3 : 오차확산법

어떤 사업에서 비용추정치가 100억이며, 비용추정과정에서 입력자료나 비용관계식의 착오 등으로 인한 오차가 약 5% 수준이라고 판단한다면 각각의 불확실성이 예상되는 WBS에서 오차들을 5% 수준에서 더한다는 것이다.

이렇게 판단된 오차를 전부 더해서 구한 값을 분산으로 간주하고 그 값을 이용해서 표준편차를 구하여 전체 비용추정치의 확률분포를 구한다. 만약에 총분산의 합이 16억이 되고, 표준편차는 4억이 된다는 것이다. 이때 정규분포로 가정한다면 추정치의 95%의 신뢰구간은 92억에서 108억 수준이 될 것이다.

(나) 전문가 판단법

기술적으로 앞서 있는 프로젝트에 대한 비용을 추정시 초기단계에는 비용추정 전문가들에게 가용한 비용정보가 부족하거나 없는 경우가 있다.

예를 들면 한국에서 최초로 인공위성 개발비용을 추정하려고 하는데 과거에 개발사례도 없고 지금까지 사용한 기술과는 전혀 다른 기술이 요구된다고 한다면, 이때 비용추정 전문가는 핵심 비용변수들의 변화정도를 예측하기위해 분야별 전문가의 도움을 받아서 비용추정을 하게 된다.

비용추정치의 확률분포를 찾아내기 위해 분야별 전문가에게 주요 입력변수들의 범위를 요구하게 된다. 즉, 새로운 체계의 중량이나 마력, 속도에 대해 최대치, 최소치, 중간치(가장 가능성이 높은 값)를 제시하도록 하거나 또 다른 방법으로 확률분포추정을 위해 평균과 분산을 요구하기도 하고, 때로는 10%, 50%, 90% 등과 같은 범위의 수치를 제시하기도 한다.

전문가들을 활용하는 방법은 비교적 융통성이 많다. 시간과 비용이 허락하는 한 WBS의 세부단계까지 확대할 수 있다. 비용뿐만 아니라 기술적인 판단이나 임무수행능력, 사업관리, 개발과정에서 예상되는 장애나 개발기간등과 같은 광범위한 분야에서 비용분석 전문가의 도움을 받을 수 있다.

그러나 전문가 판단법의 단점은 개인적인 특성에 따라 입력자료에 대한 분포추정이 다를 수 있으며 분야별로 상당한 편견이 작용할 수 있다는 것이다. 이러한 편견들이 누적되어 확률분포추정식을 유도해 나가는 과정에 개입된다면 비용추정식 확률분포에 상당한 영향을 미칠 수 있다. 초기단계의 모든 불확실성에 대한 추정은 전문가 판단에 의해 WBS별로 확률분포가 추정되기 때문이다.

실제 비용위험 추정과정에서 전문가들을 활용해서 어떻게 비용확률분포를 유도해낼 것인가에 대한 방법론을 연구한 문헌은 없지만 가장 전형적인 방법은 삼각분포를 유도해 낼 수 있도록 어떤 입력자료에 대해 최소치, 최대치, 가장 가능성 높은 값을 전문가에게 요구하는 것이다. 궁극적으로 전문가들을 통해 얻은 불확실성에 대한 정보는 비용분석전문가에 의해 WBS단위별 비용확률분포로 추정되게 된다. 전체 프로젝트비용의 확률분포를 구하기 위해서는 통계적인 기법이나 시뮬레이션 방법을 활용할 수 있다.

사례연구 4 : 전문가 판단법

비용추정위험분석을 위해 전문가 판단법을 활용한 대표적인 사례는 한국형 다목적 헬기(KMH) 개발비용 추정과정이라고 할 수 있다.13)

공격 및 기동헬기의 개발비용을 추정하면서 위험비용을 추정하기 위해 ADD 및 개발에 참여가 예상되는 업체전문가들로부터 비용추정을 위해 구축된 WBS상 핵심변수인 개발난이도, 제조복잡도, 제조과정지수, 신규설계비율등에 대해 입력자료로서 적정 범위를 제시하도록 했다. 이때 요구사항은 최소치, 최대치, 적정치를 요구했으며 이들이 제시한 입력자료를 검토한 후 이상치를 제거한 다음 PRICE 모델을 이용하여 위험비용을 추정하였다.

(다) 추정방법오차(Error of Estimating Method)

대부분 변수추정법에 의한 비용추정은 과거 비용자료를 통해 구해진 비용추정관계식(CER)에 의해 실시된다. 통계적 회귀분석모델을 사용하는 CER은 주로 독립변수로서 중량, 기술난이도 등이 사용되고 있다. 비용추정을 위해 CER을 구축하기 위한 방법론에 대해서는 많은 연구들이 있었으며 프로젝트의 형태나 진행단계에 따라 CER 구축 방법이 다르게 적용되고 있었다. 그러나 이러한 통계적 모델링에 의한 결과치는 입력변수에 의해 확률분포로 나타나고 있다. 즉, 단순회귀분석이나 다중회귀 분석에 의한 비용추정치는 몇 개의 선정된 입력변수에 의해 결정되는 평균과 분산을 가진 정규분포로 추정된다. 이러한 분포가 주어진다면 비용불확실성의 정량화는 그리 어렵지 않다.

CER을 구축하는 방법에 있어서 기본가정이나 한계점들은 이미 널리 알려져 있다. CER에 의해 구해진 분포는 독립변수 자체에 대한 불확실성이라기 보다는 잔차(Residuals)에 대한 확률분포하고 볼 수 있다. 그러나 CER구축에 결정적으로 중요하다고 판단된 핵심 입력변수들은 총비용결

13) 강성진외 4명. KMH 비용분석, 국방대학교, 2004. 최초 의사결정과정에서 KMH는 나중에 공격형 헬기사업이 보류되면서 현재의 KHP로 사업명칭이 변경되었음.

정에 핵심변수로 작용하고 있기 때문에 최종 비용에 중요한 영향을 미친다고 할 수 있다.

물론, 비용추정과정에서 회귀분석을 사용하는데 있어 약간의 기술적인 이슈들도 있다. 첫 번째는 CER을 구축하는데 사용된 자료의 수가 상당히 적다는 것이다. 즉, 비용추정식을 구축하는데 사용된 독립변수의 수는 대부분 미 국방성 체계나 하부체계로부터 한 개 또는 2개 정도로 제한되어 있다.[14] 더구나 새로 추정하려는 체계나 하부체계의 독립변수들의 값은 구축된 CER에서 사용된 독립변수들의 값을 초과할 경우 이 CER을 이용한 확률분포를 가지고 위험비용추정에 사용할 경우 문제가 있을 수 있다는 것이다.

(라) Moments법

Moments법은 총비용추정 분포를 얻기 위해 각각의 비용요소별로 확률분포함수를 더해서 하나의 분포를 구하는 방법이다. 전체 프로젝트의 비용은 각각의 비용요소들의 합으로 표현될 수 있기 때문에 비용요소들의 CER이 하나의 독립변수 $X_1, X_2, \ldots, X_n$으로 표현될 때 총비용(TC)은 다음과 같다.

$$TC = X_1 + X_2 + \ldots + X_n$$

이때 Moment법에서는 각각의 CER의 확률적인 분포와 상관없이 총비용함수의 평균값은 개별 비용함수의 평균값을 더한 값과 같다. 또한 평균의 합인 TC의 분산을 구하기는 쉽지 않다. 변수간 상관관계가 존재할 경우 이들 변수 상호간 공분산(Covariance)을 알아야만 총 비용함수 분산의 최저한계(Lower Bound)와 최대한계(Upper Bound)를 구할 수 있다.

① 총비용의 분산의 최저 한계(Lower Bound)는 모든 비용요소가 서로 배타적 독립관계에 있다고 가정할 때 각각의 비용 요소별로 구해진 분산을 더한 값으로 구한다.

② 비용 요소들이 서로 선형관계가 존재함으로써 의존성을 가지고 있

14) Mark V. Arera 등 p.56

을 때 총비용 분산은 비용요소의 표준편차의 합을 제곱한 값을 최대한계(Upper Bound)로 사용할 수 있다.

즉, 수식으로 표현하면 n개의 독립적인 비용요소가 있다고 할 때 각 비용요소의 분산을 σ_i^2이라고 한다면 총비용 분산은 단순히 이들의 합이 총비용 분산의 최소치(Lower Bound)가 된다.

$$\sigma_{tc}^2 = \sum_{i=1}^{n} \sigma_i^2$$

$\sigma_{tc}^2 =$ 총비용 분산

만약 n개의 비용요소가 완전히 선형관계식으로 표현될 수 있다면 총비용의 표준편차는 각 비용요소의 표준편차를 합한 값을 사용하면 총비용 표준편차의 최대치로 사용할 수 있다.

이 경우에는 총 시스템 비용의 표준편차의 범위가 확대되므로 신뢰 구간이 커져서 그 만큼 총비용의 신뢰도가 떨어진다고 볼 수 있다.

지금까지 언급한 사항은 비용요소들이 서로 배타적이고 독립적인 관계에 있거나 완전히 함수관계를 유지하는 종속적인 관계인 두 가지 극단적인 경우들이다. 대부분의 경우 비용요소들은 일부 요소는 독립적인 것들도 있고, 상당부분은 종속적인 관계를 유지한다고 볼 수 있다. 따라서 총비용 분산은 독립적인 비용요소와 종속적인 비용요소들의 분산을 별도로 구해서 서로 합을 사용해야 한다. 즉,

$$\sigma_{tc}^2 = \sum_{i=1}^{n} \sigma_{ind(i)}^2 + \sum_{i=1}^{n} \sigma_{dep(j)}^2$$

$\sum_{i=1}^{n} \sigma_{ind(i)}^2$ = 독립적인 비용요소가 n개 있을 경우 각각의 비용 분산의 합

$\sigma_{dep(j)}^2$ = 종속적인 비용요소 집단 (j)의 분산

M = 종속적인 비용 집단들의 수

N = 독립적인 비용 요소들의 수

$$\sigma_{dep(j)}^2 = [\sum_{k=1}^{n} \sigma_k]^2$$

n은 종속적인 비용요소 집단 j의 비용요소들의 총 숫자

일단 각각의 비용요소별 평균과 분산값이 추정될 수 있고 서로 독립적이거나 종속적인 관계를 알 수 있다면 총 시스템비용의 평균과 분산을 구할 수 있고, 표준편차도 얻을 수 있다. 전체 시스템비용의 분포를 정규분포라고 가정한다면 시스템비용의 평균과 표준편차를 이용하여 누적확률분포를 구할 수 있고 현재 할당된 예산에 대한 성공확률도 구할 수 있다.

Moment 방법은 총비용의 신뢰구간과 비용추정치에 대한 확률적인 위험분석을 가능하게 한다는 장점이 있지만, 비용요소간 상관관계(correlation)를 취급하는 문제나 시스템 총비용 분포를 정규분포로 가정하고 있다는데 한계점이 있다. 다시 말해서 서로 다른 비용분포들의 합을 정규 분포로 가정하고 총 분산을 구하여 신뢰구간을 추정한다는 사실이다. 이러한 문제점을 보완하기 위해 몬테칼로 시뮬레이션(Monte Carlo Simulation) 방법이 사용되기도 한다.

(마) 몬테칼로 시뮬레이션방법

"몬테칼로(Monte Carlo)"의 개념은 분석적인 방법으로 계산할 수 없는 복잡한 형태의 수식이나 확률변수, 적분값을 계산하는 응용수학의 기법이다. 그러나 비용위험분석에서 이 기법은 비용분석가에게 직면한 복잡하고 다양한 형태의 비용추정식(CER)이나 비용확률분포함수 값을 구하는데 사용되는 기법을 의미한다. 통상 총비용 분포함수는 여러개의 비용함수들(엔진, 기체, 무장, 전자 등)로 구성되어 있다. 즉, X_1, X_2, ..., X_n이 각각의 비용분포를 나타내는 확률변수라고 할 때, 총비용함수(Cost)는 다음과 같이 된다.

$$Cost = X_1 + X_2 + ... + X_n$$

각 각의 비용함수는 독특한 확률분포를 가지고 있는 CER을 가지고 있으며 총비용함수의 불확실성은 각 CER들의 불확실성을 합한 값이 될 것이다. 지금까지 앞에서 언급한 오차확산법, 모멘트법 등은 총비용함수에 대한 확률분포를 분석적인 방법으로 구하기 위해 특정분포에 한하거나 평균들의 합을 이용하여 정규분포로 가정한 상태에서 각 비용요소별 확률분포를 결정하였다. 그러나 실제 상황에서 각 비용요소별 확률분포는 정규분포, 로그정규분포, 베타분포, 와이블분포(Weibull)등 다양한 형태가 될 것이며, 전문가 추정법에서는 주로 입력변수들에 대해 삼각분포(Triangular)를 추정하도록 최소치, 최대치, 가장 가능성 높은 값을 요구하고 있다. 이런 경우 총 비용추정식의 확률분포는 통계적으로 접근 가능한 알려진 분포일 가능성은 아주 희박하다.

몬테칼로 시뮬레이션방법은 이런 상황하에서 총비용확률분포를 계산할 수 있도록 해준다. 이 방법을 사용하는 개념은 대개 다음과 같다.

① 분석전문가는 먼저 n개의 구성품으로 구성된 체계비용을 추정하기 위해 n개의 확률변수를 생성시켜 각각의 CER에 맞는 값을 구한다.

② n개의 값을 전부 더해서 한 개의 총비용추정치 값을 구한다.

③ 이와 같은 과정을 수천 번 반복하여 최종 비용함수의 표본확률분포를 구한다. 즉, 시뮬레이션을 통해서 얻은 값을 이용해서 평균과 분산을 구하고 확률밀도함수(PDF)와 확률분포함수(CDF)를 구한다.

④ 지금까지 구한 총비용확률분포를 통해 주어진 예산을 가지고 사업추진을 성공하거나 실패할 확률을 구할 수 있고 일정 수준의 성공을 보장받기위한 위험비용을 산출해 낼 수 있다.

몬테칼로 시뮬레이션 접근방법은 여러 가지 장점을 가지고 있다. 이 방법은 실제 광범위하게 사용되고 있으며 문제의 해법을 얻기 위해 많은 문헌연구가 이루어져 있는 상태이다. 특히 비용위험 추정방법에서 각 비용요소별로 CER, 즉 확률분포만 알고 있다면 개별 비용요소의 평균이나 분산, 중간값 등을 구하지 않고도 최종 비용분포를 추정할 수 있고 개별 WBS별로 비용도 추정할 수 있다.

가장 중요한 것은 최종 비용확률분포가 전문가가 의도한대로 모든 위험성을 표현할 수 있는 효과를 가지고 있다고 하더라도 과연 이러한 분포(방법)가 각 구성품별로 가지고 있는 개별위험을 얼마나 잘 표현하고 있는가이다. 더구나 의사결정자는 몬테칼로 시뮬레이션기법으로 얻어진 총비용확률분포가 중요한 의미를 가졌음에도 그러한 분포가 주는 의미를 충분히 이해하지 못하고 있다.

그러나 몬테칼로 시뮬레이션방법을 사용하기 위해서는 비용요소별 각 구성품에 대한 확률분포가 가용해야하며 각각의 분포들이 실제로 불확실성을 얼마나 잘 표현해주고 있느냐가 문제이다. 때로는 전문가들로부터 유도해낸 분포들조차도 편견이 개입되어 있다. 다른 하나의 문제는 비용요소들간의 상관관계가 있는 경우 단순한 비용요소들의 합으로 표현된 총비용분포함수는 최종비용의 불확실성을 제대로 나타내지 못하는 경우가 있다. 예를 들면 어떤 구성품 하나의 비용이 아주 고가인 경우 이 구성품과 연관된 기술을 가지고 있는 또 다른 구성품의 비용도 고가일 가능성을 가지고 있다는 것이다.

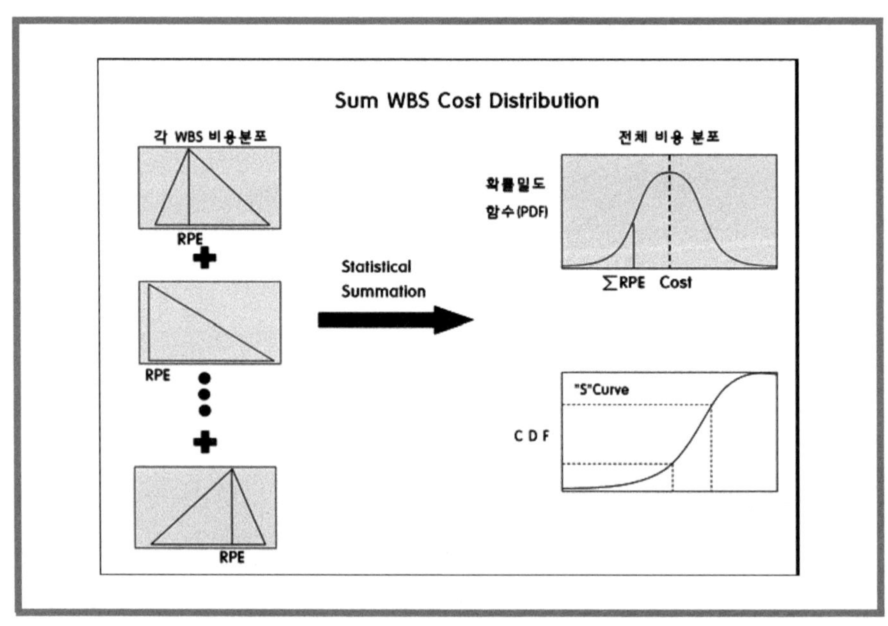

〈그림 2-10〉 총비용확률 함수의 구축과정

(3) 비용추정 위험분석 방법들의 특성 분석과 시사점

지금까지 비용추정 위험분석에 사용될 수 있는 다양한 기법들을 제시하였는데 이러한 방법론들은 비용위험분석 과정에서 서로 다른 차원의 비용 위험을 분석하고 있다. 즉 비용위험 분석과정에서 가용한 자료나 시간, 전문 인력의 확보에 따라 위험분석 방법이나 세부 묘사 정도는 서로 다를 수 있다. 본 연구에서 제시한 방법론들을 묘사정도, 시간, 자료, 인원소요, 의사소통의 다섯 가지 요소로 비교해보면 <도표 2-24>와 같이 요약할 수 있다.

첫째, 각각의 비용추정 위험분석 방법들의 묘사정도는 비용위험에 관해 어느 정도 정보를 제공해 주는가를 나타내는 척도라고 할 때 결정적인 비용위험 방법론들은 그다지 정보를 제공해 주지 못하고 있다. 이에 비해 몬테칼로 방법은 CER의 불확실성 추정에 있어서 전문가 판단에 의한 것이든 주어진 입력 자료에 의한 것이든 최종 비용 확률분포를 제공함으로서 위험 비용에 대한 완전한 정보를 얻을 수 있다.

둘째, 분석방법에 소요되는 시간측면에서 보면 유사장비 비교나 비용증가 계수법이 가장 단시간(수 시산에서 2~3일)이 소요되고 감도분석 방법과 오차법, 모멘트법이 2~3주 정도, 몬테칼로 시뮬레이션 방법이 수 주일에서 수개월이 소요될 것이라고 판단하고 있다.

셋째, 자료측면에서 보면 유사장비법, 전문가 판단법, 비용증가 계수법 등이 가장 단순하여 많은 자료가 필요하지 않고 감도분석, 오차확산법, 추정방법 오차법 등은 중간정도 수준의 자료가 필요하고 몬테칼로 시뮬레이션이 가장 많은 자료가 요구된다고 볼 수 있다.

넷째, 비용위험 분석에 소요되는 인원들은 앞서 제시한 소요 시간 및 자료와 같은 수준으로 결정적인 비용위험 방법에는 1~2명, 중간정도 수준인 감도 분석이나 오차확산법, 모멘트법 등은 3~5명, 시뮬레이션 방법은 최소한 6명 이상이 요구된다고 보고 있다.

마지막으로 분석한 결과에 대한 의사 결정자와 의사소통의 난이도를 보면 결정적인 방법론들은 이해시키기가 쉬우나 확률적 방법론들은 대체로 이해시키기가 어렵다. 몬테칼로 시뮬레이션 방법이 가장 효과적이면서 위험 분석에 적합한 수단이지만 확률적인 배경지식이 없는 의사결정자가 받아들이기는 쉽지 않다.

〈도표 2-24〉 비용추정 위험분석 방법론 요약

방 법		묘사정도	시 간	자 료	인 원	의사소통
결정적 방법	유사장비법	간단함	2~3이내	적음	1~2명	쉬움
	비용증가계수	간단함	2~3이내	적음	1~2명	쉬움
	감도분석법	중간정도	2~3주	중간	3~5명	쉬움
확률적 방법	오차확산법	상세함	2~3주	중간	1~2명	보통
	전문가판단법	중간정도	2~3주이내	적음	6명이상	어려움
	추정방법오차법	중간이상	2~3주이상	중간 이상	3~5명	어려움
	Moment법	중간정도	2~3주이내	중간	3~5명	어려움
	몬테칼로법	상세함	2~3개월	많음	3~5명	어려움

지금까지 제시한 비용추정 위험분석 방법들은 어느 한 가지 방법이 다른 방법에 비해 월등히 우수하다고 판단할 수 없다. 유사장비법이 사용하기에 쉽고 의사결정자의 이해도 쉽게 얻을 수 있지만 제안된 프로젝트에 대해 상세한 정보를 제공해 주지는 못한다. 비교대상 프로젝트의 선택이 주관적 일 수밖에 없기 때문이다. 한편 몬테칼로 시뮬레이션 방법은 시스템과 하부 시스템의 CER들을 사용하며 입력 분포들과 신기술 구성품들의 비용에 대해 전문가들의 판단을 적용하여 최종 비용 분포를 결정하고 비용불확실성에 대한 상세한 정보를 제공해준다. 그러나 이 방법은 많은 모델 전문가들의 노력, 관련분야 전문가의 조언과 현실적으로 확보하기 어려운 자료가 필요하며 실제 분석을 위해 수 주일에서 수개월의 기간이 소요된다. 따라서 어느 방법을 사용할 것인가의 문제는 가용한 시간과 인력, 자료의 정도에 따라 선행될 수밖에 없다.

비용추정 위험분석을 한국적 여건에 맞게 적용한다고 하더라도 누가 어떤 목적으로 사용하는가에 따라 달라질 수 있다. 확률적 분포를 결정하는 입력 자료의 출처가 서로 다를 수 있고 입력분포가 전문가마다 다르게 선택 될 수 있기 때문이다. 어떤 위험요소를 포함시킬 것이며 그런 요소가 미치는 효과를 어떻게 반영할 것인가에 대한 논쟁이 생길 수 있기 때문이다. 비용 추정 자체가 정형화된 틀에 의해 이루어지는 것이 아니라 그때그때 가용한 방법과 자료, 가용한 시간 및 목적에 따라 이루어지기 때문에 비용추정 위험분석도 경우에 따라 달라질 수 있다는 것이다. 그럼에도 불구하고 위험분석의 중요성은 간과될 수 없기 때문에 어떠한 형태로든지 가용한 자료와 시간, 방법론으로 위험분석을 실시하여 의사결정에 직접 활용할 수 있도록 해야 할 것이다.

마. 의사결정 과정에서 위험분석 적용방안

(1) 의사결정자의 관점에서 본 위험비용 분석

어떤 사업을 추진해 나갈 때 최고 의사결정자에게 어떤 비용정보가 필요하고 진정으로 의사 결정에 반영하고자 하는 내용이 어떤 것인지 알아볼 필요가 있다. RAND 연구소에서는 이런 문제에 대한 답을 얻기 위해 미 국방성내 주요 의사결정자 집단이나 정부 주요기관 및 학계의 전문가들을 대상으로 인터뷰를 실시한 바 있다.[15)]

일반적으로 비용 및 위험분석 전문가들과 비교해보면 획득분야 고위 관료들의 비용위험에 대한 인식이 다소 차이가 남을 알 수 있다. 획득분야 고위 의사결정자들은 다양한 출처로부터 해당 사업에 관한 보고를 받기 때문에 비용위험 전문가들 보다는 광범위한 정보를 가지고 있기 때문일 수도 있다. 획득분야 의사결정자들의 입장에서 본 비용추정 위험분석에 관한 인식은 대개 다음과 같이 나타낼 수 있다.

첫째, 획득 사업 추진시 근본적인 위험은 어디서 온다고 생각하느냐는 질문에 대해 대부분 의사결정자들은 사업계획 수립시 위험분석을 하지 않는 상태에서 사업비용을 확정지었기 때문이라고 했다. 예를 들면 업체나 사업추진을 주관하는 부서에서 수명주기 초기단계에 너무나 비현실적인 낮은 예산을 수용해 버린다는 것이다. 현실적으로 위험비용까지를 고려한 적정비용을 제시할 경우 사업자체가 시작조차도 못하게 될까봐 미

15) Mark. V. Arena 외 7, “Impossible certainty,” RAND pp.71~79

래 소요될 계획 비용을 지나치게 낙관적으로 판단하여 실제 추진과정에서 위험비용이 과도하게 판단된다는 것이다. 업체의 입장에서도 최초 제안서 작성할 때부터 사업추진 가능성을 낙관적으로 판단하고 우선 사업을 시작해보고 나서 문제를 해결하려고 하는 경향이 있다고 했다.

둘째, 모든 사업이 PPBS 제도 하에서 추진되면서 대부분 사업들이 주어진 예산에 비해 과도하게 계획되어 있다는 것이다. 즉, 중기계획 자체가 연동개념으로 해마다 재작성 되면서 미래 예상되는 위험비용을 충분히 반영할 여지가 없는데 있다. 때로는 계획된 사업들 중에 우선순위가 높은 사업에 먼저 예산을 할당하다보면 한정된 예산으로 인해 나머지 사업들은 예산이 축소되어 편성되므로 인해 추진과정에서 비용 초과현상이 발생할 수 있다는 것이다.

셋째, 특정 사업을 추진하려고 하는 의지가 강하여 사업의 복잡도나 일정을 지나치게 과소평가하여 발생되는 위험이 있을 수 있다. 과거의 개발사례를 들어 막연하게 유사한 사업이라 단정하고 일정과 기술난이도를 대등하다고 판단하여 비용을 추정하고 사업을 진행하면 차질이 발생할 수 있다. 핵심기술의 확보가능성이나 개발될 기술들의 통합성 정도를 너무 낙관적으로 판단하여 사업을 진행하다보면 비용초과나 일정지연이 불가피 해진다는 것이다.

넷째, 과거의 사업추진 과정에서는 비용위험 분석이 제대로 이루어지지 않았으나 지금 단계에 와서 그 필요성은 충분히 인식되고 있다는 것이다. 사업추진 과정에서 기술적, 일정, 비용 위험들이 제대로 평가되어 주요 의사결정 단계마다 활용될 수 있기를 바라고 있었다. 고위 의사결정자들의 관심은 비용증가 자체보다는 그로 인한 국방성의 신뢰도가 저하되는 것을 더 염려한다고 했다.

다섯째, 어떤 사업에 대한 위협평가를 보고 받았을 때 의사결정자들의 관심은 일정지연이나 비용위험 보다는 기술적인 위험성에 더 많은 관심을 가지고 있었다. 그 이유는 대부분 고위 의사결정자들의 판단으로 기술위험이 있다고 한다면 나머지 사업계획 자체의 위험성은 더욱 증가될 수

밖에 없다고 생각하기 때문이다. 또한 비용증가의 원인으로 몬테칼로 시뮬레이션 방법과 같은 복잡한 통계적 설명에 의한 위험비용을 제시하기 보다는 국회를 상대로 추가예산 확보를 위해서는 사업계획 자체가 가지고 있는 당면한 기술위험들을 설명하는 것이 훨씬 용이하다고 생각하고 있었다. 대부분 의사결정자들은 위험평가가 과거 규모나 복잡도에 있어 유사한 사업들의 추진결과나 실제 자료를 바탕으로 제시해 주기를 바라고 있으면서 위험평가 자체가 사업마다 독특할 것이라고 인식하고 있었다. 고위 의사결정자들은 핵심사업의 기술위험은 충분히 이해하고 있으면서 큰 그림(big picture)에만 초점을 두고 의사결정에 임하며, 나머지 기술적인 위험성이 없다면 비용측면에서 제시된 숫자는 정확할 것이라고 믿고 있었다. 그러나 프로젝트의 기술 기반에 문제가 있다고 한다면 그 다음에 제시된 어떤 숫자도 믿을 수 없다고 했다.

여섯째, 획득단계별로 다양한 사업들에 대해 위험평가를 실시한 후에 그 결과를 어떻게 수용하고 일부는 거부할 것인가에 대한 일련의 명확한 지침보다는 그 프로젝트가 가지고 있는 기술위험성의 정도에 따라 경우별(case by case)로 적용된다는 것이다. 대부분 의사결정자들은 위험평가를 적용하기 위한 개념적 차원의 지침(guidelines)은 필요하다고 인정하면서도 규정화 하는 것은 반대한다고 했다. 그 이유는 사업관리자 입장에서 위험평가에 대해 융통성을 가지고 대응할 수 있으며 각 사업별로 특성에 맞는 위험 대응조치를 취할 수 있기 때문이다.

(2) 비용위험분석 전문가들의 역할

비용분석 전문가들과 획득분야 의사결정자들이 비용추정 위험에 대해 보는 관점은 약간 다를 수 있다. 획득분야 의사 결정자들은 해당 사업을 추진하고 진행하는 과정에서 다양한 출처로부터 얻은 정보들을 종합하여 가지고 있는 상태이지만 비용분석 전문가들은 분석대상 사업에 국한된 정보만 가지고 있으므로 보는 시각이 다소 축소될 수 있다. 따라서 전문가들이 생각하고 있는 위험비용 평가에 대한 부분이 획득분야 의사결정자들에게는 동일한 차원의 수준으로 위험평가 뿐만 아니라 무기체계의 개발 및 생산기간 중에 제기된 여러 가지 형태의 기능적 측면의 사업관리 제도도 동시에 고려해야 한다. 또한 그들이 OR이나 통계와 같은 배경 지식이 충분하지 않다면 사업계획의 위험성이나 재원문제를 다룰 때 위험 모델링 관점에서 이야기하기 보다는 국방성이나 외부에서 문제해결 방식의 이슈별로 제시하는 방법이 오히려 쉽게 접근할 수 있다. 그럼에도 불구하고 고위의사결정자들이나 비용분석 전문가들이 다음과 같은 분야에 있어서는 공통적으로 인식을 같이하고 있다고 볼 수 있다.

첫째, 객관적인 비용위험 평가는 건전한 획득관련 의사결정에 대단히 중요하다고 믿고 있다.

둘째, 비용위험 평가는 프로젝트의 기술의 성숙도나 개발되어야 할 기술의 위험성에 대해 충분한 이해가 있어야 한다. 만약 이러한 부분에 있어서 완전한 인식이 되어 있지 않으면 다른 분야의 위험성과 비교하는 것 자체가 의미가 없어진다.

셋째, 가장 의미가 있는 위험평가는 과거 유사사업에 기초를 두고 위험에 관해 강점과 약점을 비교하는 것이 이해를 돕는데 좋다고 했다. 몬테칼로 시뮬레이션 방법에 의해 구해진 비용위험 확률 분포만으로는 통계적 개념이 부족한 의사결정자에게 위험평가 내용을 쉽게 이해시키는 데는 한계가 있다. 그러나 과거 유사한 사업의 예를 들어 최초 비용 추정한 값에 비해 환율변동, 인건비 상승, 원자재 값 급등과 같은 이유로 인해 평균 30% 정도 비용 상승이 발생했다고 하면, 지금 시작하는 사업도 최악의 순간에는 적어도 30%정도 위험비용이 발생할 것이라는 것을 쉽게 예측할 수 있다는 것이다. 위험평가 추정규모가 어느 정도 될 것인가도 중요하지만 어떤 종류의 위험이 주로 발생할 것이며 위험 종류별로 소요되는 추가 비용은 어느 정도이고 이런 위험을 완화시킬 수 있는 전략은 어떤 것이 있는가에 대한 분석이 더 중요하다고 볼 수 있다.

넷째, 위험평가는 모든 프로젝트에 공통적으로 적용될 수 있는 정형화된 모델이 있을 수 없다. 각 프로젝트마다 기술적인 문제, 일정, 비용위험들이 식별되고 그 프로젝트의 특성에 맞는 대응 방안이 도출되어야 한다고 했다. 그러므로 비용위험 평가에 대한 일반적인 지침은 제공될 수 있어도 체크리스트나 상황별 조치사항에 대한 규정은 있을 수 없다.

마지막으로 획득분야 고위의사결정자는 다양한 획득분야 전문가들로부터 객관적인 비용위험 평가를 보고받기 때문에 비용분석전문가 보다는 광범위한 위험평가 자료를 활용할 수 있다. 비용위험 평가 결과를 작성한 전문가는 획득분야 의사결정자에게 어떤 위험에 관해 어떻게 전달할 것인가에 초점을 맞추어야 한다. 즉, 의사결정자가 비용위험평가에 대한 보고를 받고 신뢰감을 가지고 그 정보를 이용해서 건전한 의사결정을 할 수 있도록 도움을 줄 수 있어야 한다는 것이다. 아무리 좋은 비용위험 평가 결과라고 하더라도 그것을 활용할 의사결정자가 이해하지 못한다면 쓸모없는 연구가 되기 때문이다. 비용위험분석 전문가들의 역할은 앞서 제시한 방법들 중에서 현재 주어진 상황에서 위험분석을 가장 객관적인 방법으로 위험 비용을 평가하고 그 결과를 획득관련 의사결정자들에게 정확하게 전달하는 것이다. 위험비용 분석결과를 보고받는 대상에 따라 위험분석 방법이 달라 질 수도 있다. 얼마나 위험평가에 대한 이해를 가지고 있는가에 따라 보고 수준이 달라져야 한다.

실제 비용위험을 의사 결정에 반영할 수 있을 정도로 인식시키는 것은 대단히 어려운 일이다. 앞서 언급한 바와 같이 고위급 의사결정자일수록 비용위험 보다는 기술적 위험에 중점을 두고 큰 그림(big picture) 차원에서 가능성 여부를 판단하기를 원하기 때문이다. 대부분의 위험평가 방법의 결과는 확률분포로 제시되면서 현재 주어진 비용으로는 몇 %정도 성공적으로 사업을 완료할 수 있고, 90% 이상 성공확률을 높이기 위해서는 얼마의 추가 예산 확보가 필요하다는 식이다. 통계적 개념이 부족한 의사결정자들은 확률적인 개념보다는 최종적으로 얼마의 추가 비용이 필요한가를 알고 싶어 하고, 위험비용을 줄이기 위한 방안이 무엇이며 어느 정도까지 줄일 수 있는가에 관심이 많다.

이런 상황에서 비용위험분석 전문가는 획득관련 의사결정자에게 비용위험분석결과를 올바르게 전달하기 위해 첫째는 접근방법이 간단명료하며 의사결정자가 한눈에 알아볼 수 있도록 1~2장의 슬라이드로 표현하고, 둘째는 결과치가 가용한 자료 및 방법론과 일관성을 유지해야 한다. 가용한 자료가 극히 제한된 상황이라면 과거 비용증가계수를 이용해서 유사한 사업의 위험정도를 예측하고 충분한 자료가 확보되거나 시간이 있다면 통계적 자료처리 결과나 몬테칼로 시뮬레이션에 의한 분석 방법을 사용해서 최종 결과는 동일한 수준으로 제시해 주면 된다.

때로는 의사결정자가 이해하기 쉽도록 시나리오별 위험비용을 추정한 결과를 제시하는 방법을 쓴다. 이때 비용위험 평가치는 최적 평가치를 중심으로 하한 값, 상한 값을 제시함으로써 의사결정에 활용토록 한다는 것이다. 이 방법은 지금도 영국 국방부에서 비용추정 결과를 보고할 때 활용되고 있다고 한다.[16]

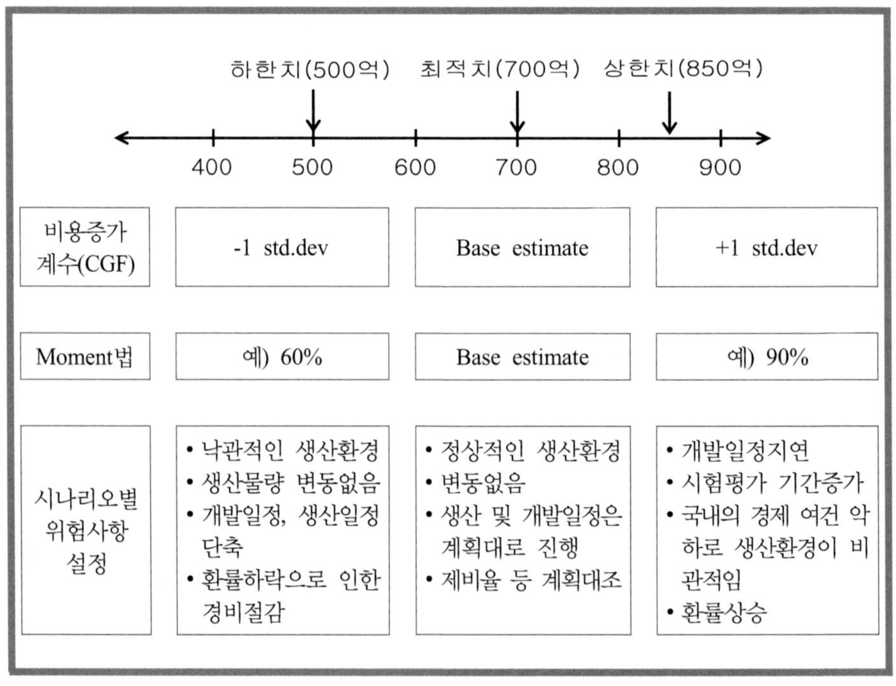

〈그림 2-11〉 시나리오별 위험비용 추정치 제시방안

---

16) Novick, David and Fredric S. Pardee, RAND 보고서, p.4122, 1969.

<그림 2-11>에서 보는 바와 같이 각각의 비용추정치는 서로 다른 가정 사항에 의해 추정된 비용을 나타낸다. 이러한 가정 사항들은 프로젝트의 특수한 기술적 위험이나 사업계획상 예상되는 위험요소를 반영한 것이며 의사결정자는 이러한 위험요소나 가정 사항들로부터 위험 비용에 대한 이해를 얻고 의사결정에 활용할 수 있다. 비용위험 분석가는 앞서 제시한 위험분석 방법들 중에서 한 가지, 혹은 그 이상의 방법들에 대해서 시나리오별로 위험 비용추정치를 최적치, 하한치, 상한치를 제시할 수 있다.

의사결정자는 다양한 형태의 결과를 보고 사업추진에 필요한 통찰력을 얻을 수 있으며 추가예산 확보를 결심할 수 있다. 여기에서 제시된 내용은 하나의 예에 불과하지만 실제는 프로젝트마다 특성에 맞는 위험분석을 실시하여 의사결정자의 이해가 용이한 방법들로 다양하게 나타낼 수 있다.

(3) 정책적 / 제도적 측면에서 비용위험분석 발전방안

어떤 사업이든지 개념형성 단계나 기획단계에서 비용추정은 5~10년 후에 투입될 비용이기 때문에 정확한 예측이 될 수 없다. 비용추정 결과는 추정당시에 판단한 기술수준, 경제적 여건, 재정지원 가능성, 작전운영소요 등을 기초로 추정되었기 때문에 사업이 진척되면서 불확실한 상황들이 현실로 다가오면서 최초의 예측을 벗어나는 경우가 얼마든지 있을 수 있다. 이러한 문제점들이 누적되면 중기계획에 편성된 사업들이 순연되거나 재조정 될 수밖에 없고 사업추진에 대한 신뢰성도 떨어지게 된다.

한국에서 비용분석 제도는 2000년대 초반부터 제도적으로 정착되기 시작했으며 2006년 방위사업청이 신설되면서 통합사업관리팀(IPT) 제도가 적용된고 획득단계별로 비용분석이나 사전분석 제도도 활성화 되고 있다. 그럼에도 불구하고 비용추정 위험분석 결과를 의사결정에 활용하는 제도는 초보단계에 있다고 볼 수 있다. 무기체계 획득과정에서 비용추정위험분석은 사전분석의 한 단계로 볼 수 있지만 장차 효율적인 사업추진을 위해서 정책적 측면에서 선진국에서 적용되고 있는 위험분석 방법들이 한국적 여건에 맞도록 개발되어야 할 것이다.

(가) 비용위험 분석을 의사결정에 활용할 수 있는 인프라구축

1) 과거 주요사업 추진실적 분석

의사결정자의 입장에서는 현재 추진 중인 사업에 대해 어떤 위험이 존재하며 최종 완료시까지 얼마의 추가비용이 더 소요될 것인가에 대해 알고 싶어 한다. 또한 계획수립이나 예산편성 단계에 어느 정도 예산을 반영해야만 주어진 예산범위 내에서 성공적으로 사업을 완료할 수 있는가를 궁금해 한다. 이러한 의문사항을 해결하기위한 방법 중의 하나는 과거에 완료된 사업을 체계적으로 분석해 보는 것도 좋은 방법이 될 수 있다. 미 RAND 연구소에서는 주요추진 사업(SAR)에 대해 획득단계별로 목표비용의 변화추세를 분석하여 비용증가계수(CGF)를 구하여 위험비용 추정시 중요한 자료로 활용하고 있다.[17)]

한국의 경우도 2000년 이후 비용분석제도가 보완되고 획득단계별로 비용분석 결과가 첨부되어 의사결정이 이루어져 왔다. 매년 단위사업들의 사전분석이나 비용분석에만 중점을 두어 왔는데, 이제는 투자사업 전체에 대한 체계적인 분석이 필요한 시점에 와 있다. 주요 무기체계별, 획득방법별, 획득단계별로 비용목표가 어떻게 변화하면서 최종적으로 사업이 완료되었는가에 대한 분석을 향후 사업관리에 중요한 지침이나 방향을 제공하는 참고자료가 될 수 있다.

2) 비용 및 기술 D/B구축

무기체계 획득시 사전분석이나 비용분석 과정에서 가장 중요한 부분은 비용 및 기술관련 자료이다. 비용추정치를 산출하기 위해서는 과거 및 현재의 다양한 비용 및 기술 자료에 의해 비용모델이 구축되고 추정된다. 개념연구 단계부터 개발대상 시스템이나 유사시스템에 대한 비용, 기술정보의 분석 없이는 적정 비용을 추정할 수 있다고 볼 수 없다. 비용추정의 정확성 여부는 자료와의 전쟁에 달려 있다고 볼 수 있다. 획득 업무를 수

---

17) 미 RAND 연구소에서는 약 10년 주기별로 주요 획득보고서(Selected Aquisition Report)를 작성하여 개념연구 단계, 탐색 / 체계 개발단계, 양산단계에서 비용의 변화추세를 분석하여 비용증가 추세를 의사결정에 활용하고 있다.

행하면서 각각 다른 부서에서 작성된 기술 및 비용관련 문서나 회의 자료는 의사결정과 관련된 중요한 정보를 수록하고 있다. 비용분석 업무가 시작된 이래 비용자료의 중요성은 충분히 인식되어 왔으며 비용 및 기술 데이터베이스 증가성에 관한 필요성은 수없이 강조되어 왔지만 아직까지 어느 한 기관에서 종합적이며 체계적인 관리를 하지 못하고 있는 실정이다.

2000년 이후 비용분석이 활성화되면서 수많은 기관에서 다양한 무기체계 획득 사업에 대해 비용분석을 실시하고 그 결과를 의사 결정에 활용해왔다. 대부분 공학적 분석, 전산모델에 의한 분석, 유사장비 분석결과를 활용했으며 단위 사업별로 추정결과는 해당 기관에서 보유하고 있지만 이 결과를 제 3자가 직접 활용하기에는 부족한 상태이다. KIDA, ADD, 국방대, 기술품질원 등에서 비용분석 결과를 활용한 비용자료는 어느 정도 확보하고 있지만 이들 자료를 체계적으로 통합하지는 못하고 있다.

특히 연구개발비 추정이나 무기체계 가격정보 획득을 위해서는 기존의 사업추진 실적이나 경험들을 체계적으로 수십 및 관리가 된 통합 D/B가 구축되어 사용자가 쉽게 활용할 수 있도록 되어있어야 한다. 미국의 경우는 획득사업과 관련하여 생성된 문서, 기록, 지침 등 각종 자료를 수집, 보완하고 필요한 곳에 공급하는 획득문서 보관센터(Aquisition Historical Center)와 국방기술정보센터(DTIC : Defense Technology Information Center) 등을 운영하고 있다.[18)]

한국에서 비용분석을 활성화시켜서 의사결정에 활용하기 위해서는 한국적 여건에 맞는 비용분석 모델 개발이 필수적이며 이를 위해서는 비용 D/B 구축이 먼저 이루어져야 한다. 그러기 위해서는 첫째, 무기체계 획득 사업별로 비용 및 기술 정보 수집 양식을 통일하여 표준화 시킨 상태에서 자료 수집이 이루어져야하며, 둘째, 통합 D/B구축을 위해 수집기관별 자료 공유체계를 위한 현행정보체계가 사용자 위주로 보완되어져야한다. 셋째, 자료 수집과정에서 얻은 원천자료는 표준화 과정을 통해 향후 사용

18) 김철환 "자주국방을 위한 효율적인 무기체계 획득방안", <안보연구 시리즈> 제5집 5호, 2004, 국방대 안보문제 연구소

자가 비용분석에 직접 활용할 수 있도록 해야 할 것이다.

비용자료 D/B 구축개념은 과거 완료된 사업을 위주로 구축하되 공학적 분석, 전산모델 분석이 동시에 가능하도록 작성하고, 향후 운영유지 과정에서 유지비 판단이나 유사사업 비용 분석시 활용할 수 있도록 구축되어야 할 것이다. 이러한 비용 D/B구축을 위해서는 국방 획득관리 규정이나 전력업무 발전규정에 필요한 사항들이 반영되어야 한다. 즉 연구개발이나 해외 기술도입 및 직구매과정에서 발생되는 모든 비용 및 기술 자료의 제출을 의무화하면서 미국 등 선진국과 같이 일정한 양식을 표준화하여 비용 정보가 통합되어 작성되도록 해야 한다. 구축된 비용 D/B는 자격 있는 사용자가 활용이 용이하도록 구축되어야 하며 사업집행 전·후 비용자료에 대한 체계적인 화보를 통해 주기적으로 업데이트 시키는 제도도 동시에 구축해야 할 것이다.

(4) 비용 위험 분석 활성화를 위한 정책적 검토사항

(가) 위험비용확보 제도 필요성

근본적으로 비용위험분석의 목적은 현재 계획 중인 사업에 대해 미래 예상되는 불확실성을 인정하고 100% 달성가능 수준이 아닌 일정수준의 예산을 반영하면서 위험비용을 확보한다는데 있다. 이는 비용추정치에 불확실성이 존재하며 사업 진행 과정에서 추가적으로 비용정보가 확보되면서 비용추정치가 점점 현실적인 목표에 근접해 간다는 것이다.

의사결정 초기단계에 이런 불확실성을 고려하여 과도한 예산을 반영한다면 사업자체가 누락될 가능성이 있기 때문에 적정수준의 예산만을 반영해야 한다. 이러한 문제점을 극복하기 위해 미국에서는 무기체계 획득시 기본비용추정치(BCE : Base Cost Estimate)와 위험비용 또는 관리예비비란 명목으로 각 군이나 국방성에서 확보하는 제도를 발전시키고 있다[19].

즉, 이 제도는 일종의 예비비 성격으로 각 사업마다 위험비용에 해당되는 부분을 각 군 차원에서 관리하면서 사업주관부서에서 최초 계획한 비

---

19) US. Army Cost Estimating Reference Book pp.9~31

용보다 추가적인 내용이 필요시 요청하면 타당성을 정밀하게 검토한 후 사업주관부서로 기금을 넘겨준다는 것이다. 이러한 제도를 우리에게 적용시키기 위해서는 별도로 위험비용을 판단하여 기금을 확보하는 제도를 새롭게 만들어야 하므로 현실적으로 어려움이 있다. 미국에서 채택하고 있는 방법은 대개 다음 세 가지로 요약될 수 있다.

1) 위험비용 적용방법

이 방법은 기본 비용추정치의 일정비율을 위험비용으로 확보하는 방법이다. 개별 사업마다 사업주관부서의 실적자료나 그동안 사업추진 경험을 통해 판단한 자료를 근거로 전문가들이 주관적으로 판단해서 그 비율을 정한다는 것이다. 즉 체계개발사업은 30%, 성능개량은 20%와 같이 최초 판단한 기본비용 추정치에다 일정비율의 위험비용을 고려한다. 이 방법은 단순해서 적용하기 쉬운 이점은 있지만 비율을 정하는 그 자체가 지나치게 주관적이라는 견해가 있다고 한다.

2) 위험요소 적용방법

위험비율 적용방법이 사업 전체에 대한 일정비율을 위험비용으로 확보하는데 비해 이 방법은 대상체계를 하위단계까지 WBS로 세분화하여 각각의 요소별로 위험요소를 판단한다는 것이다.

위험요소별로 위험비율을 결정하고 요소별 위험비용을 누적하여 총 위험비용을 산출한다. <도표 2-25>에서 보는 바와 같이 부품개발에서는 10%, 통합 및 조립에서는 20%, 시스템시험 및 평가에서는 25%의 위험비율을 각각 적용했다. 그러나 이 방법은 분석대상 체계에 대한 WBS가 충분히 식별되어야 하기 때문에 사업초기 단계보다는 계획단계 이후에 적용 가능한 경우가 많을 것이다.

〈도표 2-25〉 위험요소 적용방법

(단위 : 억원)

WBS	BCE	위험요소	총위험비용 추정치
부품개발	100	1.10	110
통합 및 조립	20	1.25	25
시스템시험 및 평가	25	1.20	30
기 타	10	1.10	11
계	155		176

3) 확률적 사건분석방법

이 방법은 WBS별로 어떤 문제가 발생될 확률을 판단하고 그 사건 발생시 예상되는 추가 소요 비용과 그 문제로 인해 다른 분야에서 발생될 확률과 파생되는 추가 소요시간을 판단하는 것이다.

예를 들면 어떤 무기체계를 개발시 WBS의 한 부분인 엔진부분에서 기술 확보의 어려움으로 인해 문제가 발생할 확률(P(A))이 0.6이라고 가정할 경우 이로 인해 추가 소요되는 비용은 150만$로 추정할 수 있다고 한다. 엔진개발이 지연되면 자체조립 및 시험평가가 지연되면서 다른 부분에 미칠 조건부 확률(P(B/A))이 0.75이고 이때 파생되는 비용이 400만$이라고 한다. 이 경우 엔진문제로 인한 기대손실 비용(P(B))은 다음과 같이 구할 수 있다.

- 체계 스케줄에 영향을 줄 확률(P(B)) = (엔진에서 문제 발생확률) × (엔진에서 문제 발생시 타분야 영향을 미칠 확률) = P(A) × P(B | A) = 0.75 × 0.6 = 0.45
- 기대손실비용 = P(A) × | 150만$ + P(B) × 400만$ = 170만$

이 방법은 총 위험평가 추정치 보다는 정확하게 추정할 수는 있지만 WBS 항목별로 문제점이 발생할 확률과 이에 따른 소요비용을 판단하는 문제가 너무 주관적이기 때문에 비용분석가의 전문성에 지나치게 의존하고 있다는 것이 단점일 수 있다.

한국의 경우는 무기체계 획득과정에서 위험비용제도가 인정되지 않고 있다. 사업관리자에게 위험상황에 대처할 수 있는 「예비비」제도가 되어 있지 않기 때문에 실제 비용초과 현상이 나타나면 타당성을 분석하여 비용을 인정해주는 방법 밖에 없다. 현행 획득체계에서 EVMS 제도를 도입하고 있지만 미국과 같은 예비비 제도 도입 없이는 완전한 수준의 EVMS를 적용하고 있다고 볼 수 없다. 사업진행 과정에서 일정수준의 비용초과 현상이 발생하면 사업관리자 입장에서 가지고 있는 예비비가 없기 때문이다.

예비비제도를 도입하려면 예산회계법과 방위사업법 등 관계법령을 정비해야만 한다. 사업초기 단계부터 위험분석을 실시하고 적정수준의 예비비제도를 활용해서 사업관리를 하기 위해서는 PM 단계별 적정 수준의 예비비 규모와 적용방안, 관련 지침 등에 관한 연구가 먼저 이루어져야 할 것이다.

(5) 비용분석 과정에서 위험분석 의무화

의사결정 초기 단계부터 사업 분석 단계나 비용분석 과정에서 위험분석 결과를 제시하도록 해야 한다. 여기에 추가하여 정책적으로 보완되어야 할 사항은 비용위험 적용기준을 마련해야 한다. 한국의 경우 중기계획 단계에 반영된 사업들이 실제 체계개발이나 양산단계에 들어갈 때 비용증가가 많이 일어난다. 위험비용이 발생한다고 해서 반영된 사업이 중단되거나 취소된 사례가 거의 없다. 미국의 경우는 최초 계획된 예산에 비해 일정 비율 이상의 예산초과가 예상되면 과감하게 그 사업을 취소시키는 사례가 있다[20]. 한국도 위험비용 분석을 제도화 하면서 사업의 특성별로 위험비용 적용기준을 만들어서 사업관리에 적용하는 방안을 강구해야 할 것이다.

사업단계별 위험분석 결과를 의사결정에 참고 할 수 있도록 제공하며 동시에 위험완화 방안에 대한 연구가 추가되어 사업관리에 활용되어야 할 것이다.

---

20) 크루세이드 자주포 개발의 경우 CAIV 개념에 의해 사업을 진행하는 과정에 2005년에 개발이 취소된 바 있다.

(6) CAIG 활용

CAIG는 비용분석자문단(Cost Analysis Improvement Group)을 의미하며 미국 등에서는 무기체계 획득사업 관리에 CER의 타당성 분석, 비용추정의 적절성 평가 등 광범위한 분야에 활용되고 있다. 한국의 경우도 방위사업청내 분석평가국에서 비용분석 전문가 자문위원회를 두고 있지만 그 기능은 법령이나 훈령에 의해 제도화 되지 못해서 단순한 자문기능만 수행하고 있는 실정이다. CAIG 기능에 포함되어야 할 사항으로 첫째는 주요 획득사업 비용분석 결과에 대한 검토기능을 부여하여 의사결정에 활용되기 전에 전문가적 입장에서 의견을 제시하여 보완하는 기능을 수행한다. 둘째는 향후 비용분석 전산모델 개발이나 업체개발 CER 등에 대한 타당성 평가를 실시하는 기능을 가진다. 위험비용 추정이나 수명주기 비용추정, 개발비 및 생산비 비용추정에 사용된 CER 등이 개발되면 CAIG에서 충분하게 검토하여 인증을 하는 역할을 수행해야 한다. 셋째는 주요 획득사업의 분석평가, 비용위험분석, 위험 평가기준 설정 등과 관련된 정책이나 지침, 방침, 규정 개발시 자문 및 검토기능을 수행하는 것이다.

(7) 한국적 여건에 맞는 비용분석 모델 개발

2000년대 이후 비용분석 제도가 정착되면서 획득사업 초기 단계에 공학적 설계 개념과 연계하여 파라메트릭 비용추정 방법에 의해 다양한 대안에 대한 비용추정 결과를 가지고 의사결정에 활용해 왔다. 이때 사용된 전산모델은 주로 PRICE 모델이 활용되었으며 정부, 업체, 군, 연구기관, 학계에 어느 정도 모델사용이 정착되어 있다. 이 모델 자체가 미국식 획득체계에 맞추어 개발된 모델이지만 한국에 가용한 모델이 없었기 때문에 약간의 보정단계를 거쳐서 지금까지 사용하고 있다.

특히 소요제기나 기획단계, 계획단계에 획득사업을 반영하기 위해 비용분석 결과가 첨부되도록 전력발전 업무규정이나 방위사업 관리규정에 반영됨에 따라 PRICE 모델사용이 확산되는 계기가 되었다. 시스템 개발 초기단계에 필요한 체계설계 비용은 전체 개발비의 5%에 불과하지만 그 결과는 미래 발생비용의 60% 이상을 차지하므로 초기 설계단계가 그만큼 중요하다는 것이다. 파라메트릭 추정모델은 개념형성 단계나 설계초기 단계에 감도분석을 통해 적정 개발비용을 추정해 낼 수 있는 장점을 가지고 있다. 실제로 한국형 헬기사업(KHP) 같은 경우는 개념형성 단계부터 PRICE 모델에 의해 비용추정된 결과를 가지고 사업추진 여부를 결정했고 그 이후 개발 및 양산단계에서 적정 예산 판단을 위해서 계속 활용되고 있는 실정이다[21].

그러나 PRICE 모델을 한국적 상황에서 계속적으로 비용추정 전산모델로 활용하는데 있어서 반대논리도 많이 제시되어 왔다. 모델 자체내 한국적 여건에 부합되도록 일부 보정 기능이 있다고 하지만 다음과 같은 측면에서 제한사항들이 문제점으로 남아있다.

첫째, 모델내 비용추정 방법론이 미국식 연구개발 및 생산체계에 맞도록 개발되어 있다는 것이다. 각종 비용추정 관련 데이터베이스가 미국 경험 자료에 의해 구축되었으며 모델 내에 사용되고 있는 CER 등의 타당성을 검증할 방법이 없다.

둘째, 비용추정 결과가 한국의 방산원가제도와 차이가 있어서 공학적 추정방법과 비용요소별로 비교하기가 곤란하다는 것이다. 즉, 노무비나 재료비, 경비의 항목이 서로 상이함으로 인해 총액의 비교이외는 의미가 없게 된다.

셋째, PRICE 모델을 적용시 신뢰성 있는 국내 획득 및 군수자료가 부족한 것이 모델의 운영 및 보정에 한계로 나타난다. 생산비 추정이나 운영유지비 추정시 지나치게 상세한 자료를 요구하여 신뢰성 있는 자료 준비에 어려움이 있다. 개발비나 생산비 추정시 제조복잡도(Manufacturing Complexity)나 공학적 난이도에 너무 민감하고 이런 변수들에 의해 비용이 좌우되기 때문에 비용추정 결과에 대한 신뢰가 의문시 된다. 운영유지비 추정 모델에서는 한국적 상황에서 유지, 관리되지 않고 있는 정비자료가 요구되어 이것 역시 추정 결과에 대한 낮은 신뢰도가 제기될 수 있다.

21) 강성진 외 6. KHP 사업의 경제적 파급효과 분석(2004)

넷째, 이런 세부추정 전산모델은 모델운영 및 숙달단계까지 많은 시간과 전문 인력이 필요하게 된다. 무기체계 개발 경험 및 기술적 사항에 대한 어느 정도 이해가 없이는 모델 활용이 불가능하다. 모델의 획득비용이나 유지 및 관리 비용이 비싸서 소규모 방산업체에서 운영할 수 가 없다.

이런 측면들을 고려할 때 장기적으로 한국적 여건에 부합한 비용추정 모델 개발이 필연적이다. 현재 사용하고 있는 PRICE 모델과 같은 완전 자동화된 전산모델이 아니라 하더라도 한국적 여건에 부합된 모델 개발을 통해 비용추정, 비용위험 분석, EVMS 적용이 이루어져야 할 것이다.

그러면서 PRICE 모델이 가지고 있는 장점을 활용하기 위해 분석된 비용추정 결과를 종합적으로 분석하여 한국적 여건에 적합한 보정방법을 개발하여 획득사업 초기단계에 활용하는 방안을 강구해야 할 것이다.

바. 한국적 여건에서 비용위험 적용방안

지금까지 언급한 바와 같이 한국에서 비용위험 평가 분야는 초보단계에 와 있으며 획득분야 의사결정자나 비용분석 전문가의 인식이 미흡한 상태이고 비용위험 평가 방법론조차 충분히 개발되지 못한 상태에 있다. 비용위험 평가를 위해서는 광범위한 비용 데이터베이스가 필요하며, 가용한 시간, 인원, 비용자료의 확보 정도에 따라 적용방법이나 결과에 차이가 날 수 있다.

그러나 비용위험 평가는 비용추정 및 분석단계의 부분집합으로 생각할 수 있으며 실질적으로 다양한 분야의 전문 인력을 필요로 하고 있다. 미항공우주국(NASA)에서는 비용추정 과정에서 비용위험 평가 부분을 상당히 중요하게 취급하고 있으며 중점적으로 고려되고 있는 사항으로는 다음과 같은 것들이 있다[22].

(1) 비용위험 평가는 비용분석가와 분야별 전문가들이 공동으로 참여하여야 가능하며,

(2) 비용위험은 CER들과 기타 사업위험 요소들에 영향을 주는 비용요

22) NASA, "NASA Cost Estimating Handbook," 2004, pp.149~164

소들의 상관관계 분석에 추가하여 기술위험 평가를 고려한 위험비용을 평가함을 의미한다.

(3) 기술비용 위험 평가는 확률적 기술위험 평가와 이산적 기술위험 평가를 결합한 것이며,

(4) 비용위험 확률분포는 검증이 가능해야 하며 상관관계 정도는 가능한 한 실제비용 자료에 기초를 두어야 한다.

(5) 궁극적으로 비용위험은 일정 및 기술위험을 통합하여 WBS 수준별로 정량화하여야 한다.

한국에서 비용위험 평가를 적용하기 위해서는 다음과 같은 과정을 거치면서 가용한 방법론과 시간, 비용자료 확보 정도에 따라 융통성 있게 응용할 수 있다.

1단계 : 비용분석을 위한 WBS 구축

비용추정 과정에서 WBS 구축은 가장 중요한 단계이다. WBS를 구축하기 전에 비용추정의 목적이나 추정방법, 자료 확보정도 등에 따라 추정계획이 구체적으로 수립될 수 있다. WBS는 세분화될수록 비용추정의 정확도를 높일 수 있지만 가용한 기간과 추정에 소요되는 자료에 따라 달라질 수 있다. 초기 단계에는 상세한 WBS 식별이 곤란하므로 최소한 3~4단계까지 WBS 하부구조 구축이 이루어져야 할 것이다. 각 WBS별로 비용추정 방법론을 선택하여 추진에 필요한 비용기술 자료를 수집한다.

2단계 : WBS별 비용추정 위험요소 식별

구축된 WBS별로 핵심비용요소(Cost Driver)를 찾아내고 이들 중에서 위험요소를 식별해낸다. 비용 및 기술자료 수집 단계를 거치면서 비용추정에 결정적으로 영향을 미치거나 불확실한 분야에 대한 요소를 찾아내는 작업이다. 이 단계는 비용추정 전문가 보다는 각 WBS별로 관계된 기술전문가와 엔지니어의 조언을 받아야 할 것이다.

3단계 : WBS별 비용추정

수집된 비용 및 기술, 일정자료를 기초로 WBS별 비용추정치(점추정치)를 산출해 낸다. 이때 추정방법에 따라 전산모델을 이용할 수 있고, 유사추정법, 공학적 추정법 등을 적용할 수 있다. 통상 불변가로 산출하며 각 WBS별로 비용추정치를 전부 합산한 값이 전체 시스템 비용의 기본비용추정치(Reference Point Estimate)가 된다. 장차 위험비용 추정을 위해서 기본비용추정치는 기준 역할을 수행하게 된다. 그러므로 추정치는 누락된 부분이 발생하지 않도록 하고 추정과정에서 중복 계산된 부분도 미리 확인해야 한다. 선정된 핵심비용 요소에 따라 비용추정 결과가 어떻게 변하는지도 확인해 볼 필요가 있다.

4단계 : WBS별 비용위험 분포 식별

비용위험 분석과정에서 WBS별 비용위험 분포를 식별하는 과정이 가장 어렵고 중요한 단계이다. 비용위험 분석의 최종목표는 시스템 전체의 비용을 하나의 확률분포로 간주하고 이 분포에 의해 평균비용, 분산, 신뢰구간을 구할 수 있기 때문이다.

WBS별 비용확률 분포는 2단계로 실시된다. 첫번째 단계는 WBS 각 요소별로 위험을 평가하고, 그 위험부분을 확률분포로 변화시켜 비용과 연계된 확률분포로 구한다. 위험요소를 정량화하는 방법은 여러 가지가 있다. 미 연방 회계국에서 발행한 GAO 보고서에는 하드웨어 및 소프트웨어의 위험 평가시 위험 정도에 따라 5단계로 구분하고 0에서부터 10점까지 점수를 부여하는 방법을 제시하고 있다[23].

(1) 위험평가실시

위험평가를 실시하는 방법은 WBS 요소에 대해 기술 분야, 설계 및 공학 분야, 통합분야 등에 대해 불확실성정도에 따라 적절한 숫자를 부여한 다음 그것을 이용하여 확률분포를 만든다. 예를 들면 어떤 WBS에 대해 전문가 집단에 의해 <도표 2-26>과 같은 방법으로 위험평가를 실시할 수

23) GAO, “GAO Cost Estimating and Assessment Guide,” pp.165~166

있다.

〈도표 2-26〉 위험평가 적용 예

비용위험 요소	불확실 정도						
	VL	L	ML	M	MH	H	VH
	0~1	2~3	3~4	5~6	6~7	8~9	9~10
기술위험			○				
설계 및 공학적 능력				○			
부품의 복잡도					○		
상호관계 의존성						○	

(위험 정도에 따라 VL : Very Low, ML : Moderate Low, MH : Moderate High, VH : Very High)

예를 들면 하드웨어가 이미 운영되고 있고 소프트웨어도 개발되어 사용되고 있는 상태를 아주 위험이 낮은 단계(VL)로 구분하고, 하드웨어가 제한된 범위내에서 생산되고 있으며 시험평가가 완료되고 소프트웨어가 성공적으로 개선된 상태는 위험성이 낮은(LOW) 단계로 구분한다. 그리고 시제품이 검증단계에 있으면 ML단계로, 알고리즘이 개발단계에 있다면 M단계, 핵심기능이 개발단계에 있으면 위험성은 MH단계, 개념설계 단계나 기초 연구단계는 위험성이 높은 H, VH로 구분한다. 이러한 위험평가 적용기준은 무기체계 특성에 따라 융통성 있게 적용될 수 있다.

(2) 위험범주 평가표 구축 및 비용위험 분포 추정

다음은 식별된 위험을 비용위험으로 전환시키는 절차가 필요하다. 일단 비용분석 전문가와 엔지니어들이 각 WBS별로 위험이 예상되는 요소에 대해 다음과 같은 위험범주 평가표를 작성한다.

〈도표 2-27〉 위험범주 평가표

	기술	설계	복잡도	개발기간	계
WBS 요소1 가중치	0.35	0.25	0.2	0.2	1.0
비관치	HIGH	VH	VH	H	5.95
기준치	M	M	M	M	3.00
낙관치	L	ML	M	M	2.05

WBS 요소 1에 대해 네가지 위험요소가 있다고 가정할 때 이들에 대한 가중치는 전문가들에 의해 AHP 기법으로 0.35, 0.25, 0.2, 0.2의 값을 얻었고 각각의 요소에 대해 낙관치, 비관치, 기준치를 정한다. 비용확률분포를 추정하기 위해 최대치와 최소치를 구하고, 비관치와 낙관치를 기준치와 비교하여 비율을 구한다.

$$\frac{\text{비관치 점수}}{\text{기준치 점수}} = \frac{5.95}{3.0} \fallingdotseq 2.0 \ (\text{최대치})$$

$$\frac{\text{낙관치 점수}}{\text{기준치 점수}} = \frac{2.05}{3.0} \fallingdotseq 0.683 \ (\text{최소치})$$

삼각분포로 추정하려면 위의 값을 이용하여 위험비용의 최대치와 최소치로 전환한다.

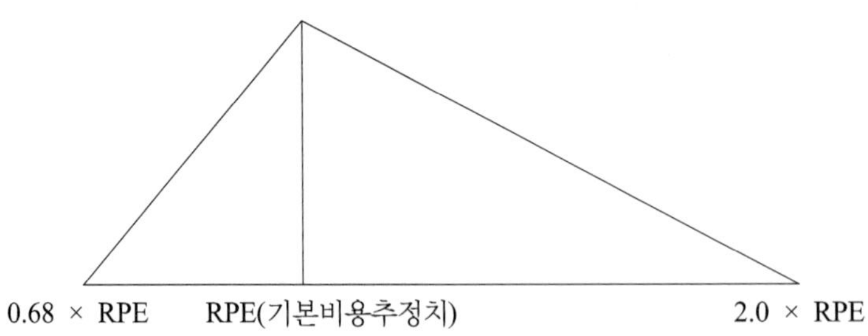

<도표 2-27>에서 HIGH는 4, VH는 5, M은 3, L은 1, ML은 2로 숫자

를 부여하고 WBS 요소 1의 가중치를 곱하여 WBS 요소 1의 비관치, 낙관치, 기준치를 구한다. 이 값을 이용하여 삼각분포 형태의 확률분포를 적용하게 된다. 이때 RPE는 WBS의 비용추정치의 점추정치라고 가정하고, 최소비용은 0.68 × RPE 값이 되고, 최대비용은 2.0 × RPE 값이 되는 삼각분포가 된다는 것이다.

한 개의 WBS에 대해 분포가 정해지면 다른 WBS에 대해 동일한 방법으로 확률분포를 찾아낼 수 있다. 적용 가능한 확률분포는 정규분포, 일양분포, 베타분포, 와이블분포, 로그정규분포 등 다양한 종류의 분포로 근사시킬 수 있다.

5단계 : 전체 시스템 차원 비용분포 추정

지금까지 시스템의 불확실성이 예상되는 N 개의 WBS별 비용요소에 대해 비용분포를 추정했다. $X_1, X_2, \dots, X_n$을 확률변수로 정의한다면 $F(X_1), F(X_2), \dots, F(X_n)$은 각각의 누적확률 분포로 정의될 수 있다. 예를 들어 X_1은 주임무 장비 비용, X_2는 시스템공학 및 시험관리 비용, X_3는 시스템 시험평가 비용 등으로 나타낼 수 있다.

각각의 WBS에 대해서 확률분포가 정의되었다면 전체 시스템 차원의 비용은 각 WBS 비용의 합으로 나타낼 수 있다.

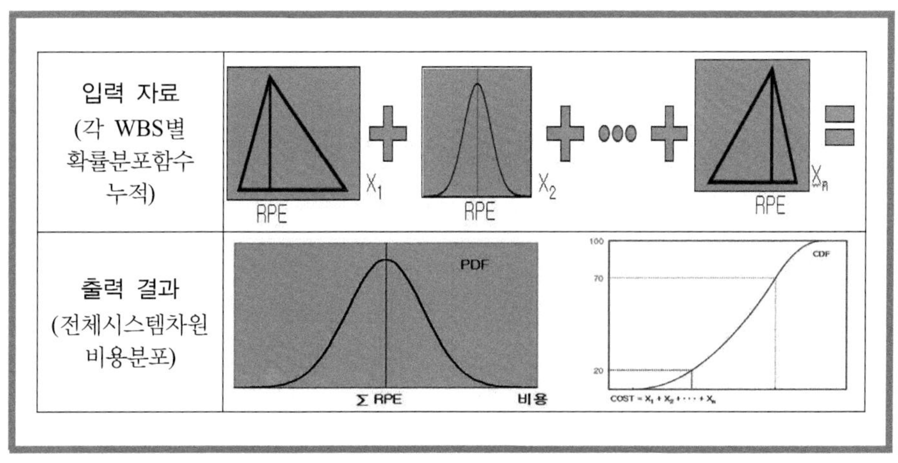

〈그림 2-12〉 전체 시스템 차원 비용분포

$$\text{COST} = X_1 + X_2 + \ldots + X_n$$

여기서 $F(X_1), F(X_2), \ldots, F(X_n)$은 각각의 확률밀도함수(PDF)가 되고 $F_{COST}(X)$는 시스템 총 비용을 나타내는 누적확률분포(CDF)가 된다. 즉 시스템 총 비용 COST는 확률변수들의 합으로 표현되며 통계적 접근방법이나 시뮬레이션 방법에 의해 구할 수 있다.

의사결정자는 각각의 $X_1, X_2, \ldots, X_n$에 대한 추정치보다는 시스템 전체 비용에 더 관심이 많다. 주어진 예산으로 계획된 기간에 사업을 완료할 수 있는가를 판단하게 되고, 예산이 부족하다면 얼마의 추가예산이 확보되어야 하는가를 알고 싶어 한다.

그러나 통계적으로 N개의 확률변수들의 합을 정확한 형태의 확률분포로 정의하는 것은 특별한 경우를 제외하고는 불가능하다.

(1) 시스템 총 비용분포 함수를 정규분포로 근사하는 방법

많은 경우 시스템 총 비용의 확률분포로 정규분포가 활용되고 있는데 이 경 우는 앞서 3장에서 제시한 모멘트법에 의해 각 비용요소들의 평균비용을 알고 있다고 가정할 경우 중심극한정리(Central Limit Theorem)에 의해 $X_1, X_2, \ldots, X_n$의 평균의 합은 정규분포로 근사될 수 있다는 것이다. 특히 독립적인 비용요소의 숫자가 크고 각각의 비용요소의 표준편차가 아주 크지 않다면 그들의 평균의 합을 정규분포로 간주하는데는 무리가 없다는 것이다.

(2) 시뮬레이션 방법에 의한 총시스템 비용분포 추정

전체 시스템 비용분포 함수 COST가 각각의 비용요소들의 확률변수 $X_1, X_2, \ldots, X_n$으로 구성되어 있으므로, 통계적인 방법이 불가능할 경우는 몬테칼로 시뮬레이션 방법에 의해 경험적인 확률분포를 생성해낼 수 있다. 이 방법은 WBS에 정의된 CER들이 아주 복잡할 때 많이 사용된다. 기본적인 시뮬레이션 절차는 다음과 같다.

제1단계	X_1에 필요한 난수 생성
	X_1변수 추정
제2단계	X_2에 필요한 난수 생성
	X_2변수 추정
제n단계	X_n에 필요한 난수 생성
	X_n변수 추정
제n+1단계	COST $= X_1 + X_2 + \ldots + X_n$
제n+2단계	제 1단계부터 n+1단계 반복(필요한 횟수)
제n+3단계	평균값, 분산, 표준편차, 분포 추정

통계적 방법이나 시뮬레이션 방법에 의해 시스템 총 비용분포가 추정되면 그림과 같은 확률분포 함수를 구할 수 있다.

그림에서 보는바와 같이 기본추정지만 가지고 획득사업을 성공적으로 추진할 수 있는 확률을 구할 수 있고, 성공할 확률을 높이기 위해서는 어느 정도 비용이 추가로 소요되는지도 판단할 수 있다. 최소한 지금까지

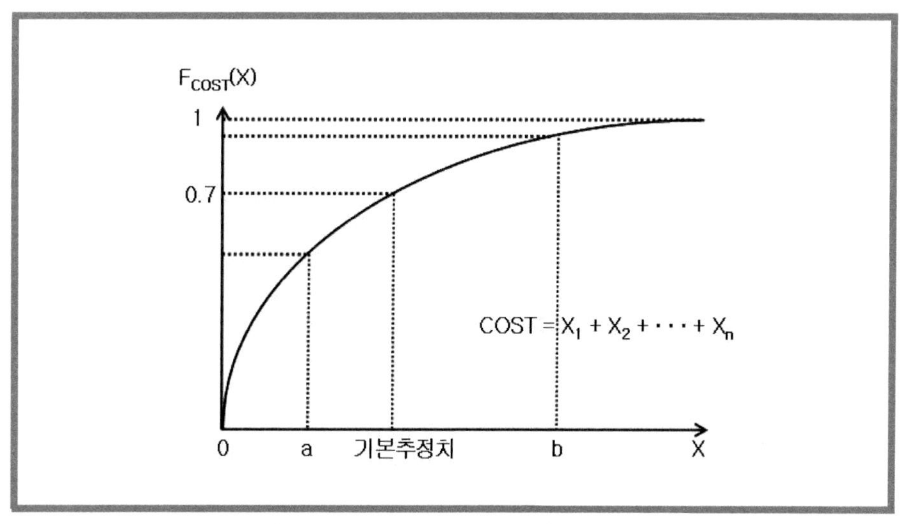

〈그림 2-13〉 시스템 총비용 분포

언급한 방법들이 타당성이 있다면 신뢰구간 추정, 목표비용 추정, 예비비 판단을 위한 위험비용 추정에 활용할 수 있다.

사. 소결론

지금까지 비용추정과정에서 제대로 이루어지지 않았던 무기체계 비용추정 위험분석 분야에 대한 다양한 방법들을 제시하고 있다.

비용추정은 미래에 소요될 비용을 예측하는 것이기 때문에 실제 비용과 추정치는 차이가 날 수 밖에 없다. 한정된 국방재원으로 국방투자사업을 추진함에 있어 사업추진에 소요되는 비용의 정확한 추정을 통한 의사결정이 매우 중요한 시점에 와 있다. 그러나 비용추정치 하나만으로 의사결정에 한계가 있으며 다양한 대안에 대한 절충효과 분석과 비용위험분석은 필수적이며 효율적인 사업관리 측면이나 추가예산 확보논리를 얻기 위해서도 비용추정 위험분석은 반드시 필요한 시점에 와 있다.

비용추정의 위험은 비용추정식의 오차, 비용추정 모델을 잘못 적용함으로서 발생하는 오차, 경제적 여건이나 방산환경에 대한 가정 상황의 변화로 인한 위험이 따를 수 있으며 사업계획 변경이나 기술 확보의 어려움 및 성능과 협상의 변화로 인한 위험, 일정관련 위험 등으로 추정치에 오차가 발생할 수 있다.

이러한 비용추정위험을 분석하기 위한 방법론으로 유사장비 비교법을 통한 비용추정 위험분석, 감도분석방법, 비용증가계수(CGF)를 통한 위험비용추정과 같은 결정적인 방법과 오차확산법, 전문가 판단법, 추정방법 오차법, Moments 법, 몬테칼로 시뮬레이션 방법 등을 포함하는 확률적인 방법을 들 수 있다. 그러나 이러한 방법들은 비용위험 분석과정에서 가용한 자료나 시간, 전문인력 확보에 따라 위험분석방법이나 세부묘사 정도는 서로 다를 수 있다.

의사결정과정에서 비용추정 위험분석을 적용함에 있어 먼저 의사결정자의 관점은 비용추정기법이나 추정치에 대한 의미를 부여하기 보다는 핵심사업의 기술위험에 중점을 두고 큰 그림(big picture) 차원에서 의사결정을 하려는 경향이 있다. 반면에 비용추정 전문가들은 객관적인 비용추정 위험평가를 통해 의사결정에 영향을 미치려고 노력하고 있다. 이런 상황에서 비용위험분석 전문가는 획득관련 의사결정자에게 비용위험분석 결과를 올바르게 전달하기 위해 한눈에 알아볼 수 있도록 1~2장의 슬라이드에 위험분석결과를 제시하여 의사결정에 활용토록 해야 하며 제시된 자료는 반드시 방법론 측면에서 타당하면서 일관성을 유지하여야 한다.

정책적, 제도적 측면에서 비용위험분석 발전 방안으로는 비용위험분석을 의사결정에 활용할 수 있는 비용 및 기술 관련 DB 구축과 같은 인프라를 구축하고 비용위험분석 제도를 도입하거나 획득 초기단계부터 비용위험분석을 의무화하면서 비용분석 자문단 활용과 같은 방안들이 강구되어야 할 것이다.

한국적 여건에서 비용위험을 적용하기 위해서는 지금까지 제시한 정책적, 제도적 검토사항들이 준비된 이후 무기체계 획득사업 초기단계부터 WBS 별 위험요소 식별 및 총비용 분포함수 구축을 통해 의사결정자의 요구에 부응하는 위험비용을 추정해 낼 수 있다. 향후 비용추정 위험분석 분야는 한국형 비용추정 모델의 개발과 함께 비용분석 분야에서 지속적으로 연구되어야 할 분야이다.

제 3 장

HARDWARE 비용추정

1. 개 요

이번 장에서는 실제 비용추정과정에서 가장 중요한 부분을 차지하고 있는 하드웨어 비용추정 방법론을 제시하고자 한다. 하드웨어 비용추정방법은 초기단계에서 변수추정법에 의한 상용모델을 사용하지만 생산단계에 들어가면 공학적 추정법을 많이 사용한다. 실제 생산과정에서 하드웨어 비용추정시 고려해야할 핵심적인 이슈들에 대해서 알아보고자 한다.

가. 생산준비단계

생산준비단계에서는 실제 생산에 들어가기 전에 필요한 장비를 설치하고 시험운용을 하는 과정을 포함한다. 이때 고려될 수 있는 요소는 시스템 설치시간(Set up Time), CAD/CAM/CAE/3D 모델링, 공구 및 시험장비, 시제품과 생산환경의 차이 등에 대한 것들이다.

시스템 설치시간은 어떤 부품을 생산하기위해 필요한 생산장비나 공구들을 가장 적절하게 배치하는데 소요되는 시간으로서 기본적으로 비반복시간으로 간주된다. 이와 관련된 시간과 노무비는 신중하게 검토되어야 한다. 시스템 설치시간판단은 소규모 수량을 여러 번 생산할 경우 노무비의 중요한 부분을 차지 할 수도 있다.

또한 생산준비단계에 포함된 중요한 활동 중의 하나는 컴퓨터를 이용한 설계(Computer Aided Design : CAD), 컴퓨터를 이용한 제작(Computer

Aided Manufacturing : CAM), 컴퓨터를 이용한 공학(Computer Aided Engineering : CAE) 등이다. 이들을 하나의 통합적인 소프트웨어로서 CAD/CAM/CAE 라고 불리워지며, 3차원 모델링에 직접적으로 응용된다.

생산에 필요한 공구나 시험장비의 확보도 생산준비단계에 이루어져야 할 활동들이다. 부품이나 구성품, 서브시스템 제작에 필요한 공구의 설계나 제작과 관련된 노력들은 비반복성으로 간주되면서 적정한 비용 또는 시간으로 환산되어야 한다.

부품 제작시 필요한 소모품도 준비단계에 이루어져야 한다. 마지막으로 제조비용을 추정할 때는 제조환경도 고려해야 한다. 시제품 제작환경과 양산 환경은 상당히 다를 수 있다. 일반적으로 시제품은 실제 생산에 소요되는 비용보다는 월등히 비싸게 만들어 지고 있다. 어느 정도 비싸게 책정되는가 하는 것은 과거 경험자료나 시제품의 생산환경, 양산단계 생산환경의 변화요인들을 신중히 검토해 보아야 할 것이다. 기준이 될 만한 가장 유사한 생산환경이 있다면 그와 관련된 자료를 참고해 볼 수 있다.

(1) CAD / CAM / CAE / 3D 모델링

CAD기능은 연필이나 종이를 사용하던 전통적인 설계나 도면제작방법을 완전히 바꾸어서 컴퓨터를 이용하는 자동화체제로 바꾸었다. 이로 인한 설계시간도 단축되었다. 컴퓨터를 이용한 제작방법도 기존의 공정과정에 시뮬레이션을 통한 CAD과정을 도입함으로서 더욱 정확해지고 빨라지게 했다. 실제 부품제작과정이 소프트웨어에 의해 모의되면서 CAM분석을 통해 공구설계나 수치통제기능을 수행하게 된다. 과거에는 아주 전문적인 기술자만 할 수 있는 기계부품제작을 CAM 과정을 통해 자동화함으로서 제작시간을 단축하고 정확도도 높일 수 있었다.

CAE는 부품의 강도 측정이나 적합도 검사와 같은 전통적인 공학기능을 CAE소프트웨어를 이용하여 시뮬레이션을 통해 분석이 가능하게 한다. 과거에 많은 시간이 걸리던 분석기능을 동시에 실시함으로서 시간단축과 더불어 비용절감효과도 얻을 수 있다.

여기에 추가하여 CAD / CAM / CAE 소프트웨어는 어떤 부품을 제작하는데 필요한 재료의 규모도 판단해 줄 수 있다. 삼차원 모델링을 위해 CAD / CAM / CAE 방법이 사용되며 앞으로 생산될 부품을 시뮬레이션을 통해 미리 확인해 볼 수 있다. 컴퓨터 모의를 통해 부품의 생산시간, 재료의 양 등을 미리 파악함으로서 생산과정에 예상되는 문제점을 식별할 수 있다. 특히 최초 부품제작시 장비설치 및 준비, 속도, 재료의 양, 검사 등에 소요되는 시간을 파악하고 그 이후에는 연속적으로 활용될 수 있으므로 양산비용 추정에 용이하게 사용할 수 있다.

(2) 기타 생산준비단계 이슈들

생산준비단계에 가장 중요한 활동 중의 하나가 공구 및 시험장비의 확보와 배치를 들 수 있다. 효율적인 장비배치는 장비의 효율성을 높일 뿐만 아니라 생산중 불필요한 장비의 이동을 줄임으로서 생산시간을 단축시켜 비용절감의 효과도 동시에 얻게 된다.

Soft Tooling은 공구 자체를 여러 번 사용할 수 있도록 제작하지 않고 한번 사용하고 폐기처분 하는 개념이다. 이런 방법은 시제품제작 환경에서 많이 사용된다. Rate Tooling 개념은 한꺼번에 여러 개의 생산품을 동시에 양산할 수 있도록 여러 개의 공구셋트를 활용하는 개념이다. 이 방법은 생산하려고 하는 부품의 난이도나 성숙도에 따라서 생산의 효율성을 얻을 수 있을 때 사용한다. 예를 들면 1개의 생산라인에서 10개의 동일한 부품을 생산하려고 할 때 한 번에 한 개씩 10회 생산하는 것보다는 10개를 동시에 생산하는 것이 더 효율적일 수도 있다. 그러나 이것은 장비사용의 복잡도와 규모, 비용 등이 종합적으로 평가되어야 한다. 규모가 크고 복잡한 공구는 분명히 소규모 공구에 비해서 많은 비용이 요구될 것이다. 어떤 공구를 어떤 방법으로 사용할 것인가의 문제는 앞서 언급한 CAD/CAM/CAE 소프트웨어를 이용해서 가장 경제적인 방법을 선택해야 한다.

부품제조 비용을 추정할 때는 재질의 특성을 반드시 고려해야 한다. 예를 들면 알루미늄을 가지고 제작하면 티타늄보다는 훨씬 시간이 단축되면서 제조비용이 덜 들어갈 것이다. 또한 부품제작 후 마지막 처리과정도

상이하다. 알루미늄은 상대적으로 간단하지만 티타늄은 강도가 높아서 시간이 많이 소요된다.

(3) 제조 용이성(Manufacturability)

제조공정에 소요되는 노무비를 산정할 때 재질의 혼합정도를 반드시 고려해야한다. 각각의 재질형태에 따라 독특한 제조방법을 가지고 있기 때문이다. 즉 어떤 재질은 깎거나 변형시키기 쉽지만 특수한 재질은 대단히 어려운 경우도 있다. 따라서 정확한 재질의 혼합정도가 식별되고 나서 제조비용을 추정해야한다.

가장 공통적인 제조방법이 재질을 사용해서 부품을 깎거나 변형시키는 작업이다. 알루미늄이나, 티타늄, 철, 그래파이트와 같은 일차적인 재질들은 제작시에 각각의 독특한 특성을 가지고 있다. 이들 중에서 알루미늄이 가장 절단하거나 변형시키기 쉽다.

RAND에서는 이와 같은 다양한 재질에 대해 제작용이성에 관한 연구를 수행했다. 즉 재질간 상대적 복잡도를 식별해서 비용추정에 반영하도록 했다. 이를 가중재질비용요소(Weighted Material Cost Factor : WMCF)라 하며 항공기 제작시 알루미늄 재질을 기초로 하여 판단하였다. WMCF는 항공기 기체의 재질혼합에 대해 상대적인 비용요소를 결정하는데 사용되었다.

예를 들면 미래 비용추정을 위해 반복적인 제작비용요소가 알루미늄은 0.9, 티타늄은 1.61, 그래파이트 복합소재는 1.58, 철은 1.27이면서 어떤 항공기 기체가 알루미늄 25%, 티타늄 30%, 그래파이트 복합소재 35%, 철 10%로 되어 있다면 WMCF는 다음과 같이 계산된다.

$$\text{WMCF} = (0.9 \times 0.25 + 1.61 \times 0.3 + 1.58 \times 0.35 + 1.27 \times 0.1) = 1.388$$

여기서 산출된 WMCF(1.388)는 1980년대 기준으로 판단하여 항공기 기체가 100% 알루미늄으로 제작하는 경우보다 네 가지 복합소재로 되어 있을 경우 노무시간이 38.8% 더 소요된다는 것이다.

CAD/CAM/CAE를 이용한 생산준비단계 비용추정은 기존의 방법과는 상이할 것이다. 과거에 수작업으로 사용하던 설계나 제작방법에 의한 자료를 가지고 구축한 CER은 맞지 않을 수 있다. 컴퓨터를 이용해서 시뮬레이션 방법으로 제작과정을 준비하는 시간은 분명히 과거의 수작업이나 공구를 이용한 제작준비시간보다는 노무시간이 줄어들 것이다. 대부분의 경우 CAD/CAM/CAE에 기초를 둔 유사자료가 가용하지 않을 수도 있으나 기존에 사용하던 방법에서 판단된 노무시간을 일정 비율로 감소시키는 방법도 적용해 볼 수 있다.

나. 생산단계 고려사항들

생산단계에 들어오면 생산주기, 학습곡선, 통합생산과정(Integrated Product and Process Development), 융통성 있는 제조과정적용, 품질보증활동 등에 대한 비용추정이 상세하게 이루어져야 한다.

(1) 생산주기

어떤 시스템이 양산단계에 들어갔을 때 생산주기에 따라 비용추징이 달라질 수 있다. 항상 충분한 물량을 가지고 공장의 생산시설을 100% 가동하는 경우는 드물다. 대부분의 경우 업체가 가지고 있는 생산능력에 비해 물량이 적고 생산주기별 소요물량이 생산가능 물량에 비해 부족하다. 이 경우에는 유휴노동력이 발생하게 되며 방산제품의 특성상 이런 인력의 인건비가 비용에 포함될 수도 있다.

때로는 생산중단이 발생하기도 한다. 생산 중에 설계가 변경되거나, 공구의 재배치, 생산라인의 고장 등이 원인이 되기도 하지만 정부의 예산삭감으로 인해 사업 자체가 1년 또는 그 이상 중단되는 경우도 있다. 이와 같이 생산중단이 발생된 경우 예상되는 추가비용을 구체적으로 식별해서 비용추정에 포함시켜야 한다.

장비사용율(Equipment utilization rate)도 생산과정에서 특정장비가 얼마나 효율적으로 사용되고 있는가를 알 수 있는 척도이다. 장비사용율을 높이는 것이 비용을 절감시키는 방법 중의 하나이다. 최대한 사용하지 않는 시설을 없애고 가용한 자원을 경제적으로 활용할 수 있는 방안을 강구해야 한다.

부품이나 서브시스템을 최초 생산한 환경에서 재사용하거나 변화를 주어서 활용하는 방안도 고려해서 비용절감을 유도해야 한다. 생산 공정에서 단순히 한 개의 제품을 반복적으로 생산하기보다는 동적환경에서 생산함으로서 생산 공백기간을 줄이고 장비사용율을 증가시킴으로서 비용절감을 극대화 할 수 있는 방안을 찾아야 한다.

(2) 학습곡선(Learning Curve)

학습곡선은 앞서 분석한 바와 같이 반복적인 생산활동을 통해 연속생산이 있는 경우에 비용절감을 얻을 수 있는 효과를 수학적으로 표현한 것이다. 그러나 이와 같은 학습곡선은 일반적이며 객관적으로 적용할 수 있는 원칙이기는 하지만 실제 적용하기 위해서는 다양한 조직, 사업, 팀, 제조자에 따라 다를 수 있고 시스템, 서브시스템, 구성품, 부품에 따라 차이가 날 수 있다.

실제 생산현장에서 학습율을 적용하기 위해서는 생산환경이나 조직, 구성원의 능력, 생산주기, 공구 및 시험장비 수준 등에 대한 충분한 연구가 이루어져야 한다. 생산물량의 규모는 학습율 적용에 가장 중요한 요소이다. 얼마나 연속적으로 생산할 수 있으며 생산능력에 적합한 규모가 얼마인지를 미리 파악해야 한다. 생산규모가 클수록 학습율은 안정적으로 적용될 수 있지만 소규모 생산인 경우는 학습율을 신중하게 적용해야 한다.

또한 생산단계별로 서로 다른 학습율을 적용해야 되는 경우도 있다. 즉, 기계제품 제작과정과 부품의 조립과정은 서로 다른 공정이므로 동일한 학습율을 적용할 수 없다. 시스템 전체 차원에서는 개별공정에서 적용된 학습율을 통합하여 산출해낼 수 있을 것이다.

항공기나 함정과 같은 무기체계는 한 개 단위로 생산되고 노무자료가 유지되지만 소규모 시스템(소총, 기관총, 무전기 등)은 개별 단위가 아닌 로트별 생산자료만 유지되는 경우도 있다. 이 경우에는 제2장에서 분석한 대로 로트의 중간지점을 산출하여 학습율을 적용시켜야 한다.

생산과정 중 특정한 구성품이나 서브시스템 제조과정에서 비정상적으로 투입된 노무공수는 학습율 적용에서 제외시켜 나머지 시스템에 대한 비용추정시 반영되지 않도록 해야 한다. 생산현장에 가보면 이론적인 근거를 가지고 학습율을 적용시킬 수 있을 만큼 체계적으로 자료를 확보하고 있지 못하다. 첫 번째 제품부터 n번째 제품까지 단계별 노무공수 자료가 구체적으로 확보되어 있지 않다. 특히 학습곡선에 의해 비용추정을 하기위해서는 초도제품의 생산시간(비용) T1값이 제일 중요하다. 대부분 경우 T1값은 확보되어 있지 않다.

예를 들어 첫 번째 제품의 생산비용은 알 수 없지만 8번째, 9번째 생산비용을 추정할 수 있다면 학습곡선을 이용해서 첫 번째 생산비용을 추정해 낼 수 있다는 것이다.

다음은 최초 생산제품의 노무시간은 알 수 없지만 6개의 생산제품 전체의 노무시간을 알고 있는 경우 T1을 추정하는 방법이다. 6개 생산제품 각각에 대한 상세한 노무시간은 모르지만 총 노무시간이 50,000시간이라고 한다면 주어진 학습곡선에 의해 90%, 85% 학습율을 적용하넌 T1 값을 추정해 낼 수 있다.

$$\text{Total} = \sum_{x=1}^{6} aX^{b} = a\sum_{x=1}^{6} X^{b}, \qquad a = \frac{Total}{\sum_{x=1}^{6} x^{b}}$$

구분	1	2	3	4	5	6	Total
단위비용 90%	9802	8822	8295	7940	7675	7465	50000
단위비용 85%	10665	9066	8243	7706	7313	7007	50000

(3) IPPD

IPPD(Integrated Product and Process Development)는 개발과정에서 IPT(Integrated Product Team)를 이용해서 목표지향적인 방법으로 개발을 진행하는 방법이다. 하나의 부품을 개발해 하거나 제작하는 과정에서 여러 개의 IPT가 참여하여 그들의 자원과 재능을 통합적으로 활용하게 한다.

각각의 IPT가 책임지고 있는 분야에 대해 비용추정 및 분석이 이루어지게 된다. 예를 들어 하나의 IPT가 위성의 전기파워 시스템을 개발하기 위해 구성되었다면 그 팀은 그와 관련된 공구, 기계제작, 조립, 통합, 품질보증과 관련된 모든 분야의 지원을 책임지게 되며 자원이 소요되지 않는 공학적 활동이나 사업관리까지도 주관하게 된다. 이러한 IPT에게 생산 및 조직에 관련된 모든 권한을 부여하게 된다. 따라서 비용추정도 IPT차원에서 이루어지고 전체 비용은 각각의 IPT의 비용을 합하면 된다.

(4) 품질보증(Quality Assurance)

품질보증활동은 생산된 제품이 최초 설정된 요구조건이나 기준을 충족시키는가를 확인하는 과정이다. 하나의 부품이나 구성품이 생산되면 설계대로 제작되었는지, 규격이나 성능면에서 이상이 없는지 유무를 확인하게 된다. 두 가지 형태의 검사가 이루어지는데 하나는 비파괴검사(Non-Destructive Inspection : NDI)이고 다른 하나는 표본검사이다. 표본검사를 마친 부품은 버리게 된다.

통계적 과정통제(Statistical Process Control : SPC)는 부품을 샘플링할 때 통계적 절차를 거쳐서 시행함을 의미한다. 부품이 제작되는 과정에서 이루어지는 절차나 필요한 조치들이 분석되고 그 결과를 유지하도록 한다. 최근에는 생산제품에 대한 검사를 위해서 다양한 전산화 방법들이 사용되고 있다. 가장 광범위하게 쓰이는 방법 중의 하나가 CMM(Coordinate Measurement Machine)기법으로 극좌표를 이용해서 부품의 적정여부를 추정하는 기법이다.

2. 노무비 이슈들

비용추정에서 노무비가 차지하는 부분은 시스템의 특성에 따라 차이는

있지만 개발단계에서는 특히 크다고 할 수 있다. 노무시간 판단은 융통성이 있으며 모든 분야에 객관적인 기준을 적용하기도 쉽지 않다. 본 연구에서 제시하고자 하는 것은 일반적으로 노무비 산출시 고려해야할 요소를 언급하고자 한다. 기본적으로 노무비는 단위시간당 임율에 노무시간을 곱한 것이다. 그리고 총노무시간은 직접노무시간과 간접노무시간을 합한 것인데 이러한 구분도 업체의 특성에 따라 상이하게 적용되고 있다.

가. 임율(Labor Rate)

비용추정시 적정 임율을 판단해서 적용하는 것이 매우 중요하다. 2004년 KMH(한국형 다목적헬기)사업의 추진을 위한 의사결정단계에서 당시 일차적으로 연구된 KDI보고서에서는 임율을 방산업체 평균이 아닌 산업체 평균을 적용함으로서 전체 수명주기비용이 약 25% 과소평가되는 결과를 초래한 적도 있다.[24)]

실제 연구개발이나 생산현장에서는 기술난이도에 따라 임율에 차이가 있다. 도면제작이나 설계, 공학적인 활동에 참여하는 전문인력과 생산현장에 단순노동하는 인력의 임율과는 많은 차이가 있다. 따라서 노무비추정시 범주별로 적정 임율과 노무시간을 식별해야 한다. 또한 임율 결정시에는 작업의 난이도를 고려하여 난이도가 높을수록 고임율을 적용해야 할 것이다.

수작업이 많은 분야는 주관적인 요소가 많이 작용된다. 소규모 수작업과 함께 기계작업이 동시에 수반되는 경우는 완전자동화 작업보다는 많은 시간이 소요될 수 있다.

일반적인 기계조작의 경우에도 공작기계나 조립기계의 특성에 따라 기술난이도가 달라지며 이로 인해 서로 다른 임율이 적용되게 된다. 특수기계나 계측기를 생산하는 경우는 더욱 정밀성이 요구되므로 이 분야에 종

---

24) 산업연구원과 국방대학교에서 「KMH사업의 경제적 파급효과분석, 2004.12」에 의하면 산업체 평균임율에서 방산업체 평균임율을 적용하므로서 총 수명주기 비용이 30조에서 38.7조로 증가되는 결과를 초래했다.

사하는 노무자에게는 상대적으로 높은 임율이 적용될 수 있다.

예를 들어보면 정밀광학센서를 제작하기 위해 노무비를 추정한다고 하자. 이때 비용분석가가 추정한 비용이 과소하게 판단되었다고 한다. 그 원인을 살펴보면 정밀계측기를 생산할 때 적용되는 임율을 적용하지 않고 일반 기계조작시 적용되는 임율을 적용했기 때문이다. 이 경우에 정밀계측기 조작인원의 임율이 20%이상 높은 사실을 반영하여야 한다는 것이다.

비용분석가는 생산제품의 특성과 작업난이도를 이해하고 생산에 포함된 총노무시간이 어떤 노무 종류별로 구해졌는가를 확인해야 한다.

예를 들어 광학렌즈를 제작하는 경우 고도의 정밀성이 요구되면서 1개를 제작하는데 12개월이 소요되는데 조그만 흠만 발생해도 폐기처분하고 다시 제작해야 된다고 한다. 이런 경우에는 제작자의 기술수준과 생산과정에서 위험수준을 고려해서 생산성을 유지하기 위한 일정비율의 프리미엄을 인정해 주어야 한다.

나. 직접 및 간접 노무시간

총노무시간은 직접노무시간과 간접노무시간으로 구성되어 있다. 각 방산업체별로 독자적인 직접노무비와 간접노무비 판단기준을 가지고 있다. 매년 정부에서 방산업체별로 간접노무비율과 적용할 임율에 대해 고시를 하고 있다. 기본적인 개념은 직접노무시간은 생산현장에서 직접 투입되는 노동시간을 의미하며 간접노무시간은 생산현장을 간접적으로 지원하는데 필요한 노무시간을 나타낸다. 연구개발인력의 인시나 행정지원시간, 관리자의 관리업무시간 등이 간접노무시간에 포함된다.

직접 및 간접노무시간에 포함되는 구체적인 활동들은 별도로 관련규정에 명시되어 있다. 비용분석가는 업체가 제시한 자료를 검토할 때 직접 및 간접노무시간들이 규정에 의해 제대로 반영되었는가를 검증해야 한다. 직접노무시간 판단은 과거 경험자료나 CER에 의해 판단하지만 해당분야 엔지니어들의 조언을 들어서 참고할 필요가 있다.

제조비용을 추정할 때 산업공학 표준이 사용된다. 이 표준은 직접노무시간 산정시 적용되는 기준으로서 노동자가 생산현장에서 작업시 투입되는 표준시간을 산정하고자 할 때 개인의 피로도와 지연시간 등을 고려해서 산정된다.

표준시간(standard time) = (측정시간 × Pace) / (1 − PF&D)

여기서 측정시간은 어떤 임무수행에 소요되는 시간을 의미하고 Pace는 동일한 임무수행의 반복횟수를 의미한다. PF&D는 개인적인 피로와 지연요소(Personnel Fatigue and Delays)를 의미하는데 이는 작업도중에 휴식이나 화장실 사용 등으로 인한 시간손실과 피로로 인한 작업시간 등의 지연을 반영한 수치로 최대한 20%까지 반영시킬 수 있다.

직접노무시간은 위에서 언급한 표준시간 이외에도 비표준 노무시간도 포함된다. 여기에는 제조공학, 산업공학, 품질보증, 공장 감독활동, 공구정리 및 유지 등에 소요된 시간 등이 해당된다. 업체의 특성이나 종류에 따라 일반 행정지원이나 사업관리시간도 생산비용에 포함시키는 경우도 있다. 대부분의 경우 비표준노무시간은 일정비율로 포함시키는 방법을 쓰고 있다.

현실적으로 업체의 입장에서는 가능한 한 많은 부분을 직접노무시간에 반영시키려고 노력하고 있다. 비용분석가의 입장에서는 이러한 측면을 고려하여 업체와 정부의 균형된 측면에서 분석이 이루어지도록 해야 할 것이다.

간접노무시간은 통상 직접노무시간의 일정비율로 이루어지는데 지금까지 적용되어온 기준은 과학적인 근거에 의해서라기보다는 과거 관행에 의해 적용되어 왔다. 이 분야는 장차 체계적인 연구가 필요한 분야이기도 하다. 직접노무시간 판단은 생산에 직접 투입된 시간을 판단하는 것이기 때문에 현장에서 직접 또는 간접으로 확인이 가능하지만 품질보증활동, 공구정비 및 유지, 각종 시험평가 등은 확인이 불가능한 경우가 많다. 대부분의 경우 업체에서는 시험평가부분에 많은 노무시간을 할당하고 있음을 과거 비용분석에서 확인 할 수 있었다.

비표준 노무시간을 판단하는 방법은 여러 가지가 있다. 한 예로 품질보증비용을 추정하기위한 CER을 구하려고 한다면 다음과 같은 방법을 사용할 수 있다. 예를 들어 보잉 747 날개 제작시 소요되는 직접노무시간이 월별로 12개월 치 자료가 있다고 가정하자. 매월 품질보증 활동시간도 기록되어 있으므로 실제 작업시간과 품질보증 활동시간의 비율을 계산해서 이 비율을 이동 평균으로 환산해보면 다음 달의 예상품질활동시간을 예측할 수 있다. 이와 같은 방법으로 또 다른 분야의 비표준 노무시간도 표준 노무시간자료를 이용해서 추정해 낼 수 있다.

3. 재료비 추정 

가. 정밀도

재료비를 추정할 때 사용되는 재질의 특성이 반드시 고려되어야 한다. 재질의 정밀도는 생산제품의 신뢰도와 임무수행능력에 큰 영향을 미친다. 티타늄과 같이 고강도의 정밀성을 요구하는 재료는 알루미늄과 같은 저강도 재료에 비해 비싸다. 고강도 재료는 가공하는데도 추가비용이 요구된다. 알루미늄을 가공하는 것이 티타늄을 가공하는 것 보다 훨씬 용이하다. 비용분석시에 이러한 측면이 고려되어야 할 것이다. 고강도 재질의 경우에는 가공비용도 그만큼 더 소요될 수 있다.

나. 재료의 질

비용추정시 특별히 재료의 질에 대해 충분한 검토가 이루어져야 한다. 재료에 결함이 발생한다면 상당한 추가비용이 소요될 수 있다. 원자재는 이런 결함을 사전에 찾아내기 위해 철저한 검사가 요구된다. 물론 이런 검사비용도 비용추정에 포함시켜야 한다.

원자재를 판매하는 업자들이 납품하기 전에 자체적으로 검사하여 결함이 없다는 것을 증명하고 나서 납품하기도 한다. 일반적으로는 원자재가 납품되면 자체검사를 통해 재료의 결함사항을 재확인 후, 생산에 사용된다. 이는 생산중에 재료의 결함이 발견되면 이중으로 비용이 발생하기 때문이다.

다. 재료의 종류

비용추정시 재료의 종류에 따라 비용에 차이가 남으로 이들의 특성이 반드시 고려되어야 한다. 알루미늄 가공비용은 동일한 강도를 지닌 스테인레스를 가공하는 비용보다 저렴하다. 금속과 비철금속의 특성이 서로 다르며 재료비에 미치는 영향도 차이가 있다.

일반적으로 비철금속 재료가 금속 재료에 비해 가공하기가 용이하다. 원자재 소요를 추정하기 위해서는 재질의 특성과 가공과정에서 마지막 처리가 어떻게 이루어지는가를 알아야 한다. 예를 들면 알루미늄은 가공하지 않은 상태에서는 철에 비해 장력이나 압축성이 약하다. 그러나 알루미늄에게 산화피막이 생기게 화학처리를 하고나면 원자재 형태의 철보다 강도나 장력이 더 높게 된다.

복합소재를 가공하는 것은 금속재료를 가공하는 것과 또 다른 차이점을 가지고 있다. 박막형태로 된 복합소재는 통상 최종 마감형태로 되어있어 추가적인 가공이나 기계작업이 필요 없다. 이 때문에 복합소재의 공구는 금속제품을 가공하는 공구보다 더 중요하다. 복합소재는 금속소재에 비해 상대적으로 가벼우면서도 대등한 강도를 지니고 있다. 따라서 항공기 제작에는 다양한 복합소재가 사용되고 있다.

독성이 포함된 소재들도 있다. 데이터파를 흡수하는 소재(Radar Absorbing Material : RAM)는 독성을 가지고 있으면서 스텔스 기술에 활용되고 있다. 특수소재는 그만큼 특별한 취급이 요구되기 때문에 비용이 비싸다. 항공우주기술이 발전함에 따라 다양한 형태의 복합소재가 개발되어 사용되고 있다. 비용추정시 이와 같은 수많은 재료의 특성과 가공방법을 이해해야만 권위 있는 추정을 할 수 있다.

라. 손실률(Scrap rate)

재료비 추정에 또 하나의 중요한 고려요소는 손실률에 대한 판단이다. 실제 부품에 들어가는 재료보다는 항상 더 많은 재료가 필요하게 된다. 제작과정에서 실수로 인한 재료의 손실이나 어쩔 수 없이 발생되는 손실이 발생하는 부분이다. 고가의 재료일수록 재료의 손실률을 최소화하는 방법이 강구되어야 한다. 통상 재료의 손실률은 완제품에 들어간 재료의 일정 비율로 표현된다. 재료의 특성에 따라 계약할 때 업체와 정부사이에 적용될 손실률을 결정하게 된다. 이와 같은 비율은 과거 경험 자료에 근거를 두고 설정하는 경우가 많다.

CAD/CAM에 의한 방법으로 재료비를 추정하는 방법도 사용되고 있다. 컴퓨터를 통해, 설계 및 제작과정에서 발생하는 자재손실율과 필요한 자재를 계산하여 적정규모의 재료를 판단할 수 있다.

예를 들면 직경이 3인치인 원형 알루미늄봉을 제작할 때 원자재로 정사각형 형태의 4인치 알루미늄 막대기를 획득하여 기계적인 작업을 통해 원형으로 만들 수 있다. 이 경우 원자재는 25%정도 손실을 입게 된다. 그러나 원형이 아닌, 정사각형 형태의 3인치 막대기를 제작하려고 한다면 원자재 규격 그대로 제품에 사용할 수 있으므로 이때 자료의 손실률은 0%가 될 수도 있다.

재료비 추정시 반드시 고려해야 될 사항은 최종 목적물에 들어가는 원자재량보다 일정비율 초과하여 재료비에 반영시켜 주어야 하지만 그 비율은 앞서 언급한대로 재료의 특성이나 작업난이도에 따라 다르게 적용해야 한다. 두 번째로 고려해야 할 것은 생산현장에 참여하는 작업자들의 작업자세가 매우 중요하다는 사실이다. 현장에서 비용을 절감하기 위한 노력이나 재료의 효율성을 극대화하지 않으면 실질적인 절감이 이루어지기 어렵다. 제작과정에서 설계가 변경되거나 형상이 자주 바뀌면 추가 노무시간과 재료가 필연적으로 수반되게 된다.

재료비의 적정손실률을 판단하는 가장 좋은 방법은 실제 생산과정에서 재료의 사용실적을 체계적으로 유지하여 그 결과를 통계처리하여 적용하는 것이다. 예를 들면 항공기 기체 제작시 필요한 알루미늄을 판단하려고 할 때 과거 계약과정에서 20여대를 생산하여서 실제 투입된 알루미늄의 소모량을 호기별로 DB를 구축했다면 이 자료를 근거로 또 다른 항공기 기체 제작에 소요되는 알루미늄량을 판단하는데 활용할 수 있다.

4. 하드웨어 비용추정모델

본 절에서는 변수 추정법에서 가장 많이 활용되고 있는 상용하드웨어 비용추정 모델의 기본운영개념을 소개하고자 한다. 다양한 전산모델이 활용 가능하지만 기본운영개념은 유사하다고 할 수 있다. 하드웨어 비용추정모델은 업체, 정부기관, 연구기관이 공통적으로 모델의 특성을 이해하고 입력자료와 결과를 수용해야만 활용할 수 있다.

가. 하드웨어 비용모델 개관

하드웨어 비용추정모델은 다음의 세 가지 유형의 입력 자료를 기초로 체계획득비용, 일정계획, 위험비용을 추정한다.

- 시스템 복잡도, 중량, 규격, 규모 등의 정량적 자료
- 시스템의 환경적 특성, 패키지 형태, 통합정도, 난이도와 같은 정성적 자료
- 초도시제품 일정, 생산일정, 생산율, 신규설계비율, 생산기간 등의 일정계획 변수

하드웨어 비용추정모델은 비용추정과정에서 속도, 정확성, 유연성을 동시에 제공해 준다. 하드웨어 비용추정모델은 체계획득 초기단계인 기획단계나, 획득과정 중 다양한 대안에 대한 비용평가를 통해 의사결정에 도움을 준다. 비용분석가는 엔지니어의 도움을 받아 시스템의 운영개념, 시스

템소요, 개념 설계 등을 검토하여 비용측면에서 타당성을 확인할 수 있다.

변수추정모델들은 사업관리자가 그 사업이 구체화되기 전에 시스템의 형상이나 사용할 재질 등을 결정하기위해 제한된 운영개념을 적용해서 비용추정을 할 수 있도록 설계되어 있다. 하드웨어 추정모델들은 대부분 과거 시스템 자료를 이용해서 미래에 획득하려고 하는 시스템의 비용을 예측하고 있다. 가장 핵심변수로는 중량이나 크기와 같은 규격요소가 사용된다.

변수추정방법에 의한 하드웨어 비용추정모델의 결과는 다음과 같은 다양한 분야에서 활용되고 있다.

- 비용/가격제안서 제출
- 획득대안 및 설계대안 평가
- 비용 실현 가능성 분석
- 비용 및 일정 위험 분석
- 최종완료 비용분석
- 수정비용분석
- 가장 가능성 있는 비용분석
- 제안서 평가
- 협상자료로 활용
- 수명주기 비용추정
- 절감효과분석 및 민감도 분석
- Bid/No Bid 의사결정
- 운영유지비 및 수리비속 비용추정

변수추정모델은 하드웨어 획득시 모든 단계에서 사용될 수 있다. 예를 들면 어떤 시스템을 획득하려고 할 때 개발, 생산, 배치단계에서 획득 및 구매결정, 하드웨어 성능개량, 하도급 결정, 하드웨어 소프트웨어 통합, 다중로트 생산, 하드웨어 소프트웨어 시험평가 등에서 분야별로 필요한 곳에 활용할 수 있다.

하드웨어 모델의 장점은 공학적 추정법에 비해 자료요구는 적은데 비해 다양한 대안에 대한 평가가 용이하므로 융통성이 더 크다는 것이다. 하드웨어 모델에서는 시스템의 기본적인 입력자료만 제시하면 제조비용을 계산할 수 있도록 되어있다.

하드웨어 모델에서 요구하는 기본적인 입력자료는 다음과 같다.

- 기능적인 설계변수들(중량, 부피 등)
- 시제품, 양산, 성능개량 수량들
- 하드웨어의 기계 및 전자부품 비율의 적용(재질 및 프로세스기술)
- 신규 설계비율 및 공학적 개발난이도
- 개발, 생산, 획득, 성능개량, 통합 및 시험일정
- 하드웨어 생산일정
- 기타 이윤, 금융비용, 일반관리비, 각종 수수료 등과 관련된 자료

입력변수들의 기본적인 특성은 WBS내에서 상호 관련성을 가지고 있다는 것이다. 한 변수가 변화됨으로서 미치는 효과는 단순히 한 가지 비용에만 영향이 미치는 것이 아니라 WBS 내 여러 군데 영향을 미친다. 예를 들면 생산수량을 증가시키면 자동적으로 제조비용, 부품비용, 공구비용, 시험평가비용, 재처리비용 등에 영향을 미칠 수 있다. 또한 생산일정이나, 공학적 유지기능, 사업관리비용에도 영향을 미칠 수 있다.

하드웨어 비용추정 모델의 결과는 모델 내에 구축되어 있는 수학적인 관계식(CER)과 알고리즘에 의해서 결정된다. 비용은 최소의 입력 자료로 결정되지만 가능한 한 설계자나 엔지니어의 조언을 받은 상세한 입력자료가 요구된다.

하드웨어 비용추정모델의 출력자료는 개발, 생산, 공학 및 제조 비용자료, 일정위험, 단위 및 시스템통합 비용자료들로 구성되어 있다.

- WBS별로 비용식별가능
- 보정(Calibration)이 가능
- 다중로트 생산비용 추정이 가능

• 개발, 생산일정의 변경시 비용에 미치는 영향 판단
• 구성품별 제조비용, 노무비 등 식별가능

나. 하드웨어 비용추정 모델링 과정

일반적으로 하드웨어 비용추정모델은 <그림 3-1>에서 보는바와 같이 5단계로 생각할 수 있다.

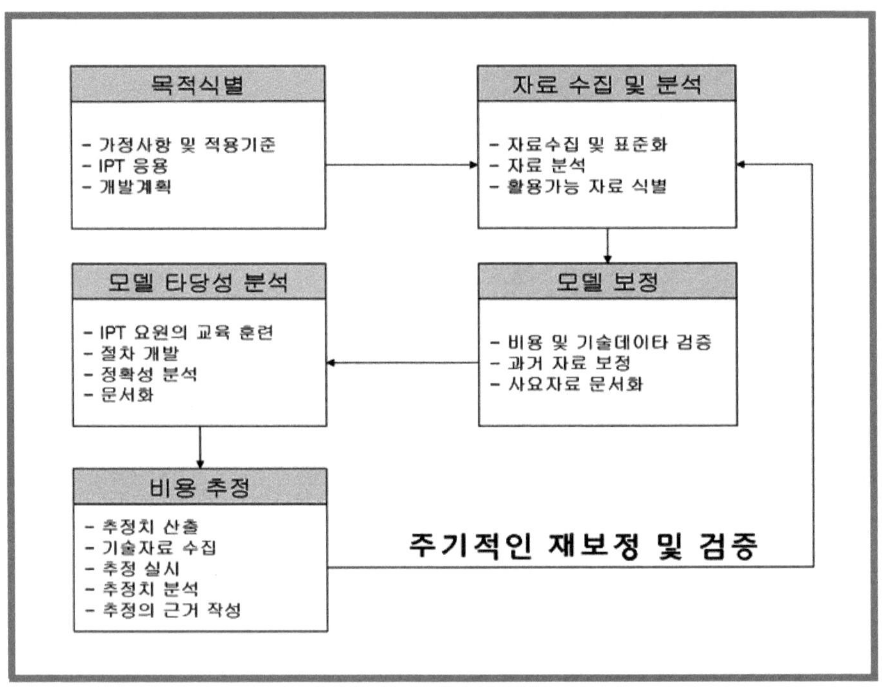

〈그림 3-1〉 하드웨어 비용추정 모델링 과정

(1) 목적 식별

하드웨어 모델의 사용자는 먼저 개발 및 생산량에 차이가 발생시 가장 효과적으로 표준화 될 수 있으면서, 모델의 보정이나 타당성 검증을 위해 필요한 자료수집 및 자료요구에 관한 기본 가정들을 설정해야 한다. 즉 모델에 사용될 자료, 입력기준 등이 구체적으로 식별되어야 하고, 사업관리자, 기술전문가, 사용자, 관련업체, 정부기관 모두가 이러한 자료, 입력기준 등을 인정할 수 있어야 한다.

(2) 자료수집 및 분석

하드웨어 비용추정 모델의 핵심자료는 과거 시스템의 획득자료와 노무자료 뿐만 아니라 추정대상 시스템의 물리적 특성, 임무수행 특성, 공학적 성능과 관련된 기술자료가 필요하다. 이들 자료의 대부분은 개발 및 생산업체로부터 확보될 수 있는 자료들이다.

하드웨어 비용추정모델에 사용될 자료들은 일관성이 있고, 산출근거에 대하여 추적이 가능하여야 한다. 과거 비용 자료들은 프로그램의 변화, 기술의 변화, 새로운 사업 분야 조정, 인플레이션, 학습곡선, 생산율 등을 고려하여 표준화되거나 수정 보완이 이루어져야 한다.

미국의 경우는 하드웨어 추정모델에 사용하는 각종 노무자료나 회계자료, 기술자료는 반드시 국방성내 비용분석요구문서(The Cost Analysis Requirement Document : CARD)에 포함되어야 한다.

자료수집에 있어서 가장 중요한 부분은 시스템 설계, 분석, 제조, 조립, 시험에 참여하고 있는 기술전문가들에게 인터뷰를 통해서 필요한 정보를 수집하는 방법이다. 이들을 통해 하드웨어 모델에서 요구하는 기술적 난이도, 신규설계비율 등과 같은 입력자료를 구체화 시킬 수 있기 때문이다.

(3) 모델 보정

어떤 모델이든지 실제 비용추정에 직접 사용하기 위해서는 보정과정을 거쳐야한다. 대부분 하드웨어 추정모델은 다양한 체계에 일반적으로 적용될 수 있도록 구축되어 있기 때문이다. 과거 시스템에서 확보한 기술자료나 사업계획 및 비용자료는 미래 확보 예정인 시스템에 적용하기 위해서는 여러 가지 형태의 보정이 필요하게 된다. 이러한 보정과정은 다음과 같은 사항이 포함될 수 있다.

- 과거 완료된 사업이나 진행 중인 사업의 비용, 기술, 일정자료 수집
- 수집자료를 분석, 보완하여 비용추정 모델의 입력자료로 변환

• 모델에 필요한 복잡도 산출(제조복잡도, 설계 및 도안변수, 보정지수 등 산출)

자료를 수집하여 분석하고, 사용하기 전에 보정된 결과는 반드시 문서화하여 유지함으로서 객관성과 공정성을 유지해야 한다.

하드웨어 추정모델은 입력값에 따라 비용의 변화가 민감하게 나타나므로 핵심입력변수들의 입력값은 매우 중요하다. 예를 들면 PRICE-H모델의 경우 제조복잡도(MCPLXS/E)값이 비용에 미치는 영향이 가장 크다. 제조복잡도가 4-8범위에서 다른 요소는 그대로 두고 제조복잡도만 20%정도 변화시키면 전체 비용은 200-400% 변화가 발생될 수 있기 때문이다.

(4) 모델의 타당성 평가

모델에서 얻은 비용추정 결과는 각종 의사결정과정에서 활용되기 전에 모델의 타당성 평가가 먼저 이루어져야 한다. 비용추정 하드웨어 모델들은 주기적으로 각종 지수들에 대해 보정이 필요하다. 하드웨어 추정모델에 대해 타당성 평가시에는 다음과 같은 사항들이 검증되어야 한다.

• 모델운영자들의 충분한 경험과 훈련여부
• 입력자료에 대한 보정결과는 문서화 되어 있는가?
• 하드웨어 비용추정모델을 사용하면서 추정절차나 방법론의 일관성유지
  - 모델 적용배경 및 역사
  - 핵심 비용입력변수 식별
  - 보정단계의 타당성
  - 비용추정치 개발절차
  - 제안서에 BOE 지원 절차

대부분 비용분석가들은 모델에서 얻은 추정결과에 대한 타당성을 평가하기위해 전통적인 추정방법에 의한 독자적인 사업비용 추정치와 비교하거나 또는 모델의 추정치와 바로 직전의 생산비 추정치 및 협상결과에서 얻은 비용과 비교하게 된다. 때로는 보정되기 전의 완제품의 비용을 예측

하고 80%정도 사업의 실제 비용이 알려졌을 때 완료시 비용추정결과와 비교하기도 한다.

(5) 순방향 비용추정

<그림 3-2>는 순방향(Forward Estimating)에 대한 절차이다.

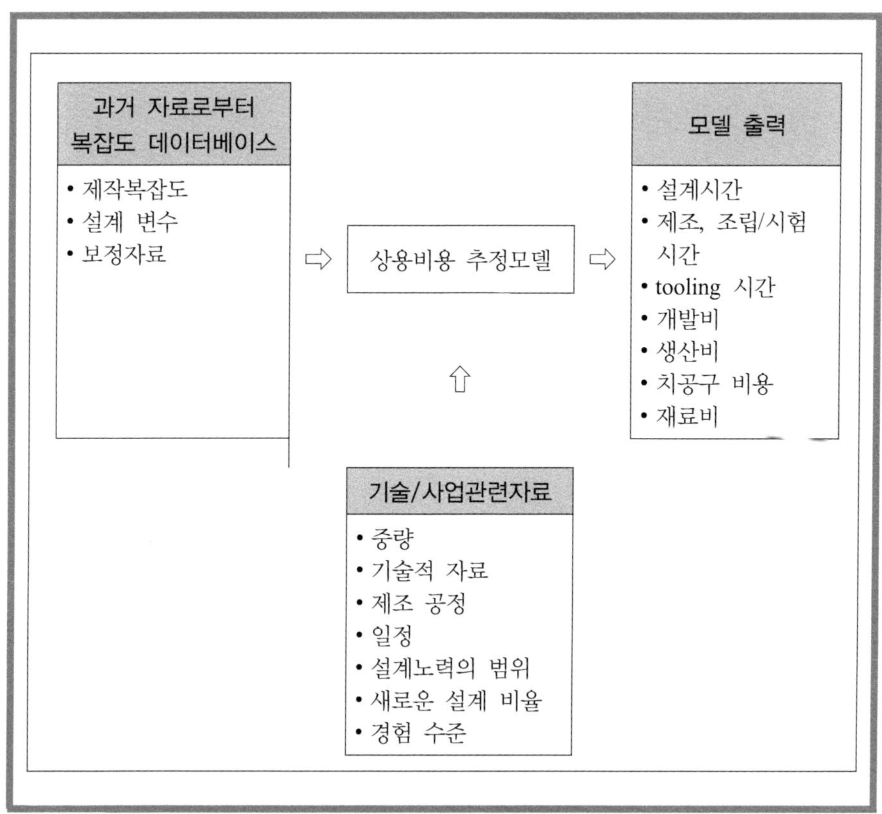

〈그림 3-2〉 비용추정모델적용 절차

모든 과거 자료, 복잡도, 기술적 자료, 사업 자료와 인터뷰 결과들을 사용하여 비용추정치를 산출하게 된다. 중요한 입력 파라메타와 관련된 근거들이 추정을 위한 근거자료로서 기록되어야 한다. 몇몇 회사들은 상용모델에 의한 비용추정 결과의 확신을 얻기 위해서 기능부서(공학, 품질)

로 하여금 별도의 비용추정을 요구하기도 한다. 또한 모델을 통한 비용추정치와 실발생비용을 비교할 수 있는 장치로서 조정(reconciliation)과정 수립이 필요하다. 필요에 따라 추정비용을 사업계획 연도별로 적정규모를 식별할 수도 있고 WBS별 비용도 구할 수 있으며, 노무비, 재료비, 경비와 같이 분야별 비용도 찾아낼 수 있다.

다. 상용 비용추정모델

이 절은 현재 널리 쓰이고 있는 PRICE H, SEER-H, SEER-DFM, NAFCOM 모델에 대한 입력변수, 비용 인자, 중요한 비용함수식에 대한 개괄적인 내용을 기술한다. 비용 추정, 민감도 분석 혹은 주요 입력 파라미터 값 평가를 위해 이 모델을 사용하고자 하는 분석가는 모델 개발자로부터 공식적인 교육을 받아야 한다.

(1) PRICE H 모델

(가) PRICE 모델 개요

1975년 이래 상업적으로 사용되어 온 PRICE H 모델은 제작 수량, 중량, 크기 등의 정량적인 파라미터, 기술수준, 환경 규격조건, 장비 기능, 통합수준 등의 정성적인 파라메타와 첫 번째 시제의 제작기간, 생산율, 신규설계 비율 등의 일정관련 파라메타를 사용하여 비용을 추정한다.

사업의 초기단계인 개념설계 단계에서의 비용 추정은 매우 중요한데, 이는 상세설계가 진행되면 설계 변경에 대한 기회가 적어지기 때문이다. PRICE H모델은 제한된 입력 자료로 비용추정이 가능하기 때문에 다양한 대안들에 대해 설계와 자재가 확정되기 이전에 검토가 가능하다. 또한 제안서를 평가할 때 사용이 가능하고, 기타 다른 방법에 의해 준비된 비용 추정치에 대하여 독립적인 평가가 가능하다.

PRICE H모델은 비용추정의 핵심변수로서 제조복잡도와 중량을 사용한다. 비용은 제조복잡도가 높을수록, 중량이 클수록 비용이 증가한다. 전자부품 제조 복잡도는 전자부품과 구성품 형태에 따라 달라진다. 기계부품,

구조부품, 비전자부품의 제조난이도는 자재형태, 기능성(functionality), 기계가공성(machinability)과 공정(process)에 따라 정해진다.

다음 <도표 3-1>는 PRICE H의 입력 파라메타에 대한 요약이다. PRICE H는 입력 변수와 비용의 관계를 나타내는 다수의 함수식으로 구성된다. PRICE H 모델은 H/W의 최소 정보만으로도 비용 추정이 가능한데, 입력 자료가 없을 경우 모델내부에서 생성되기도 한다. 또한 비용추정단계는 다음과 같은 3단계로 이 변수와 비용의 관계를 나타내는 다수의 함수식으로 구성된다. PRICE H 모델은 H/W의 최소 정보만으로도 비용 추정이 가능한데, 입력 자료가 없을 경우 모델내부에서 생성되기도 한다.

〈도표 3-1〉 PRICE H 주요 입력 파라메타

중량과 제작복잡도 : PRICE H의 가장 중요한 요소		
	전자제품	비전자제품
중 량	구성품, 커넥터, 회로기판의 무게	차체, 안테나, 광학, 모터, 엔진, 정밀 조립체의 무게
제조 복잡도	기능에 근거를 두고 단위 무게 당 비용으로 표현되는 기술의 척도	재료, 기능, 정밀도에 근거를 두고 단위 무게 당 비용으로 표현되는 기술의 척도
PRICE H의 기본 입력자료		
1. 개발, 생산, 성능개량, 구매, 통합 및 시험할 장비의 수량		
2. 새로운 설계 비율 및 개발 제작의 난이도		
3. 운용 환경 및 H/W 규격 소요		
4. 개발, 생산, 구매, 수정, 통합 및 시험 일정		
5. 생산 공정		
6. 노무비, 간접비, 일반관리비, 이윤 등 경제지표등의 요소		
7. 조직의 재무 및 노무요소들		

또한 비용추정단계는 다음과 같은 3단계로 이루어지며 각 단계에 대한 설명은 다음과 같다. <그림 3-3>는 PRICE H의 방법론에 대한 요약이다.

• 1단계 : 중량과 제조복잡도에 근거를 둔 비용함수식으로부터 비용이

추정된다. 이 추정치는 표준화된 비용(Normalized Cost)이다.(일정상의 제약조건, 작업자의 서로 다른 경험수준, 상용부품(COTS)의 사용 등의 현실적인 고려사항을 제외하고 제품을 개발, 생산하기 위한 비용만을 고려)

- 2단계 : 표준화 되어있는 내용을 사업의 특성 등의 현실적인 상황을 반영하는 절차로 새로운 설계비율, 규격수준, 기술정도, 일정, 요원 기술수준 등을 고려한 비용(Secondary Cost)이다.
- 3단계 : 추정치를 노무비, 자재비, 기타경비 등으로 나누고, 경제지표, 임율, 조직 특성을 고려하여 새로운 추정치(Final Cost)를 계산한다.

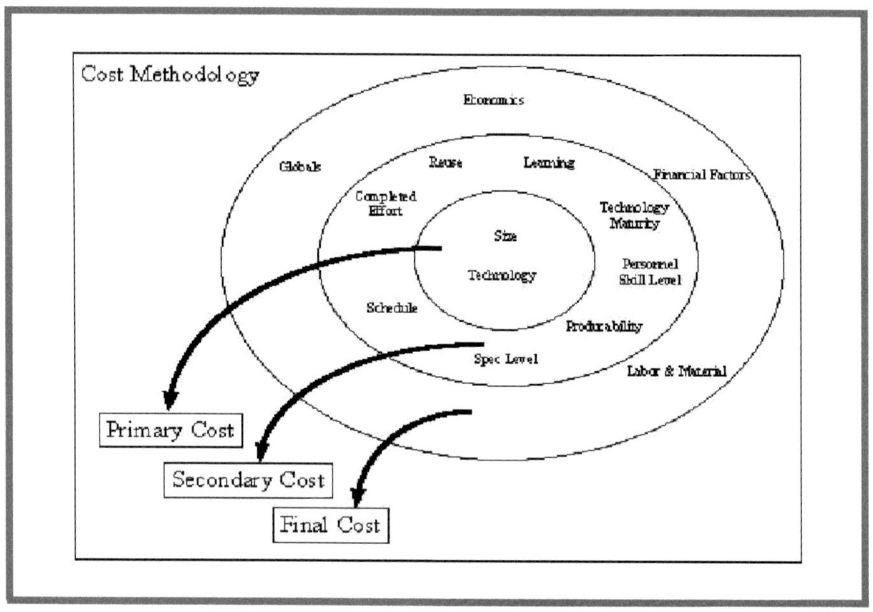

〈그림 3-3〉 PRICE H 방법론

PRICE H 모델은 다음 <도표 3-2>에서 보는 바와 같은 4사분면의 matrix로 표시할 수 있다. 열(column)은 개발(development)과 생산(production)단계로 구분할 수 있고, 행(row)은 제품을 개발, 생산하기 위한 조직 내부의 기능 활동(functional activities)으로 분류가 가능하다. 이 기능적 영역은

2개의 큰 범주, 즉 공학 및 제작으로 나눌 수 있다. 비용 추정에 가장 큰 영향을 미치는 요소는 개발단계에서는 도면제작(Drafting)비용이고, 생산단계에서는 제조(Manufacturing) 비용이다. 다음 절에는 비용을 계산하기 위한 이들의 관계를 간단하게 설명하였다.

〈도표 3-2〉 PRICE H 비용 매트릭스

구 분	Development	Production
공학(Engineering) 도면제작(Drafting) 체계설계(Design) 체계통합(Systems) 사업관리(Project Management) 기술자료(Data)	개발관련 비반복적 (Non-Recurring) 비용	생산관련 비반복적 (Non-Recurring) 비용
제조(Manufacturing) 생산(Production) 시제(Prototypes) 치공구 및 시험장비(T&TE)	개발관련 반복비용	생산관련 반복비용

(나) 도면제작 비용

다음 <그림 3-4>와 관계식은 도면제작(Drafting) 비용이 PRICE H에서 어떻게 계산되는가를 보여준다.

기본 관계식은 중량(WE/WS), 제조복잡도(MCPLXS/MCPLXE)와 도면제작 비용과의 관계이다. 기술(제조복잡도)과 크기(weight)는 개발기간 동안 설계되는 도면의 수를 계산하는데 필요하다. 도면의 수를 시간으로 환산하여 이것을 시간당 도면제작 임율(labor rate)로 곱하면 도면제작 비용으로 계산된다. 이 기본 도면제작 비용은 모든 개발 활동들의 출발점이 되며, 개발 시작 시점에서 첫 번째 시제납품 시점까지의 도면 제작 활동과 관련된 비용을 나타낸다. 또한 이것은 설계(Design), 체계공학(Systems), 사업관리(Project management), 기술자료(Data) 비용요소에 영향을 미친다.

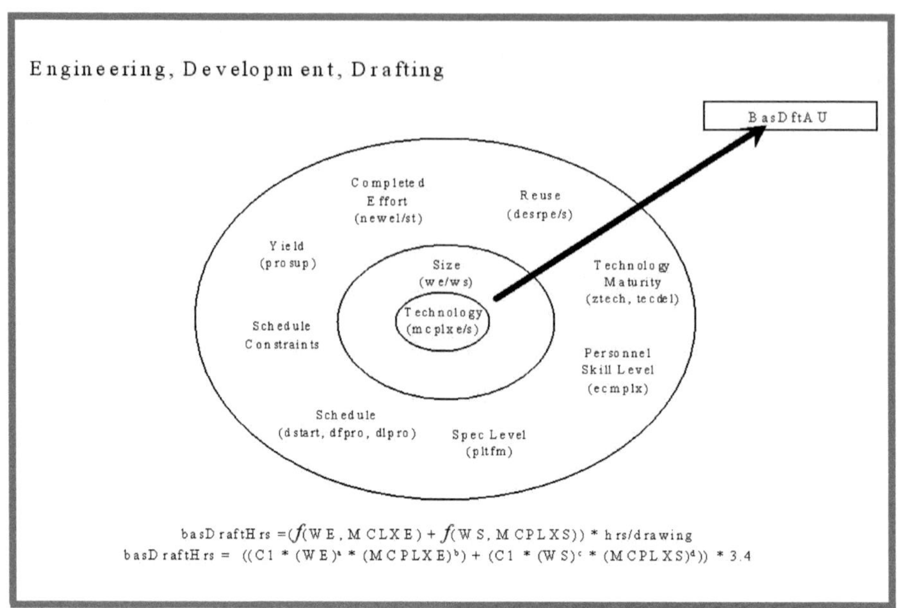

〈그림 3-4〉 도면제작(Drafting) 비용 방법

(다) 생산비용

생산단계에서의 가장 기본적인 관계식은 단위비용(OPC) 함수식이다. OPC는 오직 한개만 생산되는 부품에 대한 비용이다. <그림 3-5>에서 계산과정을 보여주고 있다. 계산 단계를 보면, 우선 생산율은 생산수량과 생산일정에 의해 정해진다. 두 번째로, 학습곡선의 기울기는 생산율에 의해 계산된다. 세 번째로, 제조공정지수(MPI)는 학습곡선의 기울기에 의해서 결정된다. 네 번째로, OPC는 제조복잡도와 중량의 함수로써 계산된다. 마지막으로, 학습곡선에서 이론적인 첫 번째 단위 비용 혹은 T1은 OPC에 제조공정지수를 곱함으로써 결정된다. 학습곡선의 기울기, T1 그리고 생산수량이 주어지면 총 반복적인 제조비용을 계산할 수 있다. 총 OPC는 기계와 전자부품 각각의 OPC의 합이다.

(라) 보 정

PRICE H는 과거자료를 이용하여 모델을 특정 제품 및 조직에 적합하게 보정될 수 있다. 이것을 제품보정 및 기관보정이라고 부른다. 제품보

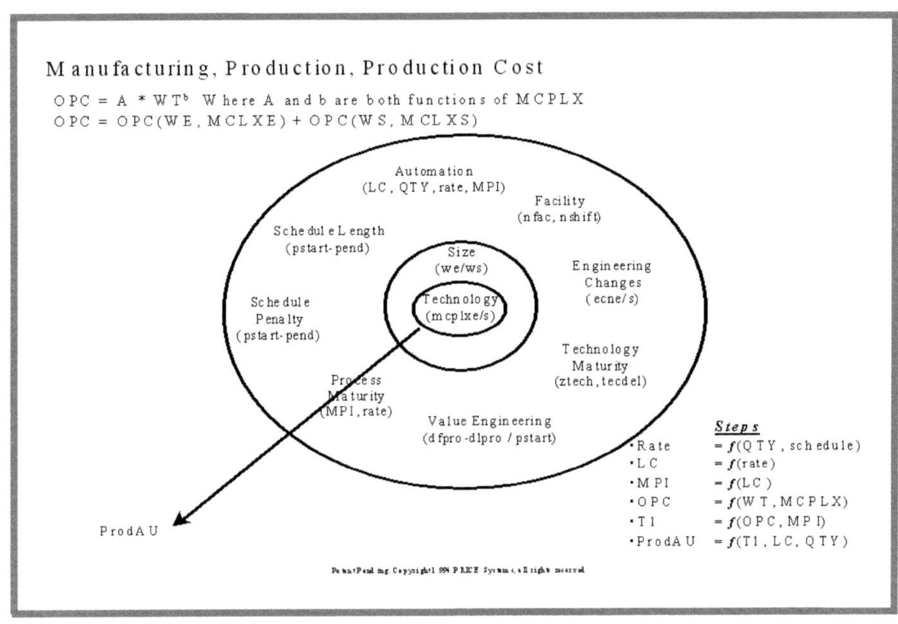

〈그림 3-5〉 OPC 계산

정에서는 사용자가 완제품에 대한 과거비용을 제공할 때 장비의 설계 혹은 조립의 어려움을 나타내는 특징으로부터 제품난이도(product complexity)를 측정한다. 난이도는 단위 무게 당 비용척도로 정의된다.

두 번째 보정은 기관보정으로 PRICE H 비용 할당을 보정된 복잡도로 비용할당을 하고 과거 비용 할당과 비교함으로써 사용자의 과거비용에 맞추는 일이다. 기본결과는 과거에 대응되는 단순한 스칼라(scalars) 요소로 재배분 된다. 보정된 복잡도와 할당된 스칼라는 모델의 신뢰성을 지원하는 PRICE H 지식베이스 내의 자료가 된다.

(마) 위험 분석

PRICE H는 확률적 비용추정치를 제공하는 위험분석 능력을 갖추고 있다. 이것은 Monte Carlo 시뮬레이션 모델링을 통하여 수행된다. 우선, 불확실성을 나타내는 비용 유발 입력 파라미터 각각에 확률분포(정규, 베타, 삼각, 구형)를 할당한다. 그 다음 시뮬레이션을 수행하고 모델의 결과에 내재되어 있는 위험을 반영하는 확률분포함수를 제공한다. PRICE H의 확률적 비용 추정치는 장비, 서브시스템 수준에서 도출될 수 있으며 위험 완화 계획을 수립하는 데 사용될 수 있다.

(바) 출력 정보

출력정보는 사용자가 취사선택 할 수 있다. 사용자는 보고서 형태를 준비할 때 제공된 입력자료, 추정된 입력자료, 비용요소별 결과, 프로그램 일정에 따른 비용 분포를 선택할 수 있다. 또 하나의 보고서 형태는 노동시간과 재료비용을 제공한다. 분석자가 노무비 및 간접비에 대하여 정의된 비율을 사용함으로써 모델은 EBS에 포함된 요소에 대한 총 비용을 제공할 수 있다. 분석자는 회사의 고유한 임율, 간접비율(overhead rates), 간접재료비, 일반관리비 등을 자기 조직에 맞추어 값을 조정한다.

(2) SEER H 모델

(가) SEER H and SEER DFM 모델 개요

SEER H 모델은 Galorath사에서 개발하고 지원하는 파라메트릭 추정모델로서 하드웨어 제품의 비용, 일정, 위험도를 추정하는데 도움을 주는 도구(Tool)이다.

비용추정 내용은 제품개발, 생산, 운용, 지원의 시스템 수준에서 산출물을 생성한다. 한마디로 요약하면, SEER H 모델은 진보된 H/W 시스템의 수명주기비용을 추정하는 모델이다.

SEER H 모델이 하드웨어 수명주기 비용추정을 제공한다면, SEER DFM 모델은 manufacturability estimation model의 설계이다. SEER DFM은 파라메트릭 추정 모델기반의 세부 프로세스를 개발하는데 사용한다. SEER DFM 모델은 SEER H 모델과 결합되어 개념설계를 진행하는 동안 빈번히 사용된다. IPT에서 설계를 시작하기 전에 제조비용에 접근하기 위한 추정결과를 제공한다.

(나) SEER H 모델 추정 구조

SEER H 모델은 실제 데이타 및 전문적 기술의 knowledge base(필요한 모든 지식을 일정한 format으로 정리·축적한 것)로 구성되어 있다.

knowledge base는 편중되지 않은 전문적 견해들로 구성되며 사업이 진행되고 더 많은 설계자료가 가용하면 추정의 정확성을 점차 높일 수 있다.

사업요소는 WBS(매우 단순한 일부터 매우 복잡한 일까지)로 구성되는데 6가지를 동시에 knowledge base로 설정할 수 있다. 사용자는 평가절차의 문서화된 가정들과 온라인상에 쉽게 작성된 이론적 원리를 학습할 수 있다. SEER H 모델은 광범위한 입력변수를 수용할 수 있다. 입력변수는 낙관치, 비관치, 최적치(Likely, Pessimistic, Optimistic)를 사용한 값들이 주어질수 있으며 Top down, Bottom up 방식으로 지원되고 있다.

(다) 통합된 위험 분석

SEER H 모델은 각 set별 입력값으로부터 추정 가능한 범위에서 결과를 도출한다. 추정범위는 불확실성(최소한, 가능한, 최대한)이 반영된 입력값들로부터의 현실적인 결과를 추정하게 된다. 사용자는 가능성 있는 범위내에서, 사업의 각 비율로 구성된 오차범위내에서 최적의 결과를 선택할 수 있다. Monte Carlo Sampling 수준의 Rollup, 사업수준별 위험도 평가 또한, SEER H 모델의 한 부분이며, Monte Carlo 샘플링방법은 랜덤샘플링을 통해서 표본통계를 도출하는 방법이다.

(라) 상세 민감도 분석

사용자는 reference를 설정하여 프로젝트의 특정사업요소를 조정함으로써 비용에 미치는 효과를 추정할 수 있다. 이 기능은 일정, 사업관련자들의 요구사항, 설계에서 품질까지의 요구사항, 개발제안, 계약자 선정, 초기 요구사양서로부터 정보를 제공받을 수 있다. 획득비용은 작업요소(work element)와 계획(program)으로 평가할 수 있다.

(마) Knowledge Bases(지식 기반)

SEER H Knowledge Bases는 데이터, 형상정보(제품형태, 기술, 요구임무, 인적 자원, 획득범위, 운영 및 지원계획) 등의 사용자가 마주칠 수 있는 정보들의 저장장소이다. 이러한 정보들은 하드웨어 구조적 정보 내에서 추정량을 지원하도록 설계되었다. 그리고 이러한 정보들은 SEER H

모델이 현존하는 다른 최신의 모델들보다 향상되었음을 보여준다. SEER H 모델이 지원하는 Knowledge Base의 범주는 다음과 같다.

- Application(용도)
- Platform(플랫폼)
- Operations & Support(운용 & 지원)
- Acquisition Category(획득 범위)
- Standards(표준)
- Class(분류군)

각 knowledge base는 적절한 설정, 선택적 측정 정보의 다양한 작업요소 파라미터에 선 저장된다. knowledge base는 순차적으로 쌓여진다. 그러므로 뛰어난 다른 knowledge base의 파라미터 설정을 선택적으로 덮어 쓸 수 있다. knowledge base는 작업요소를 추가하거나 수정할 때 쌓인다. knowledge base 구분은 사용자가 자신에게 맞게 설정을 변경할 수 있다.

(바) Prediction(예측)

SEER H 모델은 활동과 노무범주에 따라서 많이 차이나는 추정량을 도출할 수도 있다. 추정량은 16가지 표준보고서와 26차트를 통해서 도출된다. Custom report를 이용할 수도 있다.

(사) 비용(활동) 범주

비용 범주는 개발, 생산, 운용 및 지원으로 나뉜다.

〈도표 3-3〉 표준 SEER-H 모델의 범주

개발	생산	운용 및 지원	기 타
Design	Material	Operating Site Cost	Development Schedule
Prototype Hardware Development	Fabrication	System Operating Hours	Operational Hours to Maturity
Engineering Test	Integration and Assembly	Total Equipment Support Cost	Mean Time To Repair (MTTR)
Integration and Test	Production Support	Equipment Operating Hours	Mean Time Before Failure (MTBF)
Systems Engineering	Sustaining Engineering	Spares, Parts, & Consumables	Cost of Ownership (Life Cycle Cost)
Program Management (Dev)	Program Management (Prod)	Other Support Cost	
Engineering Data Development	Tooling Maintenance		
Management Data Development			
Support Data Development			
Peculiar Support Equipment			

(아) 노무(배분) 범주

SEER H 모델은 노무 범주 또는 자원의 배분을 포함한다. 이렇게 말할 수 있는 이유는 SEER H 모델은 먼저 비용활동으로 추정량을 발생시키고, 다양한 노무형태에 따른 각 활동별 비율을 배분하기 때문이다. 노무 배분은 개발, 생산, 운용 및 지원의 사용군 별로 정의된다.

〈도표 3-4〉 SEER H 모델의 노무 범주

개발노무	생산노무	운용 및 지원
Development Management	Production Management	Operator Labor
Systems Engineering	Fabrication	Level 1, 2, & 3 Support Labor
Design Engineering	Assembly	Maintenance Training
Prototype Engineering	Test & Quality Assurance	Inventory Management
Tool Engineering	Sustaining Engineering	Data Management
Test Engineering	Tool Maintenance	Retirement
Development Support	Production Support	

(자) 추정 방법론

SEER H는 metrics mapping과 분석적 기법을 결합하여 사용한다.

Mapping databases는 이전의 경험에 비추어 시스템적 접근을 통해 유추하여 작업한다. 일단, 유사한 기준선 추정을 이끌어내면, 추가적인 비용추정함수식(CER)은 사업특성에 따른 파라미터의 추정량을 상세하게 구분한다.

SEER H 모델은 구성품, 부체계, 체계의 범주로 추정한다.

SEER H 모델의 입력변수는 전자, 기계 품목의 특성에 따라 매우 다르게 입력되어지고 있다. 전자제품은 기술, 형태, 밀도, 회로도 등이 중요한 입력요소이며 기계적 부품은 크기, 자재구성, 기하학적 복잡성, 내성요구가능 구조, 기계, 유압의 특성 등이 입력자료로 준비되어야 한다.

이러한 입력자료들이 작성되면 SEER-H 모델내에서는 사업특성에 부합된 입력자료를 사용하여 다양한 형태의 CER을 이용하여 비용을 추정하게 된다.

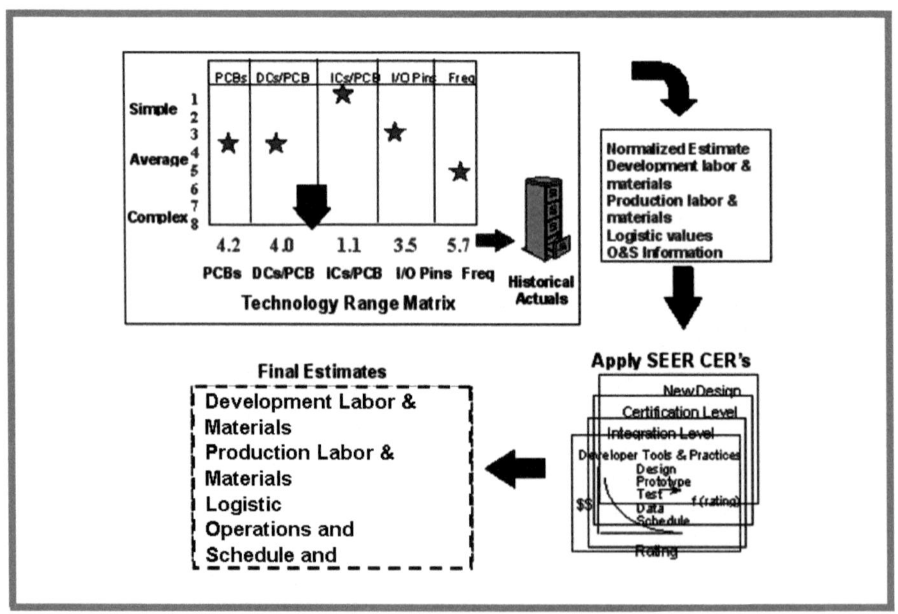

〈그림 3-6〉 SEER-H 추정 방법론

(차) Knowledge Base와 보정 입력

조정 요소들은 Knowledge Base를 만들기 위해 사용된 모수들이다.

조정 요소들은 각각의 퍼센트에 기초하여 최종 산출 추정량들을 조정한다. 각 output element를 위한 조정 input을 가지고 있는 3가지 category가 있다.

- Class Adjustments(부류별 보정)
- Acquisition Adjustments(획득별 보정)
- Standard Adjustments(표준 보정)

(카) Calibration(보정)

SEER H는 보정 기능을 제공한다. 보정 기능으로 사용자는 특정 하드웨어와 본래 하드웨어의 SEER H 추정치를 보정할 수 있다. 순차적으로 설명된 이용 가능한 보정방법을 통해서 SEER H는 일반화된 정확한 증가를 추정한다.

〈도표 3-5〉 SEER H 모델의 보정 방법들

보정 방법	보정 요약	장 점
1. Parameter Entry with Standard Knowledge Bases	Fast and flexible workups of projects, accurate estimation out of the box.	
2. Custom Knowledge Bases	Create knowledge bases that preset the parameters in electrical or mechanical work elements.	Custom knowledge bases can be used to easily front-load known information about people, processes and hardware.
3. Custom Knowledge Bases with Calibration Factors	Enter final schedule and/or effort adjustments, obtained by comparing SEER-H™ estimates of completed projects to actual outcomes.	Estimate outcomes can be further refined, increasing accuracy. This method complies with government parametric auditing standards.
4. Custom Mapping Databases	Modify the historically based databases that are the foundation of SEER-H™ estimates.	Complete visibility into the data upon which SEER-H™ estimates are built.

보정 형태(mode)는 3수준으로 제공한다. 보정 형태는 실제 산출값과 추정 산출값을 비교함으로써 얻어진다. 추정값과 실제값의 차이는 보다 정확하게 하기 위해 조치(Action)한 보정 요소의 차이다. 보정 조정 요소는 미래에 편리하게 사용할 수 있도록 knowledge base에 저장된다. 요약하면, 보정은 예측 대비 실제 추정치의 비교이다. 그러므로 보정 노력에는 두 가지 면이 있다.

결손이 있으면 최적이 아니다. 조건에 맞게 입력된 많은 파라미터와 knowledge base는 더욱 더 조정을 잘해서 더 좋은 SEER H 추정치를 도출한다.

〈도표 3-6〉 보정 형태의 단계

단계	조 치	설 명
1	현존 사업을 조건별로 지정	지금까지의 사업에서 측정된 값보다도 가장 좋은 추정치를 얻을 수 있기 때문에 현존하는 사업을 상세하게 지정. 결과는 미래 사업의 예측치를 구할 때 사용
2	실측값 입력 : 보정 파라미터 : 부분 실측값	필수적인 비교를 하기 위해서 사업에 대한 실측값이 요구됨
3	(Work and Rollup or 사업수준별) 보정 조정 요소 평가	측정보고서는 올바른 측정 조정 요소를 발생시키고 입력하여 사업에 대한 SEER H 추정치와 실측치를 비교
4	보정 파라미터의 수준별 범주 결정	측정보고서는 노무비, 자재비, 기타 추정치를 위한 측정 요소를 제안. 특별 조정 모수는 feedback loop를 제공한다. 게다가, entry를 상세하게 지정.
5	보정 요소 사용	한번 발생된 보정 요소는 custom knowledge base에 저장. 새로운 추정을 위해 custom knowledge base 사용.

(타) SEER H 모델 요약

SEER H 모델은 완전한 파라미터 life cycle cost 추정 도구이다. SEER H 모델은 진보된 기술들을 모델화하여 custormized될 수 있는 완전하고 유연한 환경을 제공한다. SEER H 모델은 많은 국방사업, 정부사업에서 사용되고 있다. 게다가 전 세계에 걸친 산업부문에서도 널리 사용되고 있다.

(3) SEER-DFM 모델

(가) SEER-DFM의 개요

SEER DFM은 공정관리수준에서 제작에 관한 SEER 파라메트릭 방법론을 적용한다. SEER DFM은 산업체의 공정 중에서 비용을 주도하는 기계가공, 조립, 사출, PCB 조립 등에 관한 파라미터를 식별한다. SEER DFM은 어셈블리 설계, 비용회피계획수립, 제작성분석 등에 활용할 수 있다.

(나) SEER-DFM - 파라메트릭 모델기반 프로세스

SEER-DFM은 공정기반 제작비용 추정모델이다. 이것은 상세한 공정기반 생산 및 비용분석 기능을 제공하며 이것은 가치공학 및 여러 가지 제작방안에 대한 분석기능을 제공한다.

SEER-DFM은 개발자로 하여금 확신을 가지고 좀 더 나은 의사결정을 가능하게하며 위험도를 이해하게할 뿐만 아니라 위험가능성을 줄이며 공정개선에 대한 기회를 인식하게 한다. 제품설계 및 최적생산을 위한 절충

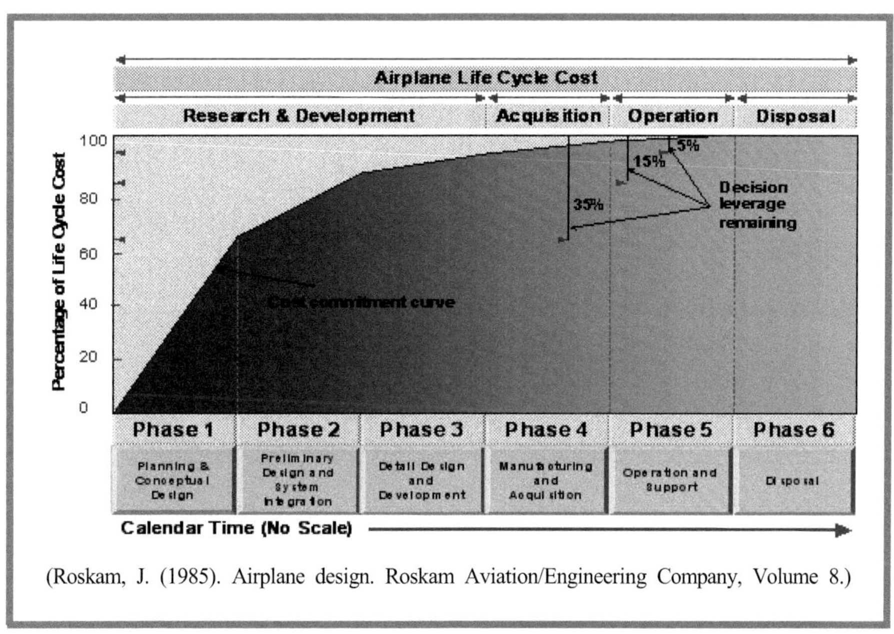

(Roskam, J. (1985). Airplane design. Roskam Aviation/Engineering Company, Volume 8.)

〈그림 3-7〉 항공기 수명 주기 동안의 비용 곡선

분석 및 대안분석에서 관리자가 중요한 의사결정을 내리도록 도와 줄 것이다.

일반적으로 제품의 수명주기의 80%는 설계 초기에 결정된다고 하는 것이 통론이다. 이것은 <그림 3-7>에서 볼 수 있다. 사실 SEER-DFM의 기본적인 목표는 제작 및 조립공정을 설계단계에서 최적화하는 것이다.

SEER-DFM은 <그림 3-8>에서 보는 바와 같이 설계단계에 적용할 수 있다. SEER-DFM을 개념연구 및 설계단계에서 사용함으로써 시간과 예산의 일시적인 증가를 초래할 수도 있지만 궁극적으로는 제작과정에서 비용을 줄일 수 있을 것이다. 이것은 총비용을 줄이는 개념이다. 더욱이 SEER-DFM은 설계변경과정에서 발생하는 전형적인 수명주기를 단축하게 할 것이다.

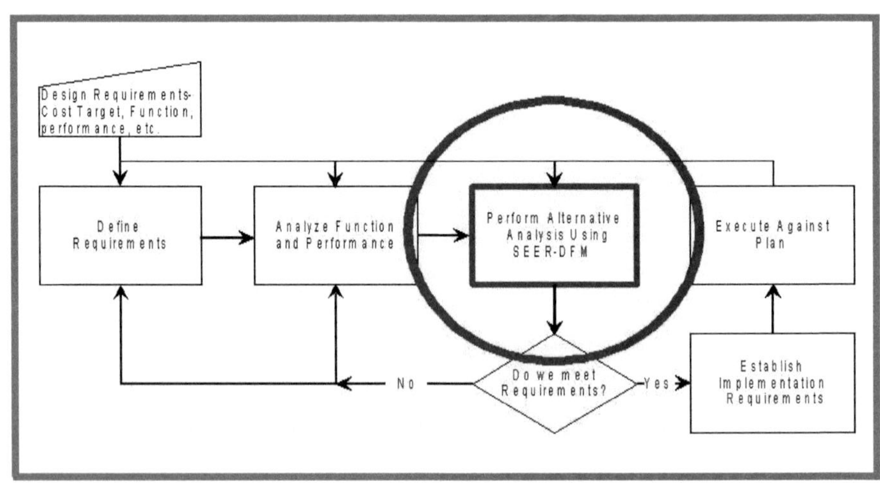

〈그림 3-8〉 SEER-DFM 설계절차의 구성 및 역할

(다) SEER-DFM의 일반개념

SEER-DFM 에 의한 제작공정설계 접근방식은 비용, 제작시간, 제품제작과 연계된 기타 기본요소들 및 수명주기요소들을 모두 분석하게 된다. 생산에서 사용되는 많은 자재와 공정을 모델링함으로써 어떠한 제품에 대해서도 잘 선정된 제작공정을 선택하게 할 것이며 비용을 줄이고 효율

성이 강화된 선택을 하게할 것이다. <그림 3-9>에서 보는바와 같이 분석은 9개의 기능 프로세스 안에서 이루어 질것이다.

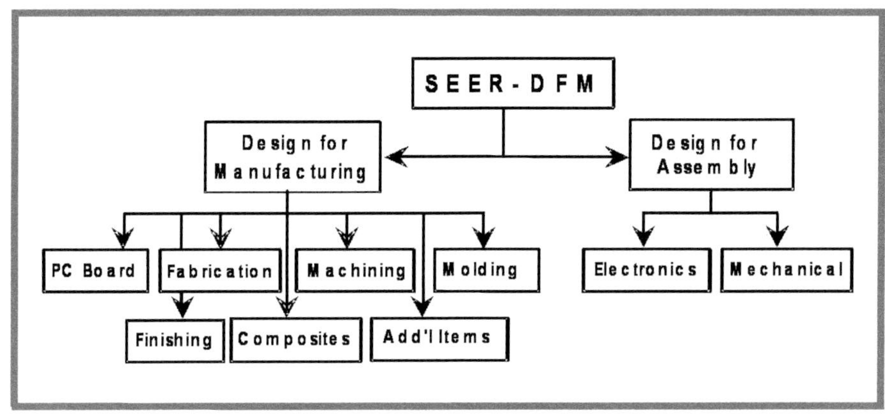

〈그림 3-9〉 SEER-DFM 모델링 접근

SEER-DFM 결과물은 총 공정 시간뿐만 아니라 원자재, 협력업체, 특수공구 및 비용을 포함한다. 재료비와 노무비는 직접비용과 간접비용을 포함하여 제공될 것이다.

(라) 일반 프로세스 특성

다음은 SEER-DFM 프로세스 타입의 몇몇 특성들을 정리한 것이다.

- 빠른 작업 : SEER-DFM은 기계특성이나 생산방법에 관한 과도한 사전부하를 필요로 하지 않는다.
- 광범위한 범위 : SEER-DFM에서는 다양한 공정들이 모델링 될 수 있다. 예를 들어 제작공정타입은 수작업에서 자동공정까지 모두를 포함하게 될 것이다.
- 민감도 : 조립시간은 수량, 기계상태, 생산경험, 환경제약 등에 영향을 받는다.
- 설계검토 : SEER-DFM은 설계 변경이 필요할 경우 경보를 발령하게 될 것이다.
- 생산성 검토 : 기계가공 및 조립에 관한 보고서는 절충분석 기능을 제

공한다. 기계가공 보고서는 원자재비용 대 여러 가지 산출비용 등을 비교분석하게 할 것이며 조립보고서는 사용된 공정의 종류에 따라 필요경비를 배분하게 될 것이다.

- 총사용시간 : SEER-DFM은 직접 노무시간뿐만 아니라 구축시간, 검사시간, 재작업시간 등을 망라하여 계산하게 된다.

(마) SEER-DFM 산출물

파라미터를 구체화한 후 SEER-DFM은 노무시간, 비용, 데이터에 의하여 추정치를 표현할 것이다. 각 카테고리에 대한 세부사항은 아래 <도표 3-7>과 같다.

〈도표 3-7〉 SEER-FM 산출물

Labor	Additional Costs	Additional Data
Setup Direct Inspection Rework	Material Vendor Tooling Other	Manufacturing Index Raw Weight Finished Weight MTB & MTOPR

결과물 카테고리의 세부 정의는 선택된 작업 엘리먼트(기계 가공, 조립 등)에 따라 다르다. 노무시간 추정치는 단위당 분, 단위당 시간, 단위당 비용 및 총노무비용에 의하여 기술된다. 비용은 단위당 비용, 총비용, 특정 수량에 대한 단가로 표현된다. 데이터는 노무시간 및 비용 이외의 추정치를 일컫는데 예를 들면 제작 지수, 여러 가지 제작공정에 대한 노무시간 배정, 신뢰도 추정치 등이 있다.

(바) 보고서 및 차트

SEER-DFM은 입력변수에 따라 결과치가 달라지는 10개의 표준 보고서가 있고 4개의 차트가 제공된다. 더욱이 SEER-DFM은 원하는 양식이나 원하는 정보를 제공할 수 있도록 custormized가 가능하게 광범위하고 유연한 기능을 가지고 있다. 보고서는 화면상에서 보거나 프린트하거나 다른 용도로 사용하기 위하여 클립보드에 복사가 가능하다.

(사) Knowledge Bases(지식 원천)

SEER-DFM knowledge base는 SEER H의 것처럼 데이터와 정보의 저장고이다. 새로운 작업 엘리먼트를 만들고 knowledge base를 구체화할 때 knowledge base에 저장된 정보에 의하여 다양한 파라미터 설정을 할 수 있다. SEER-DFM이 제공하는 knowledge base는 다양한 기체의 리벳에서부터 전기배선이나 화학적 밀링까지 다양한 공정에 적용가능하다.

(아) 확률 및 위험도

모든 SEER-DFM 추정치는 확률치이다. SEER-DFM의 하나의 특징은 결과를 예측한다는 것이다. 따라서 미래에 대한 절대적인 점추정치를 주는 것이 아니라 미래의 결과에 대한 구간추정값을 주게 되는 것이다. 범위값은 사용자가 입력한 불확실 요소에 따라 달라지는 유연한 값이 될 것이다. SEER-DFM의 대부분의 파라미터는 최소자승 추정치, 최우추정치, 최빈치 등으로 표현된다.

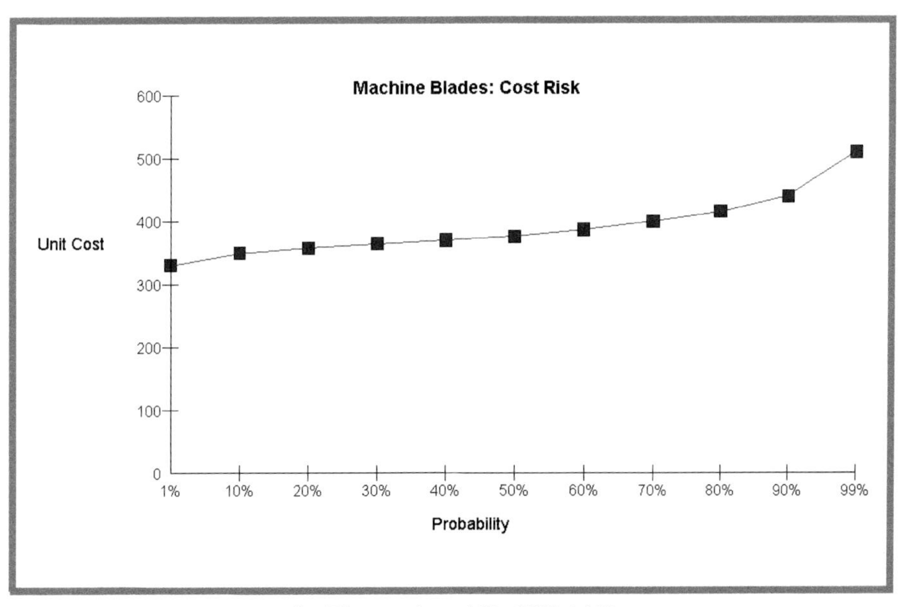

〈그림 3-10〉 비용 위험 분석

SEER-DFM은 이러한 입력치를 확률분포를 계산하는데 사용한다. 이러한 결과치는 확률적 추정치이다. 다시 말해 주어진 입력 범위값에 의하여 SEER-DFM은 <그림 3-10>처럼 결과값의 범위를 제공하게 된다.

(자) Custom Calculations (사용자 계산)

사용자 계산은 SEER-DFM의 또 다른 확장개념이다. 사용자 계산은 기존의 SEER-DFM 프레임에서 새로운 입력변수를 정하거나 새로운 계산을 추가하거나 할 때 사용가능하다. 이런 기능은 SEER-DFM을 확장가능하고 사용자가 원하는 것으로 최적화 가능하게 할 것이다. 사용자가 어떻게 계산하는지에 대한 예는 다음과 같다.

- SEER-DFM에 통합하고 싶은 비표준 방법을 사용한다.
  예를 들어 SEER-DFM에 아직 포함되지 않은 새로운 조립공정이다.
- 사용자는 SEER-DFM 추정치의 일반 범주이외의 추정치를 보고 싶어 한다.
- 사용자는 자신의 방법을 가장 잘 이해하고 있고 자신의 함수식이 최선으로 사용되게 할 수 있다. 예를 들어 특수 기어 연마가공에 관한 보고서를 수백 번의 작업을 통하여 잘 유지하고 있다.

(차) 요 약

SEER-DFM은 기술선도 사업의 설계와 제작공정에 통합하여 사용될 수 있도록 모델링 환경을 제공한다. SEER-DFM은 공정기반의 파라메트릭 모델이며 개발자로 하여금 설계 및 제작공정의 선택에 대한 비용을 평가할 수 있도록 기회를 제공할 것이다.

(4) NAFCOM 모델

(가) 개 요

NAFCOM(NASA/Air Force Cost Model)은 나사의 우주선 개발에 처음 사용되었고, 현재는 공군 비용분석기관(AFCAA)이 지원을 하고 있다. 이 모델에는 NASA와 공군 우주선개발의 과거 비용자료, 인플레이션 자료, WBS구조와 기타 다른 정보들이 모델과 데이터베이스에 포함되어 있다.

이것은 2개의 모델이 있으며 다음과 같은 2개의 목적으로 사용한다. 하나는, 무료로 항공우주 사업 혹은 분석자에 제공되고, 다른 하나는 정부요원과 NASA가 승인을 한 특정 사람에게만 사용이 가능하게 한다. 이 두 개의 버전은 서로 다른 점이 있는데, 첫 번째, 사용에 제한을 두지 않는 버전은 특정 사업의 이름, 비용, 중량 등의 자료에 접근이 불가하다. 그 결과로서 특징, 기능 등은 민감한 D/B를 보호하기 위하여 동작이 안 된다. 그럼에도 불구하고 좋은 추정능력을 가지고 있다.

NAFCOM은 우주사업 관련프로그램 비용을 추정하기 위한 좋은 모델이다. 이것은 MS Windows 환경에서 수행되기 때문에 사용이 편리하고, 다중시스템과 다수의 WBS 레벨을 수용하기 때문에 추정시 유연성을 가질 수 있다. 또한 사용자가 NAFCOM 방법론과 D/B의 확장, 사용자 정의 함수식 혹은 비용 값을 계산할 수 있는 옵션을 제공한다. 모델은 WBS 단위로 비용을 추정하지만, 자료는 기능 단위(주요 기술 당 투입 인력, 비용, 부계약자, 자재)로 표시가 가능하다.

(나) 모델 특징

이 모델은 설계, 개발, 시험평가, 생산과 총비용(개발+생산)을 추정한다. 현재 운영유지비용은 추정이 불가하나, 현재 개발 중에 있다. 이 모델의 알고리즘은 100개의 과거 우주선 사업의 D/B에 기초하며, 이러한 데이터베이스는 주로 NASA와 국방성 프로그램으로 구성되나 몇 개의 외국 및 상업용 우주선 프로젝트도 포함된다. NAFCOM 데이터베이스는 100개의 무인 우주선, 8개의 유인 우주선, 11개의 발사체 그리고 3개의 로켓엔진에 대한 구성요소, 부체계, 체계 수준에서 비용, 기술 및 사업관련 자료를 포함한다. 이 모델의 특징은 다음과 같다.

- 부체계 수준 복잡도 발생기(CG) : 14개의 하드웨어 부체계에 활용가능한 복잡도 발생기가 있다. 복잡도 발생기 접근방법은 비용을 추정하기 위해서 여러 가지 비용을 유발하는 기술적 및 관리적 변수를 사용하는 다변수 방정식을 이용한다.
- 공정 중심의 추정 : 사용자로 하여금 부체계의 일정을 검토 가능하게

함은 물론 이러한 부체계별 하드웨어를 개발하고 생산하는데 요구되는 공정별로도 일정을 검토가능하게 한다.

- 시간 단계에 따른 비용 : 공정중심의 모듈에서 산출된 일정을 사용함으로써 부체계 수준에서의 비용에 대한 시간단계(time phasing)가 제시된다.
- 비용 절충 : what if 분석이 가능
- 분리된 부체계 특성 데이터베이스와 프로젝트 특성 데이터베이스 파일은 NASA 및 공군 인플레이션 효과를 반영한다.
- 시험 하드웨어 수량과 내용은 구성요소 및 부체계 수준에서 정의될 수 있다.
- 비용은 노동, 간접비 및 일반관리 비율에 의해 조정된다.
- 보정된 PRICE 시스템, 순기비용 모델 복잡도 요소가 부체계에 대해서 제공된다.

라. 상용모델의 제한사항과 적용절차

(1) 제한사항

비용추정을 위해 사용하는 전산모델은 대부분 파라메트릭 모델로서 많은 장점을 가지고 있지만 모델 자체가 한국적 여건에 부합하기보다는 대부분 미국식 연구개발 및 생산체계에 맞도록 개발되어 있다는데 주의하여야 한다. 각종 비용추정 관련 데이터베이스가 미측 경험자료를 사용하고 있어서 비용추정 결과를 직접 우리 방산원가제도와 연계하여 계약 및 정산제도에 활용하기는 곤란하다는 것이다. 이러한 모델들은 초기단계에 소요 제기시 타당성 검증이나 획득방법결정, 구매 혹은 연구개발과 같은 의사결정을 지원하는데 활용하는 것을 우선적으로 하면서 계약 및 집행단계에서는 현행 방산원가제도하의 산정방법의 타당성을 검증하고 보완하는 차원에서 사용해야 할 것이다. 그럼에도 불구하고 비용분석과정에서 공학적 분석 결과와 대등한 차원에서 비교분석하고 목표가 산정이나 정산가 산정시 직접 활용하는 것은 상당한 위험성을 초래할 수 있다.

근본적으로 PRICE-H, SEER-H 모델들은 자체내에 비용추정에 활용되는 수많은 비용곡선 관계식들이 경험적인 자료에 근거하여 만들어졌기 때문에 최첨단 체계에 직접적으로 적용하기는 곤란하다. 어떤 시스템은 기술발전 속도가 너무나 빨라서 기존 체계에 대한 비용자료로서는 추정하기가 곤란하기 때문이다. 비용관련 데이터베이스도 지속적인 update가 요구되고 비용추정에 대한 기법들도 보완이 요구된다.

한국에 모델을 직접적으로 적용하는데 또 하나의 제한사항으로는 국내에 신뢰성 있는 획득 및 군수자료가 부족하므로 모델운영에 필요한 신뢰성 있는 입력자료 구축에 한계가 있다는 것이다. 선진국에서 개발된 하드웨어의 수명주기 비용을 추정만 하기위해 각종 정비 관련 자료나 군수자료들이 부실한 내용이 너무 많고 한국의 정비체계와 맞지 않은 부분도 상당히 많다는데 주의를 해야 할 것이다. 또한 실제 모델 운영을 제대로 하기 위해서는 상당한 숙달기간이 필요하다는 점이다. 무기체계 개발경험 및 기술적 사항에 대한 이해가 필수적인데, 비용분석 전문가들은 이러한 데이터들에 대한 지식이 부족해서 현장에서 제공하는 자료에 의존할 수 밖에 없는 한계점도 있다. 현재로서 모델이 가지고 있는 비용추정식(CER)에 대한 충분한 검증이 안되는 관계로 여러번 사용을 통해 비용추정결과에 대한 타당성을 검증받을 수밖에 없다.

이 모델을 이용해서 GO 혹은 NO-GO 의사결정을 하거나 중장기 계획에 반영시키기 위해서는 다른 비용추정 방법과 병행해서 사용하도록 권장하며, 모델이 가지고 있는 여러 가지 제한사항들을 충분히 인식하고 비용분석에 활용해야 할 것이다.

(2) 상용 모델의 운영방법 및 절차

하드웨어 비용추정 모델을 이용하여 비용추정을 할 때는 분석대상 체계에 대한 충분한 사전분석을 통해서 관련 자료를 준비해야 한다. 모델의 결과는 비용분석 전문가의 수많은 결과치 가운데 하나의 추정치에 불과할 뿐이다. 그러나 비용추정 결과는 의사결정에 결정적으로 영향을 주는 만큼 다음과 같은 단계를 거쳐 체계적인 모델 운영과정을 거칠 필요가 있다.

(가) 준비단계

모델운영 인력에 대한 충분한 사전교육과 과거 운영실적 자료들에 대한 검토를 한 후 분석중점 및 실현가능한 분석계획을 수립한다.

(나) 대상시스템 분석

분석대상 체계에 대한 물리적, 기술적 특성을 이해하고 주어진 기간에 가능한 분석범위를 설정한 후 분석에 필요한 자료의 확보가능 정도를 확인한다. 그리고 대상체계에 대한 모델 입력 자료를 식별하여 EBS 작성을 준비한다.

(다) EBS작성

EBS 작성단계는 분석대상 체계의 하부구조를 세분화하는 단계로서 분석대상기간이나 자료의 확보 정도에 따라 3단계, 4단계, 5단계까지 세분화할 수 있다. 자료확보가 불확실한 가운데 지나친 세분화는 비용추정의 신뢰도를 저하시킬 우려가 있으므로 EBS 작성은 체계의 물리적, 기술적 특성과 연관되기 때문에 비용분석 전문가와 업체(기술자)가 공동으로 작성함이 바람직하다.

(라) 입력자료 작성/검증

모델의 기본 입력자료는 모델운영자가 입력시키는 자료를 작성하는 단계로서Global 변수, 재정지수, 이윤, 환율, 노무비, 학습율 등과 같은 자료를 확보한다.

모델의 기술관련 자료는 주로 업체에서 제시하는 자료를 위주로 작성하는데 중량, 부피, 밀도, 제조복잡도, 공학적 복잡도, MPI, 설계변경비율, 신규 설계 비율, 각종 정비, 운영 관련 자료 등을 의미한다.

입력자료들의 타당성 검증에 포함되어야 할 사항은 첫째, 각종 입력자료의 표준화 여부를 확인하고, 둘째, 비용관련 자료들의 기준년도 일치 여부를 점검하며, 셋째, 비용추정에 결정적으로 영향을 미치는 핵심변수들의 적절성 검토 즉, 제조복잡도, 제조과정지수, 공학적 복잡도, 설계반복비율 등을 확인하는 것이다.

(마) 모델의 운영결과 분석

모델운영 결과 각 EBS별 추정치의 타당성 분석을 실시하는데 우선, 실적치와 비교하거나 유사장비의 실적치와 비교하여 추정의 적절성을 분석하고, 예상치와 과도하게 오차가 발생하는 부분을 집중적으로 분석한다.

Global변수, 노무자료, 학습율 등이 제대로 반영되었는가를 검토하고, Default로 입력된 각종 변수들의 결과치를 분석하여 조정 필요성을 분석한다.

(바) 모델의 보정(Calibration)

앞서 모델운영 결과분석에서 입력변수들에 대한 이상치 발견시 각 EBS별로 모델의 보정을 실시하게 된다.

특히 비용이 지나치게 과소, 과대평가된 항목에 대해 유사장비나 실적장비를 통해 제조복잡도 보정 실시후 사용하며 모델에서 Default로 입력된 MPI(제조과정지수)에 대해서도 현실과 맞지 않을 경우 보정을 통해 재입력 후 사용한다.

Global 변수에 대해서는 필요시 기관보정을 통해 보정비용이 산출되도록 유도하고 학습율, 직·간접노무비, 재료비 비율 등을 현실성 있게 조정한다.

(사) 모델의 타당성 검증

모델의 운영결과 분석과 모델의 보정은 거의 동시에 반복적으로 이루어지는 단계로서 모델의 결과치와 예상치가 지나치게 과대, 과소평가 되었다고 판단될 경우 원인을 식별해야 한다. 필요시 입력자료의 재검증을 통한 모델 운영 결과를 분석하고 핵심 입력자료의 변화를 통해 비용추정치의 타당성을 분석한다.

(아) 감도분석 및 최적대안 도출

비용추정에 심대한 영향을 미치는 주요 입력변수에 대한 감도분석을 하는 단계로서 생산수량, 생산기간, 학습율 등의 변화에 따른 비용의 변화상태를 분석하여 의사결정에 활용할 수 있도록 한다. EBS별로 추정치를 산출하여 타당성을 검증하고, 모델에서 산출된 노무비, 재료비, 경비, 일반관리비 및 이윤의 적절성을 분석하여 최적대안을 도출한다.

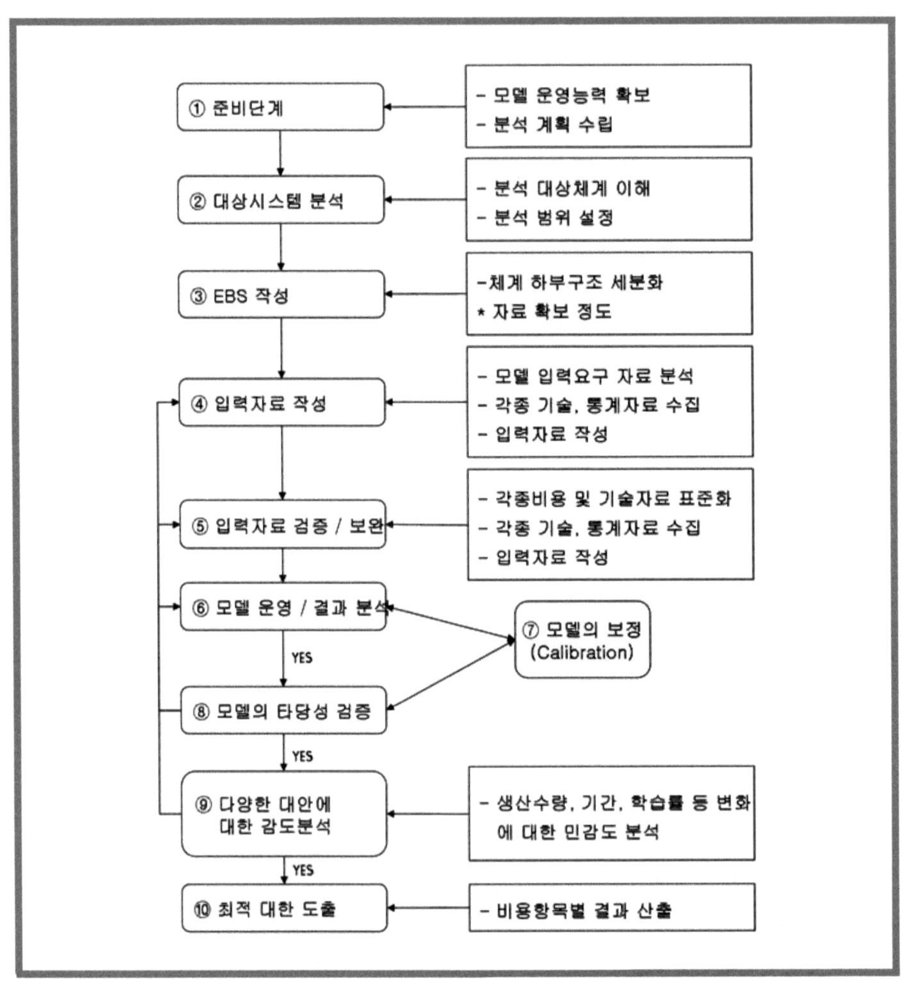

〈그림 3-11〉 상용모델 운영절차 요약

제4장

SOFTWARE 비용추정

1. 개 요

오늘날 소프트웨어는 모든 시스템의 핵심요소 중의 하나이다. 소프트웨어의 개발은 하나의 예술이며 과학이라고 할 수 있는데 소프트웨어의 개발비용추정 또한 그렇다고 할 수 있다. 그러나 하드웨어에 비해 소프트웨어의 개발비용 추정방법은 체계적으로 발전되지 못해왔다.

또한 과학기술이 급진적으로 발전하고 정보화 사회에 진입함으로서 하드웨어를 움직이는 두뇌 역할을 하는 소프트웨어의 중요성은 날로 증가하게 되었다. 국방분야에 있어서도 첨단무기체계가 도입되면서 무기체계를 운영하거나 시스템내에 내장된 소프트웨어의 비용은 시스템 전체 획득비용의 상당부분을 차지하게 되었다.

본 장에서는 이러한 소프트웨어의 중요성을 인식하여 소프트웨어 개발비용 추정방법에 대해 기본적인 개념을 제시하고자 한다.

가. 소프트웨어 개발과정

소프트웨어의 개발과정은 근본적으로 하드웨어의 공학적 개발단계와 동일한 절차를 가지고 있다. 모든 시스템은 하드웨어와 소프트웨어로 구성되어 있기 때문에 시스템공학 측면에서 보면 개발과정은 항상 동시에 이루어진다고 볼 수 있다. Boehm 교수는 “Software Engineering Economics”에서 소프트웨어 공학에 대해 체계적인 접근방법을 제시하고 있다.

(1) 시스템 소요 및 설계단계

모든 시스템은 하드웨어와 소프트웨어로 구성되어 있기 때문에 시스템 개발 초기단계에 하드웨어의 기능과 역할, 소프트웨어의 기능, 하드웨어와 소프트웨어의 인터페이스에 관해 구체적으로 정의되고 기획되어야 한다. 즉 시스템 전체 차원에서 하드웨어 및 소프트웨어 소요와 설계가 이루어져야 한다.

(2) 소프트웨어 소요분석

시스템 차원에서 소프트웨어 소요가 결정되면 소프트웨어 측면에서 소요를 정의하고 분석하여 소프트웨어의 형상을 결정하게 된다. 이것을 통상 CSCI(Computer Software Configuration Items)라고 하며, 그 하부에 여러 개의 소프트웨어 구성품(CSC ; Computer Software Component)으로 구성된다. 이 단계를 하드웨어와 비교하면 WBS를 식별하는 단계라고 할 수 있다.

(3) 소프트웨어 예비 및 상세설계

소프트웨어 개발이 시작되면 먼저 전체 시스템 차원에서 개략적인 개발개념이 정립되고 이를 근거로 상세한 설계를 하게 된다. 이는 하드웨어를 개발할 때 단계별로 하나씩 개발하여 전체 시스템을 완성하는 것과 유사하다.

(4) 코딩 및 단위시험

소프트웨어 설계가 완성되면 각 단위별로 실행 가능한 코드를 개발하게 된다. 이것은 CSCI단계 이하에서 이루어지며, 여러 개의 CSC를 개발하여 각 구성품 단위별로 기능을 시험하여 사용가능여부를 판단하게 된다.

(5) 단위통합 및 시험

구성품 단위별로 시험이 완료되면 각각의 CSCI차원에서 통합하여 기능을 확인하게 된다. 모든 설계나 코딩이 완전하게 되었다면 CSCI단계에서도 통합이 순조로울 것이다.

(6) 소프트웨어 시스템 시험

소프트웨어 개발의 최종단계로서 모든 CSCI단계를 통합하여 소프트웨어 시스템 차원에서 검증을 하는 단계이다. 여기서는 최초 계획대로 개발 소요가 충족되었으며 모든 기능이 적절하게 작동되는가를 확인하게 된다.

(7) 시스템 시험

하드웨어 및 소프트웨어를 포함하여 전체 시스템 차원에서 기능을 시험하게 된다. 이 단계는 체계의 임무수행 가능여부를 확인하는 최종단계이다.

나. 하드웨어와 소프트웨어 개발과정 비교

하드웨이와 소프트웨어 공학은 설계, 개발, 시험의 동일한 과정을 가지고 있다. 따라서 이들의 비용을 추정하는 방법들도 기본적으로 유사하다고 볼 수 있다. 소프트웨어 비용추정방법도 유사추정방법(Analogy), 모수추정법(Parametric), 공학적 추정법(Build Up)이 사용되고 있다. 비용추정에 영향을 미치는 핵심요소도 하드웨어와 거의 동일하다고 할 수 있다.

(1) 규격(Size)

하드웨어에서는 중량, 길이, 부피와 같은 체계의 물리적인 특성이 비용에 큰 영향을 주고 있는 것과 마찬가지로 소프트웨어에서는 코드의 수(SLOC; Source Lines Of Code)가 비용의 핵심요소 중의 하나이다.

(2) 복잡도(Complexity)

하드웨어나 소프트웨어 모두 개발과정에서 복잡도는 비용에 가장 영향을 많이 미치는 요소이다. 예를 들면, 항공기의 경우 제한된 공간에 다양한 임무를 수행하는 장비를 배치하는 것은 높은 비용을 초래한다. 소프트웨어도 역시 공간의 제약을 받는 경우가 있다.

(3) 개발 능력

소프트웨어는 대부분의 비용이 개발에 참여하는 인력의 인건비이다. 개발에 필요한 우수한 인력과 시설, 개발 장비들은 개발능력에 많은 차이를 가져온다. 만약 최고의 첨단개발 장비와 경험이 풍부하고 우수한 두뇌를 가진 인력을 가지고 있다면 주어진 시간에 성공적으로 개발을 완료할 수 있을 것이다.

그러나 하드웨어와 소프트웨어 개발에 있어 차이점들도 있다. 하드웨어는 시스템을 설계하고, 개발하여 시험평가를 거친 후에 동일한 제품을 여러 번 재생산하는 과정을 거친다. 소프트웨어는 한번 설계해서 개발이 완료되어서 시험이 성공적으로 이루어지면 재생산과정이 없이 단순히 복사해서 활용하게 된다.

소프트웨어 비용추정기법은 하드웨어에 비해 상당히 뒤처져있다. 하드웨어는 개발에 대한 관련 자료들이 잘 유지되고 있는 편이지만, 소프트웨어 개발 자료는 확보하기가 어렵다. 소프트웨어 개발방법은 상대적으로 너무 빨리 변하기 때문이기도 하다. 즉, 1년 혹은 6개월 전에 사용하던 방법이 지금에 와서 사용할 수 없는 경우가 있기 때문이다.

하드웨어처럼 개발과정에서 체계적으로 구축된 개발 자료가 없을 뿐더러 있다고 해도 그 자료를 근거로 비용추정에 직접적으로 활용하기에는 한계가 있다. 즉, 하드웨어에서 적용해온 통계적 방법론이 소프트웨어에서는 제대로 맞지 않는다는 것이다. 소프트웨어 개발과정에서는 하드웨어처럼 T_1(초도제품 생산시간)이나 학습률을 적용할 수 없다. 이러한 측면 때문에 소프트웨어 비용추정은 소프트웨어 개발과정에서 언급한 것처럼 하나의 예술이면서 과학이라고 할 수 있다.

2. 비용주도 요인 

가. Size

Size는 소프트웨어 개발에서 가장 핵심적인 비용요소이다. 따라서 어떤 프로그램의 Size를 제대로 평가할 수 있다면, 이는 그 프로그램의 개발비용을 정확히 추정할 수 있는 방법을 알고 있는 것과 같다.

가장 일반적으로 Size를 측정하는 기준은 코드 라인 수(SLOC)이며, 그 외에 기능점수(FP ; Function Points)와 Objects Points가 Size를 추정하는 기준으로 사용되고 있다.

(1) SLOC

SLOC은 전형적으로 실행 가능한 명령이나 자료는 포함하지만 설명문이나, 공간, 연속선은 제외된다. SLOC는 개발이 완료된 후 자동화된 방법으로 정확하게 산정할 수 있다. 개발비용추정을 위해서는 개발전에 SLOC의 규모를 미리 추정해야 한다. 개발 중 가장 일반적으로 SLOC을 추정하는 기법은 유사추정법(Analogy)이 사용되고 있다. 기능점수 방법은 상세설계가 완료되어야만 FP숫자를 확인할 수 있다.

SLOC를 사용하는 장점은 현재 가장 광범위하게 실제 시스템이나 IT기관에서 소프트웨어 Size를 나타내는 방법으로 활용되고 있는 범용성에 있다. SLOC는 쉽게, 정확하게 계산될 수 있는 이점이 있다. 다른 방법에 비해 주관적인 요소가 적다는 장점도 가지고 있다.

그러나 SLOC를 사용함에 있어서 부정적인 견해도 있다. SLOC의 코드수를 산정하는데 의견차이가 있을 수 있다. SLOC로 인정할 수 있는 범위에 대해 의견차이가 있을 수 있고 코드수가 제대로 계산되었다 하더라도 추정결과가 나쁠 수 있다는 것이다.

SLOC의 또 다른 약점은 소프트웨어 개발에 사용되는 언어에 따라 SLOC의 코드수가 달라질 수 있다. 동일한 기능을 가지는 소프트웨어에 대해 사용되는 언어가 다르므로 비용추정결과에 차이가 날 수 있기 때문이다. 마지막으로 SLOC는 상용소프트웨어(COTS ; Commercial Off-The-Self) 구성품을 적절하게 반영하지 못하고 있다.

소프트웨어는 새로운 코드와 전에 개발해서 사용하던 코드를 혼합해서 쓰는 경우가 있다. 재사용 코드는 별도 수정이 필요없이 그대로 쓸 수 있는 코드이나 수정이 필요한 코드는 약간의 재설계나 재코딩, 추가적인 시험이 요구되는 경우이다.

소프트웨어를 추정하는 모델들은 통상 신규 개발되는 코드를 기초로 하고있다. 따라서 SLOC는 신규 코드를 기준으로 환산한 코드수(ESLOC ; Equivalent Source Lines Of Codes)를 계산해 내야 한다.

Boehm 교수는 ESLOC 코드수를 산출하는 방법을 다음과 같이 제시하고 있다.

$$\text{ESLOC} = \text{Adopted SLOC} \times < 0.4(\%\ \text{Design Modified}) + 0.3(\%\text{Code Modified}) + 0.3(\%\text{Integration and Test}) > / 100$$

여기서, 전체 시간 중 40%는 Design, 30%는 Coding, 30%는 Test에 할당된다고 가정한다. ESLOC를 계산함에 있어 Design, Code, Test에 투입하는 노력의 비율은 개발환경에 따라 40%, 25%, 35% 등 여러 가지 형태로 계산되어질 수 있다.

다음 예제를 통해 ESLOC 산출방법을 알아보자.

예제 4-1 전체 재사용되거나 수정보완 되는 코드 = 2,300 SLOC,

Module 1 : 800 SLOC : 20% retest

Module 2 : 1,000 SLOC : 80% redesign, 100% recode and test

Module 3 : 500 SLOC : 50% recode and retest

이 경우 위의 ESLOC 계산방법에 의해 계산하면 다음의 결과를 얻을 수 있다.

Module 1 : ESLOC = 800(0.4(0)+0.3(0)+0.3(20))/100 = 48

Module 2 : ESLOC = 1,000(0.4(80)+0.3(100)+0.3(100))/100 = 920

Module 3 : ESLOC = 500(0.4(0)+0.3(50)+0.3(50))/100 = 150

Total ESLOC = 48 + 920 + 150 = 1,118

이 예제에서 보면 기존의 코드 중에서 2300 SLOC를 재사용하고자 할 때, 첫번째 모듈은 최소한의 테스트만 거친 후 사용할 수 있다고 판단해서 800 SLOC이지만 48 SLOC만 인정해주고, 두 번째 모듈은 거의 새롭게 설계가 이루어지므로 코딩 및 시험은 신규로 가정해서 1,000 SLOC 중 920 SLOC 을 인정한다는 것이다. 같은 방법으로 세 번째 모듈은 설계는 필요하지 않고 재코딩과 시험이 50%정도 필요하다고 판단되어 500 SLOC 중에서 150 SLOC의 개발노력만 인정하고 있다. 지금까지 사용한 비율은 하나의 예에 불과하므로 프로젝트 성격에 따라 적용비율은 다르게 할 수 있다.

(2) 기능점수(Function Points)

기능점수 산정방법은 소프트웨어 개발시 개발된 기능의 수를 고려한 방법이다. 즉, 소프트웨어 개발소요를 충족시키기 위해 몇 개의 기능을 개발했는가를 산정해서 Size로 사용한다는 것이다.

기능점수에는 다음과 같은 사항들이 포함된다.

- External Input(EI) : 사용자가 제공하는 입력자료
- External Output(EO) : 사용자에게 제공되는 보고서, 에러메시지, 스크린
- External Inquiries(EQ) : 다른 사용자에게 보내는 자료
- Internal Logical Files(ILF) : 소프트웨어 반응을 나타내는 온라인 입력자료
- External Interface Files(EIF) : 디스크테이프와 같은 다른 시스템으로 정보를 보내기 위해 사용되는 Machine 인터페이스

FP가 산정되면 복잡도에 따라 가중치가 부여된다. 각각의 FP는 다시

소프트웨어에서 필요한 임무수행, 사용자 위치, 의사소통 소요 등과 같은 14개 요소에 미치는 영향에 따라 다시 조정되어 최종적으로 총 FP를 산정하게 된다.

FP 방법은 소프트웨어 설계초기에 그 규모를 수작업으로 산정할 수 있으며, 프로젝트 수명주기 동안 지속적으로 적용할 수 있는 장점이 있다. 또한 FP 방법은 코드에 사용될 언어와 기술과는 독립적으로 사용할 수 있는 이점이 있다.

단점으로는 FP방법도 그 숫자를 산정할 때 주관적인 판단에 의존할 수 밖에 없다는 것이다. 어떤 조직내에서 동일한 인원이 FP를 산정하지 않는 한 일관성과 연속성을 유지하기 어렵다. 또 하나 단점은 기능으로 역할을 수행하지 않는 부분에 대한 소요(소프트웨어가 어떻게 수행할 것인가)와 설계제한사항(어떻게 소프트웨어를 구축할 것인가)은 반영하지 못하고 있다.

이 방법은 아직까지 일반화 되지 못해서 데이터베이스가 제대로 구축되어있지 않아 소프트웨어 Size를 판단하는 근거로 사용하는데 신중을 기해야 한다.

참고로 IFPUG(International Functions Point Users Group)는 FP방법의 사용을 지원하고, 이와 관련된 정보와 훈련에 관한 사항을 제공하는 그룹이며, 웹사이트는 http://www.ifpug.org이다.

(3) Object Points

많은 소프트웨어 개발 프로젝트에서는 통합 컴퓨터 지원 소프트웨어공학(Integrated Computer Aided Software Engineering : ICASE)에 구축되어 있는 새로운 툴을 사용하고 있다. ICASE에서는 많은 부분에서 수작업으로 코드를 작성하는 부분을 제거시켰기 때문에 코드수를 산정하는 방법이 불가능하거나 부적절한 경우가 있다. Object Points방법은 이런 환경하에서 소프트웨어 Size를 측정하는 또 하나의 방법이라고 할 수 있다. Object Points는 은행의 뱅킹시스템 개발비용을 추정하기 위해 Banker, Kauffman, Kumar에 의해 개발되었다. 이 방법에서도 FP에서와 같은 접근방법을 사용했는데 각각의 OP는 복잡도에 따라 가중치가 부여되고 이들을 전부 더해서 총 OP수를 산정했으며 필요시 재사용을 위해 조정을 실시하였다.

OP방법의 장점은 사용자 인터페이스 위주로 구축되어 있으며, 다른 방법에 비해 주관적인 면이 약하고 OP수를 산정하기가 쉽다는 것이다. OP방법은 아직까지 광범위하게 사용되고 있지는 않지만, ERP시스템 환경하에서는 바람직스러운 추정방법이라고 할 수 있다. 그러나 OP방법의 단점은 소프트웨어 설계가 완료될 때까지 OP의 수를 산정할 수 없다. OP방법은 아직까지 광범위하게 사용되지 못해서 데이터베이스 구축이 미비하고, 이 방법을 활용했을 때 생산성에 대한 자료의 확보가 가용하지 않다는 것도 단점이다.

소프트웨어 Size와 비용의 관계는 <그림 4-1>에서 보는 바와 같이 유사한 선형관계라고 할 수 있다. Size가 증가하면 비용은 일정비율로 증가하게 된다. 개발비용은 소프트웨어 개발환경(인력, 관리, tool)에 따라 차이가 날수 있다. A의 경우는 개발능력이 미숙하고 사업관리가 제대로 되지 않고, 개발에 필요한 tool도 충분하지 못한 경우이고, B의 경우는 그 반대인 경우라고 할 수 있다.

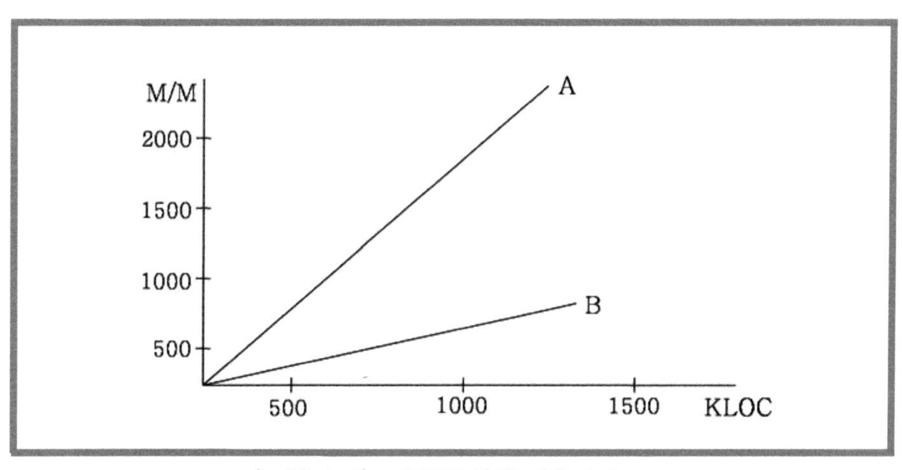

〈그림 4-1〉 소프트웨어 비용과 SIZE

나. 복잡도(Complexity)

두 번째 비용주도 요인은 복잡도이다. 복잡도는 소프트웨어의 개발난이도라고 부르기도 한다. 복잡도가 소프트웨어 개발에 가장 중요한 부분이기도 하지만 이것을 정량적으로 측정하는 것은 어렵다. 복잡도와 관련된 요소에는 언어, 응용(Application), 하드웨어 제한사항, 모듈 수, 통합도, 신규코드 비율, 개발의 질 등이 있다.

(1) 언어

컴퓨터 프로그램 언어는 기계언어에서부터 4세대 언어까지 다양하며, 복잡도 역시 서로 상이하다. 또한 언어에 따라 프로그램의 크기가 서로 다를 수 있다. 고급 언어(High Order Language : HOL)는 읽고 쓰기가 쉽고 사용이 편리하지만 그만큼 새로운 설계와 기술이 요구된다. 기계적인 언어는 기계가 직접 이해하기는 효율적이지만 사용자 입장에서는 불편하다.

HOL은 FORTRAN, C, Ada, COBOL같은 제 3세대 언어를 의미하며, 어셈블리 언어는 제 2세대 언어로서 기계 언어와 HOL의 중간단계에 있는 언어이다. 제4세대 언어는 HOL보다 위의 단계로 우리가 사용하는 언어를 그대로 사용할 수 있는 언어이다.

어떤 언어를 선택하더라도 복잡도나 크기를 수정해서 사용해야 한다. 언어의 특성에 따라 설계에 많은 노력이 투입되면 코딩이나 테스트에 상대적으로 적은 노력이 투입되는 경우도 있다.

(2) Application

Application은 소프트웨어에 필요한 테스트나 신뢰도 정도, 사용과 관련된 사항을 의미한다. Application에 포함되는 사항은 다음과 같다.

- 통계적/수학적 기능 : 단순한 수학적 계산, 통계루틴, 계산 기능 처리 시간이 중요하지 않음
- String 기능 : Text based manipulation, sorting, formatting, 텍스트 입력 및 출력기능, 텍스트 처리기능

• 그래픽 사용자 인터페이스 : 상호사용자 인터페이스, Toolbar 기능
• 자료저장 및 재생 : 자료읽기 및 쓰기(파일, DB), DB관리, DB접근 통제 및 보안
• 그래픽 기능 : 자료 Plotting, 그래픽 생성 및 접근, 선형차트의 생성, 조작, 막대그림표 등
• 온라인 커뮤니케이션 : 내부 또는 외부 과정통신, 대기 기능
• 통제 기능 : 하드웨어 통제 기능
• 멀티미디어 : 오디오, 비디오 텍스트 등 다양한 포맷으로 정보처리(반응시간이 중요함)
• Real Time : 기계와 기계의 반응시간, 하드웨어의 상호작용
• 운영체계(OS) : 메모리 기능(반응시간 중요), 엄격한 시간 및 신뢰도
• 논리 기능 : 복잡한 수학적 논리를 포함한 알고리즘

(3) 기타 복잡도와 관련된 요소들

소프트웨어가 운영될 하드웨어에 따라 소프트웨어의 코딩이나 불확실성에 대한 소요, 기간 지연 등에 대한 요구가 발생할 수 있다. 무기체계나 항공우주시스템의 경우 중량과 공간이 제한되기 때문에 컴퓨터 공간도 제한될 수밖에 없다. 소프트웨어 개발자는 지상에서 충분한 공간이 있는 경우와는 다르게 효율적인 방법으로 코딩을 해야 할 것이다. 때로는 하드웨어 개발자체가 지연됨으로서 소프트웨어의 개발도 자동적으로 지연될 수도 있다.

모듈의 수는 통합이나 표준화, 통신, 협조의 양을 결정하게 된다. 모듈이 많을수록 통합과 표준화 요구가 많을 수밖에 없다. 하나의 모듈은 소프트웨어에 있어서 단일 구성품으로서 여러 개의 기능이 합쳐서 만들어진 논리적인 그룹이라고 할 수 있다. 소프트웨어 엔지니어링에서는 CSCI라고 부른다.

소프트웨어 정비는 마치 자동차 정비와 같다. 새로운 시스템을 획득하게 되면 자동적으로 그 시스템을 운영하기 위한 정비가 따르게 마련이다. 소프트웨어에서도 어떻게 개발되었는가에 따라서 정비의 요구도와 난이

도가 결정된다. 소프트웨어가 개발단계에서 충분한 시험평가가 이루어졌다면 사용 중에 오차발생이 적을 것이다. 소프트웨어 개발시 체계적으로 설계가 이루어지고 문서화가 잘되어 있다면 나중에 코드를 수정하거나 이해하기 쉽고 정비하기도 용이 할 것이다.

비용과 복잡도의 관계는 <그림 4-2>에서 보는 바와 같이 복잡도가 증가할수록 비용이 급격히 증가하는 지수형태로 나타난다.

Boehm 교수에 의하면 복잡도가 낮은 경우에는 복잡도 효과가 미미한 편이지만 복잡도가 High 이상일 때는 투입되는 노력이 급격히 증가하게 된다.

다. 능력(Capability)

분명히 소프트웨어의 개발은 개발자의 능력에 따라 좌우된다. 능력 있는 개발자는 동일한 조건에서도 개발비용을 저렴하게 단기간에 개발할 수 있다. 비록 우수한 소프트웨어 엔지니어라 할지라도 과거에 특수한 형태의 소프트웨어나 어플리케이션을 개발한 경험이 없다면 그것들을 배우는데 약간의 시간을 투자해야만 한다. 한 전문가가 어떤 사업의 데이터베

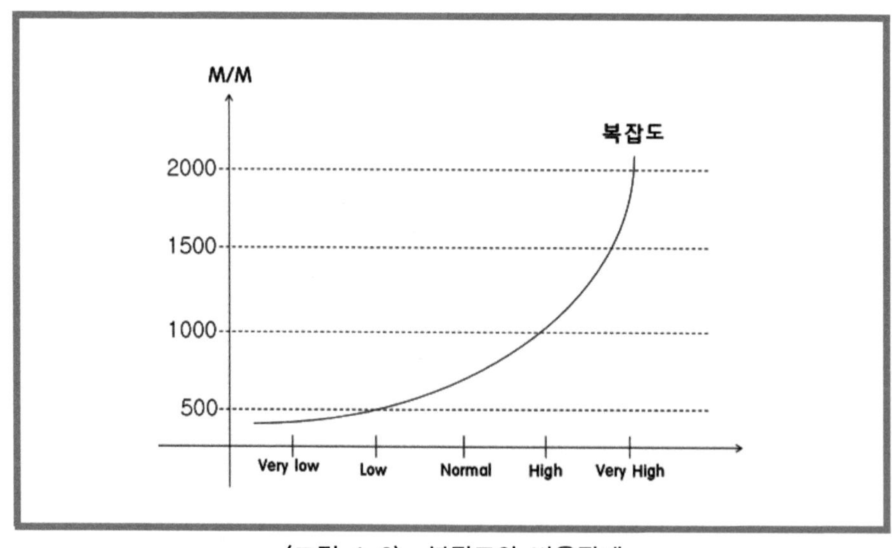

〈그림 4-2〉 복잡도와 비용관계

이스를 개발하는데 충분한 경험이 있다고 해서 비행통제 소프트웨어를 개발하는데도 우수한 능력을 가지고 있으리라고 기대해서는 곤란하다.

마찬가지로 개발자가 사용방법이 익숙하지 않은 CASE tool을 가지고 개발에 임한다면 생산성을 높이기 위해서는 tool 사용방법을 먼저 숙지해야 할 것이다. 특별한 어플리케이션이나 개발 tool에 대한 경험이 있는 경우에는 별도의 학습이 필요 없을 것이다.

어떤 경우에는 주어진 기간 내에 반드시 소프트웨어를 개발해야 한다. Y2K 같은 문제에 대응하기 위해서는 반드시 그 날짜 이전에 소프트웨어 개발을 완료해야 하는 데드라인을 가지고 있다. 만약 그 날짜에 맞추지 못하면 개발이 실패로 간주되거나 막대한 추가비용이 소요될 수 있다.

정상적인 기간보다 단축하여 개발해야한다면 의사소통이나 협조문제에 적절히 대응하기 위해 더 많은 프로그래머를 투입해야 할 것이다. 개발기간을 무리하게 단축시킨다면 소프트웨어 개발과정에서 소요분석이나 설계시간을 충분히 획보하지 못함으로 인해 코딩이나 시험에 더 비싼 비용을 치를 수도 있다. 또한 문서화를 제대로 하지 않음으로서 나중에 높은 정비비용을 초래하게 되고 재사용 하려고 할 때도 많은 비용이 들어가게 된다.

개발자들의 위치도 중요하다. 만약에 개발자들이 서로 떨어진 상태에서

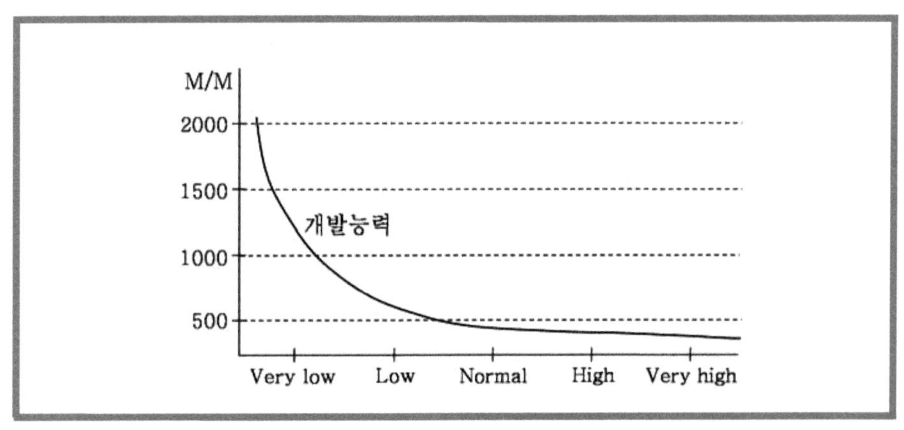

〈그림 4-3〉 개발능력과 비용

개발하면 그만큼 의사소통이나 협조가 어려워지게 된다. 개발시 예상되는 문제들에 대해 항상 얼굴을 맞대고 토의하여 문제를 해결함으로서 시간 절약 뿐만아니라, 개발의 효율성도 높일 수 있다. 개발능력과 비용은 <그림 4-3>에서 보는 바와 같다. 개발능력이 높을수록 비용은 저렴하다. 우수한 개발자와 초급 개발자간의 개발기간은 큰 차이를 보이고 있다.

많은 상업 모델에서 개발능력과 비용(임무수행 시간)은 지수분포를 가정하고 있다. 개발능력은 정성적인 요소이기 때문에 그것을 결정함에 있어 주관적인 요소를 최소화하는 주의가 필요하다.

다음은 비용주도요인 세 가지를 실제 비용추정에 활용되는 예를 살펴보고자 한다.

예제 4-2 SIZE

주어진 문제는 표준 복잡도와 표준 개발능력을 가지고 있고 1명의 전임개발자의 월임금은 16,000$ 이라고 가정한다. COCOMO II의 CER을 이용했을 때, 10,000 SLOC, 100,000 SLOC, 1,000,000 SLOC의 개발비용은 얼마인가? 단, CER은 다음의 식과 같다(Boehm).

$$PM = A \times Size^{E} \prod_{i=1}^{n} EM_i$$

PM = Person Months
A = 2.94(Constant)
Size = SLOC in thousand(KSLOC)
E = Sum of Scale Factors(경제적 혹은 비경제적 규모)
EM = Effort Multipliers

계산결과 : 10,000 SLOC $= 2.94 \times 10^{1.0997} \times 1 \times \$16,000 = \$591,790$
100,000 SLOC $= 2.94 \times 100^{1.0997} \times 1 \times \$16,000 = \$7,445,045$
1,000,000 SLOC $= 2.94 \times 1,000^{1.0997} \times 1 \times \$16,000 = \$13,662,838$

위의 예제에서 SLOC이 10배 증가함에 따라 실제 개발비는 10배 이상 계산되었는데 이는 Scale Factor E 값이 1.0997의 영향을 받았기 때문이다.

예제 4-3 복잡도(Complexity)

주어진 문제는 Size가 1,000 SLOC이며, 표준 개발능력을 가지고 있고 1명의 전임개발자의 월임금은 16,000$ 이라고 가정한다. (예제 4-2)에서 사용한 COCOMO II 의 CER을 이용했을 때, 복잡도가 낮은 경우(0.6)와 표준(1.0)일 때, 높은 경우(3.5)에서 개발 비용은?

계산결과 : Low Complexity $= 2.94 \times 10^{1.0997} \times 0.6 \times \$16,000 = \$355,074$

Nominal Complexity $= 2.94 \times 10^{1.0997} \times 1 \times \$16,000 = \$591,790$

High Complexity $= 2.94 \times 10^{1.0997} \times 3.5 \times \$16,000 = \$2,071,264$

이 예에서 보면 동일한 1,000 SLOC의 경우 다른 요소가 동일하더라도 복잡도가 0.6에서 3.5로 변할 때 개발비용은 6배 정도 차이가 남을 알 수 있다. 특히 CER에서 EM_i 값들이 승수로 곱해지기 때문에 여러 개의 요소들이 서로 곱해질 때는 그 비용은 지수적으로 증가할 수 있다.

예제 4-4 개발자의 능력(Capability)

이번에는 1,000 SLOC의 Size에서 표준 복잡도를 적용하고 1명의 전임개발자의 월임금은 16,000$ 이라고 가정한다. (예제 4-2)에서 사용한 COCOMO II의 CER을 이용했을 때, 개발능력이 Low(5.22), Nominal(1.0), High(0.33) 일 때 개발비용은?

계산결과 : Low Capability $= 2.94 \times 10^{1.0997} \times 5.22 \times \$16,000 = \$3,089,142$

Nominal Capability $= 2.94 \times 10^{1.0997} \times 1 \times \$16,000 = \$591,790$

High Capability $= 2.94 \times 10^{1.0997} \times 0.33 \times \$16,000 = \$195,291$

이 예에서도 동일한 1,000 SLOC의 경우 다른 요소가 동일하더라도 개발능력이 낮을 때는 193 Person Month가 소요되어 $3,089,142의 비용이 드는 반면 개발능력이 높을 때는 12 Person Month가 소요되어 $195,291의 비용이 들게 된다. 복잡도와 마찬가지로 1 보다 큰 승수들이 곱해지면 최악의 경우와 최상의 경우는 더욱 차이가 많이 나게 된다.

3. 개발 기간 

소프트웨어 개발에 소요되는 노력을 통상 Person Month 또는 Labor Month로 나타낸다. 때로는 소프트웨어를 개발하는데 소요되는 시간을 추정할 필요가 있다. 비록 개발기간이 비용은 아니지만 비용에 영향을 미치는 중요한 요소이다. 대부분 소프트웨어 비용추정 모델은 출력자료로 개발기간을 산정한다.

개발기간이 주요이슈가 되는 것은 소프트웨어 개발이 소요분석이나 위험분석에 의하기 보다는 어떤 계약이나 고객의 요구에 의해 이루어지기 때문이다. 또 다른 측면에서 보면 개발자는 개발기간에 대한 충분한 이해를 가지고 있지 못하다. 앞서 개발자의 능력에서 보았듯이 개발일정을 단축하면 항상 비용 증가가 초래된다. 모델은 개발기간을 늘리는 것이 비용을 증가시키거나 감소시키는가에 따라 다르다.

개발기간과 개발에 들어가는 노력은 서로 상이하다.

개발 기간(Schedule) = 개발에 소요된 시간(month)
개발 노력(Effort) = 개발에 소요된 시간 × 월간 참여인원

어떤 소프트웨어 프로젝트를 수행하는데 3명이 참여하여 6개월 만에 완료했다면 개발기간은 6개월이 되고 개발노력은 6×3 = 18 man/month가 된다.

Boehm 교수가 제시한 개발기간과 관련된 CER은 다음과 같다.

$$TDEV = C \times (PM_{NS})^{F} \times (SECD\%/100)$$
$$= C \times (PM_{NS})^{(D+0.2(E-B))} \times (SECD\%/100)$$

TDEV = Calendar Time in Month
C = 3.67
F = D+0.2(E-B)
PM_{NS} = 시간단축이나 연장에 대한 조정이 없이 소프트웨어 개발에

소요되는 Person Month

D = 0.28

E = Sum of Scale Factors

SECD% = 시간단축 또는 확장 비율

예를 들어, PM_{NS}=25, E=1.1433, 시간단축이 25%라고 하면 개발기간은 위의 식을 이용해서 구할 수 있다.

$$TDEV = 3.67 \times (25)^{(0.28 + 0.2 \times (1.143 - 0.91))} \times 75/100 = 7.88 \text{ month}$$

위의 식은 COCOMO II에서 사용되는 개발기간과 관련된 CER이다. 개발기간이 25%로 단축되면 SECD는 75%가 되고, 50%가 연장되면 SECD는 150%가 된다. 위의 공식에 25 Person Month를 삽입하면 개발기간은 약 8개월 정도로 산출된다. 개발기간을 단축시키면 대부분 개발비용이 증가하게 된다.

4. 소프트웨어 개발 접근방법

가. S/W 개발 방법론

어떤 소프트웨어를 사용하던지 간에 하나의 소프트웨어의 개발과정은 여러 단계를 거치게 되며, 개발된 후에는 반드시 정비유지가 필요하다. S/W 개발 절차는 조직에 의해 사용되는 방법론과 도구를 결정해 주며, 개발비용에 영향을 미치는 결정적 요소이다. 조직에 따라 S/W 개발 방법은 달라질 수 있으며, 이에 따라 개발비용도 달라진다. <그림 4-4>는 일반적으로 소프트웨어 개발 절차를 보여주는 것으로 대표적으로 소프트웨어 개발과정을 설명하기 위해서는 먼저 소프트웨어 구조를 이해할 필요가 있다. <그림 4-5>는 복잡한 미 국방부 S/W와 기타 복잡한 MIS시스템의 개발에 쓰이는 S/W 계층구조(hierarchy)이다. 일반적으로 시스템(F-22 전투기)은 여러 개의 서브시스템(예를 들어, avionics)으로 나누어지고, 서브시스템은 다시 주품목(prime item)과 중요품목(critical item (예를 들어, attack radar))으로 나누어진다. 그리고 이러한 서브시스템은 S/W 형상항목(CSCI)과 H/W 형상항목(HWCI)으로 나누어진다. CSCI는 사용하는 최종 기능을 만족시키는 S/W의 집합이다. CSCI가 클 경우(100,000라인 이상), 이것은 다시 SU(Software Unit)라 불리는 통제가 가능한 더 작은 단위로 나눈다. 가장 작은 SU단위들은 100-200라인 정도이다. SU의 구조와 숫자는 특정 CSCI의 특성과 복잡도에 따라 달라진다.

또한, 이 그림은 제품측면에서의 WBS(product-oriented WBS)의 한 예이다. WBS는 총 시스템을 구성품 단위로 분할하기 위하여 사용하는 경영기법이다. WBS는 H/W, S/W, 기타 다른 작업들로 구성되는 family-tree

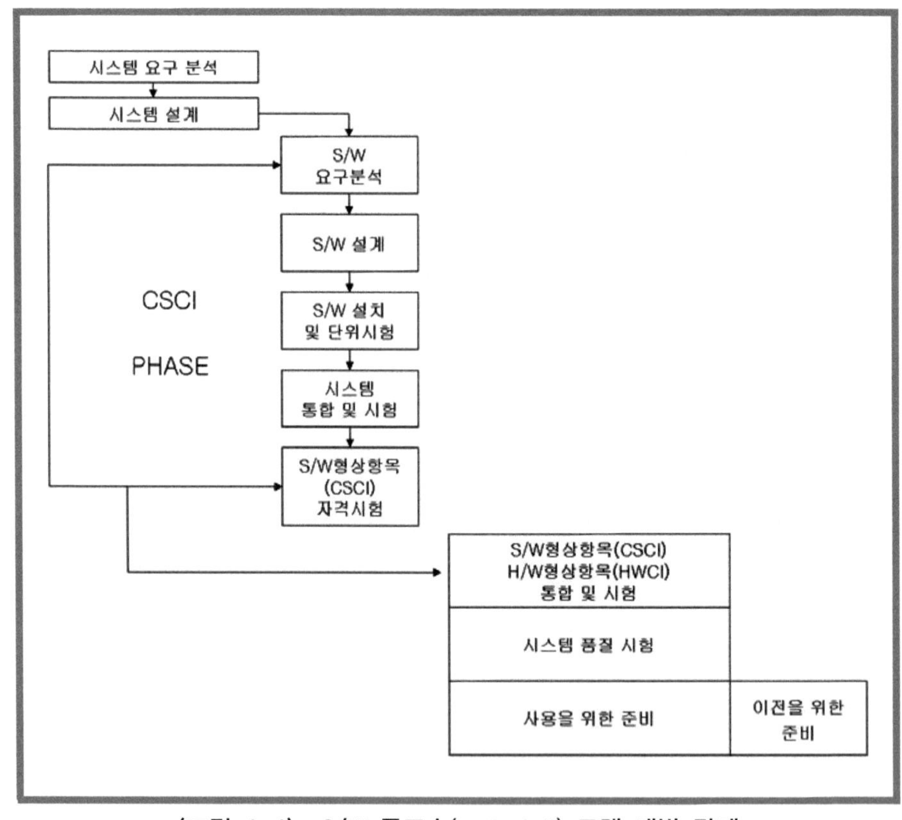

〈그림 4-4〉 S/W 폭포수(waterfall) 모델 개발 단계

형태의 구조이다. WBS는 개발하고자 하는 제품을 정의하고, 다른 작업요소들과 통합되어 완제품이 된다.

<그림 4-4>의 S/W 개발 과정은 다음과 같다. 처음 두 단계(시스템 요구조건 분석, 시스템 설계)에서 시스템 수준의 소요는 CSCI와 HWCI수준의 요구조건으로 나누어진다. 각 CSCI는 <그림 4-4>에서 보여진 것과 비슷하게 CSCI 순기과정을 거쳐 개발된다. S/W 요구조건 분석단계에서는 특정 CSCI에 대한 요구조건이 상세하게 정의된다.

S/W 설계 단계에서는 S/W 요구조건이 기능, 입력, 출력, 제약조건을 정의할 수 있는 모듈단위로 할당되고, SU수준으로 정의된다. 일반적으로 S/W가 완전히 설계된 후 코드화 한다. Cheadle에 의하면, CSCI 요구조건 분석 및 설계단계에서 전 CSCI개발 노력은 60%를 차지하고, 코딩은 20%정도를 차지한다고 말하고 있다. CSCI 수준에서의 마지막 단계는 다음과 같다.

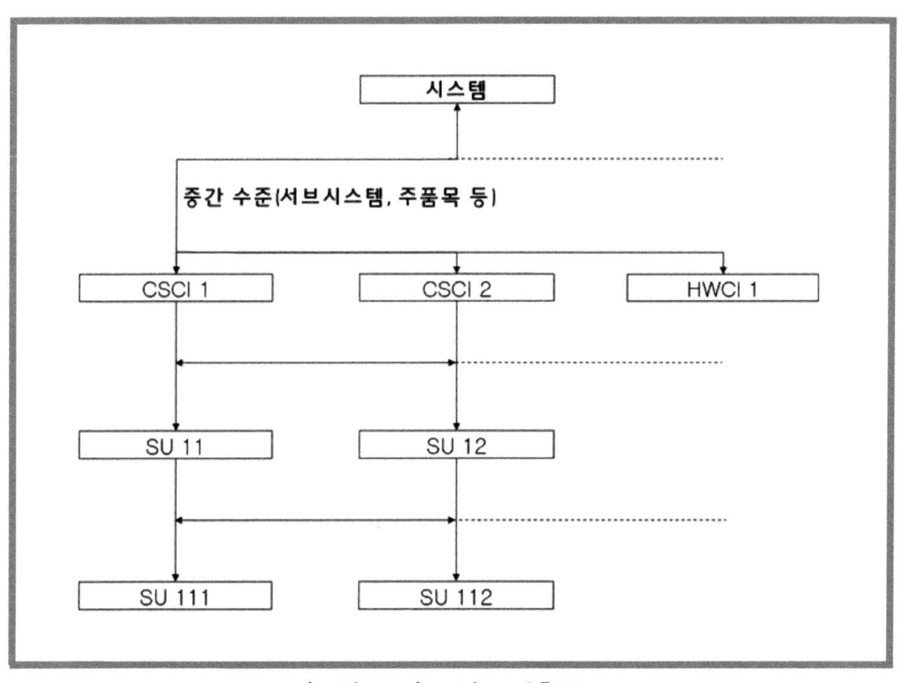

〈그림 4-5〉 S/W 계층구조

- 각 SU에 대하여 원시코드(예를 들어 C++ 언어)를 작성
- 각 SU를 시험
- SU의 통합 및 시험
- 모든 CSCI가 소요 전부를 만족하는지를 시험
- 전 시스템이 시스템 수준의 모든 요구조건을 만족하는지를 검사하기 위한 시험

CSCI를 개별적으로 시험한 후, HWCIs와 CSCIs가 통합되어 시험을 한다. 다음단계에서 전 시스템에 대하여 시스템 요구조건의 만족여부를 시험하게 된다. 시험이 완료되면 S/W의 사용이 가능하게 된다.

S/W 개발 기간 중에 사업관리, 형상관리, 품질보증 등의 중요한 활동들이 발생하는데, Boehm과 Riefer가 언급했듯이, 각 단계에서 수행한 행위들은 각 CSCI에 대하여 WBS로 작성할 수 있다. 이 WBS는 CSCI를 문서화하고, 추적하기 위한 관리상의 기본 도구로 사용된다. 위에서 제시한 S/W수명주기는 반드시 순차적으로 발생하는 것은 아니다. 실제 S/W 개발 과정에서는 순서가 많이 변경될 수도 있고, 여러 행위의 조합으로 나타나기도 한다. S/W 개발 방법론은 전체 순기비용에 많은 영향을 미치는데, 소프트웨어 개발 방법은 다음과 같은 것들이 있다.

(1) 폭포수(Waterfall) 방법 혹은 일괄 설계(Grand Design)

폭포수 방법은 전통적인 S/W 개발 방법이다. 이 방법은 관리부문의 요구조건과 설계활동을 강조하고, 전형적으로 문서화를 중요하게 여긴다. 이것은 1970년에 W. W. Royce에 의해 S/W 개발 시 원칙적인 접근방법을 제시하기 위하여 개발되었는데, 기존의 'code-and-fix' 방법보다 좋은 방법이다. 그러나 이 방법은 다음과 같은 제한사항을 가지고 있다(Boehm, 1981).

- 마지막 행위가 종료될 때까지 제품의 작동이 안 됨.(예를 들어서, CSCI 시험)
- CSCI 이전단계의 제품은 대개가 문서인데, 이것은 시간이 많이 걸리

고, 귀찮아질 수 있음.

• 사업의 초기단계에서 문제가 발생할 경우 최종 제품이 인도될 때까지 발견이 안 되는데 이 시점에서 수정할 경우 시간과 비용이 많이 소요됨

이 방법이 널리 쓰이기는 하지만, 사용하는데 많은 주의를 기울여야 한다.

(2) 점진적 개발(Evolutionary Development)

이 방법은 최초에는 운용이 가능한 정도의 제품을 우선 개발하고, 좀 더 세련된 버전(반복적)으로 개발을 계속하는 방법이다. <그림 4-4>에서 표현된 것처럼, CSCI 행위가 연속적으로 발생한다. 첫 번째 반복과정에서, 핵심적인 능력이 개발되어 운용된다. S/W는 모듈 단위로 설계가 진행되기 때문에 기능의 추가가 용이하다. 이 방법의 장점은 초기단계에서도 사용자가 제품을 사용하는 것이 가능하고, 사용자가 제품을 평가하고, 미래에 발전적인 요소를 제공할 수 있다. 그러나 단점은 폭포수 방법보다 최종 제품을 만들어 내는데 시간과 노력이 많이 든다.

(3) 점증적 개발(Incremental Development)

점증적 개발 방법론은 기능을 시리즈 형태로 연속적으로 추가하여 S/W의 기능을 확장하여 개발하는 방법이다(Mosemann, 1986). 이 방법의 특징은 build-a-little, test-a-little접근 방법이다. 이 방법은 사용자가 제품개발 단계의 초기에 참여함으로써, 그 후에 증가된 부분에 대한 시험만을 수행함으로써 노력을 절약할 수 있다. 또한, 점진적 개발에서와 마찬가지로 사용자는 초기단계를 검사함으로써 점진적 부분에 대한 계획을 세운다. 단점은 점진적 부분을 분할하는 것이 어렵기 때문에 모든 프로그램에 적합하지는 않다.

(4) 시제(Prototyping)

Laudon에 의하면, 시제 방법은 사용자에게 S/W 요구조건들을 입증하기 위한 실험적인 체계를 만드는 것이다(Laudon, 1977). 시제품을 사용하

여 사용자는 그들의 요구조건들을 더 잘 이해할 수 있고 그들의 요구조건에 대한 정의를 명확히 할 수 있다. 현대의 CASE tool은 시제 방법론을 많이 이용하고 있다. 시제는 요구조건을 명확하게 정의하는데 도움이 되지만, 장기적인 지원 비용이 증가하기 때문에, 시제를 최종 제품으로 사용하는 것을 신중하게 고려해야 한다.

(5) Spiral 개발

이 모델은 1987년에 Boehm에 의하여 S/W 개발 위험을 줄이기 위하여 개발되었다(Boehem, 1988). 이 모델은 S/W 개발을 비용과 노력의 척도로서 radial distance와 진행 상황의 척도로서 angular displacement를 사용하고 있다. 나선의 한 사이클은 요구조건 분석 혹은 설계의 개발 단계를 나타낸다. 각 단계 동안에 목표들이 정해지고, 대안분석, 위험도분석이 수행되고, 하나 혹은 그 이상의 제품이 만들어 진다. 장점은 위험도분석을 통하여 대안분석이 가능하고, S/W 개발에 폭포수방법과 점증적/점진적 방법을 조합함으로써 S/W 개발과정에 유연성을 제공할 수 있다.

(6) 객체지향 개발

이 방법은 절차와 자료가 통합된 객체로 결합된다는 점에서 전통적인 방법과는 다르다. 시스템은 등급(class), 객체(object), 그리고 그들의 상호관계의 집합이다. 이것은 별도의 개발 방법이 아니고, waterfall, 점진적, 점증적 방법과 같이 쓰여진다. 객체지향 방법론을 사용하면 S/W 재사용성(reusability)과 지원성(supportability)을 유용하게 이용할 수 있다. 현재 이 방법은 계속적으로 발전되고 있는 분야이다.

나. S/W 추정 기법

S/W 파라메트릭 추정을 사용할 때 기본적인 추정 방법에 대한 지식을 가지고 있어야 한다. Boehm(1981)은 비용추정 방법으로 알고리즘, 전문가 판단, 유사 비교법, Parkinson, price-to-win, bottoms-up과 top-down 방법을 제시하였다. 이중에서 4가지 방법(유사, 전문가 판단, bottoms-up, 파

라메트릭방법)은 다음 절에 자세하게 설명한다. <도표 4-1>에 간단한 설명과 장점, 단점을 비교하였다.

(1) 유사 추정법(Analogy)

유사 추정법은 가장 간단한 방법이다. 유사 기법은 과거에 수행한 유사 사업과 비교하여 추정치를 계산하는 방법이다. 예를 들어, 어떤 기관이 5,000명에게 제공 가능한 100,000라인 정도의 COBOL로 된 신규 급여시스템을 만들 경우, 과거에 어떤 조직에서 100,000라인의 프로그램을 2백만 달러에 개발하였으면 인플레이션 및 다른 비용요소는 고려하지 않고 대략 2백만 달러 정도의 개발비가 들것으로 추정이 가능하다.

이 모델의 장점은 실제 경험치에 의존한다는 것이다. 그러나 유사한 사업이 없을 경우 한계가 있다. 예를 들어서 100,000라인의 Ada 언어로 된 프로그램의 경우 100,000라인의 COBOL로 된 사업의 비용과는 많이 다를 것이다. 게다가, S/W프로그램의 경우 실제 유사한 개발 사례를 찾기가 힘들다. 따라서 유사 사업과 제안된 사업의 차이점(사용 언어, 개발방법, 난이도 등)을 잘 분석하여야 하며, 이러한 차이점이 어떻게 비용에 영향을 주는지 잘 분석하여야 한다. 유사 기법은 S/W비용 추정을 위하여 단독적으로 쓰이지 않으며, 합리성을 위하여 다른 추정치를 검토하는데 쓰여 진다.

(2) 전문가 판단 기법(Expert Judgment Techniques)

이 기법은 몇 명의 전문가에 의한 방법이다. 가장 널리 쓰이는 것이 Delphi와 Wideband Delphi방법이다. 이 방법은 과거와 미래 프로그램과의 차이, 과거 자료가 존재하지 않는 프로그램과 새로운 프로그램의 차이를 평가하는데 용이하다. 그러나 전문가의 편견과 지식이 부족할 경우 어려움이 있다. Delphi 기법은 편견과 관련된 문제를 완화시킬 수 있지만, 전문가들은 새로운 S/W 프로그램의 비용을 추정하는데 어려움을 겪을 수 있다. 그러므로 이 방법은 다른 모델의 입력 자료로서는 유용하지만, 단독으로 정부에 제출되는 S/W추정치에 대한 근거자료로는 사용되지 않는다.

(3) Bottoms-Up 기법

이 기법은 비용 추정에 시간이 많이 걸린다. 각 단위(SU) 비용을 상세하게 분석함으로써 S/W의 비용을 추정할 수 있다. 이 단위비용은 다시 각 CSCI에 대한 비용을 계산한 후, 모두 합하여 전체 시스템의 비용을 추정한다. 이 방법은 제안서 준비 기간 및 이후에 S/W 비용의 추적을 위하여 사용한다.

이 방법의 장점은 비용 추정에 상세한 근거를 제공해 주며, 다른 방법보다 매우 정확하다. 또한 각 특정 부품을 개발하는 사람들이 비용 추정을 하기 때문에 비용을 통제하는 책임을 증대시킬 수 있다. 이 방법은 각각의 추정치가 각 S/W 개발 기간 중에 수행되는 각각의 행위들에 대하여 이루어지기 때문에 비용 추적에 매우 효과적이다. 그러나 단점으로는, 너무 상세한 정보를 필요로 하기 때문에 시간과 비용이 너무 많이 든다. 또한 과거 자료가 항상 존재하는 것은 아니고, 판단에 너무 의존하려는 경향이 있다. 그리고 중요한 비용 유발 요인인 S/W 통합(S/W Integration) 행위에 대하여 판단이 용이하지 않다.

(4) 파라메트릭 방법

파라메트릭 방법은 통계적인 관계에 근거를 두고 추정치를 계산한다. 파라메트릭 방법은 비용, 일정 등의 종속변수와 독립변수와의 관계를 찾아낸다.

이 방법은 S/W프로그램의 설계 특성에 근거를 두고 전체 시스템이나 CSCI 비용을 추정한다. 전체적 비용은 낮은 수준의 SU들 혹은 순기 단계별로 분할 할 수 있다. 이 모델의 장점은 속도가 빠르고, 사용하기가 쉬우며, 필요로 하는 자료가 적고 전체 시스템 비용 혹은 CSCI 수준에서의 비용(통합 비용 포함) 추정이 가능하다. 그리고 보정과 입증 절차를 잘 수행할 경우 매우 정확하다. 이러한 장점 때문에 미 국방부에서 비용 추정기법으로 선택하였다. 다음 절에서는 산업계와 정부에서 널리 쓰고 있는 상업용 파라메트릭 모델에 대하여 설명한다.

〈도표 4-1〉 S/W 비용모델의 범주

모델 범주	설 명	장 점	단 점
유사 추정법 (Analogy)	과거유사프로젝트와 비교하여 추정	실제 경험치에 의존	비슷한 프로젝트가 존재해야만 가능
전문가 판단 (Expert Judgment)	전문가 의견 참조	과거 자료가 필요 없으며, 신규 혹은 특정 프로젝트에 적합	전문가가 편견을 가지기 쉬움, 전문가 지식수준에 좌우
상향식 추정 (Bottoms-Up)	구성품 단위부터 평가 후 총 추정치를 계산	상세한 BOE로 인해 정확한 추정이 가능, 개인의 책임 증대	시간이 많이 걸리고, 프로그램의 초기단계에 자료가 없으면 사용 이 불가, 통합비용에 대한 고려를 놓치기 쉬움
모수추정 모델 (Parametric Models)	설계 파라미터와 수학적 알고리즘을 사용하여 추정치를 계산	추정이 빠르고 쉬우며, 프로그램의 초기단계에서 추정이 가능, 객관적이고 반복적 사용이 가능	보정과 입증절차를 빠트릴 경우 추정치가 부정확

5. 소프트웨어 비용 추정 상용모델

소프트웨어 비용추정의 중요성이 강조되면서 다양한 형태의 파라메트릭 S/W 추정 모델이 있으나, 본 절에서는 3개의 일반적인 S/W 파라메트릭 모델에 대해 소개를 하고자 한다. 3개의 모델은 COCOMO, PRICE-S, SEER-SEM 모델로서 개략적인 모델의 특성과 입력자료, 수행절차, 출력에 대하여 소개하고자 한다.

가. COCOMO II 모델

1981년에 Dr. Barry Boehm은 COCOMO 파라메트릭 S/W 모델을 개발하여 첫 번째 판을 출시하였다. COCOMO는 Boehm의 저서, “Software Engineering Economics”에 설명되어 있는데 최초 독점 모델(proprietary model)의 형태는 아니었다. 실제로, COCOMO를 수행하기 위해서는 단지

지수계산 능력이 가능한 전자계산기만 있으면 계산이 가능했다. 1980년대 말과 1990년대 초에 Ray Kile에 의해 개발된 COCOMO(REVIC)는 공군의 표준 모델이다.

지난 몇 년간 Boehm은 COCOMO의 실질적인 버전을 개발하여 1996년 말 COCOMO II로 최신화하였다.

COCOMO에 대한 세부사항과 문서는 인터넷 사이트에서 찾을 수 있다(http : //sunset.usc/research/cocomosuite/index.html).

COCOMO II 모델은 Barry Boehm과 Southern California 대학원생들이 이끄는 협회에 의하여 1990년대 중반에 개발되었다. COCOMO II 모델의 첫 번째 버전은 1996년에 출시되었다. COCOMO II 모델의 목적은 "1990년대와 2000년대에 적용 가능한 S/W의 비용과 일정을 추정하는 모델"을 개발하기 위한 것이었다. COCOMO 81이 폭포수(waterfall) 방법론을 사용하여 개발한 프로젝트에 근거를 둔 반면에, COCOMO II 모델은 현대의 설계 방법론(객체지향 기법)을 염두에 두고 개발하였다.

COCOMO II는 추정시 3단계를 적용한다. Applications Composition이라 불리우는 1단계에서는 prototyping과 application composition efforts를 지원하고, S/W 크기 추정수단으로서 object point를 사용한다. 초기 설계라 부르는 2단계에서는 프로그램의 초기 설계단계에서 추정을 지원하고, 크기 추정수단으로서 function point 혹은 프로그램 라인수(KSLOC)를 사용한다. 또한 Post Architecture라 부르는 3단계에서는 초기설계 단계 이후를 지원한다. 3단계는 COCOMO 81의 수정판이다. COCOMO 81과 COCOMO II의 차이점을 다음 절에 설명하였다

(1) COCOMO II(3단계)의 개요

COCOMO II 관계식은 COCOMO 81을 수정한 것이며, 지수 변수를 사용하고, S/W의 재사용 부분을 다르게 계산하였다. 3단계에서의 노력함수식(Effort Equation)은 다음과 같다.

PM = <A(Size') E (EM)> + PMAT

여기서, PM : 추정된 노력에 소요되는 인력

A : 잠정적으로 2.5로 정한 계수이며, 특정 조직의 비용과 특성을 반영하기 위하여 보정되어야 한다.

Size' : Size'는 Size(1+REVL/100)로 계산되며, REVL은 요구사항 변동 퍼센트를 나타냄. 크기(Size) 자체는 새로운 부분과 재사용한 KSLOC의 합이다.

E : E는 변동성 멱지수(exponent)로서 E=0.91+0.01(SF)로 계산되며, SF는 0에서 5까지 변하는 5개의 scale factor의 합이다.

5가지 scale factor는 <그림 4-6>에 나타나 있다. COCOMO 81과 COCOMO II에서 노력의 등급과 마찬가지로 각각의 항목은 VL로부터 XH까지 rating 되어 있다. 이 그림에서 낮은 값은 노력의 정도가 낮다는 것을 의미한다. 예를 들어서, PREC의 경우 VL은 '완전하게 전례가 없는'의 의미이고, XH는 '완전하게 친숙한'의 의미이다.

EM : <그림 4-7>에 나타난 17개의 effort multiplier 이며, 이것은 Intermediate COCOMO 81모델에서도 사용되었다.

PMAT : 구성품에 대한 노력

COCOMO II의 일정에 대한 함수식은 지수변수를 사용하며, 다음과 같다.

$$TDEV = < C \times PM(0.33 + 0.2(E - 0.91) > (SCED\% \ / \ 100)$$

여기서, TDEV : 개발 시간(월)

	Rating					
Scale Factor	VL	LO	NM	HI	VH	XH
선행(Precedentedness, PREC)	6.20	4.96	3.72	2.48	1.24	0.00
개발 유연성(Development Flexibility, FLEX)	5.07	4.05	3.04	2.03	1.01	0.00
Architecture/Risk Resolution(RESL)	7.07	5.65	4.24	2.83	1.41	0.00
Team Cohesion(TEAM)	5.48	4.38	3.29	2.19	1.10	0.00

〈그림 4-6〉 COCOMO II Scale Factor

C : 일정계수로써 명목적으로는 3.67이나 반드시 보정되어야 함
PM : 추정된 노력에 소요되는 인력
SCED% : 일정의 변동율, 이것은 수치상의 rating은 다르지만 COCOMO 81에서 사용하는 파라미터와 같은 개념이다.

COCOMO II는 적응조정 배수(Adaptation Adjustment Multiplier)를 계산하기 위해 방정식을 활용하여 재사용 코드를 다룬다. 재사용 방정식은

	Rating					
Attributes	VL	LO	NM	HI	VH	XH
신뢰성(Required Reliability, RELY)	0.75	0.88	1.00	1.15	1.39	
D/B 크기(Database Size, DATA)		0.93	1.00	1.09	1.19	
제품난이도(Product Complexity, CPLX)	0.75	0.88	1.00	1.15	1.30	1.66
재사용성(Required Reusability, RUSE)		0.91	1.00	1.14	1.29	1.49
문서화(Documentation Required, DOCU)	0.89	0.95	1.00	1.06	1.13	
수행시간(Execution Time Constraints, TIME)			1.00	1.11	1.31	1.67
주용량(Main Storage Constraints, STOR)			1.00	1.06	1.21	1.57
Platform Volatility(PVOL)		0.87	1.00	1.15	1.30	
분석자 능력(Analyst Capability, ACAP)	1.50	1.22	1.00	0.83	0.67	
경험(Applications Experience, AEXP)	1.22	1.10	1.00	0.89	0.81	
프로그래머 능력(Programmer Capability, PCAP)	1.37	1.16	1.00	0.87	0.74	
Personal Continuity(PCON)	1.24	1.10	1.00	0.92	0.84	
Platform Experience(PEXP)	1.25	1.12	1.00	0.88	0.81	
언어와 도구 사용경험 (Language and Tools Experience, LTEX)	1.22	1.10	1.00	0.91	0.84	
S/W 도구의 사용(Use of Software Tools, TOOL)	1.24	1.12	1.00	0.86	0.72	
Multiple Site Development(SITE)	1.25	1.10	1.00	0.92	0.84	0.78
개발일정(Required Development Schedule, SCED)	1.29	1.10	1.00	1.00	1.00	

〈그림 4-7〉 COCOMO II Stage 3 S/W 개발 노력 승수

노력의 일정량이 얼마나 많은 코드가 실제로 수정되었을지라도 재사용에 필요하다는 점을 고려한다. AAF 방정식은 비선형이며 다음과 같은 방정식에 의해 계산된다.

$$AAM = (AAF + AA + <SU \times UNFM>) / 100$$

여기서, AAF는 적응조정요소로서 AAF = 0.40(DM) + 0.30(CM) = 0.30(IM) 이며, DM은 수정된 설계비율, CM은 수정된 코드 비율, IM은 수정된 통합/시험 비율이다.

AA : 재사용 적합성과 재사용된 소프트웨어의 설명서를 제품 설명서에 통합할지 여부를 결정하기 위한 평가 및 융합 정도

SU : 필요한 소프트웨어 이해 정도

UNFM : 소프트웨어에 대한 프로그래머의 생소함

(2) COCOMO II 입력(Post Architecture Model)

COCOMO 81에서와 마찬가지로 3단계에서도 프로그램 라인수(KSLOC)인 크기가 가장 중요한 입력변수이다. 여기에 17개의 노력 등급(rating)값이 있다. 대부분의 입력변수가 COCOMO 81과 비슷하지만, 재시험소요(RUSE), 문서화소요(DOCU), 요원의 연속성(PCON), 다수의 site 개발(SITE), 운용환경(PVOL)의 입력변수가 COCOMO 81에서의 VIRT를 대체하고, platform experience(PEXP)와 언어와 도구의 사용경험(LTEX)이 LEXP, VEXP를 대체한다. 그리고 COCOMO 81의 MDOP와 TURN은 사용하지 않는다. <그림 4-7>에 17개 속성과 등급(rating)값이 나타나 있다.

(3) COCOMO II 입력 (Early Design Model)

2단계에서는 function point가 가장 중요한 입력변수인데, 이것은 COCOMO II 모델에 있는 언어 표(language table)를 사용하여 Function Point를 KSLOC로 전환한다. 또한 3단계에 사용하거나 3단계의 요소들을 조합한 7개의 속성을 사용한다. COCOMO II의 1997년판에는 수치값이 등급(rating(VL, NOM, VH))에 할당되어 있지 않았으나, 최신판에는 할당

이 되었다. 이 7가지 속성은 다음을 포함한다.

- 제품 신뢰도 및 난이도(Product Reliability and Complexity(RCPX)) : 3단계에서의 RELY, CPLX, DATA, DOCU의 조합
- 필요한 재사용(Required Reuse, RUSE) : Post Architecture Model과 동일
- Platform 난이도(Platform Difficulty, PDIF) : Post Architecture Model에서의 TIME, STOR, PVOL의 조합
- 요원의 능력(Personnel Capability, PRES) : Post Architecture Model에서의 ACAP, PACP, PCON의 조합
- 요원의 경험(Personnel Experience, PREX) : Post Architecture Model에서의 AEXP, PEXP, LTEX의 조합
- 설비(Facilities, FCIL) : Post Architecture Model의 TOOL, SITE의 조합
- 개발 일정(Required Development Schedule, SCED) : 3단계와 동일

(4) COCOMO II 입력 (Application Composition Model)

이 단계에서는 object point와 생산성 등급(PROD)을 포함한다. PROD는 개발자의 CASE Tool을 사용하는 능력과 경험에 대한 척도이며, 경험의 최고 높은 수준인 '4'부터 최저 수준인 '50'까지 사용한다.

(5) COCOMO II 절차

2단계와 3단계에 대한 함수식은 앞 절에서 설명하였다. COCOMO 81에서와 마찬가지로 가장 중요한 작업은 S/W크기를 결정하는 것이며, 각 속성에 대하여 적절한 등급을 매기는 것이다. 1단계에서는 다음과 같은 함수식을 사용한다.

$$PM = NOP / PROD$$

여기서, NOP : New Object Point
PROD : Productivity Rating

(6) COCOMO II 출력

Post Architecture 와 Early Design 모델의 출력에서 소요인력의 척도는 노력의 수준과 일정이다. 노력의 수준은 소요인력(MM)당 비용만 파악이 되면 비용으로 전환이 용이하다. Application Composition Model에서는 노력에 대한 출력만 가능하다.

(7) COCOMO II 지원 비용 고려사항

Application Composition Model에서는 지원과 관련된 함수식이 없지만, Post Architecture와 Early Design 모델에서는 유지(maintenance)와 지원(support)부분에 대한 노력을 계산하기 위하여 여러 알고리즘을 사용한다. S/W 지원과 관련된 노력에 대한 함수식은 다음과 같다.

PMm = A(Sizem)E(EM)

여기서, PMm : 추정된 노력을 지원하기 위한 유지 인력 수
A : 2.5(디폴트값, 보정필요)를 갖는 상관계수
Sizem = (Size Added +Size Modified) × MAF
MAF = 1 + (UNFM)(SU/100)
E = Post Architecture Model 개발 노력 공식에서 사용된 크기 요소
EM : 15개 정비노력 상수들의 곱한 값

나. PRICE S 모델

PRICE S는 산업분야나 정부에서 소프트웨어 개발에 소요되는 시간 계획(Schedule)과 비용을 추정하기 위해 설계된 모델이다. 이 모델은 개발에 소요된 노무시간(Person months, Person hours)을 근거로 개발 비용을 추정한다. PRICE H 모델에서 제조복잡도와 중량을 기본으로 비용을 추정하는 것과 유사하게 PRICE S 모델에서는 생산성(Productivity)을 근거로 기본비용을 추정한 다음 단계별로 Volume, Complexity를 고려하고, 신규 소요인력, 프로그램 재사용 정도, Tools, Specification 수준 등을 판단하여 최소 비용을 산출한다.

(1) 입력

PRICE S의 주요한 입력 자료는 다음의 11가지 범주로 나누어진다.

- 프로젝트 크기 : 크기는 프로그램 라인수(SLOC), function point, object point 등을 말한다.
- 프로그램 응용(APPL) : S/W형태로 다음 7가지 형태가 있다. Mathematical, String Manipulation, Data storage and Retrieval, On-Line, Real-Time, 질의-응답(Interactive), 운용체계
- 프로그램 언어(LANG) : COBOL이나 HTML과 같은 프로그램에 사용된 언어
- 플랫폼(PLTFM) : 지상 군용장비나 유인 우주선과 같은 운용환경을 고려한 최종 사용자 요구형태에 대한 척도
- 생산성 요소(PROFAC) : 요원과 경영의 생산성과 효율성에 S/W 프로그램을 관련시키는 보정 파라메타
- Design Inventory : 사용이 가능한 S/W inventory의 양. 새로운 설계(NEWD)와 새로운 코드(NEWC)는 새로 개발해야 하는 S/W의 정도를 제공
- Utilization(UTIL) : 속도와 기억용량 크기와 관련되는 프로세서 용량
- 사용자 규격 및 신뢰성 소요 : platform(PLTFM) 파라메타는 필요한 시험과 문서화의 정도를 제공
- 개발 환경 : 난이도 파라메타(CPLX1, CPLX2, CPLXM)는 site 숫자, 요구사항 변동성, 사용되는 도구와 같은 프로젝트 조건을 측정
- 통합 난이도 평가 : internal(INTEGI)과 external(INTEGE) 통합에 대한 rating의 어려움
- 개발방법 : 폭포수(waterfall), 나선형(spiral), 점진적(evolutionary), 점증적(incremental) 개발 방법 중 선택

(2) 수행 절차

이 모델은 제품의 크기와 적용분야(APPL)에 근거를 두고 S/W의 부피

를 계산한다. 그리고 소요인력으로 표시되는 개발의 노력수준을 결정하기 위하여 VOL과 생산성 요소(PROFAC)를 사용한다. 관계식은 다음과 같다.

LH = <e PROFAC> < VOL f(PROFAC)> / 1000

그리고 LH에 선형적으로 영향을 미치는 PLATFM 파라미터에 의하여 추정치를 조정한다.

(3) 출력

이 모델은 비용으로 전환이 가능한 노력의 수준을 계산한다. 이 노력의 수준은 S/W 개발단계인 설계, 코드, 시험의 3단계로 나누어지며, 체계공학, 프로그래밍, 형상 및 품질 관리, 문서화, 사업관리 등 5개의 활동으로 세분화 된다.

이 모델은 월단위로 개발 일정을 계산하며, 모델로 계산한 일정과 입력된 일정을 비교할 수 있도록 일정의 영향을 계산하는 기능이 옵션으로 있다. 이 옵션은 모델로 계산한 일정에 대하여 사용자의 일정을 압박하기도 한다. 이 모델은 다음과 같은 옵션 출력이 있다. resources-complexity, instruction application sensitivity matrixes, resource expenditure profile에 대한 옵션 출력을 제공한다. 또한 입력 파라미터 값의 변동에 의한 영향을 빠른 속도로 계산해 볼 수 있다.

(4) 지원비용 고려사항

PRICE S 모델은 획득과 판매한 자료를 사용하여 S/W 유지(maintenance), 개선(enhancement), 성장(growth)과 수정(modification)에 대한 지원 비용 추정이 가능하다. S/W 지원비용 추정시에만 해당되는 입력 자료는 다음과 같다.

- 지원 일정 (시작과 종료 일정)
- S/W 설치(installation) 숫자
- 성장(growth)과 개선(enhancement) 수준
- 품질 수준

• 유지, 개선(enhancement), 성장(growth)에 대한 생산성 인자의 보정

PRICE S모델은 지원비용을 유지(Maintenance), 개선(Enhancement), 성장(Growth) 3가지의 지원 범주로 나눈다. 또한 지원되는 프로그램 결점의 숫자를 계산하여 앞에서 언급한 5개 활동에 대하여 인력과 비용을 할당한다.

다. SEER SEM 모델

SEER SEM은 Galorath Associates에 제공된 모델로, 이 모델의 종류에는 SEER-H(H/W 비용 추정), SEER-HLC(H/W 순기비용), SEER-SSM (S/W 크기), SEER-IC(integrated circuit), SEER-DFM(design-for-manufactura-bility)모델 등이 있다. SEER -SEM모델은 모든 프로그램 형태 및 S/W 모든 개발순기에 적용 가능하다.

(1) 입력

SEER-SEM모델의 입력 자료는 크기(Size), 지식베이스(Knowledge Base) 입력, 입력 파라메타(Input Parameter)의 3가지로 나눠지는데, 주요 입력 자료는 아래와 같다.

• 크기 : 크기의 추정은 프로그램 코드수(SLOC), Function Points, Proxies의 3가지 방법 중의 하나를 사용한다.(proxies는 사용자가 고유하게 크기를 측정하도록 해주는데, 나중에 SLOC로 변환된다.) 또한 모든 S/W는 '새로움(New)', 'Preexists Designed for Reuse', 'Preexists not designed for Reuse'의 범주로 나눈다. 기존에 존재하는 S/W의 경우에, 사용자는 삭제되는 S/W의 양과, 새로운 설계 비율, 재사용율, 현재 상황에 적용을 위한 프로그램의 수정비율을 추정한다. 이 모델은 PERT를 사용하기 때문에 사용자는 크기에 대한 최소치, 최빈치, 최대치를 입력한다.

• 지식베이스 입력 : SEER-SEM은 여러 다른 형태의 S/W에 대한 지식

베이스가 포함되어 있다. 지식베이스는 선택된 S/W의 형태에 따라서 입력 자료에 디폴트값이 할당되어 있다. 사용자들은 우선 모델에서 사용할 지식베이스를 정해야 한다.

- Platform : 운용 환경(예를 들어, 비행기, 지상, 유인 우주선)
- Application : S/W 기능(지휘/통제, 임무계획(mission planning), 시험)
- 획득 방법 : S/W가 획득되는 방법
  (예를 들어, 개발, 수정, 혹은 re-engineering)
- 개발 방법 : 개발 방법(예를 들어, 폭포수, 점증적, 점진적 방법)
- 개발 표준 : 개발 표준 및 취사선택(tailoring)의 정도(MIL-STD-498 weapons, ANSI J-STD 016 full, ANSI J-STD 016 nominal, or 상업용)
- 등급 : 이 항목은 사용자가 정의한 지식베이스에 의한다.
- COTS 구성품 형태 : class library, 데이터베이스, application등과 같은 COTS의 형태(COTS는 상업용 S/W 구성품을 개발에 포함시키는 것과 관련된 행위임)

• 입력 파라미터 : SEER-SEM모델은 30여개의 입력 자료가 있다. COCOMO 81, COCOMO II와 비슷하게, 입력 자료는 '매우 낮음'부터 '극도로 높음'의 범위를 가지고 있다. 선택된 지식베이스는 대부분의 입력 파라메타들에 대하여 디폴트값을 사용하는 것이 가능하다. 그러므로 사용자가 입력한 파라메타 값이 없을 경우, 이 모델은 디폴트값을 사용한다.

- 요원의 능력 및 경험 : COCOMO 81의 '요원 속성'과 비슷한 7개의 파라메타들은 사업을 수행하는 요원들의 수준의 척도이다. 여기 속하는 입력 자료는 분석자 능력, 사용 경험, 프로그래머 능력, 언어 사용경험, Host-Development System Experience, Target System Experience, 실제 사용 경험 등
- 개발 지원 환경 : COCOMO 81의 컴퓨터 속성과 비슷한 9개의 파라메타들이 있다. 여기에는 현대적인 개발 기법 사용, 자동화된 도

구의 사용, 응답시간(turnaround), 다수 사이트의 개발, resource dedication, resource and support location, host system volatility, target system volatility

- 제품 개발 소요 : 이 범주에는 5개의 파라메타들이 있는데, requirement volatility, rehosting from development to target computer, 규격 수준, 시험 수준, 품질보증수준이 있는데 나중의 3개는 COCOMO 81과 비슷하다.
- 재사용 소요 : 2개의 파라메타가 있는데, 미래 프로그램에서 필요한 재사용의 정도와 재사용 S/W 사용 비율
- 개발 환경 난이도 : 4개의 파라메타 값이 있으며, 언어 난이도(language complexity), 주개발 시스템난이도(host development system complexity), 응용 등급 난이도(application class complexity), 절차 향상의 영향 등이 있다.
- 목표 환경 : COCOMO 81의 컴퓨터 속성과 비슷한 7개의 파라메타가 있으나, target computer에는 초점을 맞추지는 않는다. 특수 전시 소요(special display requirements), 용량 제약조건(memory constraints), 시간 제약조건(time constraints), 실시간 코드(real-time code), 목표체계 난이도(target-system complexity), target system volatility, 보안

• 기타 : 일정 제약조건, 임율, 통합소요(integration requirements), 인건비용(personnel costs), 입력단위(metrics), S/W 지원 등

(2) 출력

SEER-SEM은 사용자에게 여러 가지 형태의 출력을 제공하는데, 관리, 체계공학, 설계, 코드, 자료, 시험, 형상관리, 품질보증의 범주로 나누어 소요인력을 제공한다. 비용 추정과정 임의의 시점에서 크기, 노력의 정도, 일정, 기술등급(ETR) 등의 자료로 비용을 빠르게 추정할 수 있다. 또한 다음과 같은 옵션출력이 가능하다. 기본추정(basic estimate), staffing by month, 월단위 비용(cost by month), 항목당 비용(cost by activity), 항목당 소요인력(person-months by activity), delivered defects, SEI maturity rating 등.

6. 비용 모델의 선택

S/W 비용과 크기 선정 모델이 많기 때문에 적절한 모델을 선택하는 것은 매우 어렵다. 모델의 선택 절차는 다음과 같다.

가. 1단계 : 사용자 요구 결정

첫 번째 단계가 매우 중요하다. 프로그램의 고유 요구조건을 잘 이해한 후 각 상황에 따라 적절한 모델을 적용한다. 먼저, 사용자는 조직의 요구조건들을 잘 이해한다. <도표 4-2>와 같이 가중치를 고려한 접근방법을 사용하여 특수한 상황을 정의할 수 있다. 그림에 나타난 인자들과 가중치는 사용자의 조직에 따라 이러한 요소들의 중요성을 반영한다. 이 값들은 단지 예로 제시된 것이며, 다른 조직에서의 인자들과 가중치는 다르며 매우 주관적이다. 그러나 이런 접근방법이 정성적인 평가 요소를 고려할 수 있는 기반을 제공한다.

나. 2단계 : 모델 후보 선택

2단계는 1단계에서 식별된 필요조건들을 만족시킬 수 있는 후보 모델을 선택한다. 필요조건들을 잘 이해해야 적절한 모델을 선택할 수 있다. S/W 크기를 측정할 경우 여러 모델 즉, 유사, bottom-up, 전문가 판단, 파라메트릭 방법을 고려한다. 그러나 비용모델일 경우 파라메트릭 방법이 좋다

다. 3단계 : 가장 적절한 모델의 선정

2단계에서 선택된 모델들에 대하여 사용자는 정성적, 정량적 평가를 내

려 조직에 가장 잘 맞는 모델을 선택한다. S/W 추정의 경우, 2가지 모델을 추천하는데, 하나는 결과를 추정할 모델이고, 다른 하나는 추정된 결과를 cross-checking하기 위한 모델이다. Coggins와 Russell의 연구에 의하면, 주어진 동일한 입력 자료의 경우에도 S/W비용모델은 다른 비용과 일정의 추정치를 계산한다고 하였다. 그들의 결론은 사용자는 몇 개의 다른 모델을 사용하는 대신에 하나 혹은 두 개의 모델을 숙지해야 한다고 했다.

모델을 효과적으로 선택하기 위하여 사용자는 각 후보모델을 숙지해야 하고, 이를 위해 훈련과 몇 개월의 사용기간을 가져야 한다. 사용자가 충분히 익숙해진 후, 사용할 모델을 선택한다. 사용자가 직접 자신의 연구를 수행하는 것이 바람직하며, 외부 정보에 의존하지 말아야 한다. 그럼에도 불구하고, 외부에서의 연구가 사용자가 모델을 선택하도록 하는데 도움이 될 수 있다. 여기에 대한 좋은 예가 IDA(Institute for Defense Analysis)에서 수행한 연구결과이다. 이 연구는 산업계와 정부에서 사용하고 있는 비용 모델의 특징을 비교하고 평가하였다. 외부에서 유용한 정보를 제공하면, 이것이 사용자 환경의 특수성을 반영할 수 없기 때문에 모델 선택시 단지 참고자료로 사용해야 한다. 모델을 정성적으로 평가하기 위하여, <도표 4-2>의 가중치 요소 접근방법이 쓰여 진다. 1단계로 사용자는 먼저 각 요소에 가중치를 부여한다. 그 후에 등급을 1부터 10까지 할당하고, importance rating을 곱하여 총합을 구한다. 가장 값이 큰 것이 최적 대안이다(도표 4-2에서 모델 B). 가장 높은 스코어를 기록한 모델에 가까운 모델 A는 면밀히 검토해야 한다. 이 과정에는 주관적 요소가 있기 때문에 작은 차이 값은 무시해도 좋다. 주관적 접근방법이기 때문에, 사용자가 모델의 선택과정에서 중요한 것이 무엇인지, 등급(rating)에 대한 정량화 절차를 도와준다. 정량적인 평가 혹은 모델이 정확성 요구조건을 만족하는지 결정할 때, 사용자는 모델을 보정해야 하고, 과거 자료를 확보한 사업에 대하여 비용추정을 실시한다. 이 절차는 적절한 모델을 선택하는데 필수적인 절차이다.

〈도표 4-2〉 가중요소 접근 방법

Factors	Importance Rating	Model Ratings			Sub-Factor Products		
		A	B	C	A	B	C
입력자료 유용성(Input data Availability)	10	10	9	7	100	90	70
설계 평가 표준(Design Evaluation Criteria)	9	10	6	7	90	54	63
사용의 편의성(Ease of Use)	8	8	9	6	64	72	48
보정의 편의성(Ease of Calibration)	6	2	5	5	12	30	30
D/B 타당성(Database Validity)	5	7	7	4	35	35	20
Currentness	5	3	5	5	15	25	25
접근성(Accessibility)	4	6	9	4	24	36	16
적용범위(Range of Applicability)	2	1	7	10	2	14	20
수정의 편의성(Ease of Modification)	1	3	4	2	3	4	2
					345	360	294

라. 4단계 : 선택의 재평가

사용자 요구사항과 모델은 계속 변화한다. PRICE S와 SEER-SEM 모델과 같은 상용모델은 매년 최신화된다. 현재 사용하고 있는 모델보다 더 발전된 모델이 나타나므로, 사용자는 자기의 선택을 몇 년에 한 번씩 재평가해야 한다. 특별한 이유가 없을 때에는 특정한 모델을 계속 사용할 필요는 없다.

앞서 소개한 4단계는 사용자가 모델을 선택하는데 도움이 된다. 여기서 가장 중요한 단계는 필요성에 대한 결정이다. 다음 단계의 성공은 첫 번째 단계의 성공 여부에 달려있다. 앞선 4단계는 수행하기가 쉽지 않으나 매우 중요하다.

7. 소프트웨어 모델의 사용 

앞에서 언급한 바와 같이 많은 S/W 비용과 크기의 추정 모델이 있는데, 분석자나 관리자들은 경우에 따라 모델에 지나치게 의존하려는 경향이 있다. 그러나 S/W 모델은 요술 상자가 아니라 입력 자료에 매우 의존한다. 모델은 한계를 가지고 있다. 예를 들어서 파라메트릭 모델의 경우 보정과 입증 절차가 생략될 경우 부정확할 가능성이 있다. 게다가 모델은 의사결정에 영향을 미치는 비용인자가 아닌 기타 다른 인자들을 분석하는데 반드시 유용한 것만은 아니다. 따라서 관리자들은 모델의 능력과 한계점을 잘 파악하여 현명하게 사용하여야 할 것이다.

가. 입력 자료

Boehm은 파라메트릭 모델의 단점은 입력 자료인 노력과 일정 변화의 민감성에 의해 출력의 변화가 크다고 하였다. 예를 들어서, 대부분의 모델에서 프로그램 크기의 변화에 따라 비용이나 노력은 동등한 비율로 변화한다. 다른 변수들도 마찬가지인데, COCOMO 81 모델에서 2명의 요원 능력을 “매우 높음”에서 “매우 낮음”으로 변화할 때 소요되는 인력의 소요는 300%의 증가를 가져온다. SEER-SEM모델에서, 보안요구조건(security requirements)을 최저에서 최고로 변화할 때의 경우에도 비슷하다. PRICE S모델에서 생산성 지수(productivity factor)를 0.1 변경할 때마다 노력의 정도는 20%정도 증가한다. 모든 모델은 약간의 변화만 주어도 인력의 소요나 일정 등을 변화시키는 하나 혹은 그 이상의 입력변수를 가지고 있다.

또 다른 문제는 입력 자료를 획득하기가 매우 어려운데, 사업의 초기단계에서 특히 어렵다. 더군다나, 분석자 능력(ACAP) 및 프로그래머 능력(PCAP)과 같은 입력 자료는 매우 주관적이고, 결정하기가 어렵다. Barber는 특히, 요원에 대한 입력 파라메타들의 자료가 획득하기가 어렵다고 하였다. SEER-SEM 모델에서 보안 요구조건과 같이 객관적인 입력 자료도 사업의 초기단계에서는 결정하기가 어렵고, 그 후에 발생하는 입력 자료의 변경사항들은 비용과 일정 추정 시 매우 다른 결과를 가져올 수 있다. PRICE S모델에서 생산성 지수와 같이 출력에 민감한 요소들은 과거 자료로부터 보정되어야 한다. 과거 자료가 없을 경우, 혹은 이 파라메타들의 일관성에 대한 보정을 할 수 없고, 결국 모델의 유용성이 의심을 받게 된다.

이와 같이 분석자들은 질 높은 입력 자료를 획득하기 위하여 많은 시간과 노력을 기울인다. 이상적인 경우, S/W 비용 추정은 S/W 추정 전문가와 기술적인 문제를 다루는 요원이 팀을 이루어 수행하는 것이 좋다. 여하튼 S/W 비용 분석가는 크기와 복잡도 등의 기술적인 측면의 입력 자료를 결정하기 위하여 기술적인 문제를 다루는 요원과 함께 공동 작업을 하여야 한다. 또한 조직 내에서 분석자능력(ACAP)과 같은 입력 자료를 얻기 위하여 적절한 사람과 작업을 함께 수행해야 하며, 필요한 입력 자료를 획득하기 위하여 필요할 경우 Delphi 방법이나 전문가 직관 방법을 사용하여야 한다.

마지막으로 분석가나 팀은 모델을 특정 환경에 맞도록 하기 위하여 보정절차를 수행하여야 한다. 이 작업은 시간이 많이 소요되나, 꼭 필요하고 유용한 작업이다. 앞에서 설명한 바와 같이 모델의 보정절차는 추정결과의 정확도를 향상시킨다. IIT 연구소에서 수행한 결과에 의하면, 모델의 정확도는 보정 절차, 특히 모델이 특정 계약자의 자료에 의해 보정될 때 모델의 정확도를 향상시킨다고 하였다.

나. 모델 검증

어떤 모델이 정부 혹은 계약자에게 제출되는 사업제안서에 대한 비용 추정을 할 경우, 그것의 정확성이 먼저 입증되어야 한다. 입증절차는 신뢰성 있는 추정도구로서의 보정 능력과 기능을 검증하는 절차이다. 추정 기법을 사용하기 위하여, 조직은 다음 사항들을 반영하여야 한다.

- 주요 요원들은 모델 사용을 경험해야 하고 적절한 훈련을 받는다.

• 사용 모델에 대한 보정절차가 수행되고 문서화된다.
• 추정 절차가 추정과정에서의 일관성을 강화하고, 제안서의 적용을 강화하기 위하여 수립되어야 한다.
• 파라메트릭 기법은 미래 비용 예측에 좋은 방법이다.

8. 소프트웨어 추정의 미래 추진 방향

현재 사용하고 있는 S/W 추정 환경은 미래에는 변하게 되어 있다. 컴퓨터 언어, 개발 방법론, 기타 다른 요소의 발전은 미래 개발될 S/W 비용 추정 모델과 방법론에 영향을 준다. 현재 혹은 미래에 발생할 수 있는 S/W 추정에 대한 문제들을 다음에 정리하였다.

가. 프로그래밍 언어

최근까지는 Ada 언어가 미 국방부내의 컴퓨터에서 사용되는 표준 HOL이었다. Ada는 읽기와 쓰는 것이 쉽고, 엄격한 규칙과 절차를 적용하고 있으며, 구조화된 프로그래밍과 같은 현대의 S/W 설계 원칙에 알맞다. 현재 Ada가 미 국방부의 표준 언어는 아니지만, 널리 쓰이고 있다. Ada의 사용은 비용 모델링 분야를 변화시켰다. Foreman과 Goodenough은 Ada의 사용이 생산율(productivity rate), 코드 라인수(LOC)의 정의, 개발 단계, 노력의 수준(LOE)을 변화시킨다고 하였다. COCOMO 81같은 모델은 Ada에 적용하기 위하여 개발되었다. 더 새로운 언어(Java)가 널리 쓰이게 되면, 모델은 더욱 발전할 것이다. 또한, 제4세대 언어, VHOL은 현재 모델이 지닌 많은 문제들을 해결할 것이다. 몇몇 모델들은 VHOL에 적용이 잘 되지만, 대다수의 모델들은 COBOL이나 Ada같은 제3세대 HOL에 잘 적용된다. VHOL이 좀 더 널리 사용됨에 따라, 비용 모델들은 언어의 영향을 완벽하게 고려해야만 할 것이다.

나. 새로운 개발 및 지원 개념

S/W 개발 기술이 발전함에 따라 S/W 비용 추정에 영향을 주는 개발 및 지원개념이 변화하기 시작하였다. 객체지향 방법론과 같은 개발방법의 사용이 증가되었다. 새로운 개발 방법이 대중화되면서, 비용모델은 이런 개념에 비용의 영향을 반영할 수 있도록 발전되고 있다. 현대의 개발 방법론을 사용하여 S/W 비용을 추정하는 분석가들은 새로운 모델에 대한 추가적인 정보를 얻기 위하여 관련 자료를 조사하고, 모델 개발자로부터 관련 정보를 획득하여야 한다.

다. 재사용 및 COTS 통합

많은 S/W 개발관리자의 관심은 새로운 프로그램의 비용추정을 위해 기존에 개발했던 S/W를 재사용하는 것에 대한 비용을 추정하는 것이다. 또한, 이와 관련하여 상업용(COTS) 프로그램을 현존하거나 새로운 프로그램으로 통합하는 비용이다. Reifer는 S/W를 재사용하면 개발비용을 줄일 수 있고, 상용(COTS) 프로그램은 통합노력 이외에는 개발노력을 필요로 하지 않으므로 개발비용을 줄일 수 있다고 하였다. 대부분의 S/W 비용모델은 이러한 문제를 특별하게 취급하고 있다. 예를 들어서, COCOMO 81 모델과 SEER-SEM 모델은 입력 자료로 새로운 설계, 새로운 코드, 재사용된 코드에 대한 재시험의 비율을 사용한다. SEER-SEM은 재사용 코드를 "designed for reuse" 혹은 "not designed for reuse"로 분리한다. PRICE S 모델에서는 상용제품을 구매품목(purchased item)이라는 EBS를 비용추정에 포함하고 있다.

그러나 관리자는 COTS와 관련하여 몇 가지 제한사항을 가지고 있다. 첫 번째는 일반적인 목적으로 사용하는 재사용이 가능한 S/W 구성품을 관리하는 도구가 없다. 둘째는, 모델이 제공하는 것 이상의 노력을 필요로 한다. COCOMO II모델에서는 S/W를 이해하고, 재설계, 재코딩, 재시험을 위한 S/W에 프로그래머가 친숙하지 않은 것을 해결하기 위한 노력을 입력 자료로 한다. 세 번째로 S/W 사업관리자는 재사용 S/W를 자기의 프로그램에 통합하지 않으려는 경향이 있는데, 이는 그들의 팀이 개발중인 프로그램을 사용하려 하기 때문이다. Marciniak와 Reifer는 재사용은 경우에 따라서는 조직의 기반구조를 변화시킬 수 있다고 하였다.

마지막으로 재사용 S/W는 지원하기가 어렵고 불가능할 수도 있는데, 특히 프로그램에 사용 권리가 있으면, COTS S/W에 특히 문제가 발생할 수 있다.

라. 새로운 비용 모델

S/W 기술이 발전하면서 그러한 변화를 수용하기 위해 모델은 변화 혹은 발전해왔다. 그러므로 비용 분석가는 현존 모델의 수정 또는 새로운 모델이 개발되기를 기대한다. Randall Jenses이 개발한 SAGE라는 새로운 모델은 SEER-SEM과 입력 자료에서는 비슷하지만, 중요한 비용 인자로서 관리적 요소(management factors)를 강조한다. SPR은 Knowledge PLAN을 개발하였다. Mainstay Inc.는 ParaMODEL을 개발하였는데, 객체지향방법론에 대한 비용을 추정한다. COCOMO는 처음 상용화된 이후 많은 변화를 수용하면서 COCOMO II(1997)과 COCOMO II(1998)을 출시하였는데 각각 83개, 161개 사업의 데이터베이스를 통하여 보정하였다. COCOMO II는 정확도 향상을 위하여 Bayesian 분석을 사용하여 보정절차를 수행하였다. 이 모델은 해마다 더 많은 자료가 수집됨에 따라 계속 보완될 것으로 판단된다. PRICE S와 SEER-SEM 모델도 새로운 방법론을 수용하기 위해 최신화되어야 한다. 모델의 사용자들은 항상 새로 개발된 제품에 익숙해야 하고, 필요하면 재교육을 받아야 한다.

제5장

효율적인 비용관리 방법론

1. 비용추정의 역할과 도전

가. 비용추정의 역할

비용추정은 단순히 어떤 프로젝트에 소요되는 비용을 산출해 내는 것에 끝나지 않고 하나의 통합된 과정이며 절차로 이해되어야 한다. 어떤 조직이든지 한정된 자원을 사용하는 한 비용을 무시할 수 없다. 앞으로 추진될 사업에 대해 어느 정도의 예산이 필요한 것인가에 대해서는 의사결정자에게 가장 중요한 관심사항일 수밖에 없다. 이러한 요구를 충족시키기 위해서는 절충효과분석과 비용위험분석을 통한 최적의 대안을 제시하는 것이 필요하다. 비용추정은 비용관리의 가장 핵심을 이루는 활동이면서 그 역할은 사업의 진행과정에 따라 조금씩 상이할 수 있다.

비용추정결과는 주로 다음과 같은 분야에 활용될 수 있다.

1) 비용추정을 통해 시스템의 상호운용성과 관련된 소요와 제한사항들을 초기에 식별해 낼 수 있으며 시스템의 불확실한 기능들은 확인할 수 있다.
2) 비용추정과정을 통해 프로젝트의 범위, 비용, 일정을 보다 정확하고 신뢰성 있게 추정할 수 있으며 나중에 예산요구시 당위성을 설명할 수 있는 자료를 확보하는 수단이 되기도 한다.
3) 사업진행과정에서 발생할지도 모르는 위험성을 조기에 식별해 낼 수 있고, 이러한 위험성에 대비할 수 있는 계획을 추진할 수 있는 자료

도 확보할 수 있는 기회가 된다.

4) 소요가 변할 때 예상되는 시간과 비용을 평가하고, 통제하며, 정량화하는 기반을 가지게 된다.
5) 수명주기 동안 단기, 중기, 장기에 예상되는 기술이나 설계, 인프라, 운영유지, 투자소요를 사전에 판단할 수 있고, 기술이나 설계, 인프라가 변화함에 따른 비용의 변화추세를 사전에 식별해 냄으로써 최적의 시스템을 구축하는데 기여할 수 있다.
6) 비용추정을 통해 사업추진과정에서 예상되는 문제점이나 성공가능성도 어느 정도 예측이 가능하며, 이러한 문제를 사전에 대비함으로 개발기간도 단축시킬 뿐만 아니라 운용유지 비용도 절감할 수 있다.
7) 사업추진간에 불필요한 예외적인 조치를 줄이고 가장 중요하고 핵심적인 분야에 집중함으로써 보다 효율적인 사업관리를 할 수 있다.
8) 비용추정을 통해 조직의 신뢰도와 명성을 증진시킬 수 있다.
9) 궁극적으로 비용추정을 바탕으로 추진된 사업의 최종산물은 신뢰성, 수용성, 사용가능성, 정비유지, 자원 및 가능성 측면에서 보다 우수한 품질을 보장하게 된다는 것이다.

비용추정의 내용을 완전히 이해하게 된다면 향후 사업 관리 및 수명주기관리도 쉽게 이해 될 수 있을 것이다. 비용추정전문가가 이런 측면을 고려하여 위에서 제시한 부분을 의사결정자에게 이해시킨다면 보다 합리적이며 객관적인 차원에서 의사결정이 이루어질 수 있다.

분명히 비용추정은 어떤 사업의 계획이나 그 사업을 준비하는 팀원들에게 가장 핵심적인 요소임에는 틀림이 없다. 비용추정결과는 사업추진계획수립의 기초가 될 뿐만 아니라 사업추진단계별 예산요구의 기초가 되고 있다. 물론 초기단계에 정확한 비용추정은 매우 어렵다. 첨단기술을 개발할 경우 사전에 정확한 개발시간이나 개발 비용추정은 한계가 있을 수 있기 때문이다.

한편 부정확한 비용추정치는 소요판단, 기술적인 진보척도, 경제적인 여건, 시간계획, 지원환경, 시스템운영개념 등을 예측하기 어렵게 만들 수 있다. 더욱 문제가 되는 것은 부정확한 비용추정치로 하여금 사업관리자가 낙관적인 판단을 하게하여 사업추진을 함으로써 더 큰 문제를 발생시킬 수 있다는 사실이다. 결과적으로 추정결과가 부정확한 경우에는 사업추진자체가 불가능 할 수 있다는 것이다. 부정확한 비용추정치를 기반으로 시작한 프로젝트는 반드시 사업 진행중에 사업계획 수정이나 보완이 뒤따를 수밖에 없다.

어떤 사업이든지 진행과정에서는 세가지 분야에 대한 불확실성으로 인한 위험성이 존재하고 있다. 사업초기에 이러한 위험성에 대한 정확한 진단은 불가능하지만 비용추정과정을 통해 어느 정도 예측할 수 있다. 미국에서는 사업추진과정에서 연속적인 비용위험관리정책(Continuous Cost-Risk Management : CCRM)을 수립하여 추진하고 있다.

특히 미항공우주국(NASA)에서는 하나의 사업을 추진할 때 비용위험관리는 초기단계 의사결정시에만 활용하는 것이 아니라, 사업진행 전 과정에서 연속적으로 활용하여 피드백(Feedback)시키는 방법을 활용하고 있다. 전통적으로 비용추정치는 위험으로 인한 비용충격효과를 고려하지 않

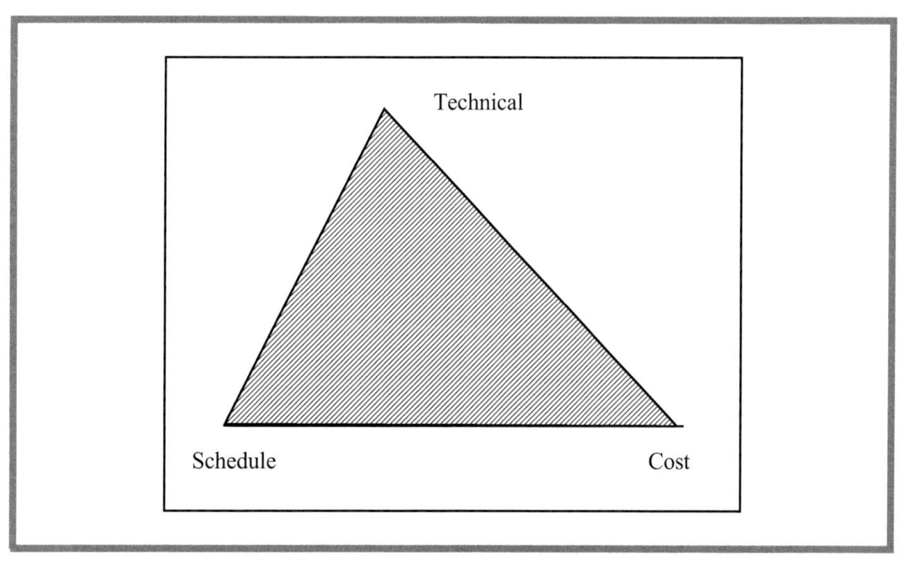

〈그림 5-1〉 사업추진간 3중 위험

은 정량적인 추정치에 초점을 맞추어 왔다. 비용위험추정치는 위험에 대한 비용의 충격효과를 정량화한 값이라고 할 수 있다.

선진국에서 추진하고 있는 CCRM의 핵심은 보다 개선된 사업관리를 위해 사업진행과정에서 비용위험 피드백(Cost-Risk Feedback)을 사용하는 과정을 의미하고 있다. 그것은 크게 세단계로 구분하여, 첫 번째 단계는 비용위험 기준선을 설정하는 것이다. 두 번째 단계는 시스템 개발자의 입장에서 RFP(Request for Proposal)를 작성하거나 프로젝트의 계획을 수립하는 과정에서 위험비용의 피드백이 어떤 형태로, 무슨 내용으로, 얼마나 자주 제공되어야 하는가를 알 수 있도록 하는데 있다. 세 번째 단계는 정부의 사업관리를 지원하는 비용추정 참모의 입장에서 계약이나 실제 프로젝트에 소요될 비용을 산출하는 단계이다. 이와 같은 위험비용추정단계를 거치면서 사업관리책임자는 위험사항에 대해 사전에 충분한 정보를 가지고 의사결정을 할 수 있다. 비용위험 피드백 분석이나 평가빈도를 증가시킴으로써 사업관리책임자는 그만큼 위험을 감소시키고 계획된 사업범위내에서 추정된 비용으로 사업을 추진할 수 있다.

비용추정결과를 활용하는 기관은 해당기관의 임무나 특성에 따라 적용부분이 상이하다<도표 5-1>.

정부(기획재정부)차원에서는 주로 예산편성과정에서 요구된 사업의 효율성, 경제성, 수용성 측면에서 비용추정결과를 활용하며 총소요비용(TOC)이나 수명주기비용추정치(LCCE)를 사용한다. 특히 장기간에 걸쳐 막대한 예산이 소요되는 대규모 사업의 경우는 기획예산처에서 사업을 시작하기 전에 비용분석을 의뢰하며 의사결정에 활용하기도 한다. 한국형 헬기사업(KHP)의 경우 2002년도 기획예산처에서 한국개발원(KDI)에 비용분석용역사업을 의뢰하여 대규모 국책사업의 타당성 평가를 실시한 바 있다.(KDI 보고서) 당시에는 국방부에서 다목적 헬기(Korea Multirole Helicopter : KMH) 개발을 추진하면서 기동헬기와 공격헬기의 동시 개발을 추진하고 있었다. 그 이후 2004년도에 KMH 개발 타당성을 비용분석 측면에서 재검토하였고 결과적으로 기동헬기와 공격헬기를 동시에 개발하려는 최초계획에서 후퇴하여 2006년부터 기동헬기만 개발하기로 결정되어 2012년에 개발이 완료되어 양산이 계획되어 있다. 이처럼 비용분석결과는 대형 국책사업의 의사결정에 직접적인 영향을 미치고 있다.

국방부 측면에서 보면 비용분석의 범위와 목적은 정부와는 달리 한정된 자원으로 국방의 효율성을 높이는데 초점을 맞추고 있다. 현행 PPBEE 체계내에서 국방획득이 이루어지고 있는 만큼 소요제기의 책임을 가지고 있는 각군이나 합참에서는 전투임무수행을 위한 적정소요창출에 중점을 두고 있다. 이때 비용분석의 초점은 세부적인 내용보다는 개략적인 비용분석이나 비용과 효과분석에 중점을 두고 있다. 주어진 임무완성을 위해 어떠한 체계가 가장 적합하며 개략적인 비용추정규모는 어느 정도인가 하는 수준이다.

소요가 확정되어 중·장기 획득계획이 수립되기 위해서는 이때부터 체계적인 비용분석이 요구된다. 현행 획득체계에서는 방위사업청이 PPBEE 5단계 중 계획, 예산편성, 집행(Programming, Budgeting, Execution) 핵심 3단계를 추진하고 있는 만큼 획득방법 결정, 예산편성의 적절성, 계약 및 협상을 위한 체계적인 비용분석이 이 단계에서 이루어져야 한다. 이때 비용분석은 수명주기 비용에 중점을 두면서도 예산편성이나 협상 및 계약에 활용할 수 있는 근거자료로서 활용되어야 하며 사업추진의 신뢰도와 효율성, 투명성이 보장되어야 한다.

사업을 집행하거나 획득된 체계를 운영하는 주체인 각 군이나 방위사업청 사업추진팀에서는 생산비용의 적절성, 운용유지비 판단 등에 중점을 두고 비용분석을 실시해야 한다. 방산업체의 입장에서는 비용분석 및 추정과정에서 얻은 결과를 활용해서 사업 참여여부를 결정하기 위한 제안서를 제출하거나 계약 및 협상시 최대한의 이익을 반영하기 위한 수단으로 비용분석 결과를 활용할 수 있다.

이처럼 비용분석 결과는 활용목적이나 범위에 따라 미치는 영향이 크다고 할 수 있다. 그러나 비용분석을 거치지 않고는 사업추진의 타당성을 인정받기가 어려우며 대규모 예산사용에 대한 신뢰도와 투명성, 효율성

확보가 불가능하다는 사실이다. 비용분석은 비용절감에 중점이 있는 것이 아니라 적정한 비용을 식별하여 예산에 반영함으로써 예산사용의 효율성, 경제성, 신뢰성을 높이는데 중점을 두어야 한다.

〈도표 5-1〉 기관별 비용분석 결과의 활용

수 준	임무	비용분석범위	중 점
정 부 (기획예산처)	• 자원할당 • 예산편성	• TOC, LCCE	• 효율성 • 경제성 • 수용성
합참 / 각군기관 (P)	• 소요제기	• ROM • 비용효과분석 (COEA)	• 전투임무달성 • 전투효율성 • 운영유지용이성
방위사업청 (PM) (PB)	• 획득방법결정 • 예산편성 • 협상 및 계약	• LCCE • BOE • 예산편성 • 협상 및 계약	• 신뢰도 • 투명성확보 • 효율성 • 수용성
방위사업청 / 각군 (E)	• 사업집행 • 운영유지	• 생산비 • 운영유지비	• 신뢰도 • 효율성 • 투명성
방산업체	• 제안서 작성 • 협상 및 계약	• 개발비, 생산비 • 제안서 작성	• 신뢰도(제안내용의 타당성) • 이윤확보 가능성

나. 비용추정 및 분석의 도전사항들

지금까지 언급한대로 비용분석의 역할과 중요성은 사업추진과정에서 아무리 강조되어도 지나치지 않을 것이다. 믿을 수 있는 비용추정치는 사업계획을 승인받는데 매우 중요하며 향후 사업을 진행하면서 계속적으로 예산을 확보하는데도 필수적이다. 그럼에도 불구하고 실제 건전한 비용추정치를 판단하는 것은 매우 어려운 일이다. 비용분석가는 다양한 분야의 지식과 기법들을 숙지하고 있어야 한다. 건전한 비용추정치를 개발하기 위해서는 양질의 비용역사자료와 훈련된 전문 인력, 경험있는 분석가, 위험 및 불확실성 분석능력, 비용분석 방법론 및 툴이 확보되어 있어야 한다. 그러나 실제 비용분석과정에서 발생하는 도전사항들은 비용분석과 관련된 사항뿐만 아니라 정책적, 제도적 측면에서 발생하는 문제점들도 있다.

비용분석은 모든 조건들이 정상적으로 갖추어져 있는 상황이라고 해도 여전히 어려운 업무임에는 틀림이 없다. 비용분석은 때로는 건전한 판단을 필요로 한다. 비용분석결과로 적어도 하나 이상의 추정치를 내놓아야 한다. 비용분석가는 그 수치가 정확하다기 보다는 합리적이라는 평가를 받고 싶어 한다.

비용추정전문가는 비용추정과정에서 많은 도전사항들에 직면하게 된다. 이러한 도전들은 결국 제대로 된 비용추정결과를 만들어 내지 못하게 하는 원인이 된다. 첫 번째 직면하게 되는 도전은 비용추정 전문인력과 의사결정 환경에서 비롯된 것들이다.

비용추정과 분석에 필요한 경험이 있으면서 잘 훈련된 전문 인력을 확보하기가 어렵다는 사실이다. 실제 비용분석과 관련된 분야는 시스템의 특성을 어느 정도 이해할 수 있는 공학적 능력이 있어야 하며, 비용석인 측면 분석을 위해서 회계, 재무능력이 어느 정도 구비되어 있어야 하고 각종 비용자료 수집 및 분석을 위해서는 통계적인 전문지식과 컴퓨터 및 수학적인 능력이 동시에 요구된다. 그러나 비용분석가 한사람이 이러한 능력을 전부 구비하기는 불가능하다. 비용분석팀을 구성한다고 하더라도 앞서 언급한 분야의 전문가가 전부 포함되기는 불가능하다.

이와 같은 원인들로 인해 대부분 비용추정에 나타나는 새로운 도전은 지나친 낙관주의이다. 비용분석가는 전통적으로 사업제기 부서에서 제기하는 최소한의 기술적 기준에 근거해서 비용추정치를 산출해 낸다. 그러나 사업제기부서에서 제기한 기술적 기준은 상당한 불확실성과 위험성을 가지고 있기 때문에 실제 사업이 추진되면 최초 제기했던 것과는 다르게 많은 문제가 발생할 수 있다는 사실이다.

우리의 의사결정 환경도 비용분석을 더욱 어렵게 만들고 있다. 대부분 의사결정자들은 비용추정결과를 보고 받으면서 사업진행과정에서 제기될 수 있는 위험요소나 불확실성에 대한 대비보다는 최초 추정치에만 관심을 보이고 있다. 비용추정과 관련 있는 구간추정치를 사용하기보다는 점추정치만 신뢰하려고 하는 분위기 때문에 더욱 비용추정을 어렵게 만들고 있다는 사실이다.

두 번째 비용추정의 도전은 비용자료 확보이다.

좋은 비용추정치는 수집된 과거 비용자료가 신뢰성 있는 자료이어야 한다. 대부분 비용추정 상용모델들은 다양한 종류의 비용자료를 입력자료로 요구하고 있다. 실제 비용분석과정에서 대부분의 시간은 비용자료를 수집하고 수집된 자료를 분석하는데 쓰여진다. 지금까지 수많은 비용분석과제 수행과정에서 비용분석에 필요한 자료는 제대로 준비되어 있지 않다는 사실이다. 적어도 수집된 자료를 가지고 적합한 CER을 구축하거나 비용모델에 적용하기 위해서는 자료의 신뢰성이 확보되어야 한다. 현재 한국의 비용분석환경에서 가장 열악한 부분이 비용자료 데이터베이스 구축이 미비하다는 점이다. 지난 2001년도 K1A1 성능개량형 전차의 비용분석과정에서 핵심비용자료는 과거 4차에 걸쳐 양산된 K1전차의 비용자료가 사용되었다. (K1A1비용보고서) 그러나 원가정산 후에 비치된 자료는 비용분석에 사용할 수 있을 만큼 충분하지 못했으며 신뢰도도 의심스러웠다.

특히 각 공정별로 노무공수는 체계적으로 정리되어 있지 않았으며 총노무공수만 확인할 수 있었다. 이러한 이유로 인해 학습율을 체계적으로 분석해서 새로운 전차의 양산시에 반영할 수 있는 근거자료를 확보하기가 어려웠다.

대부분 비용과 핵심기술자료는 업체측에서 가지고 있다. 실제 비용분석과정에서 필요한 자료를 요청하면 업체는 적극적인 자세로 관련자료를 내어주지 않으려고 한다. 비용자료를 잘못 제시함으로써 업체에 경제적인 손해를 끼칠지도 모른다는 생각 때문일 수도 있다. 자료를 성실하게 제시하지는 않았으면서도 최종 비용분석결과가 공개되면 비로소 자기들이 가지고 있는 자료와 차이가 난다면서 문제 제기하는 경우도 있다.

세 번째 비용추정의 도전은 위험성이다.

비용추정은 사업이 진행되기 전에 실제 사업추진에 소요될 비용을 미리 예측하는 것이다. 장기사업의 경우 소요제기단계의 비용추정은 장차 10~15년 뒤에 들어갈 비용을 추정하는 것이다. 비용추정에서 예상되는 위험요소는 실제 분석 당시에는 예상하지 못했던 상황일 수도 있다.

때로는 비용분석가의 판단범위를 초과하는 위험성이 내재되어 있을 수 있다. 첨단기술의 발전추세나 시스템에 소요되는 핵심재료의 수입환경변화 등은 비용분석가의 예측범위를 벗어난 것일 수 있다. 그럼에도 불구하고 비용추정전문가는 주어진 과제의 비용추정치에서 예상되는 위험비용을 식별해야만 한다. 사업관리자는 이러한 위험추정치에 대비해 적정수준의 예비비를 확보하는 방안도 강구해야 한다. 미국의 경우는 모든 비용추정치에 반드시 위험분석을 실시하여 비용 상승을 미리 예측하고 이에 대비하기 위해 일정수준의 "관리예비비"제도를 도입하고 있다.

네 번째 비용추정의 도전은 비용추정에 활용되는 수단들이다.

현재 한국에서 비용추정에 활용되고 있는 전산모델은 대부분 미국이나 유럽에서 사용되는 모델들이다. 상용모델은 구매비용도 비쌀 뿐만 아니라 연간 유지비용도 획득 비율의 15%정도를 지불해야만 한다. 이러한 모델들은 과거 수많은 체계의 개발 및 획득 경험자료를 토대로 수천개의 CER들로 구성되어 있으면서 실제 내부논리과정은 검증할 수 없다는 것이다. 어떤 CER들은 한국의 비용추정환경에 적합하지 않을 수도 있지만 내부적으로 확인할 수가 없다. 대부분 핵심논리가 블랙박스로 되어 있기 때문이다. 한국에서 PRICE 비용추정모델을 활용하면서 최종결과치 해석에 어려움을 겪는 분야가 바로 비용회계시스템의 차이를 들 수 있다. 한국의 방산원가 시스템에서 노무비, 재료비, 경비의 내용과 PRICE 모델에서 제시하는 항목별 포함내용이 서로 다르다는 것이다. 예를 들면, 한국의 방산원가시스템에서 경비는 연구개발비, 감가상각비, 시험검사비, 각종 행사비, 출장비 등 광범위하게 포함되어 있지만 PRICE 모델에서의 경비는 사업관리비용요소의 일정 비율만 반영하고 있어 앞의 경비의 10%정도에 불과하다.

또한 비용전산모델을 유지하기 위한 인력확보도 중·소 방산업체에 있어서는 새로운 부담으로 작용하고 있다. 대형 방산업체를 제외하고는 비용추정의 중요성은 인식하면서도 비용전산모델 확보나 운영유지에는 한계가 있는 것이다. 앞으로 한국적 여건에 부합한 비용분석과 추정을 위해서는 한국의 비용자료를 가지고 구축된 CER을 기반으로 한 비용전산모델 개발이 필수적이다.

2. 비용추정과정

비용추정절차는 한 단계가 지나면서 종료되는 것이 아니라 수레바퀴처럼 연속적이면서 반복적으로 이루어지는 과정으로 표현될 수 있다. 사업이 진행되면서 비용추정은 계속적으로 이루어지고 보완되면서 앞의 단계에서 누락되었거나 미비한 분야를 재검증하는 절차를 거치게 된다.

비용추정 과정에서 이루어지는 중요활동은 9가지 임무로 구분할 수 있으며 이들은 크게 3가지 주요 활동 즉, 프로젝트 정의, 비용추정방법론 적용, 추정치 산출로 정의된다. 주요 활동별로 수행되어야 할 임무가 정의되고 주어진 임무에 수반되는 중요활동 사항들이 식별되면서 참가자가 정해진다.

가. 프로젝트 정의

임무 1	고객의 요구사항 확인 및 프로젝트 이해

정확한 비용추정치를 구하기 위해 프로젝트에 대한 정확한 정보를 수집하고 과제 제기부서(고객)의 정확한 요구사항을 식별해 낸다. 많은 경우 과제가 진행 중에 요구조건이 변경되거나 추가되므로 인해 비용추정 계획에 차질이 발생하고 있음을 주의해야 한다.

(1) 주요 조치사항들

(가) 비용추정을 위해 프로젝트와 관련된 모든 자료를 확보한다. 비용추정을 요구한 고객과 시간계획, 자료, 기대치, 자원소요 등에 관해서 논의한다. 만약 동일한 프로젝트에 대한 추정치가 구해진 것이 있다면 함께 검토하고 과거 추정에서 얻은 교훈을 나눈다.

(나) 프로젝트의 임무, 소요, 목적, 목표를 평가하고 주어진 프로젝트를 실전 배치했을 때 운영환경과 수명주기단계를 평가한다.

(다) 프로젝트와 관련된 모든 문서를 검토한다. 여기에는 현재 분석대상체계의 현재 기술수준, 과거 유사체계의 추정치, 예산 및 사업계획 관련자료 등을 가능한 범위 내에서 검토한다.

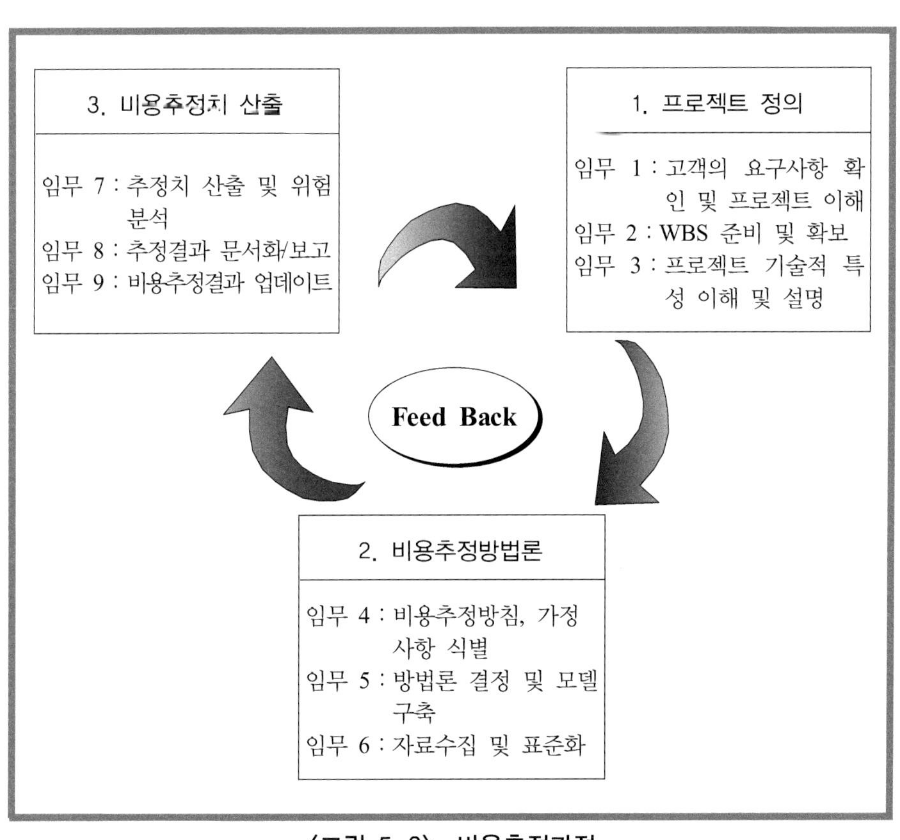

〈그림 5-2〉 비용추정과정

(2) 참가자

이 단계에서 주요 참가자는 비용추정전문가, PM, 프로젝트 엔지니어가 되어야 하며 기타 부수적으로 참가가 요구되는 인원은 비용자료나 예산, 획득관련 전문가가 참가할 수 있다.

임무 2	WBS 준비 및 확보

두 번째 임무는 비용추정에 반드시 포함되어야 할 프로젝트의 핵심구조가 전부 포함된 WBS를 제공하는 것이다. 비용추정과정에서 가장 중요하면서도 시간이 많이 소요되는 과정이 WBS를 정확하면서도 일관성 있게 구축하는 것이다.

(1) 주요 조치사항들

(가) 비용추정에 적합한 WBS 구축

(나) WBS 각 요소를 정의하기 위해 WBS 사전 작성

(다) 비용추정 WBS를 구축할 때는 장차 사업추진과정에서 필요한 다양한 기능을 동시에 만족시킬 수 있도록 해야 한다. 특히 WBS를 기반으로 예산편성, EVM 시행, 사업계획 수립, 시스템공학 마스터플랜(System Engineering Master Plan), 계약, 통합 재무관리(Integrated Financial Management : IFM) 등과 같은 활동들이 이루어지기 때문이다.

(2) 참가자

이 단계에서 참가자들은 비용분석전문가, 엔지니어, 사업관리자(PM)들이 된다.

임무 3	프로젝트의 기술적 특성을 설명하고 이해

비용추정을 위해 WBS를 구축하고 나서 WBS 세부요소별로 기술적 특성에 대한 내용을 충분히 이해해야만 WBS 세부요소에 대한 비용추정이

가능하기 때문이다.

(1) 기술적 특성을 이해하기 위한 활동

(가) 최소한 WBS의 2단계 혹은 그 이상까지 각 시스템의 특성, 형상, 질적요소, 보안사항, 운영개념, 시스템 비용추정시 비용추정전문가가 알아야 할 위험요소들에 대한 설명이 필요하다.

(나) 프로젝트(혹은 시스템)의 단계별 주요계획, 일정, 관리전략, 시험평가전략, 보안 고려사항, 획득전략에 관한 내용들이 설명되어야 한다.

(2) 참가자

이 단계에서 참가자는 프로젝트 엔지니어, PM, 그리고 비용분석전문가들이다.

나. 비용추정방법론

이 단계에서는 비용추정에 필요한 가정사항과 추정 가이드라인을 개발하고 비용추정방법론 및 적용모델을 결정한 후 필요한 자료를 수집하는 단계이다.

임무 4	비용추정 가이드라인 설정 및 가정사항 식별

비용추정의 범위를 설정하고 가정사항을 개발함으로써 비용추정결과를 불필요하게 확대 해석하거나 사용하는 것을 예방하는데 있다.

(1) 주요 조치사항들

(가) 비용추정범위를 설정하기 위해 사업계획, 기술수준, 일정계획을 확인하고 비용추정범위를 정한다. 즉, 어떤 비용은 포함되고 어떤 비용은 추정대상에서 제외시킬 것인가를 설정한다.

(나) 비용추정전문가, 사업제기부서, 관련 방산업체 모두가 공감할 수 있는 가정사항을 개발해서 적용(임율, 환율, 노무시간 적용, 기술수준, 재

료비 감소율, 이윤율, 제 비율 등)해야 한다.

(다) 비용추정에 적용될 지침과 가정사항들은 반드시 문서화하여 향후 제3자가 확인 가능하도록 유지해야 한다.

(2) 참가자

비용추정전문가, PM 및 IPT 요원이 주로 참가하고 필요시 관련업체 실무자로부터 참고자료를 수집하여 활용한다.

임무 5	비용추정방법론 결정 및 비용모델 구축

이 단계에서는 가장 정확한 비용추정치를 개발하기 위해 가용한 자료 범위 내에서 가장 적합한 비용추정방법론을 결정하고 비용추정치를 산출하는데 사용될 비용추정수단 혹은 모델을 선정한다. 비용추정방법론은 어느 한 가지만 사용할 수도 있지만 때로는 여러 가지 방법론을 혼합해서 사용할 수도 있다. 비용추정모델을 선정할 때는 자료 및 자원의 가용정도, 시간계획, 그리고 비용을 고려하여 정한다.

(1) 방법론 및 비용모델 선정 활동

(가) 프로젝트의 수명주기단계를 결정

(나) 비용추정에 활용할 자료의 가용정도를 결정

(다) 비용추정방법론을 결정

(라) 선정된 방법론을 충족시킬 수 있는 가용한 비용추정모델을 검토하여 가장 적합하다고 판단되는 모델을 선정한다. 적합한 모델이 없으면 주어진 추정상황에 맞는 모델을 자체개발

(마) 선정된 모델의 타당성을 입증할 수 있는 자료를 준비

(2) 참가자

비용추정전문가나 계약자

임무 6	자료수집 및 표준화

자료수집은 비용추정과정 중에서 가장 어렵고 많은 시간이 소요되며 수집과정에서 많은 경비가 들어가는 활동들이 요구된다. 그렇지만 완벽한 자료수집은 그만큼 비용추정전문가에게 가장 정확하고 검증이 가능한 추정치를 개발하는데 충분한 정보를 제공해 준다. 비용추정치는 추측이나 판단으로 산출되는 것이 아니라 수집된 자료를 기초로 하여 CER이 구축되고, 구축된 CER들이 통합되어 하나의 값을 만들어 낸 것이다.

(1) 자료수집 및 표준화 활동

(가) 필요한 자료와 잠재적인 자료원을 식별

(나) 자료를 얻기 위해서 프로젝트와 관련된 자료를 검토하거나, 인터뷰를 통해 필요한 자료를 확보하고, 자료원에 대한 조사 실시

(다) 프로젝트의 시간계획을 분석

(라) 수집된 자료의 표준화

자료의 표준화는 상당히 전문가적인 식견을 가지고 이루어져야 한다. 자료를 수집할 때 비용위험평가를 지원하기 위한 위험자료도 동시에 수집하는 것이 매우 중요하다. 많은 전문가들과 인터뷰를 하거나 수집된 자료를 재검토하는 과정을 통해 비용추정치를 개발하는데 도움을 줄 뿐 아니라 위험도 조기에 발견할 수 있게 된다. 비용추정모델에 적용할 비용자료는 내용추정 작업이 시작됨과 동시에 가장 먼저 수집활동이 이루어져야 한다. 자료수집방법은 다음과 같은 방법을 주로 사용하게 된다.

- 설문조사나 질문지를 활용한 수집
- 모델의 특수한 자료를 수집하거나 입력형태로 수집
- 인터뷰를 통한 수집
- 각종 통계적 분석, 논문, 검토된 연구결과물을 통한 수집
- 주 자료원이나 보조 자료원으로부터 특별한 내용, 기술, 사업계획과 관련된 자료를 수집

비용추정전문가는 다양한 방법을 통해서 가능한 수단과 방법을 동원해서 많은 자료를 확보한 다음 수집된 자료의 활용성을 검토하게 된다<도표 5-2>.

〈도표 5-2〉 자료형태 및 출처

구분	자료형태	자료출처
비용자료	• 과거 비용자료 • 노무 비용자료 • 과거 과제로부터 얻은 CER 자료	• 재무회계 정산자료 • 비용보고서 • 과거 비용 DB • 계약자료(2차원) • 비용 제안서(2차원)
기술/운영 자료	• 물리적 특성 • 임무특성 • 기술적 설명 내용 • 주요 설계 변경 • 운영 환경	• 기능 및 기술 DB • 공학적 형상 묘사 및 설계 • 임무 및 기능 묘사 • 최초 사용자 및 운영자
사업계획 자료	• 개발 및 생산계획 • 생산량 • 생산율 • 생산 중단 • 주요 설계 변경 • 비정상적인 조건들 (노사분규, 국가적 위기 등)	• 사업관리계획 • 프로젝트 데이터베이스 • 프로젝트와 관련된 기능 조직 • 주요 계약업체

비용자료는 문서화되어 있는 경우도 많지만 때로는 비용모델에 입력시키기 위한 자료는 수집된 자료로부터 별도로 생산해야 되는 경우도 있다. 비용모델의 기술 및 성능자료는 관련업체나 기술전문가들과 인터뷰를 하거나 토의과정을 거쳐 확보해야 될 필요가 있다.

일단 자료수집이 완료되면 그 자료들은 표준화과정을 거쳐야 한다. 표준화과정은 원천자료를 분석해서 일관성이 있도록 보정하는 것을 의미한다. 시간이 경과함에 따라 달러 가치의 변화나 학습효과, 조직의 효율성 변화 등이 어떻게 반영되어야 할 것인가를 결정해야 한다.

수집된 비용자료는 사용된 화폐의 종류와 사용연도가 다를 경우 기준연도와 기준화폐로 전환시켜야 하며 크기나 중량의 단위도 통일시키고 복잡도와 임무특성도 일관성을 유지하도록 해야 할 것이다. 자료 표준화의 가장 중요한 부분의 하나는 인플레이션에 대한 조정이다. 과거 프로젝트 수행과정에서 발생된 제 비용은 반드시 적정비율의 인플레이션율을 반영하여 비용추정 시점의 기준연도로 환산한 금액을 사용해야 한다. 비용추정모델에 따라 반영되는 방법이 다를 수 있기 때문에 인플레이션 적용방법에 신중을 기해야 한다.

학습효과나 비용개선효과를 반영하기 위해서는 수집된 자료의 신빙성이 확보되어야 한다. 과거 동일한 제품이나 유사한 제품을 일정기간 동안 상당한 물량을 생산한 실적 자료를 확보하고 있는 경우에 한해서 적용해 볼 수 있다. 이 경우에도 수집된 자료에 영향을 미친 시설이나 인력의 변화여부를 확인해 보고 현재 분석대상 체계에도 동일한 상황으로 적용이 가능할 것인지 판단해 보아야 한다.

일단 자료가 표준화되고 나면 사용되기 전에 한 번 더 검증하고 타당성을 확인해야 한다. 자료를 검증할 때는 일관성 있게 자료수집이 되었는지, 자료수집 형태나 절차에 있어서 일관성을 유지했으며 비정상치를 제대로 식별했는지 여부를 확인해야 한다. 이번에 사용하려고 하는 비용추정방법론과 툴에 충분한 자료를 확보했으며 수집된 자료는 출처뿐만 아니라 표준화과정에서 수정 보완된 내용이 추적 가능할 수 있도록 문서화가 되어 있어야 한다. 모든 비용추정의 핵심은 비용자료에서부터 비롯되기 때문에 자료의 신뢰성은 곧 비용추정치의 신뢰성과 직결된다.

(2) 참가자

이 과정에 참여자는 비용추정전문가, 사업관리자 및 실무자, 기술전문요원, 엔지니어 등이 참여할 수 있다.

다. 비용추정치 산출

이 단계에서는 수집된 자료가 표준화되고 나서 실제 비용추정모델을 운영하여 비용추정치를 산출하고 문서화하는 과정을 말한다.

임무 7	비용추정치 산출 및 위험 분석

하나의 점추정치를 개발하기 위해서는 다음과 같은 조치들이 이루어진다.

(1) 표준화된 자료를 바탕으로 선정된 모델운영 준비(입력자료 작성 등)

(2) 비용 가이드라인 및 가정사항을 검증

(3) 비용산정을 위한 모델 운영

(4) 획득단계별 비용추정

(5) 인플레이션을 적용한 비용추정치 조정

(6) 비용추정치의 상호확인

(7) 과거 추정치나 제3의 추정치와 비교하여 수정 및 업데이트

비용모델을 운영하기 전이나 운영 후에 비용추정치 정확성을 보장하기 위해 사용된 자료나 공식들을 다시 한번 확인하는 것이 매우 중요하다. 추정치가 산출되고 나서 그 값을 재생산할 수 있도록 입력자료나 모델운영 규칙이 반드시 문서화되어 있어서 검증이 가능해야 한다. 그 다음 단계는 추정치의 타당성을 확인하기 위해 가능하다면 다른 방법론으로 추정한 값과 상호 비교해 보아야 한다. 뿐만 아니라 의사결정자에게 하나의 추정치만 제시할 것이 아니라 핵심비용 주도요인을 변화시켰을 때 비용추정치 변화 정도도 미리 준비해 두는 것이 바람직하다. 이 방법은 비용위험 분석과 직접 연관되기도 한다. 비용추정에서 한 개의 값 추정치는 수많은 가능성 가운데 한 개의 추정치로서 의미만 가지고 있다. 비용추정 과정에서 자료의 불확실성이나 추정방법의 불확실성으로 인해 실제 비용은 점추정치로부터 상당한 구간범위 내에 존재할 수 있다.

위험비용추정은 다음과 같은 이유에서 반드시 이루어져야 한다. 첫째는 어떤 사업의 추진여부를 결정하기 위해 절충효과를 판단할 때 점추정치 하나만으로는 잘못된 의사결정을 할 수도 있다는 것이다. 점추정치는 기

대값이라고 볼 수 있는데 위험비용을 고려할 때 신뢰구간이 너무 크다면 상대적으로 위험도가 높다는 것을 의미하므로 잠재적으로 추정된 값보다 많은 추가비용을 예상할 수 있기 때문이다. 둘째는 의사결정자의 입장에서 추정된 비용에 추가되는 부분을 미리 예측해 줌으로써 전체 자원할당 차원에서 의사결정을 할 수 있다는 것이다.

비용위험평가는 현재 정의된 비용, 일정, 기술범주 내에서 위험요소를 식별한 다음 확률적인 개념을 도입하여 주어진 내용으로 사업을 성공적으로 수행할 수 있는 확률 분포를 구하여 의사결정에 활용하고자 한다.

미 항공우주국(NASA)에서는 비용추정시 위험평가부분을 대단히 중요하게 취급하며 비용추정과정에서 12개 항목으로 구분하여 위험평가를 실시하고 있다(NASA Cost Estimating Handbook). 비용위험평가는 비용추정전문가와 사업관리자에게 비용위험의 중요성을 인식시킬 뿐만 아니라 시스템 개발의 복잡성을 이해하고 향후 사업추진과정에서 위험관리를 통해 위험요소를 예방하거나 완화시키는 역할에 기여할 수 있다.

위험요소로 인해 비용에 미치는 효과를 정량화할 필요가 있는데 이를 위해 먼저 위험의 출처를 식별해야 한다.

① 첫 번째 위험요소는 비용추정방법론에서 발생되는 위험이다. 예를 들면, 최적 분석에 기반을 둔 CER이 사용되었다면, 그 CER은 추정치의 표준편차, 신뢰구간, 예측구간들이 정의되는데 이러한 추정치들은 비용추정치의 위험요소로 간주될 수밖에 없다. 즉 CER이 구축되면서 비용추정오차나 추정치 자체 내의 통계적 불확실성, 생산율 요소 같은 각종 경제적 요소들의 불확실성 등이 종합적으로 비용위험으로 나타날 수 있기 때문이다.

② 두 번째 위험은 개발하려고 하는 시스템의 기술적 측면에서 발생되는 위험을 들 수 있다. 이런 범주의 위험은 주로 현재 기술의 상태, 설계 및 공학, 통합, 제조분야, 개발기간, 복잡도 등과 관련된 것들이다. 이런 종류의 위험에 대해서는 비용에 미치는 효과를 통계적으로 정량화하여 CER에 반영할 수가 없다. 기술적 위험정도를 비용에

반영하기 위한 방법은 통상 위험의 종류와 위험 정도를 행렬 형태로 구축하게 된다. 즉 비용위험으로 기술수준의 발전, 설계 및 공학, 통합, 복잡도 등과 같은 요소를 행의 요소로 두고 열에는 이들의 위험 정도를 낮은 위험, 중간 위험, 높은 위험으로 구분하여 위험평가 행렬을 구축한다는 것이다. 그런 다음에 각 위험요소에 대한 상대적 가중치를 고려하여 위험평가를 나타내는 삼각분포를 산출해 내서 위험평가모형으로 활용하고 있다(NASA Cost Estimating Handbook 참조).

③ 세 번째 위험요소는 WBS 요소간 상관관계로 발생되는 위험이다. WBS의 구조상 어느 한 가지 요소가 변화되어 비용증가요인이 발생하면 이와 상관관계에 있는 다른 요소도 자동적으로 비용증가가 발생되는 경우를 말한다. 예를 들면, 위성체의 발사체 비용이 증가하게 되면 추진체의 비용도 따라서 비용증가요인이 발생한다는 것이다. 대부분 WBS 체계상에서 어느 한 부분의 비용증가는 또 다른 부분의 비용증가를 나타내는 양의 상관관계가 나타남을 알 수 있다.

비용위험평가를 통해 최종적으로 그 프로젝트의 비용변화 S곡선, 즉 누적확률분포를 얻는데 그 목적이 있다. 이러한 위험을 정량화함으로써 비용추정전문가는 연구개발단계별로 예상되는 위험에 대한 정량적인 위험평가치를 제공할 수 있다.

비용위험은 어떤 비용추정치를 개발하거나 제시할 때 조심스럽게, 정량적으로 평가되어야 한다. <그림 5-3>에서 보는 바와 같이 비용 S곡선은 단순한 비용추정치 한 개의 값보다는 많은 정보를 제공해 주며 어느 정도의 예비비를 확보할 것인가를 결정하는데 사용될 수도 있다.

앞서 언급한 세 가지 위험, 추정방법, 기술적 위험, 사업계획 수립과 관련된 위험 등으로 인한 비용효과가 추정치에 종합적으로 반영된다면 수명주기비용 차원에서 어느 정도 비용이 추가로 위험비용으로 고려될 수 있는 지가 식별된다. 이러한 위험추정치들이 각 WBS상 점추정치로부터 통합되어지면 전체 수명주기비용에 대한 위험비용들이 구해질 수 있다. 통합비용곡선 상에서 70% 혹은 80% 범위의 위험비용추정치를 구할 수 있게 되며 어느 정도 수준의 위험비용을 확보할 것인가는 사업관리자나 의사결정자의 방침으로 정할 수 있다.

비용위험평가는 이와 같이 비용 S곡선을 결정하는 것뿐만 아니라 프로젝트의 비용 주도요인을 결정하거나 점추정치로 사업을 추진할 때 성공가능성 예측이나 비용범위를 제공하는 데도 기여하고 있다. 최종비용에 결정적인 영향을 미치는 입력변수를 분석함으로써 사업의 정의나 설계과정에서 주의를 기울여야 할 매개변수를 찾아낼 수 있다. 사업관리자의 입장에서는 현재 계획된 예산으로 위험평가를 고려할 경우 성공할 가능성을 알고 싶어 한다. 이 경우 위험평가 S곡선을 통해 확인할 수 있으며 사업관리에 참고할 수 있다.

일단 입력변수 분포들로 구축된 수명주기비용모델이 구축되면 몬테칼로 시뮬레이션 기법에 의해 위험비용추정치를 구할 수 있다. 몬테칼로 시뮬레이션은 입력분포에 설정된 확률분포에 의한 임의의 난수를 생성하여 확률변수로 활용하여 수많은 추정치를 산출하여 위험평가치를 구하게 된다.

임무 8	비용추정결과의 문서화 및 상부보고

비용추정의 시작단계부터 최종 완료단계까지 일관되면서도 연속적인 수명주기비용 추정과정을 문서화하여 유지하는 것은 매우 중요하다. 여기

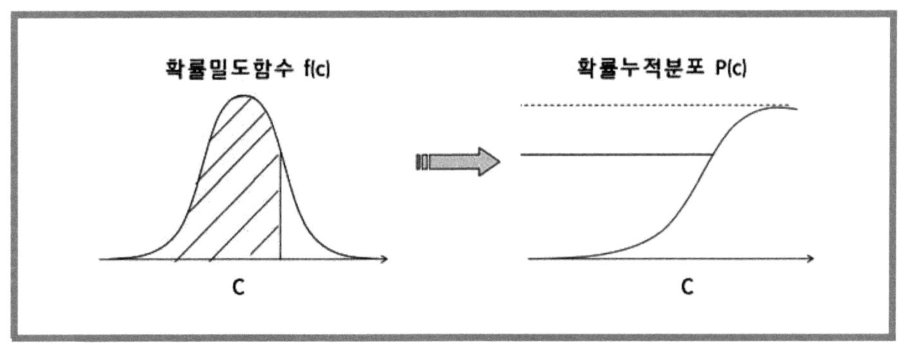

〈그림 5-3〉 비용확률밀도 함수와 누적분포

에는 자료수집과정, 표준화 방법, 모델 적용, 위험비용추정절차 및 적용방법이 체계적으로 묘사되어야 한다.

이와 같은 비용추정결과를 문서화로 남기는 목적은 비용추정치의 정당성을 서류로 제공하는데 있다. 일반적인 작성원칙으로 최종결과치는 충분한 정보를 제공할 수 있어야 한다. 추정치가 어떻게 산출되었는가를 다른 팀에서도 동일하게 분석할 수 있고 동일한 결과를 재생산할 수 있도록 해야 한다.

비용추정시에 포함되어야 할 사항으로는 다음과 같은 항목들이 있다.

1) 해당사업 비용추정의 정당성을 제시
2) 추정대상체계에 대한 간략한 묘사(기술적 및 운영개념을 포함)
3) 비용추정에 사용된 방법론과 모델 소개
4) 필요시 다른 팀이 동일한 비용추정치를 재생산할 수 있거나 독자적인 분석이 가능하도록 추정치가 어떻게 개발되었는가에 대한 충분한 정보를 제공
   - 인플레이션과 기타 지원사항들에 대한 가정사항
   - CER을 보정하는데 사용된 자료
   - 신규시설 투자, 초도부품, 기타 신규시작에 소요된 투자내역들
   - 특정한 운영시나리오에 의한 운영유지비용
   - 잠재비용과 단계별 수명주기비용
   - 현재 가치(Net Present Value)
5) 각각의 추정치와 사용된 데이터베이스에 대한 설명
6) 시간계획(시스템공학 시간계획 등)
7) 획득전략
8) 비용 S곡선과 예비비의 충분성에 관한 분석
9) 감도분석
10) 현재 추정치와 과거 추정치(방법) 간의 차이점이 있다면 구체적으로 설명

비용추정 및 분석결과를 체계적으로 작성해 두면 비용요소들에 대한

이해가 쉬울 뿐만 아니라 의사결정자가 쉽게 필요한 정보를 이해할 수 있다. 대규모 국책사업의 경우 예산규모만 보고 의회나 정부의 예산 주무부서에서는 거부감을 느낄 때 이와 같은 비용추정 및 분석보고서가 체계적으로 작성되어 있다면 예산획득에 기여할 것이다.

한번이라도 어떤 사업에 대한 기본비용추정치가 명확하게 문서화되어 있으면 그 사업이 진행되어 가면서 핵심가정 사항들이 변할 경우 쉽게 업데이트를 시킬 수 있다. 새로운 추정치에 대해서도 변화내역을 추적할 수 있게 된다. 또한 비용추정결과는 장차 예산편성이나 협상 및 계약, 획득 후 운영유지비 반영 등에 그동안의 변화요인만 반영시키면 쉽게 활용될 수 있는 이점을 가지고 있다.

문서화 작업에는 비용추정전문가와 사업관리실무자가 주도적으로 참여하고 주요 기술된 내용은 해당업체나 엔지니어, 기술전문가들로부터 조언을 받아야 한다.

비용추정결과를 요약해서 상부기관이나 의사결정자에게 보고하는 방법도 매우 중요하다. 비용추정결과를 문서화한 내용 전부를 보고하기에는 항상 시간제약이 따르며 이해를 시키기도 어렵다. 프로젝트의 종류에 따라 보고내용이나 형식이 일정할 수는 없지만 짧은 시간에 핵심내용을 포함할 수 있는 내용으로 준비해야 한다<도표 5-3>.

〈도표 5-3〉 비용추정결과 보고 포함사항

구분	세부포함내용
범위	• 추정 범위/목적 • 과거 추정사례
주요 추정방침 및 가정사항	• 추정 방침 • 각종 가정사항(환율, 기준연도, 임율, 제 비율) • 비용추정 적용 기준들
추정방법 및 추정치	• 추정방법 선정 이유 • 개략적인 방법론 및 타당성 • 적용된 방법론들 간 비교 - 그래픽 위주로 작성

위험분석 결과	• 비용 S곡선 산출 경위 • 구간별 위험비용 식별
추정결과 요약	• 도표에 의해 WBS별 전체 비용 추정결과 제외 • 타 추정방법에 의한 결과와 비교

임무 9	비용추정치의 업데이트

비용추정결과는 한 번 추정된 것으로 끝나지 않고 사업을 진행하면서 일정한 주기로 업데이트가 필요하다. 기획단계에서 판단한 추정치는 계획단계에서 실제로 자원할당계획을 수립할 때 시간경과에 따라 여러 가지 형태의 비용변화요인을 반영한 수정이 이루어져야 한다. 획득단계마다 새로운 의사결정이 이루어지는데 그 때마다 의사결정에 필요한 정확한 비용정보를 제공해야 하기 때문이다. 최초 추정결과에 대해 고객의 반응을 분석하여 업데이트 과정에서 피드백시키고 분석을 통해 얻은 학습효과로 비용추정치에 수정 및 보완부분도 반영되어야 한다. 많은 경우 최초에 계획했던 사업범위를 벗어나면 이에 대한 비용변화요인은 반드시 반영시켜야 할 것이다.

사업추진 간에 수정 및 보완된 비용추정결과는 예산획득과정이나 성과관리시스템(EVMS)에 피드백시켜서 활용하도록 한다.

3. 획득단계별 비용추정방법론 적용

앞서 언급한 비용추정과정 9단계는 획득단계별로 항상 동일한 범위나 내용으로 적용될 수 있는 것은 아니다. 본 장에서는 현재 획득단계별로 비용추정을 실시할 경우 앞에서 제시한 방법론을 어디에 중점을 두고 적용할 것인가를 연구하고자 한다.

획득단계별 수명주기는 <그림 5-4>에서 보는 바와 같이 개발단계에서는 개념연구, 탐색개발, 체계개발이 포함되고 양산단계에서 생산이 이루

어지며 운영유지단계를 거쳐 폐기단계에 이르게 된다.[25)]

연구개발단계에서 비용분석은 매우 중요하지만 연구개발의 특성상 기술접근방법 및 개발의 불확실성 등으로 인해 초기단계부터 체계적인 비용관리가 되어 오지 못한 측면도 있다. 이제 한국에서도 CAIV 개념을 도입하여 성능과 비용목표가 설계를 결정하도록 관리하며 설계 초기부터 현실적인 비용목표를 달성할 수 있는 방안을 찾도록 하여 개발기간 중에 비용의 급상승을 억제시켜야 할 것이다.

가. 개념연구단계 비용추정

개념연구단계에서 실시되어야 할 비용분석 및 추정의 초점은 다양한 대안 중에서 개략적인 비용추정을 통해 사업추진 가능성을 판단하는 것이라 할 수 있다.

개념연구단계에서는 새로운 프로젝트(사업)의 임무달성을 위해 다양한 대안이나 이이디어들을 개발하고 가능성을 평가해 가는 단계라고 할 수 있다. 이 단계에서는 새로운 아이디어들에 대해 개략적인 구조를 상상해

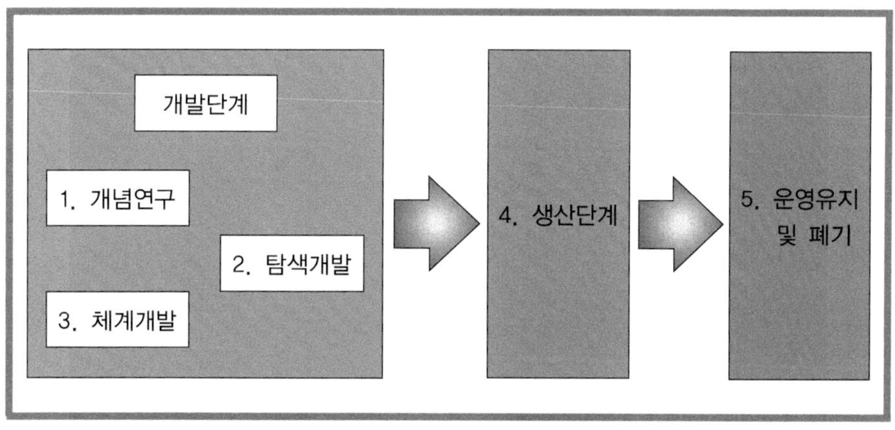

〈그림 5-4〉 획득단계별 수명주기

25) 미국에서는 획득단계를 6단계로 구분하고 있다. Pre-Phase A(개념정의), Phase A(개념설계), Phase B(예비설계), Phase C/D(설계, 개발, 시험평가, 시제품 생산), Phase D(생산), Phase E(운영유지 및 폐기)

보면서 실현 가능성을 판단해 보는 과정이다. 다양한 형태의 개발전략에 대한 비용과 성능의 절충효과를 판단해 보기도 하고 목표비용이 설정되면 그 비용에 적합한 시스템의 물리적 특성도 한정시켜 볼 수 있는 방법을 찾아내기도 한다. 예를 들면, 새로운 공격헬기를 개발할 경우 중량과 비용의 절충효과를 개발에 투자할 수 있는 목표비용 선에서 찾아낼 수 있다는 것이다.

(1) 프로젝트의 정의(비용추정과정 임무 1-3)

제기된 프로젝트를 수행하기 위한 가능한 대안 검토가 중점적으로 이루어져야 한다. 최초 제안된 프로젝트의 요구조건을 정확히 식별하고 그것을 충족시킬 수 있는 몇 가지 대안을 찾아낸다. 예를 들면, 한국형 헬기를 개발하려고 한다면 대략적인 규모와 성능, 개발방법 등을 고려해서 2~3개 대안을 놓고 개략적인 비용추정을 시작한다는 것이다.

이 단계에서 비용추정은 프로젝트에 대한 상세한 정보가 수집되지 않은 상태이기 때문에 개략적인 비용추정(ROM)에 의존할 수밖에 없다. 비용추정전문가는 프로젝트의 개념을 이해하고 개략적인 WBS를 구축해야 한다. WBS에는 프로젝트의 최초요구사항이 반영되어 있으면서 최소한 2~3단계까지 식별이 되어야 할 것이다. 구축된 WBS를 대상으로 기술적 개념들을 수집하여 비용추정에 활용할 수 있도록 한다. 가능한 대안 검토를 위해 WBS상에서 핵심구성품은 직구매, 공동개발, 자체개발 등과 같은 전략적 선택 대안들도 포함시켜야 하며, 가능하다면 개발 후 양산비용, 운영유지비용을 추정할 수 있는 방안도 동시에 강구할 필요가 있다.

(2) 비용추정방법(비용추정과정 임무 4-6)

개념연구단계에서 비용추정방법론은 주로 서로 다른 개념들에 대한 개략적인 비용추정방법인 ROM 추정에 의존하는 경우가 많다. ROM 방법은 개발 초기단계에 WBS를 1~2단계까지 식별된 가운데 가능한 대안별로 개략적인 비용추정을 하는 방법이다. 이때 유사추정법(Analogy)을 사용하거나 WBS에 대한 기초자료들이 확보되면 Parametric 방법에 의한 추정을 실시할 수 있다. 개념연구단계에서 상세한 추정방침이나 가정사항은 식별할 수 없지만 고려중인 대안별로 가능한 범위 내에서 추정 가이드라인과 가정사항들을 식별해 내야 한다. 비록 이 단계에서 비용자료들에 대한 불확실성이 많지만 현재까지 설정된 추정방침이나 가정들 범위 내에서 ROM 수명주기비용 추정(LCCE)이 이루어지기 때문이다. 이러한 가정사항들이 식별되어야만 어떤 비용이 포함되고, 어떤 내용들이 추정에서 제외되었는가를 알 수 있다.

개념연구단계에서 실제 프로젝트에 소요될 비용을 판단한다는 것은 시기상조이다. 가능하다면 유사한 과거 프로젝트로부터 얻은 자료가 있다면 전체 비용은 그 자료들을 분석해서 예측할 수는 있을 것이다. 비용추정치를 산출하기 위해 유사추정법이나 변수추정법 중 어느 한 가지 방법이 결정되면 필요한 기초자료를 수집해야 한다. 이 단계에서는 개략적인 추정이 이루어지기 때문에 자료수집에 한계가 있으며 WBS 1~2단계 정도만 자료를 수집하여 신속한 추정이 이루어질 수 있도록 한다. 다만 의사결정을 지원하기 위해 여러 가지 대안에 대한 추정치를 제공할 수 있도록 준비해야 한다. 변수추정방법을 사용할 경우는 PRICE, SEER, NAFCOM과 같은 기존에 개발된 상용모델들을 사용할 수 있는데, 이러한 모델을 사용할 경우는 비용 및 기술입력자료에 대한 세밀한 검토가 필요하다.

(3) 비용추정치 산출(비용추정과정 임무 7-9)

선정된 추정방법에 의해 비용추정치를 산출하게 되는데 이때 산출된 점추정치는 수많은 추정치 중에 한 개의 추정치에 불과하다. 여러 개 대안에 대한 비용추정치를 상호비교해 보고 타당성을 검증해 볼 필요가 있다.

개념연구단계에서는 너무 빠르기는 하지만 비용추정치에 대해 기술요소나 일정, 비용측면에서 위험요소를 미리 예측하는 것도 중요하다. 심도 깊은 차원의 위험비용분석은 어렵지만 WBS 1~2단계 차원의 개략적인 비용추정에서도 위험요소는 식별해 낼 수 있을 것이다. 비용추정의 불확실성, 기술입력자료의 불확실성, 그리고 WBS상 상관관계에 의한 위험성들이 충분히 고려되어야 할 것이다. 사업추진일정과 관련된 위험사항도 비용추정에 많은 영향을 줄 수 있다. WBS 핵심요소에 대한 개발일정은 신규기술소요나 개발능력 확보 등으로 인해 일정지연 가능성도 예측할 수 있다. 이러한 일정위험 분석은 확률개념을 도입한 CPA(Critical Path Analysis) 방법으로 보다 현실에 근접한 일정을 추정할 수 있으며 이러한 결과를 비용추정에 반영할 수 있다.

위험요소에 관련된 자료는 프로젝트 엔지니어들과 인터뷰를 통해서 확보할 수 있다. 개념연구단계에서 비용추정치 한 개의 값만 제공하는 것보다는 다양한 대안에 대한 점추정치에 추가해서 그 때까지 확보된 자료와 방법에 의한 위험평가를 병행하여 구간추정치도 동시에 제공한다면 의사결정에 참고로 활용할 수 있을 것이다.

이 단계에서 위험평가까지 포함된 완전한 비용추정과정을 문서화하는 것은 어려운 일이지만 장차 프로젝트의 진행을 위해서는 꼭 필요한 과정이다. 다양한 대안에 대한 비용추정치 산출결과는 세부적으로 묘사하기보다는 대안별로 차이점과 적용된 가정, 자료수집 출처, 방법론 등이 간략히 묘사되어야 할 것이다. 위험평가부분은 나중에 이 자료를 활용할 때 보다 용이하게 정보를 공유할 수 있으면서 추진결과의 신뢰도를 높일 수 있다.

프로젝트가 계속 진행되면 개념연구단계의 비용추정결과를 기본으로 계속적인 추정이 이루어지기 때문에 문서화 보존과정은 매우 중요하며, 이를 통해 업데이트하는 것도 용이할 것이다. 개념연구단계부터 비용추정결과를 문서화하여 유지하는 것은 장차 프로젝트가 진행되어 가면서 비용정보가 추가로 제공되어 추정치를 보완하는데도 유익할 뿐만 아니라 의사결정자에게도 다양한 대안에 대한 의사결정에 도움을 줄 수 있다.

○ 개념연구단계 비용추정 역할과 책임, 그리고 한계점

개념연구단계에서 비용추정전문가의 역할은 ROM 추정치를 개발함에 있어서 핵심공학적 성능 변수들(The Key Engineering Performance Parameters)의 특성을 이해하는 것이다. 새로운 개발개념을 비용과 연계시켜 의사결정에 활용할 수 있도록 한다는 것이다. ROM 추정치만 가지고도 프로젝트의 기획목적에는 충분히 활용할 수 있다. 개략적인 개발기간과 시스템의 개발범위, 개략적인 소요예산 범위만으로도 의사결정자가 사업 추진여부를 결정하는데는 필요한 정보를 제공한다고 볼 수 있다.

또한 비용추정전문가는 사업관리자와 함께 비용위험정도를 식별하여 의사결정에 활용할 수 있도록 해야 한다.

그러나 개념연구단계 비용추정에는 많은 함정과 도전에도 직면하게 된다. 초기단계에 관련자료나 정보의 부족, 시간제한으로 인해 시스템의 소요나 핵심변수에 대한 정의를 잘못 내릴 수도 있어서 프로젝트의 내용을 충분히 반영하지 못하는 경우가 발생할 수도 있다. 개발기간이나 핵심기술 확보, 획득전략 수립에 있어서 지나치게 낙관주의나 비관주의가 반영되어 개발비를 과소하게 또는 과대하게 추정하는 예도 있다. 예상되는 위험요소를 제대로 식별해 내지 못하거나 시스템 개발에 포함되는 하드웨어나 소프트웨어의 상당부분은 기존에 개발된 부분을 재사용할 수 있는 것으로 판단하여 비용을 지나치게 낙관적으로 추정하는 경향도 있다.

결과적으로 개념연구단계 비용추정은 이제 비용추정의 마지막 단계가 아니라 시작 시점이며 기본적으로 기술적으로 성공 가능성, 요망사항, 제시된 아이디어에 대한 수용성 등을 확인하는 차원에서 보아야 할 것이다.

나. 탐색개발단계 비용추정

탐색개발단계는 개념연구단계의 연구결과를 기초로 체계 개발단계로 들어가기 전에 가장 가능성 높은 대안에 대해 주요 핵심 시스템에 대한 설계 및 개발을 통해 최적대안을 찾아내는 단계이다. 이 단계에서는 체계개발 소요판단(개발기간, 소요예산), 핵심기술 개발 가능성, 소프트웨어 개발계획, 전력화 지원요소 등이 망라된 비용추정 및 분석이 이루어진다.

비용주도요인에 대한 분석이 이루어지고 주요체계에 대한 비용과 성능의 절충효과 분석이 시행된다. 개념연구단계에서 제시된 위험요소에 대해 위험도 경감방안이 강구되며 체계개발 및 양산단계에 필요한 비용목표가 재조정된다. 개념연구단계에서 실시한 비용추정결과를 토대로 수명주기비용을 재검토하며 가용한 대안별 비용분석 결과를 비교하여 의사결정에 활용한다.

(1) 프로젝트 정의(비용추정 임무 1-3)

개념연구단계 이후 개발이 확정되면 탐색개발 단계에서는 개략적인 시스템 설계가 시작되어 주요체계에 대해서는 상세 설계를 완료하고 시스템을 제작하여 성능까지 테스트하게 된다. 탐색개발의 비용추정 첫 번째 임무는 탐색개발의 범위와 가능성 있는 대안을 확정하는 것이다.

두 번째 임무로서 WBS를 확보하는 것인데, 탐색개발에서는 개념연구단계보다는 세분화된 WBS를 구축할 수 있어야 한다. 최소한 3-4단계가 되어있어야 하고 실제 개발에 들어가는 주요체계는 최종단계인 5단계까지 구축되어 있어야 한다. 구축된 WBS에 대해서는 기술적인 검토가 이루어져서 개발난이도, 신규설계비율, 통합정도 등이 식별되어야 하고 이들에 대한 세부묘사가 작성될 수 있어야 한다.

(2) 비용추정 방법(비용추정 임무 4-5)

비용추정 관점에서 네 번째 임무는 추정방침과 가정 사항을 개발하는 것인데 앞서 개념연구단계에서 개발된 부분 중에서 개발계획과 방법이 구체화되면서 수정 및 보완된 분야를 찾아낸다. 개념연구단계보다는 선택의 폭을 축소시키면서 추정방침과 가정 사항은 보다 세부적으로 묘사할 필요가 있다. 비용추정방법도 가용한 자료나 비용정보가 제한되어 있을 때 주로 사용하는 유사추정법(Analogy)이나 개략적인 변수추정법(Parametric)에 머물러 있지 않고 보다 세부적인 변수추정법이나 기술전문가의 도움을 받아서 제한된 분야의 경우는 공학적 추정법(Buildup method)도 사용해 볼 수 있다.

프로젝트 내용이 세분화되면서 추정치에 더 많은 영향을 미치게 되며 자료수집과 표준화 과정도 더욱 세부적으로 이루어지게 된다. 비용추정치가 보다 세밀하게 수정 보완되면서 실제 개발에 들어갔을 때 소요되는 비용에 근접하도록 추정되어야 한다. 시스템의 정의가 구체화되면서 비용 추정 전문가는 새로운 시스템에 비용주도요인을 식별해내고 일차적인 시스템 전체내용을 추정할 수 있어야 한다. 이러한 과정을 통해 다음단계 비용추정을 쉽게 업데이트 시킬 수 있고 비용문서를 통해 비용추정과정을 쉽게 확인할 수 있다.

(3) 비용추정치(비용추정 임무 7-9)

탐색개발단계 비용추정이 이루어지면 앞의 단계에서 수정된 소요나 자료 또는 신규자료가 비용추정 모델에 반영되어서 기존의 추정치를 업데이트하게 된다. 새로 확보된 자료는 점추정치뿐만 아니라 세부비용추정 결과의 위험평가에도 반영된다. 소요가 변경되거나 설계 및 운영개념의 수정, 지원방법의 변화 등이 최종비용추정에 반영되어 나타나야 한다. 이러한 각종 변화요인들은 개념연구단계에서 문제점으로 제시되거나 추가로 비용자료가 확보되었기 때문이므로 탐색개발단계에서는 공식적인 절차를 거쳐서 새로운 비용추정치를 개발해야 한다. 위험비용 평가도 각종 변경사항을 반영하여 개발단계보다는 구체적으로 실시하여 의사결정에 활용할 수 있도록 한다. 이 단계에 오기까지 아직까지 체계의 최종형상은 결정되지 않은 상태이기 때문에 주도체계에 대해서는 가용한 대안의 변경(what if analysis)에 대한 분석을 통해 의사결정자에게 필요한 정보를 제공해 주어야 한다. 탐색개발단계에서도 비용추정 활동사항과 추정결과는 체계적으로 문서화하여 다음단계에 활용할 수 있도록 하며 동일한 결과를 재생산 할 수 있도록 유지해야 한다. 문서화 과정을 통해 추정치의 신뢰도를 증가시키고 다음단계에서 비용추정결과를 방어하거나 업데이트 시키는데도 용이하다.

○ 탐색개발단계의 비용추정 역할과 책임, 그리고 한계점

탐색개발단계에서 비용추정 전문가의 역할은 매우 중요하다. 개념연구단계에서 제시된 연구결과를 검증하여 체계개발단계로 전환하기 위해 가용한 대안을 비교분석하여 가장 가능성이 높은 대안을 제시해야 한다. 이 단계에서 비용추정 전문가는 개발대상체계에 대해 기술적 기준에서부터 비용위험평가에 이르기까지 모든 추정의 기본을 충분히 이해하고 있어야 하며 추정결과를 문서화하고 의사결정자에게 브리핑을 통해 이해를 시킬 수 있어야 한다. 특히 탐색개발 단계에서 비용추정은 고려중인 대안들에 대한 비용과 성능의 절충효과와 체계획득과정에서 예상되는 위험들의 영향분석을 제시하는데 중점을 두어야 한다. 탐색개발단계만 하더라도 아직까지 개발에 대한 선택의 폭이 넓기 때문에 비용추정 전문가가 추정치를 산출하는 과정이나 추정치에 대한 검증이나 이해, 타당성 평가가 매우 중요하다. 또한 탐색개발단계에서 의사결정을 지원하기 위해 대상체계에 대한 가장 가능성이 높은 수명주기비용추정치(LCCE)를 추정해 내야할 책임도 있다. 아직까지 불확실한 요소가 많이 있기 때문에 위험 평가치를 포함하여 제시함으로써 의사결정자가 예비비의 규모를 판단할 수 있다. 탐색개발단계에서 또 하나의 비용추정 전문가의 중요한 역할은 사업관리나 획득팀과 공동으로 작업하여 체계의 WBS를 확정지으면서 사업범위를 구체화하고 여기에 필요한 자료 수집을 수행해 나간다. 이러한 과정을 진행하기 위해서 PM팀 내에 비용전문가와 기술전문가들이 함께 업무를 수행하면서 어떠한 개발방안이 임무수행 및 비용측면에서 가장 효율적인가를 판단할 수 있도록 해야 한다.

탐색개발단계에서 직면한 도전은 계약자나 관련업체의 잘못된 판단으로 개발과정에서 비현실적인 일정에 제한을 받을 수 있으며 때로는 업체의 개발능력이나 기술 및 사업수행능력을 지나치게 낙관적으로 판단한 근거로 모든 계획을 수립하는 경우가 있다. 비용과 일정에 관해 독자적인 타당성 검증과정에서 새로운 이슈들이 제기되면서 사업추진 일정을 진행하는데 장애요인이 될 수 있으며 RFP를 노출시킨 경우에는 업체 등에서 주요 부품의 경우 개발보다는 구매하는 방향으로 나갈 수도 있다는 것이다. 궁극적으로 탐색개발단계는 개발 가능성을 판단하고 체계개발에 진입하기위한 필요한 조치들을 이행하는 단계로 보아야 할 것이다.

다. 체계개발단계 비용추정

체계개발은 탐색개발을 토대로 그동안 검토되던 여러 개 대안 중에 가장 가능성 높은 대안을 확정짓고 양산에 필요한 시제품을 만들어 내는 단계이다. 체계개발 계획서에는 개발기간, 소요예산, 시스템 설계 개념이 구체화되고 WBS가 세부단계까지 확정된다. 비용측면에서 보면 체계설계가 완성되면서 생산공정계획이 수립되고 시험평가 계획수립이 되면서 비용목표가 설정되어야 한다.

(1) 프로젝트 정의(비용추정 임무 1-3)

탐색개발과정을 통해서 체계의 세부개념은 구체화되었으며 그동안 고려되던 가용한 대안 중에서 최적의 대안을 확정하게 된다. 사업제기 단계에서 요구된 사항들이 충분히 수용되면서, 탐색개발단계에서 주요체계의 개발가능성에 대해서 검증된 결과를 바탕으로 비용요소를 식별하게 된다. WBS는 5-6단계까지 세부적으로 정의되면서 각 WBS에 대한 세부 비용요소도 확보해야 한다. 특히 각 단계별 WBS상 구성품들에 대한 개발세부계획이 확정되면서 비용위험요소도 식별하게 된다. 이 단계에 이르면 비용추정 전문가는 다양한 출처로부터 많은 자료를 접촉할 수 있으며 프로젝트에 대해 완전히 이해할 수 있다. 체계개발이 시작되면서 지금까지 개념연구나 탐색개발에서 식별된 WBS는 하부체계, 구성품, 세부 구성품 단계까지 업데이트 시켜야 한다. 체계개발단계에 오면 개발하려고 하는 시스템에 대한 정의가 95%이상 확실하게 이루어지면서 비용 측면에서도 어느 정도 정확한 추정을 할 수 있다.

(2) 비용추정방법(비용추정과정 임무 4-6)

체계개발단계에 오면 체계에 대한 개발방침이나 여러 가지 가정 사항들이 명확하게 정의된다. 비용추정방법도 이 단계에서는 많은 기술 자료와 비용자료가 가용하기 때문에 변수추정법이나 공학적 추정법의 활용이 가능하게 되며 필요에 따라서 두 가지 방법을 혼용한 방법도 사용할 수 있다. 최종적으로 선정된 대안에 대한 세부 대안분석 업무를 수행해야 하며, 수명주기 비용의 Baseline을 설정하고, 지금까지 수집되거나 생산된 기술 및 비용자료를 기초로 수명주기 비용도 추정할 수 있어야 한다.

탐색개발단계에서 추정한 추정치와 비교하여 추가로 확인된 각종 기술 및 비용자료를 입력시켜 수정하는 단계이기도 하다. 체계개발단계에서는 탐색개발 경험이 있기 때문에 실제 자료가 가용할 경우가 있다. 이때는 공학적 추정법을 적용하는 것이 보다 정확한 추정치를 얻을 수 있다. WBS에서는 가장 세부적인 단계인 "Work package"수준까지 비용추정이 가능하게 된다. 체계개발 초기단계에 모든 WBS단계에서 "Work package" 수준까지 공학적 추정법으로 추정하기는 불가능할 수도 있다. 공학적 추정법을 사용한다면 노무비나 재료비는 WBS 세분화된 구조별로 분리되어 추정되어지며 기타 직접경비나 일반관리비, 이윤 등의 비용들도 각각 구해져서 통합되어야 한다. WBS별로 참여업체나 기관이 다르기 때문에 각종 경비나 인건비, 이윤, 일반관리비 적용비율이 다를 수 있기 때문이다. 변수 추정법을 사용할 경우는 주로 상용 전산모델인 PRICE나 SEER와 같은 비용추정 모델을 사용하게 되는데 구축된 WBS별로 성능, 기술, 비용관련 세부입력 자료를 수집해서 입력시켜야 한다.

변수추정법은 공학적 추정법과 직접 비교할 수는 없지만 추정결과를 상호 비교함으로써 비용추정치에 대한 타당성 검증에 활용할 수 있다. 체계개발단계에서 충분한 기술비용정보가 가용하기 때문에 공학적 추정방법에 우선순위를 둘 수 있지만 전체 비용규모를 파악하거나 설계변경 등에 대한 신속한 비용추정을 위해서는 비용추정 전산모델을 활용하는 것이 용이하다.

체계개발 단계에서는 가용한 기술, 운영, 성능, 비용자료가 많은 만큼 수집한 자료에 대한 철저한 표준화과정이 요구된다. 체계개발 비용자료는 향후 양산단계나 운영유지비 비용추정에 직접적으로 사용되는 부분도 많이 있기 때문이다. 많은 경우 체계개발과정이 끝나면 양산비용이나 운영유지비의 추정이 쉽게 이루어질 수 있다.

(3) 비용추정치(비용추정과정 임무 7-9)

체계개발단계에서 비용추정을 실시할 때는 개발계획이 구체화되어서 계약업체로부터 획득한 새로운 기술자료나 비용자료를 지금까지 사용한 모델이나 방법론에 대입시켜 추정치를 산출해야 한다. 개념연구단계나 탐색개발단계에서 개략적으로 분석한 분야에 대해 새로운 정보를 입력시켜 보다 정확한 추정치를 산출할 뿐만 아니라 위험평가를 실시한 부분에 대해서도 추가정보를 이용하여 수정 보완해야 한다. 체계개발단계에서는 위험평가부분을 지금까지 수행했던 것보다 구체적이며 상세하게 평가해야 한다. 위험평가에는 소요의 변화뿐만 아니라 개발과정에서 설계변경사항이나 기술적 제한사항 등이 구체적으로 식별되어 포함되어야 한다. 체계개발 마지막 단계에서 예상되는 시험평가과정에서 요구된 성능이 충족되지 않을 경우 예상되는 시간지연에 따른 비용증가요인도 추정에 포함시켜야 한다. 보다 중요한 것은 체계개발단계에서 확인된 각종 변화내용들이 보다 현실적인 사업추진비용을 추정할 수 있게 반영되어야 한다는 것이다.

지금까지 언급된 각종 변화내용이나 위험평가사항을 업데이트시켜서 추정치를 산출함으로써 추정치의 타당성을 증명하거나 방어하는데도 도움을 줄 수 있다. 비용추정결과는 반드시 재생산이 가능하면서 감시기관이나 납품관리자로부터 방어할 수 있도록 문서화되어야 한다. 비용추정전문가나 의사결정자는 비용추정내용을 간단히 요약해서 상부기관이나 필요시 대외기관에 발표하여 사업승인이나 예산확보에 활용할 수 있도록 준비해야 한다.

최종추정결과가 산출되고, 문서화된 후 보고과정까지 거쳤다면 그 결과는 자료로 존안 되면서 체계개발과정 후에 추가로 사업계획이 변경되면 업데이트 시켜나가야 할 것이다.

○ 체계개발단계의 비용추정 역할과 도전

체계개발단계는 시스템의 완전한 설계를 통해 개발, 시험, 평가를 실시하여 시제품을 만들어내는 단계이다. 이 단계에서 기술적인 파라미터, 개발일정, 예산이 정확히 추정되어 사업추진 간 위험요소를 최대한 줄이면서 비용의 급상승 요인을 막아야 한다.

개념연구단계와 탐색개발단계에서 실시한 비용추정결과를 최대한 체계분석단계에서 활용하되 기술 및 비용자료, 변화요인들을 충분히 반영할 수 있도록 해야 한다. 체계분석단계에서 비용추정 전문가의 역할은 지금까지 설정된 비용추정 방침과 가정 사항들이 합리성, 완전성, 일관성을 유지한 가운데 공학적 추정치가 산출되었는가를 검토하는 것이다. 비용추정 전문가가 체계개발의 전반적인 기술적 분야의 이해는 부족할지 모르지만 비용관리 측면에서 타당성을 확인할 수 있을 것이다. 또한 비용추정 전문가는 공학적 추정치를 산출하기 위해서는 체계의 시험, 평가부분에 대한 충분한 이해도 갖추어야 한다. 비용추정과정에서 수집된 체계개발 비용 및 기술관련 자료는 문서화하여 사업관리자나 다음 단계 비용추정자들이 활용할 수 있도록 해야 한다.

사업초기단계에 식별된 비용이나 위험요소들은 추정치가 계속 업데이트되고 실제 개발이 진행되면서 실제자료로 변하거나 보완되어 문서화됨으로써 후속단계 추정시 활용할 수 있게 된다.

체계개발단계 비용추정과정에서 직면하는 도전들도 다양하다. 개발과정에서 소요가 변함으로 인해 전반적인 계획수정이 발생하는 경우도 있고 위험요소에 대한 완화조치가 실제 진행과정에서 적합하지 않는 때도 있다. 개별체계나 구성품개발이 이루어지고 나서 체계통합과정이나 시험평가과정에서 어려움을 겪는 경우도 많이 있다. 개발이 진행되어 EVM을 적용하는 과정에서 WBS의 각 Work package의 작업내용이나 기술적인 사항을 충분히 인식하지 못해서 과도한 시간지연이나 비용초과가 발생하는 경우도 있다.

그럼에도 불구하고 체계개발단계는 시스템 개발에서 가장 중요한 단계이며 비용추정과정도 가장 복잡하고 시간이 많이 소요된다. 체계개발비용을 기반으로 하여 양산비용이 추정되기 때문에 시제개발에 소요된 각종 노무공수자료, 기술입력자료, 시험평가자료 등은 체계적으로 문서화되어 있어야 할 것이다.

라. 생산단계 비용추정

체계개발이 완료되면서 시제품이 생산되고 시험 및 평가과정을 거친 후에 개발 요구조건을 충족시켰다고 판단되면 생산단계로 진입하게 한다. 개념연구단계부터 체계개발단계에 이르기까지 일관성 있는 비용관리를 해왔다면 많은 기술 및 성능, 비용자료가 구축되어 있다고 가정할 수 있다. 생산단계의 비용추정에는 비용위험요소가 많이 감소된 편이며 체계를 생산하여 실전에 배치하기 전까지 소요되는 각종 비용으로써 생산비, 시험평가비, 시설관리비, 초기훈련비, 설비비, 초도부품비 등의 제비용이 포함된다.

(1) 프로젝트의 정의(비용추정과정 임무 1-3)

생산단계에 이르면 비용추정과정 임무 중에서 고객의 요구사항이나 WBS식별 및 기술적 정의단계는 체계개발이 완료되면서 거의 확정되어 있다고 볼 수 있다. 다만 생산물량의 변화나 생산여건의 변화가 있다면 비용추정사항에 반영시켜야 할 것이다. 생산단계 비용추정은 실제 생산이 이루어지기 2~3년 전에 실시하기 때문에 실제 생산이 시작될 때에는 다소 변경요인이 있을 수 있다.

(2) 비용추정 방법(비용추정임무 4-6)

비용추정 과정에서 기본 가정 사항을 식별하고 비용추정 방법론을 선택한 다음 비용모델을 결정하여 필요한 자료를 수집하여 표준화하는 절차를 거치게 된다. 특히 생산단계에서는 비용추정을 위한 기본방침과 가정 사항들이 매우 중요하다. 생산에 참여하는 업체수가 많을수록 업체별로 적용되는 기준들이 서로 다르기 때문이다. 공통적으로 적용되는 기준들은 생산기간 중 인플레이션지수, 환율 등이 될 수 있지만 기타 업체별로 서로 다른 임율, 제 비율(간접 및 직접경비, 오버헤드, 일반관리비, 이

윤), 재료비 감손비율 등은 미리 확인해야 한다.

비용추정 방법은 변수추정법과 공학적 추정법을 동시에 사용할 수 있지만 생산단계에 오면 체계개발 비용자료가 확보될 수 있기 때문에 공학적 추정법에 우선순위가 주어진다. 그러나 대부분 생산단계 비용추정은 체계개발이 완료되기 직전에 실시하는 경우가 많기 때문에 체계개발 과정에서 발생하는 많은 비용자료를 직접 활용할 수 없는 경우가 많이 발생한다. 하지만 비용전산모델을 사용하는데 필요한 세부 입력 자료는 어느 정도 충분히 확보할 수 있어서 변수추정법에 의한 추정치와 공학적 추정치를 병행하여 생산단계 비용추정치를 산출해 낼 수 있다. WBS 주요 구성품에 대해서는 탐색개발과 체계개발과정에서 재료비 및 노무비에 대한 자료를 수집할 수 있다. 그러나 이 단계에서 주의할 점은 개발과정에서 사용된 재료비나 노무시간과 관련된 자료들은 생산단계에 직접 사용하는 데는 많은 주의가 필요하다는 것이다. 개발단계에서는 동일한 과정을 2~3회 반복하여 성공할 때까지 시행할 수 있기 때문에 이때 사용된 재료나 노무시간은 생산단계에 와서는 최소한으로 줄일 수 있기 때문이다. 따라서 체계개발단계에서 수집된 재료비나 노무시간자료를 생산단계에 적용하기 위해서는 적절한 표준화과정이 반드시 이루어져야 할 것이다.

(3) 비용추정치 산출(비용추정과정 임무 7-9)

생산비용 추정치는 크게 비 반복비용과 생산비 그리고 기타 생산과정에서 부가적으로 소요되는 제 비용들로 구분된다.

(가) 비 반복 비용

체계생산을 위해 초기에 투자되는 비용으로 생산설비, 치공구, 실험장비 등에 투자된 비용을 의미한다. 실제 생산현장에서 확인해보면 기존에 사용하던 장비나 시설과 혼합되어 있어 정확히 식별하기가 곤란하다. 생산업체 입장에서는 가능한 한 비 반복 비용으로 많은 부분을 포함시키려고 노력하고 있기 때문에 이 부분에 대한 정밀한 검토가 요구된다.

(나) 생산비용

생산비용은 반복비용으로써 생산물량이 증가함에 따라 비용증가가 초래된다. 생산비용분석에 가장 중점을 두어야 할 부분은 노무시간과 재료비 판단 부분이다.

① 노무시간판단

WBS 각 구성품별로 제조, 조립, 체계통합, 도장 등에 소요된 노무시간을 판단하는 것으로 양산 1호기에 대한 노무공수 판단이 가장 중요하다.

양산 1호기 노무공수가 결정되면 그 다음 생산부터 적정 학습률을 고려하여 노무공수가 결정되기 때문이다. 학습효과는 작업자가 작업현장에서 특정 작업을 계속하여 반복할 경우에는 작업능률이 향상되어 노동 생산성의 증가현상을 의미한다. 이러한 학습효과는 작업방법, 설비배치, 생산계획, 동기부여 등 관리적 요인과 기술적 요인의 개선에 의해 발생하는데 생산 활동 초기에 학습효과 발생이 매우 크게 나타나다가 시일이 지나면 점점 줄어든다. 학습율 적용의 핵심개념은 생산물량이 2배로 증가하게 될 때 일정비율의 노무공수 또는 비용의 절감효과가 나타난다는 것을 수식으로 표현한 것이다.

$$Yn = AN^{b}$$

여기서, Yn : n번째 생산품의 노무공수(비용)
A : 최초 생산품의 노무공수
N : 생산대수
b : 학습곡선지수 (2b = 학습율)
b = log(학습효과) / log2

즉, 학습효과가 90%라면 b = log(0.9) / log(2) = −0.152가 된다는 것이다.

이와 같은 학습율은 통계적 자료에 의해 추정될 수도 있고, 자료 확보가 불가능할 경우에는 산업별 평균 학습율 적용기준(조남훈 외 3명, 비용분석지수 표준화 연구)을 이용할 수 있다. 그러나 학습율은 생산중단이 없이 충분한 물량이 확보되어서 적용할 수 있는 환경이 되어 있어야 한다. 비용추정전문가는 학습율 적용을 위해서는 사전에 학습율의 적용범위나 방법, 적용수준에 관한 충분한 연구가 있어야 한다.

② 재료비 판단

재료비는 원자재 및 구성부품의 구매비용으로써 국내의 비용자료를 이용하여 제시된 가격의 적절성을 판단하게 된다. 고가의 재료비의 경우 생산단계에서 적용되는 마모율, 감소율에 대한 충분한 검토가 이루어진 후 반영되어야 한다. 국외비용자료의 경우 FEDLOG이나 HEYSTOCK과 같은 해외비용 D/B에서 가격의 적절성을 확인할 수 있도록 한다. 해외비용 D/B와 직접 비교하는 데는 한계가 있지만 가능한 범위 내에서 가격비교를 함으로써 분석의 신뢰성을 높일 수 있다.

③ 기타 생산비와 관련요소

생산비에 부수적으로 포함되는 비용으로 기술지원비, 치공구유지비, 품질관리비, 계약비용 등이 있다. 특히 기술지원비는 해외업체와 공동 개발할 경우 지불해야 되는 비용으로 정비나 신뢰성 요소 등 생산 활동 기술지원비와 구성품 및 체계에 대한 재설계 평가활동비 등이 포함되는데, 이러한 비용들의 국제적 관계에 비해 과다하게 책정되었는지 여부를 평가해야 한다.

④ 설계변경비의 경우 불필요한 설계변경 등으로 인해 비용이 과다 책정된 부분을 중점적으로 검토한다.

⑤ 시험평가비는 평가인원, 방법, 기간, 횟수 등의 적절성을 중점적으로 검토해야 된다. 대부분 업체에서 가장 쉽게 노무공수를 대폭 반영할 수 있는 부분이 시험평가 부분이다. 평가에 참여하는 인원과 기간, 횟수를 증가시키면 시험평가 비용은 기하급수적으로 증가하게 된다.

⑥ 초기 훈련비용은 훈련장비, 훈련요원의 훈련비, 정비요원 양성비 등이 포함되는데 이들 비용의 적절성을 평가한다.

⑦ 초도부품비용은 통상 과도하게 확보하는 경향이 대부분이다. 이 분야는 장비의 운영개념과 정비개념을 분석하여 적정수준을 분석해야 한다. 예를 들어 특정한 부품의 경우 MTBF가 10,000시간이고 연간 운영시간이 1,000시간이라고 한다면 평균 10년에 1개정도 필요한 부품인데 초도부품

확보 시 1개 이상이 포함되어 있다면 과도한 보유가 된다는 것이다. 초도 부품은 통상 전체생산비의 일정비율로 확보하는 경향이 있다. 생산비의 경우는 지금까지 추정한 비용보다는 비교적 정밀한 추정이 될 수 있다. 그렇지만 재료비 부분이나 노무공수 산정부분에 여전히 불확실한 요인들이 많이 남아있어 WBS별로 위험비용추정치를 산정해서 통합한다면 전체 위험비용추정치도 산정해 낼 수 있다. 공학적 추정법과 전산모델에 의한 추정을 동시에 실시하여 최적의 추정치를 산출하는 방안이 검토되어야 할 것이다.

생산비용 추정에 있어서 어려움은 여러 개의 업체가 동시에 참여하기 때문에 생산일정을 맞추기가 어렵다는 사실이다. 생산 재료가 해외로부터 수입될 때는 환율의 변동이나 물량확보 등의 어려움으로 인해 비용 상승 요인이 발생하기도 한다. 체계조립업체의 입장에서 보면 생산물량이 적어서 학습율을 적용하기가 어려운 경우가 많으며 생산중단으로 인한 비용 증가요인도 항상 내재하고 있다는 사실이다.

생산비용의 추정결과는 다양한 목적으로 사용된다. 첫 번째는 중기계획이나 단년도 예산편성과정에서 자원할당에 활용되고, 두 번째는 사업집행을 위해 계약 및 협상과정에서 목표비용으로써 역할도 가지고 있다. 비용추정치는 법적구속력을 가지지는 않지만 협상과정이나 계약과정에서 추정치를 과도하게 상회할 경우에는 타당한 이유가 첨부되어야 할 것이다.

마지막으로 생산비추정에 사용된 자료는 곧바로 운영유지비용추정에 환류되어 정비 및 유지비용을 산정하는 입력 자료로 활용된다.

마. 운영유지비용 추정

(1) 개요

운영유지비용은 개념연구단계부터 생산단계에 이르기까지 매단계마다 추정치가 업데이트된다. 개발초기단계의 운영유지비 추정은 주로 변수추정법을 이용한 전산모델을 사용하게 된다. 시스템의 형상이 구체화되지 않은 상태에서 개발예정인 체계에 대해 다양한 운영 및 정비개념을 모델에 입력하여 유지비용을 추정해 내고 있다.

한국형헬기사업(KHP)이 시작되기 전에 다목적헬기사업(KMH)에 관해 개념연구가 이루어지면서 한국형공격헬기 및 기동헬기 개발사업 개념연구에서 이미 수명주기비용추정(LCCE)이 이루어졌다(KMH 보고서). 시스템이 어떤 형상으로 만들어질 것인가에 대한 논의를 하면서 국내개발 이후 30년을 유지한다고 가정할 경우 연간 유지비용을 추정해 내서 전체 프로젝트의 개발비, 양산비, 운영유지비를 산출해서 의사결정에 반영하였다. 이 단계에서 가장 중점적인 논의사항이 국내개발을 통해 헬기를 획득하게 되면 해외 직구매에 비해 운영유지비가 월등히 저렴하고 기술파급효과가 있기 때문에 개발의 당위성을 뒷받침해 주는데 있었다.

그러나 운영해 보지 않은 체계에 대해 20~30년 이상 장기간 운영을 가정하고 유지비를 판단하는 것은 상당히 불확실성이 존재하고 있음에는 틀림없다. 운영유지비는 최초 체계개발이나 획득단계에서 의사결정에 핵심요소가 된다. 체계가 개발된 이후 양산단계에 이르러서는 의사결정에 핵심요소가 된다. 체계가 개발된 이후 양산단계에 이르러서는 향후 운영유지를 위한 예산반영을 위한 근거자료로서 유지비추정 결과가 활용된다.

지난 2001년에 획득한 백두/금강장비를 보면 운영유지비 비용분석이 얼마나 중요한가를 알 수 있다. 당시 백두/금강장비는 주임무장비를 미국에서 획득하면서 장비자체가 가지고 있는 암호보안의 특수성으로 인해 현지에서 정비하는 개념으로 도입했다. 당시 운영유지비용 중 수리부속이나 정비비용이 과도하게 소요되어 수명주기비용 중 운영유지비 점유비율이 70%를 차지하고 있을 정도로 유지비의 부담이 가중된 바 있다(강성진 외 3, 백두/금강장비 운영유지비 분석, 2001. 4). 지금까지 수명주기비용 중 운영유지비가 차지하는 비율을 보면 체계별로 차이는 있지만 평균적으로 50% 범위에 있다고 알려져 있다.

운영유지비 추정방법은 주로 PRICE나 SEER 같은 비용추정 전산모델에 의존할 수밖에 없다. 하드웨어 및 소프트웨어 생산비용 추정을 하고 나서 유지비 추정에 필요한 자료를 운영유지비 추정모델에 피드백 시켜서 활용하고 추가로 정비 및 운영과 관련된 입력자료를 입력시킨다.

비용추정 전산모델을 이용해서 다양한 정비개념과 정비방법에 관한 감도분석(Sensitivity Analysis)을 실시하여 정책적 의사결정에 활용할 수도 있다. 예를 들면 정비단계를 3단계로 할 것인가? 4단계로 할 것인가에 대해 정비내용을 산정해 보고 유리한 대안을 선택할 수 있다는 것이다.

〈도표 5-4〉 무기체계 수명주기비용 중 운영유지비 비율[26)]

구분	기 종	수명주기비용중 운영유지비용 비율 %
전투기	F-16	53
	F/A-18	50
구축함용 포	OTO	17
	FMC	11
함정 엔진	MTU	81
	Pielstick	81
조 준 경	A	64
	B	58
수 송 기	CN-235M	22
	G-222	31
훈 련 기	PC-9	27
	S-Tucano	32
과학영상장비	BF Goodrich	22
	Thales	29
잠 수 함	214	18
	Scorpion	17
항 공 기	A	63
	B	60
	C	56
	D	68

26) 이호석 외 4, 무기체계 운영유지비용 분석방법론 연구, p.25-26, KIDA 연구보고서 (무 02-1784), 2002.

한국의 경우 그동안 무기체계 수명주기 분석을 실시한 결과를 종합해 보면 대략 <도표 5-4>과 같이 나타나 있다. 무기체계별로 차이가 심하기는 하지만 대략 20~60% 사이로 볼 수 있다. 포나, 잠수함은 운영유지비용이 체계의 특성상 저렴한데 비해 엔진 종류나 항공기, 전투기 등은 운영유지비 점유비율이 높은 것을 알 수 있다.

(2) 운영유지비 비용분석 방법

운영유지비의 세부 비용요소는 <도표 5-5>와 같이 정리될 수 있다. 이러한 요소들은 거의 대부분 무기체계에서 공통적으로 적용될 수 있다. 분석대상 체계의 특성에 따라 일부항목이 추가되거나 삭감될 수도 있다. 그러나 운영유지비는 상당히 장기간에 걸쳐서 발생되는 비용들이기 때문에 중·장기 경제여건의 변화, 부품 확보, 유휴가격의 변화, 예상도태시기의 변화 등 불확실한 요인이 많이 내재되어 있다.

〈도표 5-5〉 운영유지비 기본요소

구 분		내 용
인건비	운영유지비	무기체계 운영요원(승무원)에 대한 제반 급여
	정비요원비	창정비를 제외한 제 정비단계에서의 정비요원에 대한 제반급여
	간접요원비	간접지원 담당요원 등에 대한 제반급여
소모품비	수리부품비	창정비를 제외한 정비활동에 소모된 부품, 공구 및 시험장비 등에 소요된 비용
	유류비	체계운영시 소모된 연료, 윤활유 등의 유류 비용
	탄약비	훈련, 체계검사 등에 소요된 탄약비용
창정비비	창요원비	창정비 담당요원(군사요원 및 민간요원)에 대한 제반급여
	창재료비	창정비시 소요되는 지료 및 수리부품비
	창수송비	창정비 수행 전후의 수송비
직접 지원비	민간직접비	창정비를 제외한 정비단계에서 민간요원 인건비 및 재료비
	기타직접비	이상의 비용항목에 포함되지 않은 초도보급품 저장 관리비, 창정비 이하 계단에서의 수송비 등 직접운영 지원활동에 소요되는 비용
간접 지원비	보충훈련비	군사요원 교체로 인한 보충요원의 교육훈련, 배치에 소요되는 경비
	기타간접비	군사요원의 주거시설 확보비, 군사요원에 대한 의료비 및 기타 간접지원 활동에 소요되는 비용

(가) 인건비

인건비는 무기체계를 운영하는 운영요원에 대한 비용과 정비인원에 대한 비용으로 구분할 수 있다. 주의할 점은 인건비 적용범위나 기간에 대한 판단에 따라 비용차이가 많이 발생할 수 있다.

- 운영요원비 = (배치된 무기체계수) × <(대당 운영장교수) × (연평균 장교인건비) + (대당 운영사병수) × (연평균 사병인건비)> × (운영유지년수)
- 정비요원비 = (배치된 무기체계수) × <(대당 정비장교수) × (연평균 장교인건비) + (대당 정비사병수) × (연평균 사병인건비)> × (운영유지년수)

부대정비나 야전정비 인건비는 해당 무기체계 정비를 위해 편성된 인원을 적정비율로 환산하여 적용하도록 한다.

(나) 소모품비

소모품비는 수리부품비, 유류비, 탄약비로 구성된다. 수리부품비는 일반적으로 아래와 같이 계산할 수 있다.

- 수리부품비 = <(배치된 무기체계수) × (대당 연간사용시간) × (대당 1회 정비수리부품비) / (평균고장시간)> × (운영유지년수)

따라서 수리부품비를 추정하기 위해서는 평균고장시간(MTBF)과 대당 정비수리부품비를 알아야 한다. 평균고장시간은 장비의 운영개념과 직접 관련이 있다. 백두/금강체계 비용분석시 운영시간을 최대로 산정할 경우 수리부속비용이 과도하게 산정되는 예가 있었다. 따라서 획득사업 추진시 해외업체로 하여금 유지부품에 대한 고장시간과 부품가격을 제시하도록 하여 고장시간에 대한 적절성을 검토할 필요가 있다. 부품별 고장시간 및 가격을 잘 모르지만 유사한 장비의 시스템 수준에서의 고장시간 자료를 구할 수 있을 때는 다음과 같은 방식으로 수리부품비를 추정할 수 있다. 수리부품비는 운영유지비 중에서 가장 추정이 불확실한 부분이다.

- 수리부품비 = $\sum$Yi × {대상장비고장률/현운영장비고장률} × 획득가격
  (여기서 Yi = Xi년도의 통신장비 정비비/획득비, 고장률 = 1 / MTBF)

탄약비와 유류비는 아래와 같이 계산한다. 유류비의 비중이 큰 경우는 앞의 F-X의 사례에서처럼 훈련시나리오에 따라 연료소모율을 각기 구해서 계산하는 것이 정확할 것이다.

- 탄약비 = (배치된 무기체계수) × (연간 부대훈련수) × (훈련 1회당 대당 탄약비) × (운영유지년수)
- 유류비 = (배치된 무기체계수) × (대당 연간사용시간) × (대당 시간당 유류비) × (운영유지년수)

(다) 창정비비

창정비비는 창정비에 소요되는 인건비와 재료비(수리부품비), 그리고 창수송비로 구성된다. 창요원 인건비는 다음과 같이 계산된다.

- 창요원비 = <(배치된 무기체계수) × (대당 년간사용시간) × (대당 1회 창정비소요인시) × (평균시간당 창정비인건비) / (평균창정비주기)> × (운영유지년수)

창요원비의 가장 핵심적인 항목은 대당 1호 창정비 소요시간이다. 해외무기 도입의 경우 해외업체에 자료를 요구하여 구할 수 있으며 국내에서 운영중인 유사 무기체계의 실적자료를 구해서 검증하는 것이 바람직하다. 단, 자료의 신뢰성을 확인할 수 없다면 창요원비는 분석에서 고려하지 않는 편이 나을 수도 있다. 왜냐하면 새로운 무기체계가 배치되어 정비소요가 추가로 발생한다고 하여도 상당부분의 작업은 기존의 인력으로 충당하게 될 것이기 때문이다. 특히 해외도입 무기체계의 대상 기종간 운영유지비를 비교하는데 있어서는 창요원의 차이가 두드러지게 나타나지 않을 것이다.

창재료비는 주로 수리부품비이다. 수리부품비의 추정은 앞서의 방식과 동일하다. 따라서 창정비 수리부품비를 따로 계산하지 않고 앞의 수리부품비항으로 묶어서 계산할 수도 있다. 그러나 창정비에서 소요되는 수리부품과 야전 및 부대정비에서 소요되는 수리부품이 구별되는 경우는 다음과 같은 방식으로 계산할 수 있다.

- 창재료비 = <(배치된 무기체계수) × (대당 년간사용시간) × (대당 1회 창정비 재료비) / (평균창정비주기)> × (운영유지년수)

창수송비는 부대에서 창까지의 수송비용이다. 창까지의 수송수단은 무기체계에 따라 다를 것이므로 이를 고려해서 수송비를 계산해야 한다. 부피가 큰 무기체계, 예를 들어 전차는 주로 열차로 수송한다. 창 수송비는 무기체계 기종간 차이가 없을 것이므로 기종간 비교를 위한 분석에서는 제외할 수 있는 항목이다.

- 창수송비 = <(배치된 무기체계수) × (대당 년간사용시간) × (창왕복 수송거리) × (대당 거리당 수송비) / (평균창정비주기)> × (운영유지년수)

(라) 계약자 정비비

계약자 정비비는 창정비비와 같은 방식으로 계산한다.

(마) 기타 비용

기타 비용은 성능향상비, 저장비, 관리비(목록화 비용), 재교육/보충훈련비, 기타 간접비 등이다. 성능 향상비는 일반적으로 발생하는 것은 아니고 계약에 의하거나 별도의 성능향상 계획이 있을 경우 발생하는 것으로서 획득비용의 관점에서 분석되어야 하는 항목이다. 저장비, 관리비, 재교육비 등은 금액규모가 크지 않고 기종간 차이가 없으므로 기종결정을 위한 분석에서는 제외할 수 있다. 기타 간접비는 부대 운영에 관련된 비용으로서 역시 기종간 차이는 없는 항목이다.

(3) 운영유지비 비용분석시 고려사항

운영유지비는 장기간에 걸친 비용분석이기 때문에 판단한 비용에 불확실성이 잠재해 있다고 볼 수 있다. 이러한 불확실성을 최소화하기 위해서는 수명주기 비용자료에 대한 철저한 검증이 필요하다.

(가) 정비관련 자료의 분석

운영유지비중 정비비(수리부속+정비인건비)가 차지하는 비율이 큰데 비해 불확실한 요인도 가장 많다. 특히 해외 직구매나 기술도입 생산의 경우 정비비용 판단이 대단히 어렵다. 백두/금강체계처럼 체계가 국내에 운영되면서 정비시설은 해외에서 운영할 경우 수리부속 및 정비인건비, 정비시설 등에 있어서 예상되는 정비비가 과대 추정될 수 있다.[27]

정비비용 추정은 유사장비가 있는 경우는 비교적 판단하기 용이하지만 그렇지 않은 경우는 PRICE HL 모델을 통한 비용추정이 불가피하다. 이때 장비의 운영개념 등 정확한 입력자료가 사용되었을까에 대한 검증이 이루어져야 한다. 지금까지 운영유지비 분석결과를 살펴보면 정비비가 차지하는 비율은 무기체계 종류에 따라 그 차이가 큼을 알 수 있다<도표 5-6>[28]

〈도표 5-6〉 운영유지비용 중 정비비 비율

구분	기 종	수명주기비용중 운영유지비용 비율(%)
전투기	F-16	44
	F/A-18	45
구축함용 포	OTO	46
	FMC	32
함정 엔진	MTU	3
	Pielstick	4
수 송 기	CN-235M	63
	G-222	57
훈 련 기	PC-9	70
과학영상장비	S-Tucano	71
	BF Goodrich	42

27) 강성진 외 3, 백두/금강 운영유지비 비용분석, 2000, 국방대학교.

28) KIDA, 무기체계 운영유지 비용분석 방법론 연구, p.38, 2002. 11.

잠 수 함	Thales	64
	214	96
항 공 기	Scorpion	94
	A	63
	B	60
	C	56
	D	68

함정엔진의 경우 그 특성상 연료비가 운영유지비의 대부분을 차지하기 때문에 정비비용이 차지하는 비율이 낮다. 그러나 잠수함의 경우는 운영유지비의 95%가 정비비로 지출되고 항공기는 60~70%가 정비비로 구성되어 있음을 알 수 있다.

(나) 직구매의 경우 업체를 통해 정비자료도 동시에 요구하여 분석

업체가 제안서를 제출할 경우 핵심부품에 대해서 정비관련자료(RAM)를 제출받아서 MTBF(평균 고장간 시간)를 분석하여 수리부품소요를 분석해야 한다. 이러한 자료를 FED-LOG이나 HAYSTACK 같은 미국의 군수품 가격 데이터베이스에서 확인이 가능한 경우도 있다. 외국에 동일한 장비가 운영되고 있거나 유사장비가 운영되고 있는 경우 이것들에 대한 정비자료를 최대한 확보하여 분석해 보는 방법도 있다.

(다) PRICE-HL 모델을 통한 운영유지비 분석

PRICE 모델을 운영하기 위해서는 다량의 입력자료가 요구된다. 그러나 최근에 들어서 업체들이 제안서를 낼 경우 PRICE-HL 모델을 운영해서 수명주기 비용을 예측해서 제시하는 경우가 있으므로 이를 통한 정비비나 수리부속의 소요량을 추정할 수도 있다.

문제는 백두/금강 체계처럼 PRICE-HL 결과만을 제시하여 입력자료의 타당성 검증을 하기 곤란한 경우에는 직접 그 결과를 활용하는 데는 주의를 요한다. 정비비에 가장 영향을 많이 미치는 MTBF는 어떤 형태로든지 반드시 검증과정을 거쳐야 한다. 이것은 앞서 언급했듯이 장비운영시간과 직접 관련이 있기 때문에 운영개념과 연계시켜 과도한 장비운영시간을 반영함으로 인해 MTBF가 지나치게 적게 판단되어 수리부속이 과다하게 소요 추정되지 않았는가를 확인해 볼 필요가 있다.

또한 입력자료가 주어졌을 경우에는 MTBF나 비용에 영향을 미치는 변수들의 입력자료들을 변화시켜 가면서 전체 비용에 영향이 어떻게 미치는가를 감도분석해서 가장 적절한 값을 사용하도록 해야 한다.

4. 비용관리기법 소개

가. 개 요

비용관리 기법으로 총소요비용(TOC), 비용을 독립변수로 생각하는 개념(CAIV), 목표비용 기법, 활동기반 비용(ABC) 방법론들을 소개하고자 한다. 비용관리는 어느 한 부서에만 속해 있는 업무가 아니라 정부나 업체, 연구기관 등 여러 기관이 서로 관련되어 있다.

정부(국방부, 방위사업청)측면에서 획득사업 추진시 비용관리는 그림에서 보는바와 같이 다양한 내용들이 포함될 수 있다. 기본적인 개념을 보면 모든 획득사업은 총 수명주기 체계관리와 임무수행에 기초를 두고 비용관리가 이루어져야 함을 보여주고 있다. 비용관리와 직접적으로 관련이 적지만 시뮬레이션에 기반을 둔 획득개념, 국방규격 및 표준 개발, 아웃소싱, 인센티브 제도 등이 발전되어야 하며 상용소프트웨어(COTS)의 획득문제나, 공통성을 고려한 수용성 문제, 동시공학 및 지원 가능성 문제(Concurrent Engineering and Supportability Analysis : CESA), 통합생산공정개발(IPPD : Integrated Product and Process Development) 등이 동시에 이루어져야 한다. 본 연구에서는 CAIV, EVM, ABC/M 분야에 대해 상세하게 언급하고자 한다.

방산업체 측면에서 비용관리 요소를 보면 정부 측면에서 강조하던 분야와 일치되는 요소도 많이 있다. 예를 들면 활동기반 비용관리(ABC/

M : Activity Based Costing and Management), 수명주기 비용, 목표비용, 생산시간 관리 등이다. 하지만 방산업체에서는 경쟁적인 환경에서 무기체계를 개발하거나 생산해야 되기 때문에 비용관리 초점이 정부 측면에서 강조하는 분야와 다를 수밖에 없다.

방산업체에서는 비용관리 초점을 고객의 요구조건을 충족시키면서 최대한의 이윤을 창출하는 방향으로 둘 수밖에 없다. 사업 초기단계에는 가치공학(Value Engineering)이나 품질 성능개발에 중점을 두고 최적 설계를 실시하여 비용절감을 달성하며, 생산 중에는 융통성 있으면서 효율적인 관리를 통해 생산능력을 향상시키는 노력을 하고 있다. 특히 비용절감을 위해 통계적 과정 통제(Statistical Process Control : SPC)를 통해 결함

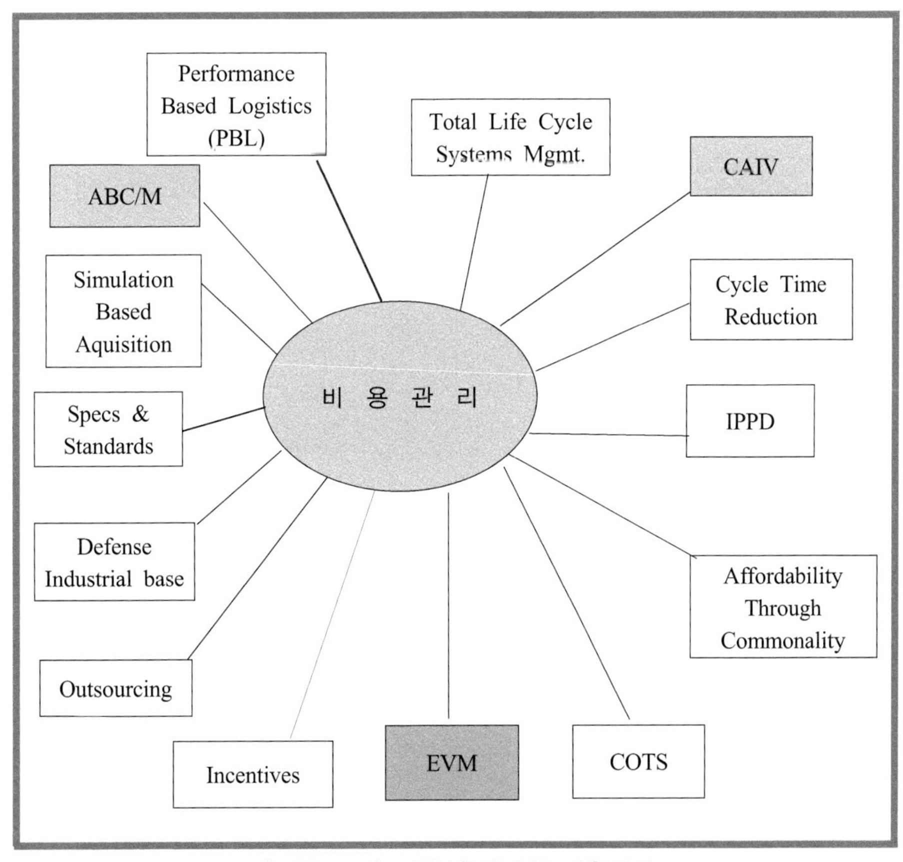

〈그림 5-5〉 정부측면에서 비용관리

비율을 최소한으로 억제하는 6 시그마 원칙에 의한 품질관리를 하고 있다.

생산 후에는 공급망관리(Supply Chain Management : SCM)에 중점을 두고 지속적으로 고객의 소리를 청취하여 고객의 요구사항을 충족시키려고 노력하며 다른 경쟁 업체들의 장점을 분석하여 벤치마킹함으로써 비용관리에 기여하고자 한다.

정부나 업체의 공통적인 비용관리 사항은 공정관리(Process Management), 업무혁신(BPR : Business Process Reengineering)을 지속적으로 실시하여 궁극적으로 비용목표를 달성하고자 한다.

비용관리는 단순히 비용절감에만 초점을 두어서는 안된다. 정부 측면에서는 사업 초기 단계부터 체계적인 비용관리를 통해 군의 ROC를 충족시

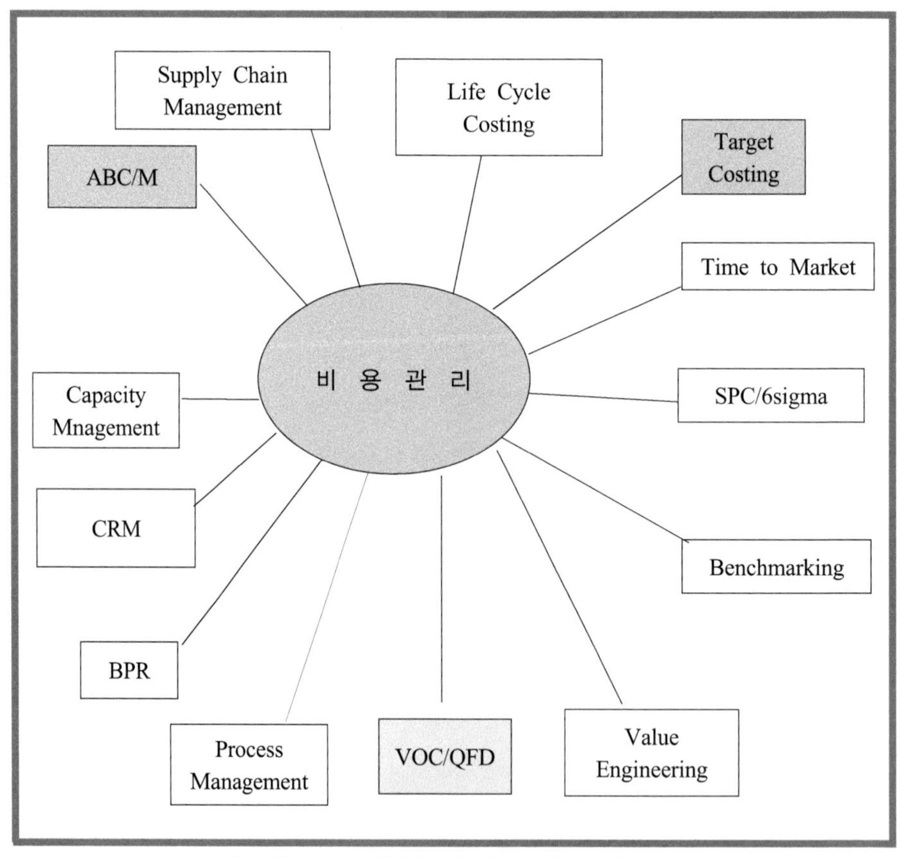

〈그림 5-6〉 방산업체 측면에서 비용관리

키면서 설정된 비용 목표를 달성하도록 유도해야 할 것이다. 업체의 입장에서는 과거의 사업추진 관행을 버리고 체계적인 사업관리를 통해 비용절감을 달성하면서 객관적인 비용자료에 의해 적정 이윤을 보장받도록 노력해야 할 것이다.

나. 총소요비용(TOC)

미국방성에서는 무기체계 획득과정에서 기존의 수명주기 비용(LCC)을 보다 확대 해석하여 총소요비용(Total Ownership Cost : TOC)개념을 도입하였다. 총소요비용은 사업관리에 있어 조직관리적인 측면과 사업계획을 수립시에 적용하면 효과적일 수 있으며 다음과 같이 정의하고 있다.

"총소요비용은 군을 편성하고 장비를 구축하여 운영유지하는데 필요한 모든 자원을 포함한 비용으로서 ① 하나의 시스템을 연구 개발하여 획득하고, 운영유지, 그리고 폐기처분에 소요되는 제비용 ② 기타 부수장비 및 부동산 비용 ③ 군인 및 민간요원의 지원 및 운영요원의 모집, 교육훈련, 유지에 소요되는 비용 ④ 기타 국방성의 운영과 관련된 제비용이 포함된다."

지금까지 사용하던 LCC 개념에서 TOC 개념으로 확대 적용한 것은 단순히 하나의 체계를 확보할 때 그 체계 자체만 만족시킬 수 있는 최적비용이 아니라 다른 시스템과 연계하여 전체 국방성 차원에서 경제적인 획득인가를 판단하겠다는 의도가 있다. 국방성에서 적용할 수 있는 모든 정책적 고려사항과 법률적인 요구조건에 부합하면서 국가안보 목표를 충족시켜야 하며 군의 준비태세, 안전, 삶의 질 충족 등 모든 국방성 임무수행의 기준을 동시에 만족시키는 범위에서 체계획득이 고려되어야 한다는 것이다.

따라서 이와 같은 광범위한 총소요비용개념을 "BIG TOC" 라고 하며 순수 체계획득 측면에서만 고려하고 있는 협의의 총소요비용은 "Little TOC" 라고 부르기도 한다. TOC 개념은 산업체에서는 이미 통용되고 있으며 IT시스템에서 많이 쓰고 있다.

국방성에서 사용하는 TOC 개념은 사업관리나 프로젝트 수행과 관련된 개념으로 광의의 수명주기비용으로 정의된다. 여기에는 사업추진에 필요한 직접비용과 간접비용으로 구분된다.

TOC에 포함되는 직접비용은 "요람에서 무덤까지"의 개념으로 어떤 시스템의 연구 개발, 생산, 운영 유지, 폐기처분 등 사업의 전 순기동안 소요되는 모든 비용을 포함하고 있다. 이 추정치는 재원의 출처가 어디든지 상관없다.

TOC에서 고려하고 있는 간접비용은 때로는 "연계비용(Linked Costs)"으로 불리기도 하는데 이 비용은 해당 사업에 직접적으로 투입되는 비용은 아니지만 그 사업이 완료 후 수명주기동안 관리하고 유지하는데 필요한 기반시설이나 공통지원 품목에 들어가는 비용이다.

TOC개념을 이해할 때 조직적인 측면과 사업계획 및 프로젝트 수행 측면의 두 가지 관점을 동시에 고려하는 것이 매우 중요하다. 대부분 TOC를 감소시키기 위한 노력은 사업계획이나 프로젝트 수행과정에서 이루어진다. 하지만 어떤 경우에는 그 사업 계획에서 비용 절감 노력이 전체적인 TOC측면에서 비용을 증가시킬 수도 있음을 명심해야 한다.

○ R-TOC

R-TOC는 TOC에서 식별된 모든 비용을 절감하고 관리하는 기본구조나 과정을 의미한다. R-TOC는 Reducing TOC, Reduction TOC, 또는 TOC Reduction, TOCR 등 다양한 형태로 불리워지고 있지만 기본 개념은 총소요비용을 관리하는 개념이라고 볼 수 있다.

무엇이 구체적으로 획득되어야 하고, 시스템이 어떻게 획득되고 운영되어야 하는가를 정의하면서 여기에 소요되는 비용을 식별해 내는 것이다. 이러한 과정에는 여러 개의 조직이나 기관들이 서로 관련되어 있다. 사업진행과정에서 어떤 문제점에 직면했을 때 각 기관별로 적합한 비용관리 접근방법을 채택하여 당면한 문제를 해결할 수 있도록 한다. 시스템의 사용연한이 오래되어 운영유지비가 급격히 증가할 때 군에서는 이 시스템을 지속적으로 유지할 것인가에 대한 수용성을 판단해야 한다. 일반 상용

업체에서도 시장 점유율이 낮아지거나 이윤이 감소할 때 동일한 의사결정을 하게 된다.

각 기관마다 R-TOC 추진전략은 서로 다를 수 있다. 그러나 핵심적인 추진 단계는 다음과 같다.

- TOC의 기준점을 설정하고 비용 감소 목표를 정한다.
- 설정된 목표를 달성하기 위해 비용 감소 방안을 개발하고, 평가하여 구체적인 절감 방안을 발굴한다.
- 사전에 설정된 다양한 메트릭스(방안)에 의해 진행 상황을 추적해서 목표 달성여부를 확인한다.

TOC를 절감하기 위한 가장 적절한 시기는 획득과정에서 빠를수록 좋다. 새로운 시스템을 획득할 때 조기에 의사결정이 이루어질수록 수명주기 비용에 더 많은 영향을 미칠 수 있으며 모든 단계에 비용절감을 가져올 수 있다.

과거에 운영되던 체계를 가지고는 비용절감이 어렵다. 이미 모든 비용이 초기에 결정되어 있기 때문이다. 이런 시스템에서 비용절감을 얻으려면 현대화(성능개량)를 통한 개선이 이루어져서 그 결과로 운영유지비를 절감할 수 있을 때이다. TOC를 낮추는 방법은 새로운 기술을 도입해야 한다. 신기술은 체계의 신뢰도를 높일 수 있고 그 결과로 지원비용을 감소시킬 수 있다. 여기에 추가하여 운영시스템을 변화시켜 체계의 효율성이 향상되므로서 정비유지 비용을 줄일 수 있다.

그러면 어떻게 조기에 비용에 영향을 미치는 TOC를 절감할 수 있을까? 그 수단으로 새로운 체계획득시 비용을 독립변수로 하는 획득전략(CAIV)이 사용될 수 있다.

다. CAIV

(1) CAIV 개념

CAIV는 “Cost As an Independent Variable”의 약어이며 비용을 독립변

수로 생각한다는 의미로서 시스템 획득시 과거와는 달리 성능보다는 비용에 중점을 둔다는 개념이다. CAIV는 TOC를 절감하기 위한 방법론으로 사용되고 있다. 새로운 무기체계를 획득하려고 할 때 TOC가 식별되면 이를 절감하기 위한 공격적인 목표비용을 설정하고 이 목표비용을 달성하기 위해 전 순기동안 체계 및 비용관리를 한다는 것이다.

과거에는 소요제기 과정에서 설정된 ROC를 충족시키기 위한 성능관리에 초점을 두어왔다. 성능에만 중점을 두면 체계획득 비용은 점점 증가할 수밖에 없게 된다. 지금까지 수행되었던 대부분의 연구개발 사업에 최종적으로 투입된 비용을 보면 최초 계획했던 예산과 비교하면 너무나 많은 차이가 남을 알 수 있다.

국방예산 획득환경이 갈수록 어려워지고 한정된 국방자원으로 효율적인 체계획득이 요구되는 시점에서 CAIV 개념에 의한 새로운 획득전략으로 수정이 불가피하다. CAIV 개념은 체계획득의 전 순기 중에 비용을 중시하는 획득 개념으로 전환을 의미한다. 즉, 시스템 개발자(업체), 사용자(군), 지원부서(정부)가 비용과 성능, 일정 간에 적절한 절충(Trade-Off)

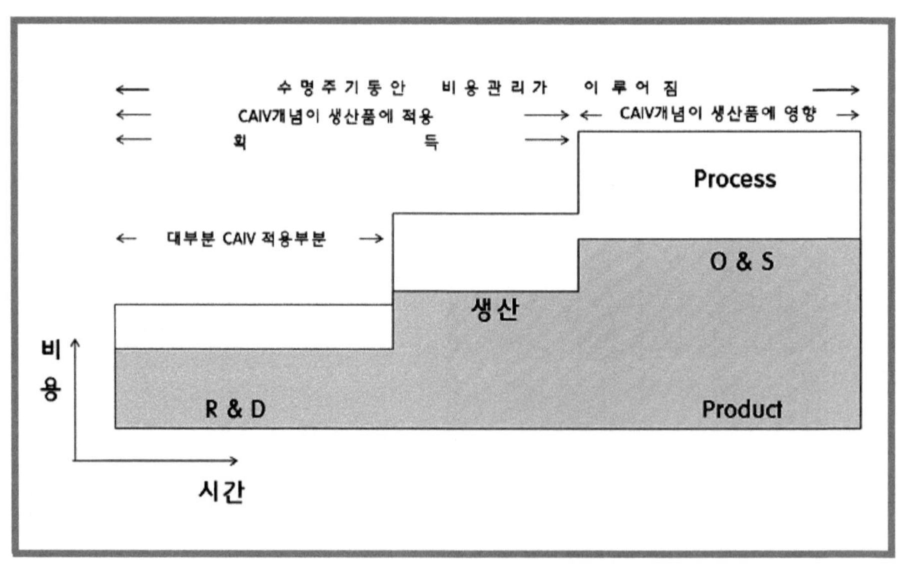

〈그림 5-7〉 CAIV의 적용범위

을 통해 최선의 대안을 얻을 수 있는 체계를 확보한다는 것이다.

시스템 개발시 성능에만 초점을 맞추어 설계를 하면 요구된 성능을 충족시키기 위해 체계획득 비용은 기하급수적으로 상승하게 된다. 초기 단계부터 비용과 연계하여 설계를 실시하고 예상비용을 판단하여 목표비용 초과가 예상될 경우에는 ROC를 조정하여 목표비용에 근접해 나가는 방안을 찾을 수 있다.

CAIV 적용범위는 <그림 5-7>에서 보는 바와 같이 체계의 수명주기 전 단계에서 이루어지고 있음을 알 수 있다. TOC를 절감하기 위해서는 실제로 개발 초기 단계에 가장 많은 절감이 이루어져야 한다. 이는 시스템 설계가 완료되면 체계 획득비용의 80%가 결정되기 때문이다.

일반적으로 그림에서 나타난 바와 같이 시스템 획득 기간 중 CAIV는 개발 및 생산단계에서 집중적으로 적용되고 그 이후에는 시스템 운영유지에 영향을 미친다. CAIV는 하드웨어 뿐만 아니라 소프트웨어적인 측면에서도 영향을 미친다. 예를 들면 운영유지를 위해 자체 정비 지원 시설 유지와 외부 계약에 의한 지원간의 절충효과를 분석하여 최적 대안을 찾는 방법이다. 현실적으로 CAIV는 운영유지 기간 중에 성능개량 여부를 결정하는데 활용되고 있다.

(2) CAIV와 DTC 비교

1970년대 중반부터 시스템 획득시 단위 생산비용을 최소화하기 위한 DTC(Design To Cost) 개념이 도입되기 시작했다. DTC 개념은 근본적으로 TOC 틀 안에서 단위 생산비용을 최소화하기 위해 설계 초기 단계에 생산비용을 절감하도록 추진한다는 개념이다. 이 개념하에서는 계약을 하고 나서 계약자(업체)입장에서 어떻게 하면 평균 조달비용을 최소화 할 수 있는가에 중점을 두었다. 그러나 비용 절감에 대한 인센티브제도가 없었고 제한된 범위에서 절충효과를 얻으려고 했다. 기본적으로 군에서 제시한 군사표준(Milspec & Standard)을 충족시키는데 초점을 맞추었기 때문에 융통성 있는 사업관리를 하지 못했다. DTC는 수명주기 차원에서 비용을 고려하기 보다는 제조 및 획득 비용에 중점을 두면서 추진하는 일종의 공학적 관점에서 본 관리철학이라고 할 수 있다.

이에 비해 CAIV 개념은 획득이 시작되기 전부터 분석이 시작되면서 수명주기 비용을 고려하여 의사결정을 하게 된다. 소요를 제시한 군과 예산을 가지고 있는 정부(국방부), 시스템을 직접 개발하는 업체간에 비용과 성능의 절충효과를 거쳐 가장 최적의 체계를 획득하고자 하는 전략이다.

시스템 비용목표는 당연히 임무수행이 보장된 범위에서 최소의 비용으로 달성할 수 있는 수준을 결정해야 하며 사용자 요구사항은 설계시 충분히 반영될 수 있어야한다. 비용목표를 설정할 때는 위험분석도 동시에 이루어져서 급격한 비용상승을 사전에 예방할 수 있도록 해야 한다. 이러한 과정은 개념형성 단계부터 생산단계에 이르기 까지 전 단계에서 수정 및 보완이 이루어질 수 있도록 팀관리가 이루어져야한다. CAIV 개념은 한번 계약하면 끝나는 것이 아니라 지속적으로 사업 진행과정에서 업체, 사용자, 그리고 정부가 참여하여 비용목표를 달성할 수 있도록 노력하는 비용관리 철학이다.

(3) CAIV 관리 전략

CAIV 개념에 의한 체계획득 전략은 기존의 획득방법에서 탈피하여 유연성을 가지고 대응한다. 지금까지는 군에서 ROC를 제시하면 업체에서는 비용이 더 들어가더라도 ROC를 충족시키는데에만 초점을 맞추어 왔다.

CAIV 개념하에서는 체계획득 초기 단계부터 비용목표를 설정하여 업체, 사용자(군), 국방부가 공동으로 목표달성을 위해 노력한다. 실제 사업 진행과정에서 설정된 비용목표 달성이 곤란할 경우 ROC를 조정하거나 업체에서 비용절감 방안을 제시하여 목표비용에 맞추는 노력을 하게 된다. 두 가지 모두 불가능할 경우 국방부에서 검토 후 추가예산을 할당하여 비용목표를 상향 조정하는 등 유연성을 가질 수 있다.

CAIV 개념에 의해 체계획득을 할 경우 기본전략은 다음과 같이 요약할 수 있다.

첫째 획득 초기단계에 비용추정을 실시하여 실현가능 하고 공격적인 비용목표를 설정하고, 둘째 비용과 성능의 절충영역(Trade Space)을 설정하여 전체 수명주기 차원에서 최적 대안을 식별하고, 셋째 비용, 일정, 성능 목표를 달성하기 위한 위험을 관리하며, 넷째 업체, 정부, 사용자에게 동기를 부여하여 비용 목표를 달성하도록 유도하고, 다섯째 사업 진행상황을 추적관리하여 비용 목표를 달성할 수 있도록 적절한 측정기준을 개발하여 관리한다.

한국적 환경에서 CAIV전략을 수행하기 위해서는 획득관계 법령 및 규정에 대한 대폭적인 정비가 이루어져야한다. 2006년 국방부 훈령 793호(2006.6.29)인 국방전력발전업무규정이 만들어지면서 CAIV개념 적용을 위한 내용들이 보완되었지만 아직까지 미흡한 분야가 많이 남아 있다.

(4) CAIV의 기대효과

CAIV개념은 지금까지의 체계획득 전략을 탈피한 새로운 차원의 획득전략이면서 개혁적인 제도라고 할 수 있다. 단순히 한 업체가 어떤 사업을 계약해서 군에서 제시한 ROC를 충족만 하면되는 기존의 획득방법에서 벗어나 사용자(군), 업체, 정부(국방부)가 동시에 참여하여 최적의 체계를 획득하려고 하는 관리철학이다.

CAIV개념을 적용시 얻을 수 있는 기대효과는 다음과 같은 것들이 있다.

① WBS를 구축하고 각각의 WBS별로 목표비용을 설정하여 비용을 통제하므로서 비용증가 요인을 사전에 식별해 낼 수 있다.

② 프로젝트 시행 초기부터 단일의 명확한 목표비용 관리 기준선을 통해 관리하기 때문에 일관성 있는 기준이 유지되고 신뢰성 있고 적시성 있는 비용자료를 유지할 수 있다.

③ 성능 대 비용의 절충분석(Trade-Off Analysis)을 통하여 최적의 체계개발이 가능하다. 개발비나 생산비를 절감하면서 운영유지비를 최소화 할 수 있는 설계 대안을 찾아서 사용자와 개발자, 예산부서가 협의하여 경제적인 체계개발을 달성할 수 있다.

(5) CAIV 적용과정

한국에서는 아직까지 CAIV 개념이 완전히 정착단계에 와 있다고 보기는 어렵다. 그러나 CAIV의 중요성을 인식하여 획득관련 규정에 반영시키고 그러한 절차에 의해 사업추진을 하려고 시도하고 있는것만 해도 큰 성과라고 할 수 있다. 다음에 제시하는 내용은 미 국방성에서 적용하고 있는 절차로서 앞으로 우리도 발전시켜야 할 부분들이다.<그림 5-8>

각 군 본부나 국방부 차원에서는 가용한 재원과 소요를 고려하여 절충점을 찾아낸다. 이 단계에서는 성능과 비용까지 구체적으로 고려하지는 않지만 개념적인 차원에서 달성가능한 수준인가를 판단하게 된다. 사업이 결정되면 사업관리자 차원에서는 비용목표를 설정하고 임무성능을 충족시키기 위한 최소한의 기준점을 정하게 된다. 이때 새로운 시스템을 참고할만한 시스템이나 유사시스템이 있을 경우 참고자료로 활용해 볼 수 있

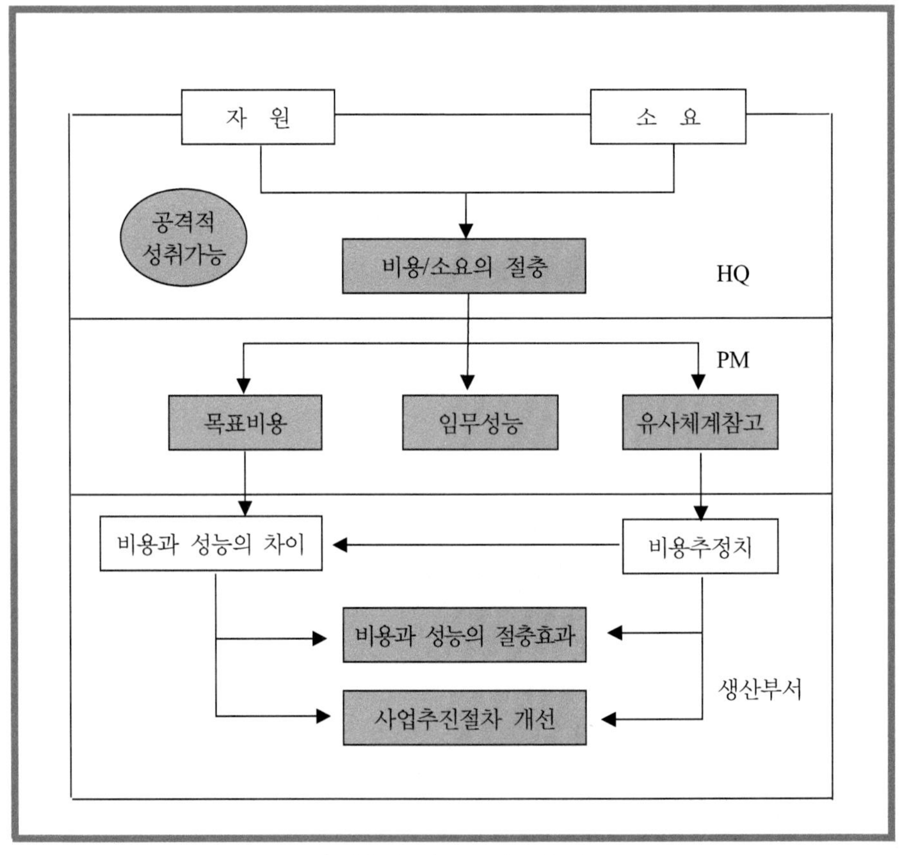

〈그림 5-8〉 CAIV 과정

다. 초기 단계에서는 항상 비용과 성능사이에는 차이가 있게 마련이다. 즉, 요구되는 성능을 충족시키기 위해서는 현재 가용한 예산으로는 부족한 경우가 발생하게 된다. 이러한 차이를 최소화하기 위해 성능과 비용을 절충시키는 과정이 반복되게 된다. 임무수행 목표를 최소한으로 충족시키는 범위내에서 목표비용에 근접하는 방안을 찾아가는 방법이다. 각 단계에서 주어진 환경이 변할때마다 수명주기비용을 재 산출하여 목표비용 달성가능 여부를 판단하게 된다.

(가) CAIV 절충효과

CAIV 개념의 핵심은 비용과 성능에 대한 절충효과를 판단하여 의사결정에 활용하는 것이다. 시스템 획득 초기 단계인 설계 과정부터 수명주기비용을 추정하여 활용한다. 절충효과의 가치를 높이기 위해 가용한 대안들에 대해 초기단계부터 동일한 수준으로 비용 추정을 하여 상호 비교하게 된다. CAIV 개념이 제대로 적용되어 효과를 발휘하기 위해서는 사용자(군), 개발자(업체), 지원자(정부) 모두가 CAIV 실행에 참여해야 한다.

CAIV는 어느 한 부서의 독자적인 전략이나 기법이 아니라 서로 관련되어 있는 여러 개의 부서가 참여하는 통합 생산 및 공정 개발(Integrated Product and Process and Development)로 이루어지므로 절충효과를 높인다. 비용분석가와 체계공학 전문가들이 함께 팀워크를 통해 비용목표를 달성해 나가도록 노력한다.

시스템 개발과정에서는 초기 단계에 어떻게 설계할 것인가에 따라 체계획득 비용의 80% 정도가 결정되기 때문에 이 단계에서 비용과 성능의 절충 효과가 가장 많이 이루어진다. 이러한 절충과정은 빠를수록 비용과 시간을 줄일 수 있다. 어떻게 절충 효과를 높이며 어떤 분야에 대해 성능을 조정하는 절충을 해야 할 것인가는 고도의 전문적인 판단과 기술이 필요하다.

(나) 절충효과의 한계와 시기

무기체계 획득사업이 진행되면서 사업관리자는 절충 효과의 한계(Thresholds)와 목표를 설정하게 된다. 사업관리자는 최초 소요제기에서 결정된 성능을 충족시키기 위해 현재 할당된 예산 범위 내에서 가능 여부를 판단해야 한다. 만약 예산 범위를 초과할 경우에는 상급단계 사업관리 책임자(MDA : Milestone Decision Authority)나 획득사업의 최고 의사결정자의 승인을 받아야 한다.

대부분의 경우 초기 단계에 사용자 요구(ROC)를 충족시키기 위해서는 현재 목표비용으로 정해놓은 예산으로는 부족하다. 비용과 성능을 일정범위에서 축소 또는 하향 조정하기 위해서는 사업주관부서에서 주도권을 가지고 진행하면서도 반드시 업체가 함께 참여한 상태에서 추진해야 한다. 실질적으로 비용과 성능의 절충을 이루어내고 받아들이는 기관은 정부측 참여하에 업체가 받아들어야 한다. 성능의 달성여부는 업체에서 판단하고 개발하기 때문이다.

절충의 시기는 두 단계로 나누어서 생각할 수 있는데 첫째는 비용과 소요에 대한 절충으로서 이 경우에는 업체의 참여하에 정부 측에서 주도적으로 실시한다. 두 번째 단계는 비용과 성능의 절충 단계로 업체의 참여하에 사업관리 차원에서 이루어진다. 각 단계에서 이루어지는 분석내용은 거의 동일하지만 의사결정 주체는 서로 다르다.

(다) 절충과정에서 발생되는 문제점들

CAIV 개념의 핵심은 비용과 성능의 절충(Trade Off)을 어떻게 결정하는가이다. 가능하다면 비용과 성능을 동일한 단위로 비교할 수 있어야 한다. 그러나 군사 분야에 응용할 경우 비용과 성능을 같은 단위로 직접 비교하는 것은 사실상 불가능하다. 민간 분야에서도 비용과 성능을 정량적인 방법으로 비교하는 것은 대단히 어렵다. 사실 이 문제는 운영분석(OR/SA)에서 오래된 이슈이기도 하다. 어떤 무기체계를 개발하려고 할 때 신뢰도를 95%에서 99%로 높일 경우 30%의 추가 비용이 소요된다고 할 때 성능향상에 대한 추가 비용 소요에 대해 정량적이며 객관적인 평가가 거의 불가능 하다고 한다. 이런 경우는 정량적이며 분석적인 판단보다는 군사전문가의 정성적인 판단에 의존할 수밖에 없다.

실제 절충효과를 얻어내기 위한 분석방법으로 대안분석(Analysis of

Alternative) 방법이 많이 사용되고 있다. 즉 비교하고자 하는 대안들에 대해 한 개의 변수는 고정시키고 나머지 변수들의 변화를 예측하여 어떤 대안이 더 경제적인가를 판단하는 방법이다. 그러나 실제 상황에서 서로 비교할 수 있는 대안이 적절하지 못하거나 상호 비교할 수 있는 변수들이 일치하지 않는 경우에는 이 방법에 대한 효과가 별로 없다.

대안간 비교를 통해 절충을 얻기 위해서는 각각의 대안에 대해 비용과 성능을 연결시키는 연결고리가 필요하다. 어떤 대안은 비용으로 환산하기 어려운 경우도 있다. 비용이 변하려면 CER내에 있는 어떤 변수 값을 변화시키지 않는 한 변하지 않기 때문이다. 부피와 속도 같은 변수를 바꾼다고 해도 비용과 연결이 잘 안 되는 경우도 있다.

절충효과를 판단하기 위해서는 항상 "교환비율"의 문제가 제기된다. 성능을 금전적인 가치로 환산하기가 어렵기 때문이다. 속도가 더 빠르거나 정확도가 증가하는데 대한 금전적인 가치를 어떻게 평가할 것인가의 문제가 가장 어렵다.

CAIV 개념을 적용함에 있어서 비용과 성능에 대한 연결고리(Linkage)와 교환비율(Exchange Rate)을 어떤 기준으로 어떻게 적용할 것인가에 대해 사용자, 업체, 정부측 모두 공감대를 얻을 수 있도록 합리적으로 결정되어야 할 이슈들이다.

(6) 신규 개발 사업의 CAIV 적용절차

신규개발사업의 추진과정에서 CAIV개념을 적용하기 위해서는 다음과 같은 절차를 거쳐서 추진할 수 있다. RFP반영 및 제안서 작성 단계부터 CAIV개념에 의한 사업추진이 구체화되어야 함을 의미한다.

(가) 1단계 : RFP 반영 및 제안서 작성

사업시작단계에서 소요제기 기관은 제안요구서에 비용관리에 대한 요구사항과 제안사항을 정확하게 제시하여야 한다. 제안기관 및 업체는 비용관리 요구사항에 맞게 제안서를 작성하여 제출하도록 한다. 이 단계에서 제시될 수 있는 내용들은 비용관리적용계획, 비용관리조직 및 절차,

시스템 구축계획이 포함되어야 하며 비용관리보고서에는 양산단가, 수명주기비용관리, 운영유지비 관리내용과 비용관리방안 등이 포함되어야 한다.

(나) 2단계 : EBS(비용분할구조 작성)

EBS는 하드웨어 및 소프트웨어로 구분을 하며 각 엘리멘트별로 비용추정이 가능하도록 분해한다. 비용분할구조의 분할수준은 자료수집 가능성에 따라 달라지지만 이는 역으로 자료수집 소요를 의미한다. 분할 수준은 추정비용의 정확성을 위하여 최소한 5단계까지 분할될 수 있도록 한다.

(다) 3단계 : 목표비용의 설정

비용분할구조의 작성이 완료하면 체계 및 구성품별 비용을 추정한다. 사업관리자는 계약자들에게 양산단가, 수명주기비용 및 총소요비용의 목

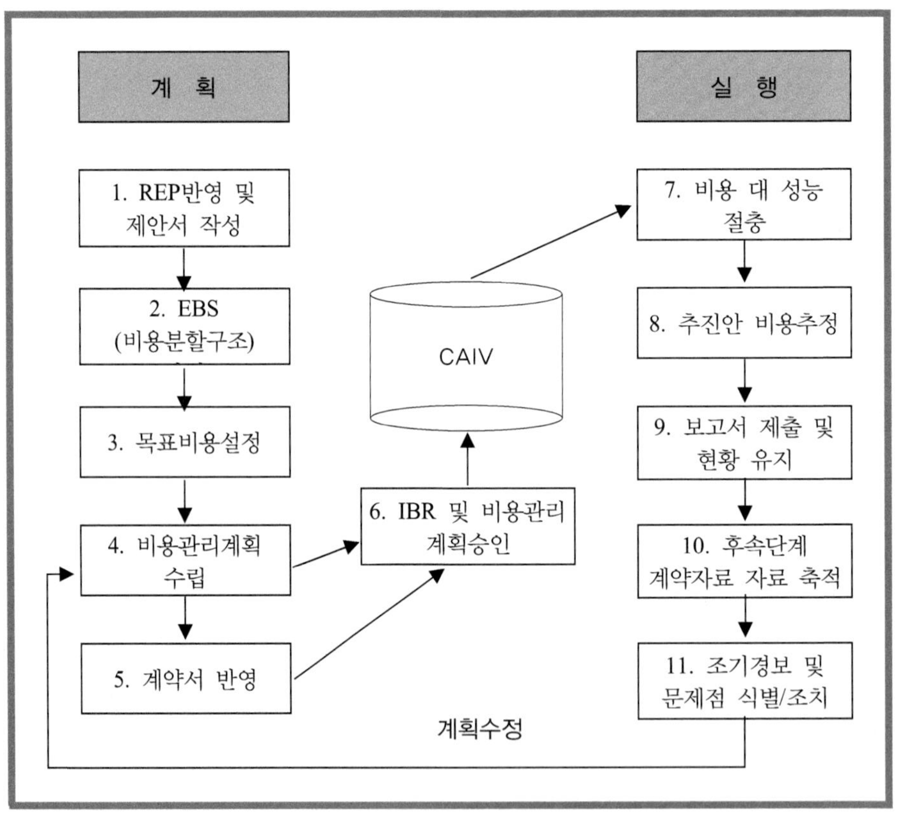

〈그림 5-9〉 CAIV 표준절차

표비용안의 제출을 요구한다. 사업관리자 또한 독립적으로 비용을 추정하여 양산단가, 수명주기비용 및 총소요비용의 목표비용을 설정한다.

양산단가, 수명주기비용 목표는 체계 및 각 구성품별 목표비용을 추정하게 되는데 양산단가 및 수명주기비용 목표비용은 전산모델링 기법 또는 공학적 추정방법 등을 이용하여 설정한다. 총소요비용은 무기체계 배치 이후 30년간의 비용을 예측한다. 총소요비용은 연구개발, 조달, 운영, 지원 및 배치와 직접적으로 관련된 모든 비용, 체계의 운영기간 동안 체계를 관리하고 운영하기 위해 간접적으로 소요되는 지원시설 등에 대한 비용일체를 의미한다.

(라) 4단계 : 비용관리 계획 수립

1) 비용관리품목설정

WBS상에서 3단계나 4단계 기준으로 주요 구성품을 비용관리품목으로 설정한다. 국산화 품목은 우선적으로 관리품목으로 설정하는 방법이 좋다.

2) 위험기준치 설정

양산단가, 수명주기비용 및 총소요비용의 목표를 만족시키면서 체계를 개발하기 위하여 연차별로 위험도 기준치 및 비용관리계획을 수립한다.

3) 비용관리계획 수립

개발초기에 실현가능하고 공격적인 목표비용을 설정하고 비용절감을 위하여 지속적인 관리방안을 수립해야 한다. 이를 위해 분기별 또는 추진단계별 비용관리 계획을 발전시켜야 한다.

(마) 5단계 : 계약서 반영

비용관리를 효과적으로 추진하기 위하여 사업주관부서와 추진부서 또는 업체가 계약서에 비용관리와 관련된 사항을 정의하고 계약조건으로 반영하다. 아래 <도표 5-7>은 KHP에서 적용하고 있는 계약서상의 비용관리 관련 요구조건이다. 자세한 내용은 KHP사업단의 EVMS/CAIV 업무수행지침에 수록되어 있다.

〈도표 5-7〉 KHP 사업의 CAIV 계약서 문구

- ○ 개발주관기관 및 협력업체는 양산단가 및 운영유지비를 체계적으로 관리하기 위해 비용을 독립변수로 간주하는 비용관리 기법(CAIV : Cost as An Independent Variable)을 개발단계에 적용해야 한다.
- ○ 개발주관기관은 계약체결 후 2개월 이내에 양산단가 목표비용(안) 및 운영유지비 목표비용(안)을 전산모델 또는 공학적 추산방법에 의해 최신화하여 사업단에 제출하여야 한다. 양산단가는 개발주관기관의 담당 구성품별로 추정하고, 운영유지비는 각 개발주관기관의 담당 구성품 전체에 대한 총소요비용(TOC : Total Ownership Cost)을 추정한 후 사업단에 제출한다.
- ○ 사업단은 개발주관기관이 제출한 양산단가 목표비용(안)과 운영유지비 목표비용(안)을 검토하여 승인한다.
- ○ 목표비용 승인 후 개발주관기관은 양산단가 관리보고서와 운영유지비 관리보고서를 기본설계까지는 반기별로, 기본설계 이후는 분기별로 전산모델결과 또는 공학적 추산결과에 의해 사업단에 제출하여야 한다.
- ○ 개발주관기관은 해당 구성품의 비용추정결과가 아래 표와 같이 개발 년차별로 목표비용 대비 위험도 기준치를 초과 할 경우, 양산단가 대책보고서와 운영유지비 대책보고서를 첨부하여 제출한다.

개발년차	X년	X년+1	X년+2	X년+3	X년+4
위험도 기준치	30%	20%	10%	5%	0%

- ○ 개발주관기관은 자료 미비 및 일정 미준수 시에는 사유서를 첨부하고, 사유가 인정되지 못할 경우 이에 대한 조치사항을 수용한다.
- ○ 사업단은 현 시점의 추정 양산단가 혹은 운영유지비용이 사업단에서 정한 일정 한계치를 초과하여 목표비용 달성이 어렵다고 판단되는 경우, 해당 구성품에 대해 획득방법 변경(구매 혹은 계약취소) 또는 재설계 요구 등의 조치를 할 수 있다.
- ○ 계약(협약) 구성품에 대한 협력업체의 비용관리 보고 및 통제는 개발주관기관의 계약(협약)에 따라 처리한다.
- ○ 협력업체는 개발주관기관에 구성품 단위별로 양산단가 및 운영유지비 전산모델링 결과 또는 입력용 자료를 제공해야 한다.

(바) 6단계 : IBR 및 비용관리 계획승인

IBR(Integrated Baseline Review)은 비용관리 수행계획은 검토하고 승인하는 절차이다. 각 WBS별로 설정된 목표비용을 검토하여 개발주관기관과 합의점을 도출하여 비용관리가 체계적으로 시작되는 출발점이 되도록 한다. IBR과정을 통해 사업관리자는 목표비용 및 비용관리계획을 승인하게 된다.

(사) 7단계 : 비용 대 성능의 절충

사업주관기관은 지속적으로 체계 및 하부구성품별로 현재 설계안에 대한 양산단가, 수명주기비용 및 총소요비용을 절감할 수 있는 절충분석(Trade off analysis)을 수행하여 비용 대 효과 측면에서 가장 적합한 체계를 개발하도록 유도한다.

(아) 8단계 : 비용분석

사업추진이 진행됨에 따라 비용정보가 추가적으로 확보되기 때문에 사업주관기관은 월별, 분기별로 해당품목, 분야별로 전산모델에 의한 추정이나 공학적 방법을 통한 추정으로 양산단가, 수명주기비용 및 총소요비용에 대한 관리보고서를 제출하도록 한다. 이때 제출된 추정치들은 목표비용대비 편차 분석에 활용된다.

(자) 9단계 : 보고서 제출 및 현황유지

계약자들은 월별 또는 분기별로 추진안에 대한 양산단가를 추정하여 현재 사업진행에 따른 비용분석 결과를 사업관리부서에 제출하도록 한다.

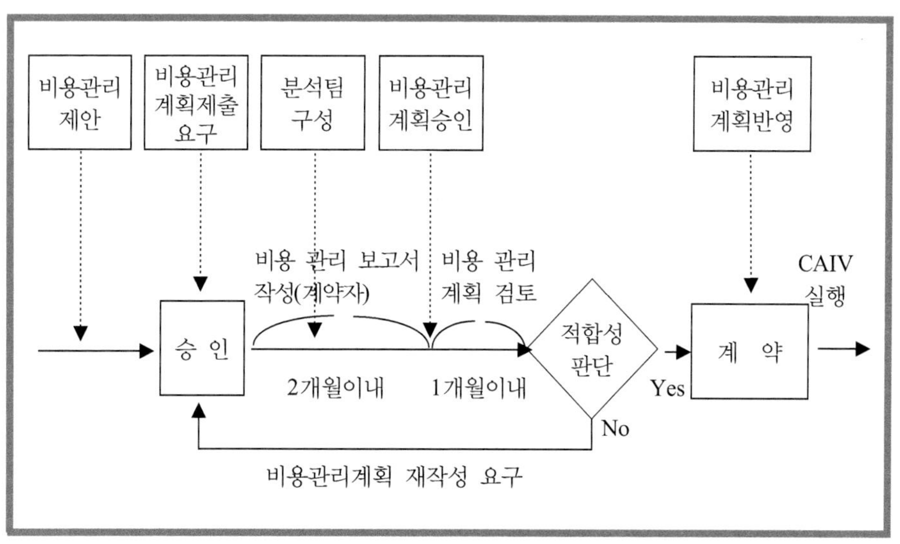

〈그림 5-10〉 IBR 및 비용관리계획의 승인절차

이때 제출되는 내용들은 양상단가 관리보고서, 수명주기 비용 관리보고서이며, 목표비용과 비교하여 예상되는 위험도를 초과한 경우는 향후 문제를 어떻게 하겠다는 비용대책보고서를 제출하도록 한다.

(차) 10단계 : 후속단계 계약자료 축적

무기체계 개발 완료 후 후속단계의 계약을 위하여 개발주관기관이 제출하는 반기/분기별 보고서의 DB를 축적해야 한다.

1) 단계별 양산단가 및 운영유지비 비용분석 보고서의 DB를 축적

- 개발계획서 제출시, 시제품 인도 후, 양산 계약시
- 시제품 인도 후 비용 관리보고서
- 양산 계약시 비용 관리보고서

2) 비용발생 실적자료의 제출 요구 및 체계적 관리

- 시제품의 비용 실적자료의 제출
- 양산시 로트별 비용 실적자료의 제출

3) 유사사업의 비용분석 자료로 활용

- 신규체계 개발시 적정 양산단가, 수명주기비용 및 총소요비용 추정
- 비용관리(CAIV)를 위한 목표비용 설정에 활용

(카) 조기경보 및 문제점 식별조치

계약자들이 월별 또는 분기별로 보고하는 양산단가, 수명주기비용 또는 총소요비용 관리보고서를 사업관리자에게 제출하면, 사업관리자는 모든 비용관리품목에 대한 보고서를 취합 및 검토하여 문제점 식별시 조기 경보를 발동하고 적절한 관리적 조치를 취해야 한다.

사업관리자는 관리품목별로 제출되는 관리보고서를 비용관리 분석도구에 입력시켜 비용추세를 검토하고 연차별 위험도 기준치 초과에 대한 추적을 지속적으로 수행하여야 한다.

양산단가 및 총소요비용의 허용오차 범위를 설정하여 사업 진행 중 기설정 범위를 벗어날 경우 조기경보를 발동하여 문제점을 파악 후 반드시 조치를 취해야만 한다.

라. 목표비용(Target costing)

최근 들어서 정부나 민간 조직은 경쟁적인 시장 환경에 적응하기 위해 고객의 요구를 만족시키면서 동시에 비용을 줄이는 목표비용에 관심을 보이고 있다. 지금까지는 고객의 요구를 충족시키는 데에만 초점을 맞추면서 비용은 하나의 종속변수로 생각해 왔다.

목표비용은 지금까지 접근방법과는 완전히 다른 방법으로서 하나의 생산품을 만들 때 고객의 수용 가능성이나 시장 가격 결정에 초점을 두면서 비용을 독립변수로 취급한다는 것이다. 목표비용을 설정한 다음 제품의 개발 및 생산과정에서 설정된 목표를 달성하도록 초점을 두고 관리한다는 것이다.

이와 같은 목표비용 개념이 도입된 배경에는 시장환경이 경쟁적인 체제로 진행될 뿐만 아니라 급속도로 변하고 있고 상품에 대해 조그만 실수나 지연도 용납되지 않는 상황으로 변모되기 때문이다. 최초 목표비용 개념은 1960년대 일본에서 시작되었다. 일본은 미국인들이 가지고 있던 가치공학(Value Engineering) 개념에서 아이디어를 얻어서 그것을 비용감소와 이윤 기획 체계로 변화시켰다. 그 후 일본은 목표비용 개념을 개발하여 성숙시켰으며 지난 30여년 동안 적용해 왔다. 현재는 미국과 독일 그리고 다른 선진국에서도 이 개념을 사업관리나 상품생산에 적용하고 있다.

목표비용은 이윤을 기획하고 비용을 관리하는 포괄적인 시스템으로 정의할 수 있는데 6가지 원칙을 가지고 있다. 가격결정, 고객중심, 설계중심, 기능중심, 수명주기를 고려하면서 가치체인에 기반을 둔다는 것이다.

(1) 가격결정(Price lead)

목표비용의 첫 번째 원칙은 비용이 리드하는 가격 결정 방법이다. 비용은 경쟁적 시장 가격에서 목표이윤을 뺀 값이다.

$$C = P - \Pi$$
$$C = Target\ cost$$
$$P = Competitive\ market\ price$$
$$\Pi = Target\ profit$$

이 방법은 과거에 "Cost Plus" 개념에서 "Price Minus" 개념으로 비용 결정의 패러다임의 전환을 의미한다. 즉 과거에 비용은 생산과정의 결과로 나타나는 값이었으며 거기에다 적정수준의 이윤을 붙여서 시장가격으로 형성되었다. 그렇게 결정된 값이 시장 가격 경쟁에서 경쟁력 유무는 관계가 없었다.

$$P \Leftarrow C + \Pi \qquad (\text{과거})$$
$$C \Leftarrow P - \Pi \qquad (\text{현재})$$

그러나 현재의 목표비용 결정 방법에서는 시장에서 경쟁력 있는 가격이 먼저 예측되고 나서 거기에다 적정 이윤을 뺀 값을 목표비용으로 결정한다는 것이다. 그렇게 해야만 시장에서 경쟁력이 생기기 때문이다. 이는 CAIV와 함께 비용을 하나의 독립변수로 취급하고 있다는 것이다.

(2) 고객 중심

목표비용 방법하에서는 "고객의 소리"가 가장 중요한 가치를 가지게 되며 전 생산과정에서 지속적으로 중점을 두고 관리하고 있다. 고객이 생산제품에 대해 직접 요구나, 적시성, 적정 비용에 대한 욕구는 생산 진행과정이나 비용분석 과정에서 동시에 충족시켜야 한다. 품질성능개발(Quality Function Development)은 고객의 요구와 우선순위를 설계변수로 전환시키는 틀이다. 생산품의 성능향상은 고객의 기대를 충족시켰을 때만 나타난다. 고객은 그들의 욕구가 충족되어야만 생산품을 구매하고 비용을 지불하게 되며 시장 점유율이나 판매량은 자동적으로 향상되어 간다.

(3) 설계 중심

목표비용 관리에 있어 세 번째 강조사항은 설계에 중점을 둔다는 것이다. 이는 실제 비용이 발생하기 전 설계에 초점을 두고 비용관리를 하는 개념이다. 엔지니어는 설계가 시작될 때 비용에 미치는 효과를 미리 확인해야 한다. 일단 설계가 완성되면 그 이후에 발생되는 생산, 분배, 마케팅, 지원 분야 등에서 비용절감을 하는데는 한계가 있다. 모든 제품들의 기능적인 사항들은 생산전 설계단계에서 충분히 검토해야 한다. 생산과정관리는 항상 생산품을 염두에 두고 생산 전 과정에서 이루어지며 설계나 재공정 과정을 거치게 된다. 이와 같은 접근 방법을 미 국방성에서 통합생산공정개발(IPPD : Integrated Product and Process Development)이라고 부른다.

(4) 통합 기능 관리(Cross Functional Involvement)

목표비용관리의 네 번째 원칙은 통합기능 관리를 의미한다. 하나의 생산품을 개발하기 위해 설계 및 제조공학, 생산, 판매 및 마케팅, 원자재 획득, 회계, 서비스, 지원 분야 등이 통합해서 관리되어야 한다는 것이다. 어느 한 분야에서 자기 분야가 중요하다고 거기에만 초점을 두면 시스템 전체 차원에서는 비효율일 수 있기 때문이다. 또한 이와 같은 통합관리는 내부에서 뿐만 아니라 공급자들, 고객, 딜러, 디스트리뷰터, 정보체계를 포함한 서비스 제공자, 재활용 분야 등과 같은 외부 참여자들과 함께 통합 관리가 되어야 한다. 한마디로 IPT는 자체 내의 모든 기능을 가장 효율적으로 통합 관리하는 능력을 가지면서 생산과 관련된 외부의 지원 조직과 기반구조 까지도 가장 경쟁적인 방법으로 활용하는 방안을 강구해야 한다.

(5) 수명주기 중심

목표비용의 다섯 번째 원칙은 "수명주기 중심"의 비용관리이다. 대부분 개발 제품들이 수명주기 차원에서 비용관리를 하고 있는 것과 마찬가지로 목표비용 개념에서도 하나의 생산품을 개발하여 생산하고자 할 때는 수명주기 차원에서 목표비용을 설정하고 관리해 나간다. 수명주기 비용의 목표는 고객과 생산자 입장에서 각각의 목표를 충족시켜야 한다. 소비자(고객) 입장에서는 하나의 제품을 구매하고, 사용하면서 고장시에는 정비도 하고 마지막 단계에는 폐기처분을 하게 되는데 최소한의 비용이 들어가는 것을 원하며, 생산자(개발자) 입장에서는 개발, 생산, 마케팅, 분배, 지원, 서비스, 해체에 최소한의 비용이 들어가기를 바라고 있다.

(6) 가치체계관리(Value Chain Management)

여섯 번째 목표비용의 원칙은 가치체계에 의한 관리이다. 하나의 제품에 소요되는 비용의 대부분(약 70%)은 주 생산공정 조직의 외부에 의해 결정된다는 사실이다. 그 의미는 비용절감 목표를 달성하려면 외부와 연결되어 있는 가치체계(다양한 공급자)를 효과적으로 관리해야만 가능하다. 어떤 조직이든지 그들과 관련 있는 외부업체나 기관들과 협력적인 관계를 유지하지 않고는 비용절감 효과를 기대하기가 곤란할 것이다. 일본에서는 이러한 관계가 보다 공식적이면서 광범위하게 확산되어 있는데 이를 “Keiretus” 라고 부르며 상호 이익이 되는 관계를 의미한다. 미국은 일본과는 비즈니스 환경이 다르지만 공급자를 관리함에 있어 장기간 상호 이익이 되는 관계를 유지하고 있다. 때로는 공급자가 설계과정에 참여하여 고객의 요구에 도움이 되는 아이디어를 제공하기를 바라기도 한다.

○ 목표비용과 CAIV의 비교

목표비용과 CAIV의 기본 개념은 유사하다고 볼 수 있다. 목표비용 개념이 민간 비즈니스 환경에 적응하기 위해 나온 것이라면 CAIV 개념은 국방분야에서 무기체계 획득과정에 적용하기 위해 발생된 개념이다.

〈도표 5-8〉 목표비용과 CAIV의 차이점

목표비용과 CAIV 비교	
목표비용	CAIV
Price Lead 고객 중심 설계 중심 통합 기능 관리 수명주기 관리 가치체계 기반	수용성(Affordability) 사용자(군) 요구 충족 설계 절충 효과 IPT가 핵심 수명주기 관리 묵시적임

첫 번째 요소인 가격 결정 기능에서 목표비용은 시장 경쟁 환경을 고려하여 경쟁력 있는 가격에 초점을 두고 목표비용을 설정한 것인데 CAIV에서 수용가능한 선에서 비용을 결정하는 것과 거의 동일한 개념이라고 볼 수 있다. CAIV에서 사용자는 전투원(군)인데 비해 목표비용에서는 일반 고객에 중심을 둔 것은 근본적으로 동일한 차원이다. 세 번째 특성인 설계중심 개념도 목표비용에서는 초기 설계 단계에 비용절감요인을 식별하고 시장경쟁에 대응할 수 있는 다양한 대안을 미리 확인한 후에 생산한다는 개념인데 CAIV에서도 비용과 성능의 절충효과를 통해 최적 대안을 찾는 것으로 동일한 개념으로 볼 수 있다. 네 번째와 다섯 번째 개념은 근본적으로 목표비용에서나 CAIV에서 공통적으로 추구하는 내용으로 같다고 할 수 있다. 여섯 번째 개념인 가치체계 기반관리 개념은 CAIV에서는 명시적으로 언급하고 있지는 않다. 다만 묵시적으로 주 계약자인 방산업체나 공급업체들에 있어서 가치체계에 대한 관리는 CAIV 전략을 수행할 때도 중요한 이슈임에는 틀림이 없다.

<그림 5-11>에서는 목표비용 개념을 신규 생산품 개발 과정에 적용시키는 방법을 나타내고 있다. 초기 단계에 시장조사를 거쳐 경쟁적인 정보 상황을 종합해서 경쟁전략을 수립하게 된다. 목표비용은 초기에 설정되지만 생산전략과 이윤계획을 수립하는 단계를 거치면서 지속적으로 보완하게 된다.

목표비용 개념을 적용하기 위한 수단으로서는 여러 가지 방법론이 있

다. 첫째는 DTC 방법으로서 하나의 생산품이 비용목표를 달성시키는 범위내에서 설계가 이루어진다는 것이다. 이는 초기 단계부터 설계를 통해 비용목표 달성가능 정도를 판단하고 개발단계 전 과정에서 지속적으로 모니터링함으로서 최적설계를 통해 목표달성을 추구한다.

둘째는 조립 및 생산과정에서 효율적인 설계를 통한 목표비용 달성을 추구한다는 것이다. 설계가 완료되어 실제 생산에 들어갔을 때 재료와 제조기술, 조립과정, 기능성 등의 관련성이 가장 최적화 될 수 있도록 하여 자원 및 노력의 낭비를 줄이도록 하는데 있다.

셋째는 가치공학(Value Engineering)을 적용하는 개념이다. 이것은 하나의 제품이 생산될 때 기본적인 특성이나 성능, 신뢰도, 제품의 사용도(Usability)를 희생하지 않으면서 최소한의 비용으로 제품의 기능을 평가하는 체계적인 방법이다. 통상 이 과정은 고객의 요구를 충족시키기 위해 제품의 설계 단계에 주로 이루어지며 생산이 시작되기 전에 비용절감을

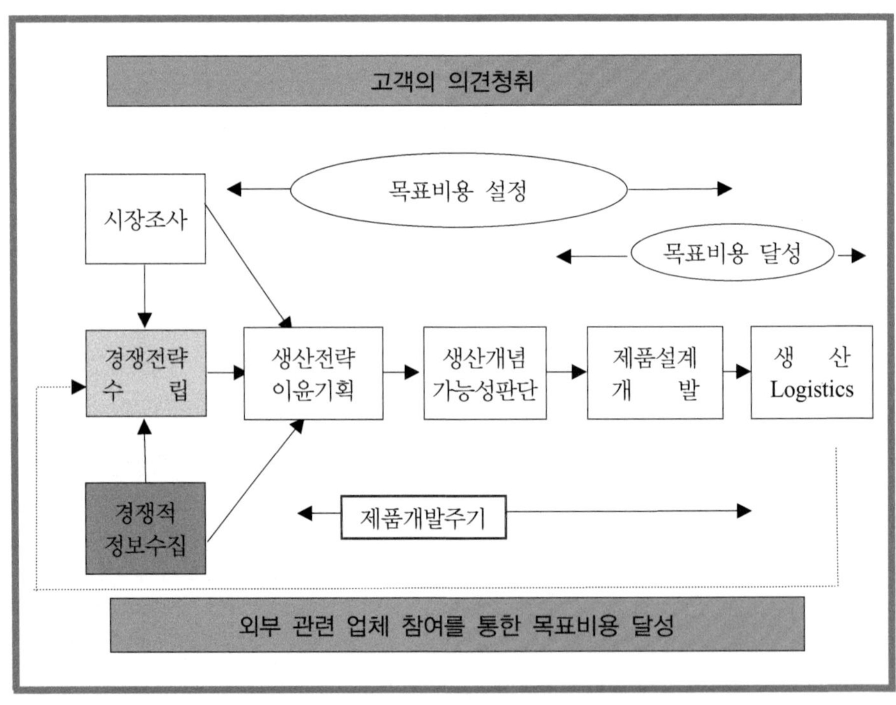

〈그림 5-11〉 목표비용 적용과정도

시키기 위한 방법으로 활용된다.

넷째는 품질기능 개발(Quality Function Development) 방법이다. 이 방법은 고객의 요구를 이해하고 기술적인 설계 특성을 각각의 제품 개발 및 생산 단계에 적용할 수 있도록 구조화된 행렬 접근 방법이다. 목표비용을 달성하기 위해 고객의 요구를 충족시키면서 개발단계별로 이루어져야할 사항들을 구체적으로 확인하여 문서화하는 것이라 할 수 있다.

다섯째는 TQM(Total Quality Management)으로 모든 조직이 가치체계를 통해 설정된 질적인 목표를 달성할 수 있도록 자원을 관리하는 개념이다. 이 때 모든 조치사항들은 우선적으로 고객의 관점에 초점을 둔다. 비용은 생산제품의 실패나 고객들의 후속지원 요구가 감소될 때 자동적으로 줄어들 수 있다.

여섯째는 벤치마킹 방법이다. 유사한 생산품이나 업체에서 사용한 성공사례를 조사하여 신규개발에 적용할 부분을 식별해서 활용하는 방법이다.

마지막으로 지속적인 프로그램 수정보완을 통해 낭비요인을 줄이고 불필요한 시간 낭비를 없애면서 설계를 단순화하여 품질을 높이고 비용을 절감하는 노력을 계속한다는 것이다.

지금까지 목표비용 개념을 적용해서 얻은 효과에 관해 조사한 바에 의하면 다음과 같은 이점을 제시하고 있다.

- 전반적으로 이익을 증가
- 자재 구매비용 및 제조비용 절감
- 고객의 요구조건 충족
- 보다 이윤이 많이 발생하는 생산품의 조합을 개발
- 생산이 시작된 이후 설계변경 횟수 감소
- 신제품 개발시간을 단축

마. 활동기준 비용추정(Activity Based Costing : ABC)

활동기준 비용추정의 정의는 전통적인 비용추정의 한계를 극복하기 위한 새로운 차원의 비용추정 방법이다. 이 방법은 비용이 발생하는 활동이나 과정, 서비스, 생산품을 식별하여 비용으로 환산하는 방법이다. ABC를 사용할 경우 오버헤드 같은 비용을 절감할 수 있는 강력한 수단이 될 수 있으며 여러 가지 과정에서 발생하는 다른 비용들도 절감할 수 있다.

활동기준에 의한 비용추정은 수평적 관점에서 비용과 비용 정보를 제공함으로서 관리자에게 비용발생 원인에 관한 정보를 충분히 제공해 줄 수 있다. 이 방법에서는 제품별, 프로세스별, 활동별, 프로젝트별 실비용을 추정하여 정확한 원가와 수익성 정보를 측정하고 분석하는데 중점을 둔 기법이다. 그렇지만 아직까지 선진국에서도 직접적인 비용추정이나 원가산정에 활용되기 보다는 어느 한 부분에 대한 분석적인 목적으로 활용되거나 개념 차원에서 언급되고 있는 수준이다. 활동기반 비용추정 절차는 대개 다음의 4 단계 과정을 거치게 된다.

첫째 단계는 시스템을 획득하는데 소요되는 자원과 프로세스를 행위별로 평가하고 제품 생산에 들어간 비용을 산정한다.

전통적인 관점	
인건비	45,000,000
소프트웨어비	2,200,000
워크스테이션	7,500,000
출장경비	250,000
교통비	95,000
임대료	250,000
시설사용료	750,000
네트워크 통신	375,000
정 비	145,000
보 급	140,000
기타 부동산	50,000
	$57,760,000

⇒

ABS 관점	
운영비	36,640,000
장비획득	12,250,000
지원비	4,500,000
예산편성	350,000
교육훈련	575,000
정비유지	70,000
지휘소 운영	850,000
컴퓨터 설치정비	975,000
기술지원	155,000
	57,760,000

〈그림 5-12〉 ABC 적용 사례

둘째 단계는 식별된 각각의 활동별로 비용을 결정한다.

셋째 단계는 실제 적용을 위해 비용자료 수집 및 자료를 입력시킨다.

넷째 단계는 관리자 입장에서 최대한 이익을 얻기 위해 어떠한 변화나 수정이 필요한가를 결정하게 된다. ABC 제도의 핵심은 모든 비용발생 행위를 식별한 후 어떻게 통제하여 최대한 비용 발생을 억제하면서 수익성을 높이는 제품을 생산하는가에 초점을 두고 있다.

다음 그림에서처럼 전통적인 관점에서 발생하는 비용을 활동기반 중심으로 편성하면 비용 항목이 서로 다르게 나타나면서 각 활동별로 비용 절감 요소를 보다 쉽게 찾아 낼 수 있다.

활동기반에 중점을 둔 비용추정시 이점은 다음과 같이 요약할 수 있다.

첫째는 ABC 개념은 전략적 의사결정에 도움을 줄 수 있다. 모든 비용 추정을 활동 기반에 둠으로서 기업의 경제적 지도를 제공해 줄 뿐만 아니라 전략적인 방향에 대한 프로세스별로 발생되는 비용을 비교할 수 있게 해준다. 제품이나 서비스 제공범위를 변경시킴으로써 예상되는 비용 충격을 평가할 수 있으며 다른 경쟁업체나 벤치마킹하고 있는 업체의 서비스나 상품의 비용과 비교를 할 수도 있다.

둘째는 프로세스 개선 가능성을 식별해 냄으로서 업체(조직)의 운영과 관련된 의사결정에 도움을 줄 수 있다.

셋째는 ABC를 적용함으로서 계획수립이나 예산편성을 보다 효과적으로 할 수 있다. 예산 변경과 자원소요는 서로 상관관계를 가지고 있다. 사업계획을 수정하거나 변경하게 되면 소요되는 자원을 다시 예측해야 되는데 활동기반 비용추정을 하게 되면 자연히 이런 비용을 판단하는데 도움이 된다.

제6장

비용관리 측면에서 EVMS 적용방안

1. EVMS 개요

성과관리체계(EVMS : Earned Value Management System)는 1967년 미국방부에서 신규사업의 자원조달 및 예산집행관리를 위해 비용·일정관리체계 기준(C/SCSC : Cost/Schedule Control System Criteria)을 개발 운영하면서 발전된 개념[29]으로 사업의 일정과 비용을 통합하여 계획예산(PV : Planned Value)을 수립하고, 이를 기준으로 두입된 실비용(AC : Actual Cost)과 성과(EV : Earned Value)를 비교함으로써 사업진도율을 측정, 관리하는 방법을 말한다.

과학적이고 혁신적인 사업관리기법은 여러 가지가 있지만 그 중에서도 EVMS는 현재 우리 군의 획득사업관리에 가장 필요한 도구이며 선진국의 획득사업관리에서 그 유용성이 검증된 통합사업관리 기법의 표준이라고 할 수 있다. 과거 EVMS는 다양한 이름으로 존재하였지만, 핵심은 단한 가지였다. 최종 사업비용과 일정의 정확한 예측을 위해 세부계획 대비 정량적인 성과를 정확하게 측정하는 것이다. 사업 관리자나 최고경영자, 정책 결정자가 사업 진행과정에서 알고 싶은 것은 사업이 계획대로 진행되고 있으며, 최초 계획된 시간 내에 주어진 예산범위 내에서 마칠 수 있는가이다. 만약 예산이 부족하다면 언제 얼마정도 예산이 추가로 확보되는가이다. 이러한 문제에 대한 해답을 주고자 하는 것이 EVMS를 도입한

29) DSMC, "Earned Value Management Textbook," 2000, p.17.

이유이며 비용과 일정의 증가, 사업의 부실화 및 문제점 조기발견을 통한 대책수립에 활용하고자 한다.

EVMS에 대해 미국 관리예산관실(OMB : Office of Management and Budget)은 "사업비용, 일정, 그리고 수행목표의 기준설정과 이에 대비한 성과가치 측정을 위한 성과위주의 관리체계"30)라고 정의하고 있으며, Fleming과 Koppelman은 EVMS를 "상세히 작성된 작업계획에 대한 실제 작업을 계속적으로 추정하는 것으로서 이를 통하여 사업의 최종비용과 일정을 예측할 수 있도록 하는 관리방법"이라고 정의하고 있다. 이러한 정의에서 보듯이 EVMS는 사업계획과 통제를 위하여 성과가치 측정방법을 이용하며 기술적 성능, 일정, 비용 목표를 조정·통제하는 통합된 관리체계를 구축하고 적용하는 것으로서 현재 문제의 분석, 대책의 수립, 그리고 향후 예측을 가능하게 한다.

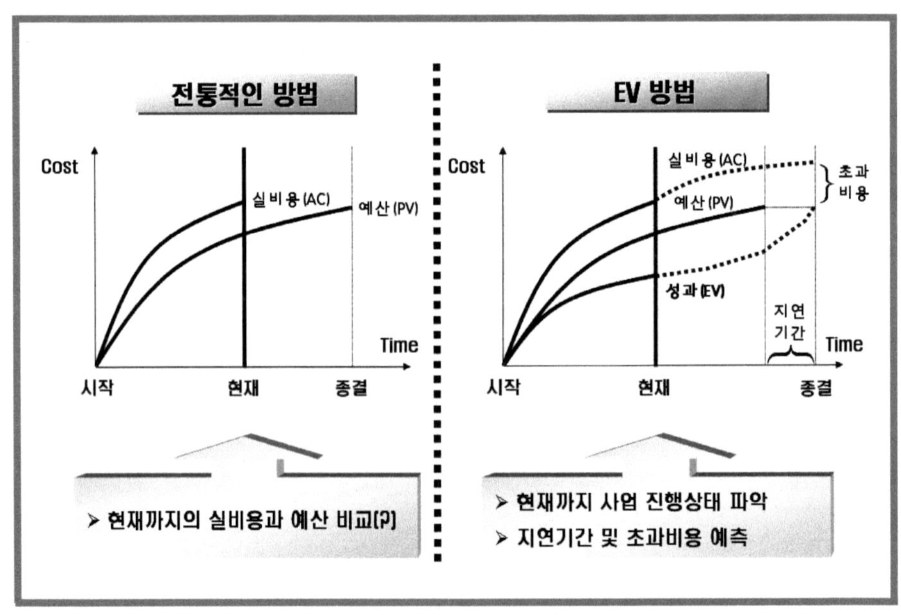

〈그림 6-1〉 EV에 의한 사업관리

30) OMB, Principles of Budgeting for Capital Asset Acquisition, Office of Management and Budget, US Government Printing Office, Washington D.C., USA, 1997. p.343.

EVMS는 다른 사업관리도구에서 볼 수 없는 비용성과 측정치를 제공하는 통합적 사업관리기법이며 사업의 범주를 정확하게 정의하고, 상향식 계획을 수립하여 특정 단위시간 동안 승인된 자원의 범주와 통합시킬 수 있다.31)

그러므로 EVMS의 핵심개념은 사업의 비용과 일정의 실적 또는 성과를 EV(Earned Value)라는 기준으로 평가함으로써 사업의 정확한 상태를 파악하고 그에 따른 적절한 조치를 취하고자 하는 것으로 Earned Value는 사업의 특정 시점에서 수행된 일의 양을 측정하는 방법을 말하는 것으로 "Value"란 어떤 일을 수행하기 위해 계획된 금액(혹은, 시간)을 의미한다. "Earned Value"란 실제 수행된 작업에 해당하는 물리적인 가치를 금액으로 환산한 것으로 작업을 수행하는데 소요된 금액과 비교하여 지출된 비용이 계획보다 많거나 적은지를 알 수 있고 또한 해당 시점에 계획되어 있는 금액과 비교하여 공정 진행정도를 파악할 수 있다. 이러한

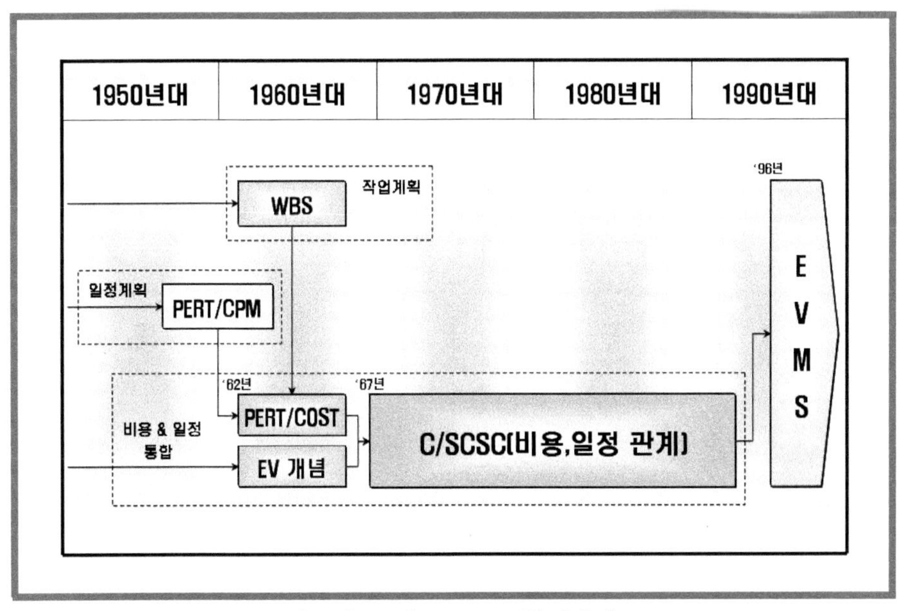

〈그림 6-2〉 EVMS 발전과정

31) 공군 전발단, "성과관리체계 EVMS 군 적용방안 연구," 2005, p.xi

EV는 사업진도의 측정이며 3가지 속성을 가진다. 첫째, 사업의 어떤 하부요소 또는 총 사업진도를 측정하는 통일된 단위이며, 둘째, 사업진도와 성과를 분석하기 위한 일관된 방법이며, 셋째, 사업비용에 대한 성과 분석을 위한 기초가 된다. 그러므로 EV는 어떤 노력을 통해 획득된 가치를 말하는 것으로 사업의 특정시점에서 기존에 수행된 작업량, 진도율을 말하고 이를 체계적으로 관리하는 기법이 EVMS이다.32)

전통적인 사업관리기법을 계획요소인 계획예산(PV : Planed Value)과 측정요소인 실투입비용(AC : Actual Cost)의 차이를 비교하여 예산초과 또는 미달을 판단한다. 즉 이러한 방법만으로는 사업의 획득단계 결과만 제공할 뿐이지 중간단계에서 사업진행과정을 확인할 수 없다. 새로운 사업관리 기법인 EVMS 하에서는 사업관리 책임자가 궁금해 하는 "사업계획에 따른 진행상황", "계획일정에 따른 사업종료 가능성", "배정예산의 적절성과 추가예산 필요성" 등에 대한 사전정보를 제공하므로 사업관리의 효율성을 높일 수 있다.

EVMS의 발전과정은 1950년대 후반에 PERT/CPM으로부터 시작해서 사업진행과정이 복잡해짐에 따라 1960년대부터 EV개념이 도입되고 1980년대에 비용 및 일정계획이 동시에 고려되어 오다가 1990년도 후반부터 EVMS 개념이 구체화 되기 시작했다.

2. EVMS 이론

가. EVMS 구성요소

EVMS는 계획요소, 측정요소, 분석요소로 구분되어 있다.<도표 6-1>

32) 김덕수, "공공프로젝트의 성과관리 발전에 관한 연구," 한남대학교, 2005, p.20

〈도표 6-1〉 EVMS의 계획, 측정 및 분석 요소

구분	약 어	용 어	의 미	산출방법
계획요소	WBS	Work Breakdown Structure	작업분할구조	
	CA	Control Account	통제계정	
	PV	Planned Value	계획예산	
	PMB	Performance Measurement Baseline	성과관리기준선	
	BAC	Budget At Completion	목표사업예산	Σ PV
측정요소	AC	Actual Cost	실비용	
	EV	Earned Value	성과	
분석요소	SV	Schedule Variance	일정편차	EV - PV
	CV	Cost Variance	비용편차	EV - AC
	SPI	Schedule Performance Index	일정성과지수	EV / PV
	CPI	Cost Performance Index	비용성과지수	EV / AC
	EAC	Estimate At Completion	최종사업비추정액	BAC/성과지수
	ETC	Estimate To Completion	잔여사업비추정액	(BAC-EV) / 성과지수
	VAC	Variance At Completion	최종사업비 편차	BAC - EAC

계획요소는 사업의 업무를 정의하는 작업분할 구조(WBS), 분할된 구조를 관련부서나 팀으로 할당하는 통제계정(CA), 계획예산(PV), 성과관리기준선(PMB), 목표사업예산(BAC)으로 구성되어 있다. EVMS의 성공여부는 사업초기단계에 계획요소에 포함된 사항을 정확히 식별하여 기준치로 삼는 것이다. 특히 성과관리기준선(PMB)은 EVMS의 가장 핵심이 되는 요소로써 이 기준에 의해 사업추진의 성공, 실패, 일정단축 및 지연 등이 판단된다.

측정요소는 사업이 진행되는 과정에서 주기적으로 사업의 성과를 측정하여 보고해야 하는 요소로써 실제 집행된 비용과 성과를 의미한다. 분석요소는 특정시점에서 계획요소 및 측정요소를 이용하여 사업의 성과를 분석하고, 향후 사업의 일정 및 비용에 미칠 영향을 분석하는 요소이다.

즉 사업진행간 일정준수여부, 비용편차를 식별하고, 일정성과지수(SPI) 외 비용성과지수(CPI)를 통해서 해당 사업의 비용 및 일정측면에서 효율성을 판단한다. 또한 이러한 분석요소를 통해서 사업관리자가 알고 싶어 하는 최종사업비나 잔여사업비 추정을 할 수 있으며, 이 사업이 정상적인 방향으로 진행되는지에 대한 평가를 내릴 수 있다.

EVMS 구성요소들은 <그림 6-3>에서 보는바와 같이 상호 관련이 되어 있어서 PV가 수립되고 EV와 AC가 측정되면 간단한 계산으로 성과분석 및 미래예측이 가능하다. EVMS를 사업관리에 적용시키는데 가장 중요한 부분은 계획예산을 제대로 식별해 내는 것이다. 모든 측정기준은 계획예산에서부터 출발하고 분석요소도 계획예산과 측정요소간 차이를 가지고 분석하기 때문이다.

이러한 계획예산(PV)들이 전체 사업기간에 따라 누적되어 작성된 것이 성과관리기준선(PMB)이므로 EVMS를 통한 성공적인 사업관리를 위해서

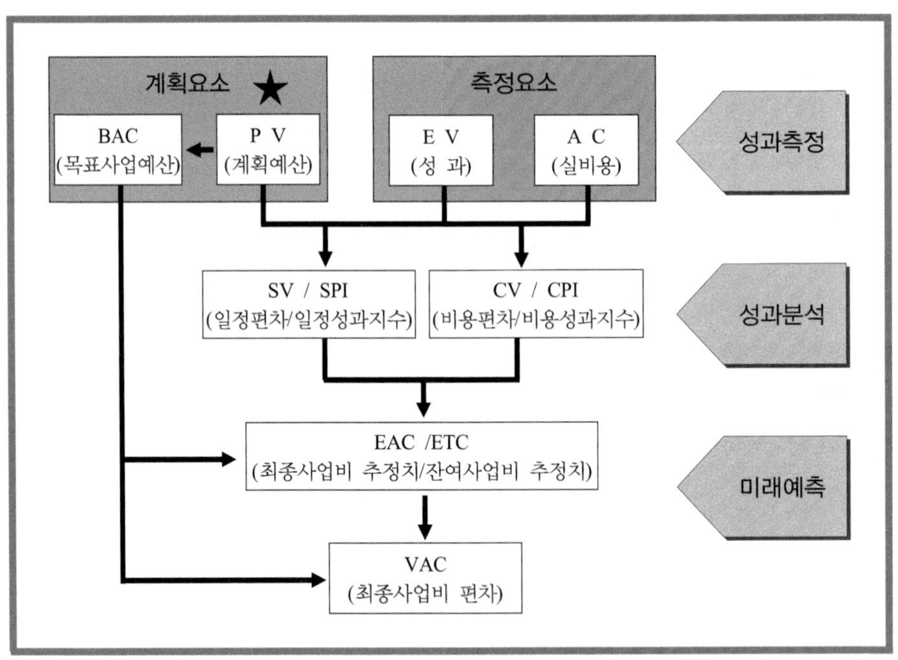

〈그림 6-3〉 EVMS 계획, 측정 및 분석요소 간의 관계

는 정확하고 신뢰할 수 있는 PMB 설정이 핵심이다.

나. 구성요소 분석

EVMS에서 핵심은 계획예산(PV)과 성과(EV), 실제비용(AC)과의 관계에서 모든 해답을 얻을 수 있다. 이러한 계획요소와 측정요소들을 통해서 다음의 네가지 사항들을 식별할 수 있다.

첫째, 현재 진행중인 사업의 실태를 파악할 수 있다. 일정초과 및 미달, 비용 초과 및 절감을 확인할 수 있다.

둘째, 현시점에서 사업의 추세를 식별할 수 있다. 성과관리기준선(PMB)을 중심으로 볼 때 이 사업이 바람직한 방향으로 추진되고 있는가를 판단할 수 있다.

셋째, 사업의 미래를 예측할 수 있다. 프로젝트의 완료시점에서 총소요예산의 추정치를 예측하여 계획예산 대비 과부족 여부를 판단할 수 있다.

넷째, 향후 사업추진과정에 필요한 관리적 조치를 취할 수 있다. 현실태 분석 및 미래예측을 통해 일정지연이나 비용초과 현상을 사전에 판단하여 예방조치를 할 수 있다.

(1) 편차분석

(가) 일정편차(SV : Schedule Variance)

일정편차는 수행한 작업이 계획된 일정에 비해 앞서거나 뒤늦거나 하는 값을 비용으로 환산하여 계산한 것이다.

$$SV = EV - PV \tag{6-1}$$

일정편차비율은 계획일정 대비 비율의 백분율을 의미한다.

$$SV(\%) = SV/PV \times 100(\%) \tag{6-2}$$

예제 6-1 PV = 700, EV = 800,

SV = 800 − 700 = 100, SV(%) = 100 / 700 × 100(%) = 14.3(%)

(나) 비용편차(CV : Cost Variance)

비용편차는 수행한 일의 가치와 실제 투입비용과의 차이를 말한다. 일의 가치가 투입비용보다 클 때는 Under-Run, 작을 때는 Over-Run이라고 한다.

$$CV = EV - AC \quad (6\text{-}3)$$

$$CV(\%) = CV / AC \times 100(\%) \quad (6\text{-}4)$$

비용편차비율(%)은 수행성과에 대한 비율을 의미한다.

예제 6-2 EV = 800, AC = 725

CV = 800 − 725 = 75, CV(%) = 75 / 800 × 100(%) = 9.4(%)

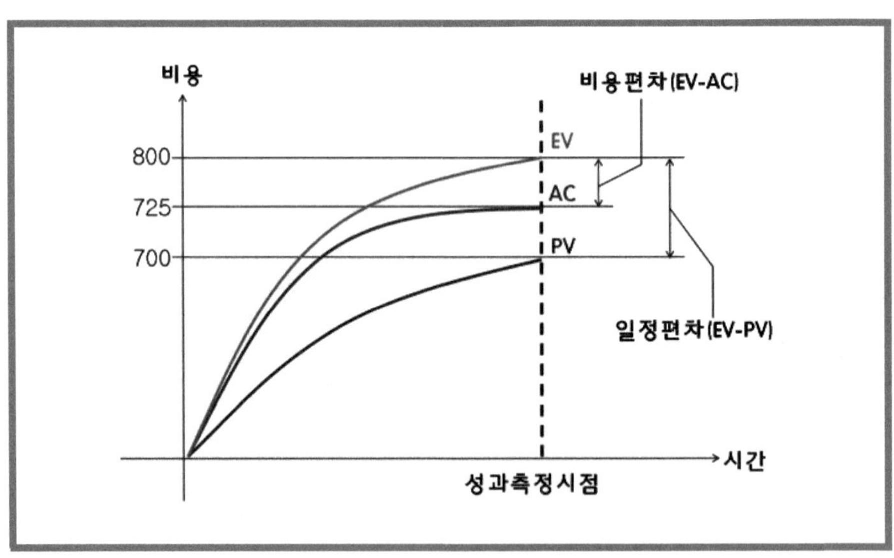

〈그림 6-4〉 편차분석 개념도

(2) 성과지수 분석

편차분석에서 얻은 결과를 이용하여 일정성과지수(SPI), 비용성과지수(CPI), 사업진도(Percent Complete), 예산진도(Percent Spent), 미래성과지표(To Complete Performance Index : TCPI)등을 구할 수 있다.

(가) 일정성과지수(SPI)

일정성과지수는 예산대비 수행성과비율 또는 일정의 진척정도를 나타내는 백분율을 의미한다.

$$SPI = EV/PV \tag{6-5}$$

SPI > 1이면 계획보다 사업 일정이 빠름을 의미하고 SPI < 1이면 일정이 지연되고 있음을 의미한다.

예제 6-3 PV = 700, EV = 800

SV = 800 − 700 = 100

SPI = 800 / 700 = 1.14 > 1

이므로 일정이 빠름을 나타낸다

(나) 비용성과지수(CPI)

비용성과지수는 실제 투입비용 대비 수행성과비율로서 비용투입정도를 백분율로 나타낸 것이다.

$$CPI = EV/AC \tag{6-6}$$

CPI > 1인 경우는 계획된 예산에 비해 비용절감이 이루어지고 있으며 CPI < 1인 경우는 비용이 초과 사용되고 있음을 의미한다.

예제 6-4 EV = 800, AC = 725

CV = 800 − 725 = 75

CPI > 1이므로 현재 시점에서 비용 절감이 이루어지고 있다고 볼 수 있다.

(다) 잔여 사업비 추정액(ETC)

현재까지 완료된 작업의 실제 투입비용(AC)과 작업수행능력 등을 고려하여 추정한 잔여 사업비를 의미한다. 목표사업예산(BAC)에 현재까지 계획 예산을 뺀 값을 비용성과지수로 나눈 값이 된다.

$$ETC = (BAC - PV) / CPI \tag{6-7}$$

예제 6-5 BAC = 1000, PV = 500

EV = 450, AC = 600

CPI = EV / AC = 0.75

ETC = (1000 − 500) / 0.75 = 667

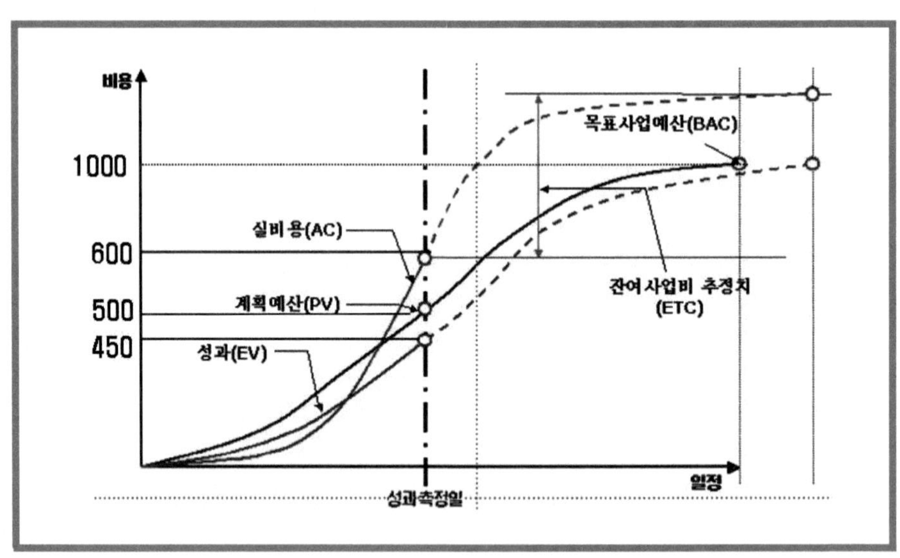

〈그림 6-5〉 잔여사업비 추정

(라) 최종사업비 추정(EAC)

현재시점에서 사업 착수일로부터 예상 사업 완료일까지 실제 투입비용에 대한 향후 추정치를 예측할 수 있다. 비용이 초과되고 있다면 어느 정도 추가예산이 요구되는지 식별할 수 있다.

$$EAC = AC + ETC \quad (6\text{-}8)$$

(마) 최종사업비 편차(VAC)

최초 계획예산 대비 실제 완료일까지 예상되는 비용의 차이를 의미한다.

$$VAC = BAC - EAC \quad (6\text{-}9)$$

VAC > 0이면 목표사업예산이 절감됨을 의미하고 VAC < 0이면 목표예산 초과를 의미한다. 지금까지 언급한 편차분석, 성과지수분석을 종합하면 다음 그림과 같이 나타낼 수 있다.

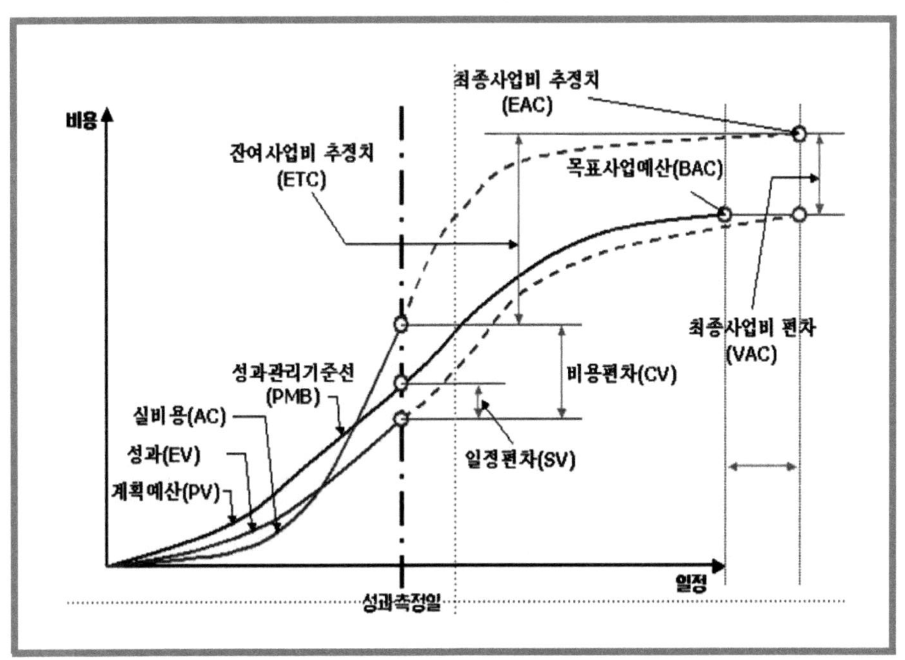

〈그림 6-6〉 최종사업비 추정(EAC) 및 편차(VAC)

(바) 사업진도

사업진도는 총예산(BAC) 대비 현재까지 실제 수행한 작업 가치의 비율로 표현된다.

$$사업진도(\%) = EV\ cum / BAC \times 100(\%)$$

(사) 예산진도

총예산(BAC) 대비 실제 투입금액을 비율로 환산하여 예산진도로 표현한 것을 말한다.

$$예산진도(\%) = AC\ cum / BAC \times 100(\%)$$

예제 6-6 BAC = 2,000, EV cum = 800, AC cum = 725

$$사업진도(\%) = 800 / 2,000 \times 100(\%) = 40(\%)$$
$$예산진도(\%) = 725 / 2,000 \times 100(\%) = 36.3(\%)$$

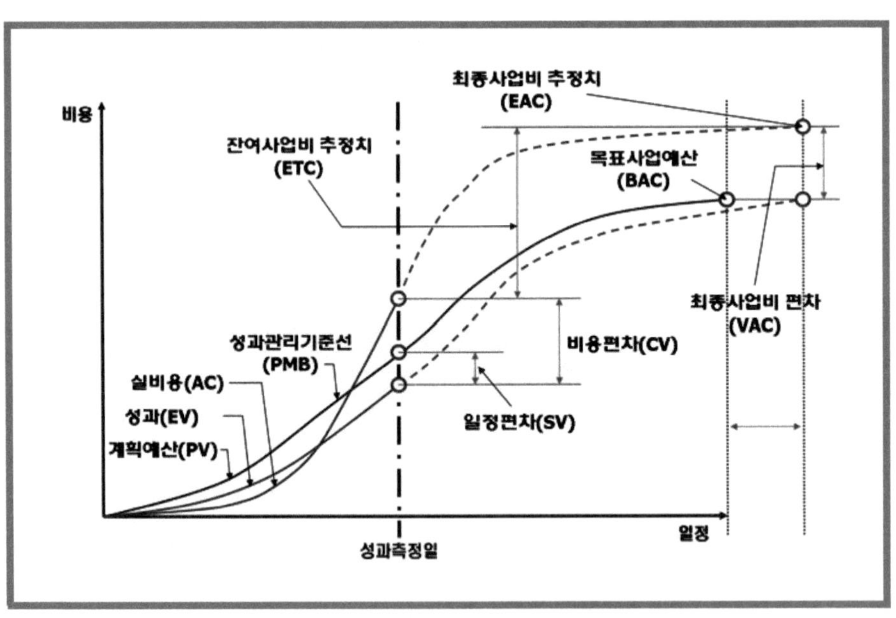

〈그림 6-7〉 성과지수분석(요약)

(아) 미래성과지수(TCPI)

미래성과지수는 특정시점에서 잔여예산대비 잔여작업을 달성하기 위한 예산에 대한 1회용 효율성지수이다. 이 값은 누적데이터에 의해서만 계산할 수 있다.

$$TCPI(BAC) = (BAC - EV\ cum) / (BAC - AC\ cum) \times 100(\%) \qquad (6\text{-}9)$$

TCPI > 1이면 작업효율의 향상이 요구되고, TCPI < 1이면 작업효율이 현재대로 진행되면 된다는 것이다.

만약 TCPI가 1.9라 하면, 향후 잔여예산으로 190%의 효율로 수행해야 EAC 달성이 가능함을 의미한다.

(3) 기대효과

EVMS를 통해서 얻을 수 있는 기대효과는 다음과 같이 요약할 수 있다.

- 단일화된 관리체계 활용을 통한 신뢰성/ 적시성/ 일관성 유리
- 작업분할구조(WBS)를 통한 일정, 비용, 업무 범위 통합 가능
- 축적된 실적자료의 활용을 통한 사업성과 예측이 가능
- 비용성과지수(CPI) 및 일정성과지수(SPI)를 통한 사업조기경보 가능
- 비용성과지수를 통한 최종사업비(EAC) 예측가능
- 비용·일정 성과지수를 함께 고려한 최종사업비 예측과 통계적 관리가 가능
- 잔여업무의 체계적 관리가 가능
- 계획된 사업비의 목표 달성을 위한 정기적인 비용관리 가능

3. EVMS 기법의 적용절차

EVMS는 정부와 참여 기업 모두에게 계약상의 기술진도, 비용진도 및

일정 진도를 가시화하도록 하여야 하며 계약상의 비용, 일정 및 기술적 측면 모두를 통합하도록 보장되어야 한다.

한국적 상황에 맞는 EVMS란 국내 사업환경에 적합하여야 하며 우리나라 정서에 잘 부합되어야 한다. 우선 회계시스템이 선진국과 많이 다르다는 점을 간과해선 안되며 EVMS의 업무부하를 최소화하지 않으면 안된다는 명제를 가지고 시작해야 한다.

여기서 제안하는 한국형 EVMS 기본절차는 EVM을 수행하는 데에 업무부하가 최소화 되도록 구상하였으며 사업관리와의 연계성을 증대시키기 위하여 비용통제기능과 성능관리기능을 보강하였다. 그리고 대단위사업에서 흔히 적용하는 개산계약에 따른 원가정산을 실시간으로 연계하도록 함으로써 비용의 흐름을 투명하게 한다는 원칙을 가지고 설계하였다.

국방사업의 비용, 일정 및 기술관리를 효율적으로 수행하기 위해서 <그림 6-8>과 같은 성과관리 기본절차를 따르며 사업책임자는 사업의 특성과 주어진 환경여건에 따라 적절하게 변경하여 적용할 수 있다. 성과관리

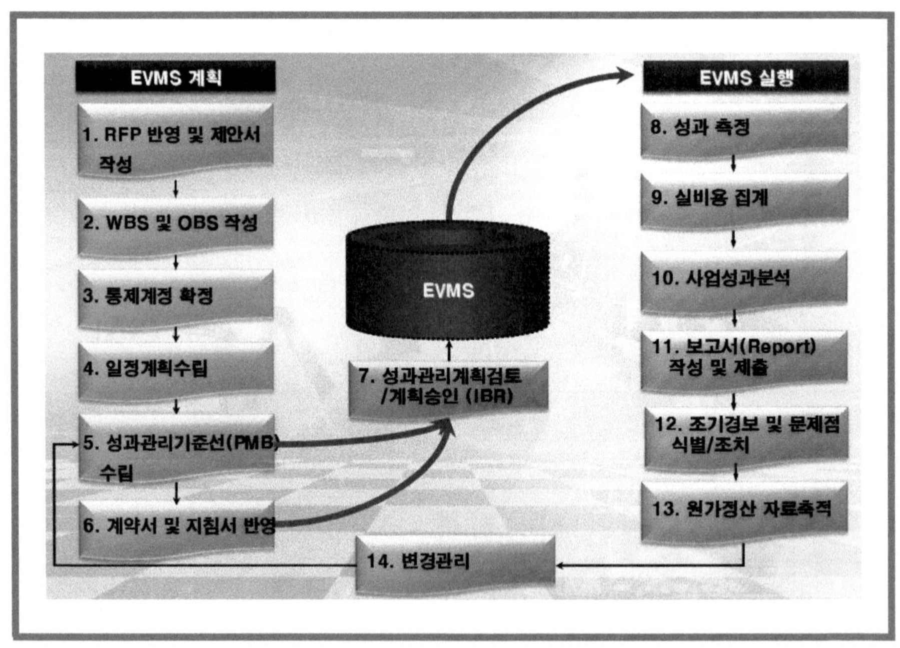

〈그림 6-8〉 성과관리 기본절차

로부터 축적되는 비용데이터는 투명한 사업비용의 추적을 위해 다음과 같은 3가지의 요구조건을 충족시켜야 한다.

첫째, 계약관계에서 갑, 을, 병, 정의 기관이나 업체의 모든 비용 데이터는 누락 없이 모두 통합되어 최상위의 사업관리자에게 제공되어야 한다.

둘째, 각 기관이나 업체로부터 입력된 실비용 데이터는 비용의 투명성과 가시성을 부여하기 위해 원가정산에 직접 사용되거나 적어도 참고자료로 활용되어야 한다.

셋째, 계획예산 및 실비용 데이터의 Cash Flow가 명확하고 투명하게 보여야 한다.

국방 연구개발 사업관리는 주어진 비용과 일정, 그리고 성능이라는 3가지 조건 하에서 요구되는 성능을 가진 체계를 요구하는 시기에 사용자(군)에게 공급하는 것으로써 사업관리 업무는 반드시 비용을 절감하는 가운데 이루어져야 한다. 그러나 우리의 국방 연구개발사업을 위한 제도는 미국을 벤치마킹하여 발전시켜 왔음에도 불구하고 비용과 일정의 통합관리 측면에서는 현재까지도 제도나 기술 측면에서 성숙도가 미흡한 실정이다. 특히 사업계획 수립을 위해서 WBS, OBS, 네트워크 개발, 최상위 단계일정, 통합총괄계획(IMP : Integrated Master Plan), 관리기법, 통합일정계획(IMS : Integrated Master schedule), 인력구성도, 책임자 선정 및 자원・예산 등 전체적인 자료의 준비가 필요하다.[33] 그리고 이렇게 준비된 자료를 기반으로 사업관리기준선(PMB)을 작성하고, 작성된 사업관리기준선에 대한 편차를 분석함으로써 사업의 차후 예측업무를 수행한다.

가. 1단계 : 제안요구서(RFP) 반영 및 제안서 작성

성과관리를 적용하기 위해 정부인 발주기관은 제안요구서(RFP : Request For Proposal)에 성과관리체계에 대한 요구사항과 제안사항을 명확하게 공시하여야 한다. 제안기관 및 업체는 성과관리체계 요구사항에 맞게 제안

33) 이주형・김성배, "국방 연구개발사업의 사업관리 기법 연구," 한국국방연구원 연구보고서, pp.27-28, 2005.2.

서를 작성하여 제출하고 최종적으로 사업자 선정시에 점수로 반영되는 절차를 진행한다.

나. 2단계 : 작업분할구조(WBS) 및 조직분할구조(OBS) 작성

(1) 작업분할구조(WBS)

성과관리의 출발점은 업무범위를 정하는 것으로부터 시작된다. 작업분할구조(Work Breakdown Structure : WBS)는 "전체 사업의 범위 설정 및 업무를 정의한 것으로서 작업 범위를 개개의 활동으로 계층화시킨 구도"라고 할 수 있다.

WBS를 구축하는 목적은 사업을 다루기 쉬운 일의 단위로 세분화하여 주어진 일들을 보다 명확하고 쉽게 이행할 수 있도록 지원하는데 있으며 일정계획수립이나 예산분배 및 집행이 적용된다.

WBS는 시스템의 구성을 체계적으로 묘사한 것으로서 하드웨어적인 시스템과 통합 및 시험, 설계, 공작, 자료수집 및 관리와 같은 소프트웨어적인 일을 모두 묘사하고 있다. 장차 이 WBS를 기초로 비용이 추정된다.

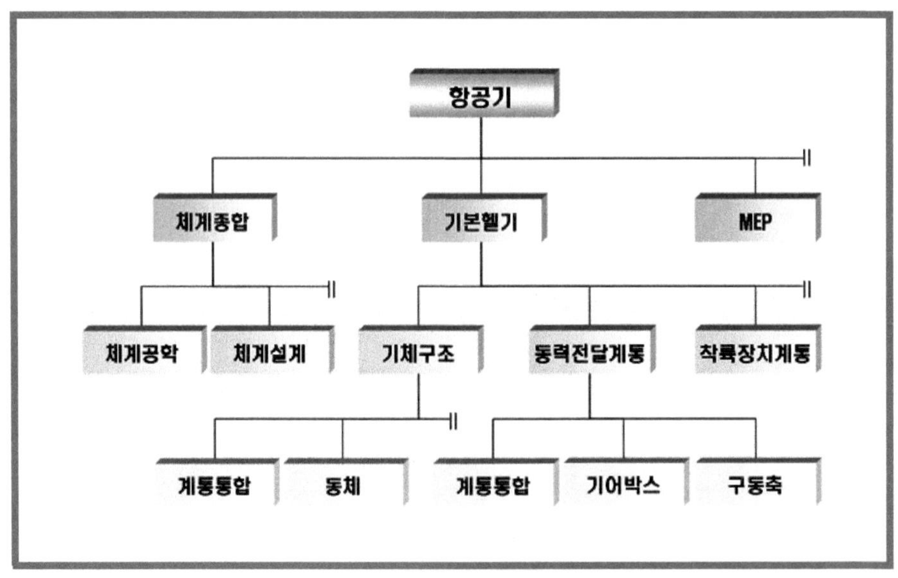

〈그림 6-9〉 WBS의 구성도

(2) 조직분할구조(OBS)

조직분할구조(OBS : Organization Breakdown structure)는 WBS가 작성된 후 작업을 수행해야 할 인적구성요소를 체계화한 것이다. 즉, WBS상에 제시된 모든 작업을 수행할 조직이 모두 포함되어야 한다.

WBS와 OBS는 작업계획을 공식화하고, 일정을 계획하며, 예산을 분배하기 전에 결합되거나 통합되어야 한다. 보다 중요한 것은 이러한 결합 및 통합에 영향을 미치는 적절한 작업의 수준과 조직의 분류를 결정하는 것이다. 만약에 WBS가 지나치게 세분화되어 있고 OBS도 상대적으로 세분화되어 있다면 사업관리통제 측면에서 과도한 문서와 행정절차를 초래하게 되어 비효율성이 발생할 수 있다.

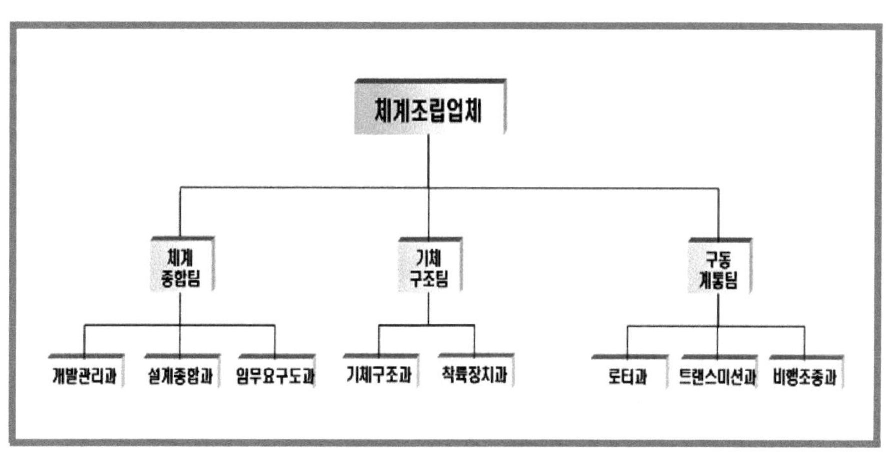

〈그림 6-10〉 전형적인 OBS 예

다. 통제계정(Control Account) 확인

WBS 및 OBS에 의해 책임할당표(Responsibility Allocation Matrix : RAM)가 결정된다. <그림 6-11>과 같이 OBS와 WBS를 결합하면 서로가 만나는 지점에서 통제계정(Control Account)이 발생하게 된다.

통제계정(CA)은 EVMS의 최소관리단위로 구성품이나 계약 등의 관리

단위 기준으로 볼 수 있으며 이러한 통제계정들이 모여서 전체 EVMS의 계획 및 성과관리가 수행된다.

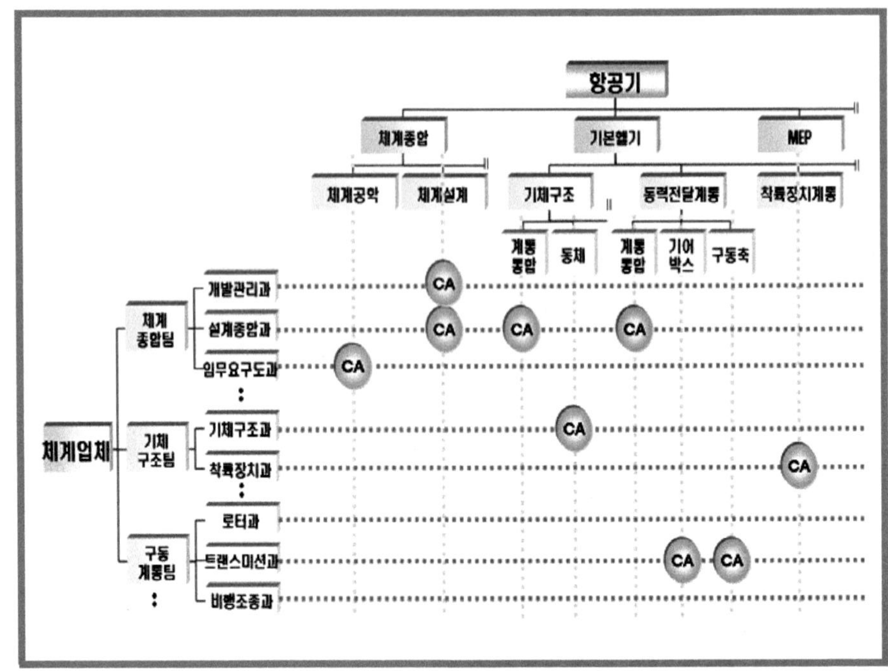

〈그림 6-11〉 책임할당표 구성도

통제 계정의 역할은 다음과 같이 요약된다.

① 작업 범위를 정의하고,

② 일정계획을 수립한다. 통제계정 내에 작업요소(WP), 활동(Activity)에 대한 계획을 수립한다.

③ 계획 예산(PV) 수립,

④ 성과(EV) 집계,

⑤ 실비용(AC)을 집계하고,

⑥ 편차분석 보고서 및 대책보고서를 작성하게 된다.

라. 일정계획수립

EVMS를 수행하기 위한 기본단위인 통제계정(CA)이 결정되면 CA 내에서 예상되는 작업요소(Work Package)를 식별해 내고 각 WP별 세부일정을 구체화 시키는 것이다. 이러한 일정을 기초로 하여 사업의 총괄계획, WBS별 종합일정계획, CA차원의 일정계획, WP차원의 일정계획이 구체화된다.

마. 성과관리기준선 수립

성과관리기준선(PMB : Performance Measurement Baseline)은 계획된 작업일정에 예산을 배분하여 사업전체의 계획예산(PV)을 편성한 것이다. 이 계획예산에 의해 성과측정기법을 적용해서 계획과 성과, 실제 비용과의 차이를 비교하여 성과관리에 필요한 편차분석이나 성과지수를 분석하게 된다.

(1) 성과관리기준선(PMB) 설정 절차

PMB는 EVMS 계획단계의 최종 목표물이면서 EVMS 성패와 직결되는 중요한 요소이다. PMB 설정절차는 사업을 위한 업무 범위를 식별하고 업무를 수행할 조직에 할당하여 통제계정을 설정하는 것으로 시작된다. 통제계정별로 해야 할 작업들을 식별한 뒤 세부적인 일정계획을 수립하

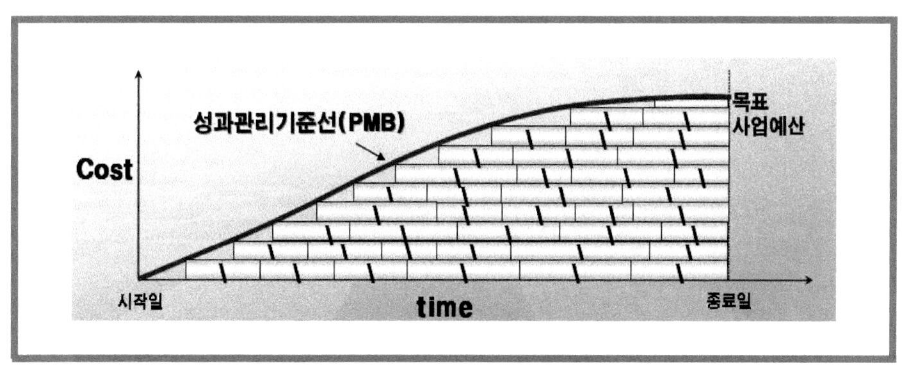

〈그림 6-12〉 성과관리기준선

여 통일된 기준에 따라 예산을 배분하고 모든 작업에 대한 예산배분을 완료하면 사업 전체의 PMB가 설정된다. 이러한 설정절차를 구체적으로 살펴보면 다음과 같다.

첫 번째 단계는 EVMS의 가장 기본요소인 WBS와 OBS를 작성하여 작업책임할당표(RAM : Responsibility Assignment Matrix)를 구축, 해당 작업들에 대한 책임을 할당하여 통제계정(CA)을 설정해야 한다.

사업의 범위는 비용을 추정하고 효과적으로 관리할 수 있을 정도의 하부 단계까지 전개된 WBS가 구성되어야 하며 이러한 WBS를 업무의 성격에 따라 사람들을 묶어놓은 OBS에 배정함으로써 WBS 작업 실행에 책임을 부여하는 작업책임할당표(RAM)가 구축된다. 위의 RAM 구축은 하부 WBS에 작업을 수행할 인원인 OBS를 연결시키고 연결된 CA에 책임을 부여하는 절차로 누가 무엇을 수행하는지에 대한 명확한 정의를 내릴 수 있다.

WBS와 OBS의 연결된 지점은 하나의 CA로 분류되고 이 지점에 수행할 작업내용과 작업을 수행할 인원을 할당하며 해당 CA에 자체 표식을 통해 수행할 업무와 조직을 연결한다. 이런 과정을 통해 작업수행을 위한 RAM이 구축되며 RAM을 기준으로 작업의 수행 및 관리, 감독이 이루어진다.

위와 같은 방법으로 RAM이 구축되면 EVMS 최소 관리단위인 CA가 설정되고 이를 통해 세부적인 EVMS 계획이 작성되고 수행된다. 이러한 CA는 사업계획과 통제의 주요 행동점이며 예산, 일정, 작업할당, 비용자료수집, 진척도 평가, 문제 식별, 수정행위 등 EVMS를 통한 사업관리의 모든 것이 CA에서 이루어진다. CA를 정의하는 목적은 사업의 모든 작업을 관리 가능한 하부체계로 분할하는데 있으며 CA 규모와 길이는 사업의 계획 및 통제에 필요한 합리적인 수준에서 좌우된다.

두 번째는 모든 통제계정(CA)에 대한 세부적인 일정계획을 수립하는 단계로 일정계획 수립은 주관기관에서 사업의 시작 및 완료 등의 주요 점검시점(Milestone)이 포함된 종합일정계획(Master Schedule)을 확정하여 하향식(Top-Down)으로 내려오면서 세부적인 일정계획을 작성한다. 그리고 모든 작업들은 작업내역, 개발기간, 마일스톤 등이 상호 연관성을 갖도록 일정계획이 수립되어야 한다. 또한 이러한 일정계획은 작업들을 계획, 수행 및 추적하는 중요한 관리수단이기 때문에 대형 국책사업과 같이 수많은 일정계획이 서로 얽혀 있는 사업에서는 종적(Vertical) 및 횡적(Horizontal)으로 일정 추적이 가능해야 하며 종합일정계획, 중간일정, 상세일정의 3가지 종류가 있다.

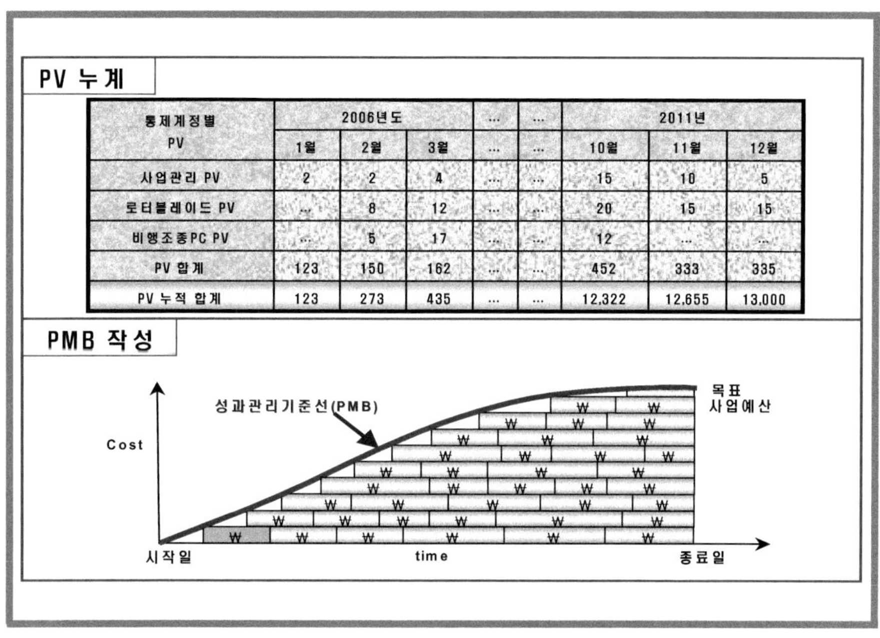

PV 누계

통제계정별 PV	2006년도			…	…	2011년		
	1월	2월	3월	…	…	10월	11월	12월
사업관리 PV	2	2	4	…	…	15	10	5
로터블레이드 PV	…	8	12	…	…	20	15	15
비행조종PC PV	…	5	17	…	…	12	…	…
PV 합계	123	150	162	…	…	452	333	335
PV 누적 합계	123	273	435	…	…	12,322	12,655	13,000

〈그림 6-13〉 PV 누계에 따른 PMB 설정

위의 <그림 6-13>과 같이 모든 통제계정의 작업패키지에 대한 일정계획별 특정 시점까지 완료해야 할 작업들에 예산배분이 완료되면 계획예산(PV)이 작성되며 이러한 PV의 누계로 성과관리기준선(PMB)을 설정할 수 있다. 사업 초기 및 후기에는 중기에 비해 상대적으로 비용이 적게 투입되므로 PMB는 일반적으로 "S"자 형태의 곡선을 가지게 된다.

이렇게 설정된 PMB는 사업이 진행됨에 따라 특정시점에서 성과가치(EV) 및 실비용(AC)과의 비교대상이 되는 계획예산(PV)을 나타내며 모든 비용 및 일정관리가 PMB를 통해 이루어지기 때문에 PMB는 내부프로그램 예산으로 불리기도 한다.

활동에 대한 작업의 분해, 책임의 할당, 예산의 배분 및 작업일정계획의 수립이 명확히 통합되었을 때 사업 관리자나 상위의 책임자는 PMB를 승인하며 승인된 PMB는 공식적으로 문서화됨으로서 사업의 진행을 위한 준비가 완료된다.

(2) 성과 측정 기법

성과(EV : Earned Value)는 현재까지 계획된 업무 중 실제로 완료된 업무의 원화가치를 의미한다.

성과 측정 방법은 활동의 특성에 따라 객관적인 기법을 설정하여 비용 및 일정편차 분석에 적용할 수 있다. 성과 측정 방법은 다양한 종류가 있지만 발주기관과 계약자간의 상호 협의를 통해 결정한다.

(가) Mile Stone 기법

이 방법은 계획된 마일스톤에 비해 실제 시작 및 완료된 마일스톤만 성과로 인정하는 방법이다.

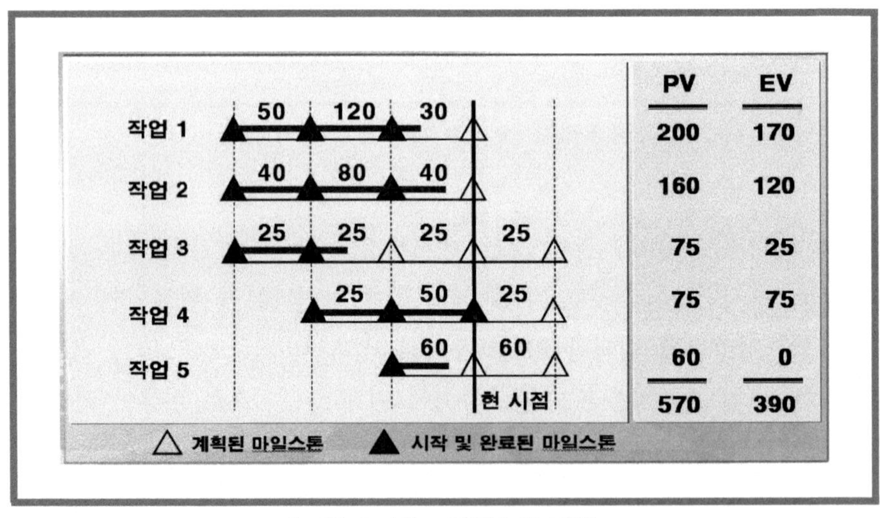

〈그림 6-14〉 마일스톤 기법

(나) % 완료 성과 측정 방법

평가시점에서 실제 수행된 업무량의 추정치를 성과로 인정하는 방법이다.

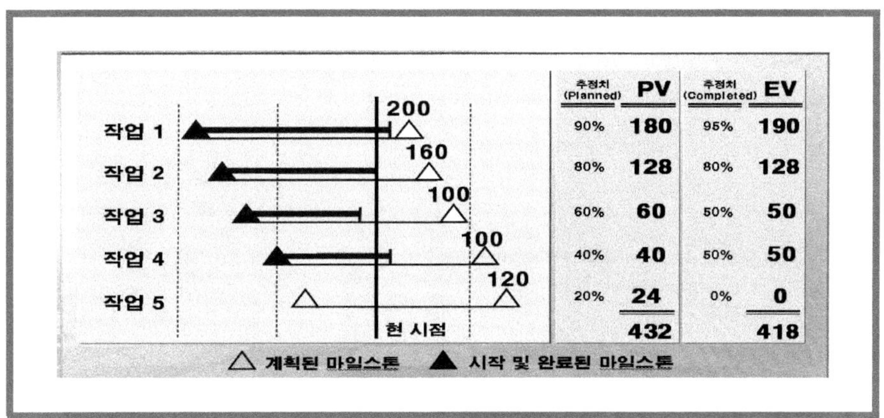

〈그림 6-15〉 % 완료성과 측정방법

(다) 0/100% 및 50 / 50% 기법

0/100% 기법은 작업이 완료되어야만 성과로 인정하는 방법이고 50 / 50은 계획된 작업 중에서 50% 이상이면 50%로 인정하고 100% 완료시에는 두 경우 모두 인정하는 기법이다.

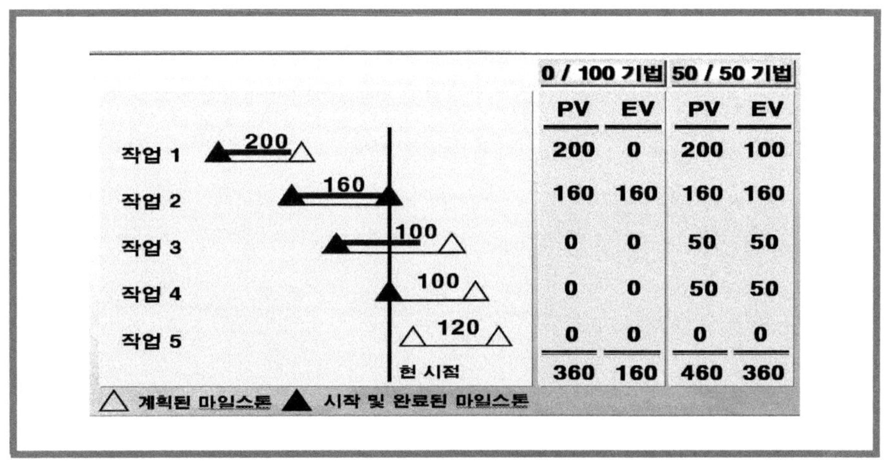

〈그림 6-16〉 0 / 100% 및 50 / 50% 기법

(라) 시간비례활동 성과측정기법

이 방법은 전체작업의 진행 시간을 고려시 수행된 작업의 시간에 비례하여 성과를 인정하는 방법이다.

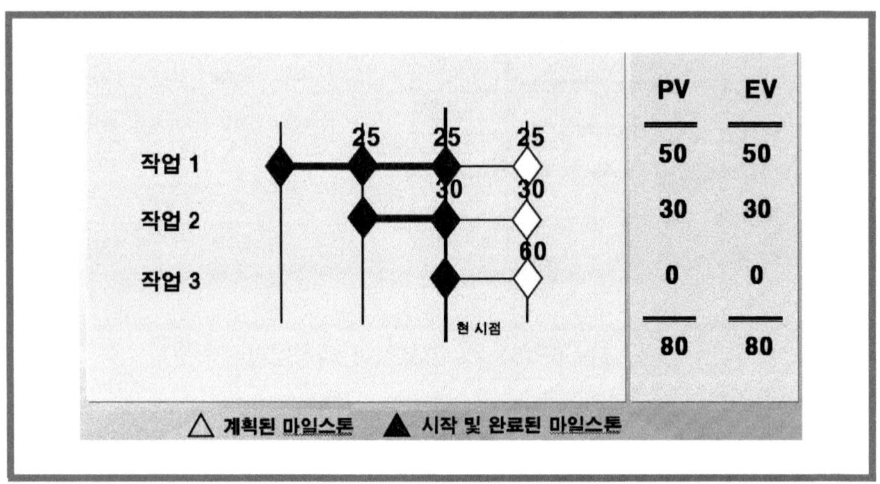

〈그림 6-17〉 시간비례활동 성과측정기법

(마) %완료＋가중치 마일스톤 기법

이 방법은 현재 시점에서 완료된 사업은 100%성과로 인정하고 진행중인 사업은 추정치를 판단하여 성과로 인정하는 방법이다.

지금까지 소개한 방법 이외에도 작업의 특성에 따라 완성유닛기법(Units Completed)이나 배분된 활동 기법(Appointed Effort), 위의 방법들의 혼합 적용 등이 있을 수 있다.

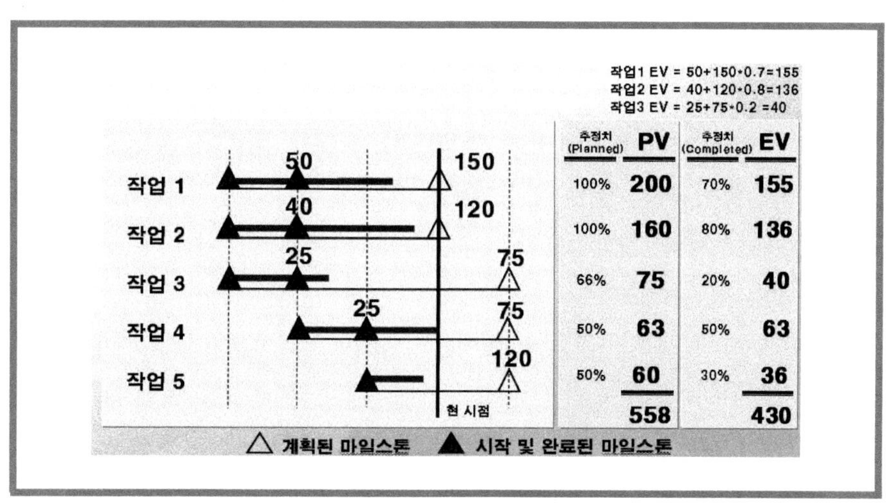

〈그림 6-18〉 %완료+가중치 마일스톤 기법

바. 6단계 : 계약서 반영

성과관리를 현실적으로 추진하기 위해 정부인 발주기관과 계약자간의 계약서에 성과관리와 관련된 사항을 정의하고 계약조건으로 반영한다.

계약서에는 통상 주기적인 보고서 제출과 최종 인도물에 대한 조건을 명기하고 이행할 수 있도록 요구되어야 한다. 특히 계획비용 및 실비용 데이터의 Cash Flow를 투명하게 유지하기 위해 매월 보고서 제출시 모든 실비용 데이터가 동시에 최종사업관리자에게 제공될 수 있도록 한다. 또한 실비용 데이터는 원가정산에 직·간접적으로 활용될 수 있도록 강구되어야한다.

계약 주관 기관(업체)은 계약체결 후 2개월 이내에 성과관리 계획서를 사업관리자(PM)에게 제출하여 승인받고 일정 주기별로 비용 및 일정의 편차 분석 보고서를 제출토록 한다.

사. 7단계 : IBR 수행 및 성과관리 계획 승인

사업 성과관리 계획검토(IBR : Integrated Baseline Review)는 성과관리 수행을 위해 계획된 성과관리요소에 대한 적합성을 판단하고 계획을 확정하기 위해 사업주관부서가 검토하는 과정을 의미한다.

IBR 수행의 목적은 우선, 성과관리기준선(PMB)의 적합성을 판단하고, 다음으로 PMB의 기술적 내용과 WBS 및 OBS에 정의된 작업범위와 일치하는가를 확인한다. 또한 일정계획과 통제계정(CA)의 적합성을 평가하고, 사업주관부서와 계약업체간 성과 측정기법에 대한 상호 이해를 확인하는 과정이 될 수 있다.

IBR의 수행 절차는 <그림 6-19>에서 보는 바와 같이 IPT에서 계약과정에서 성과관리 계획서 작성을 요구하며, 계약 후 3개월 내에 IBR을 구성하여 성과관리 계획서를 작성하고 제출된 성과관리 계획서를 면밀히 검토하여 적합성 여부를 판단하며 필요시 재작성을 요구할 수 있다.

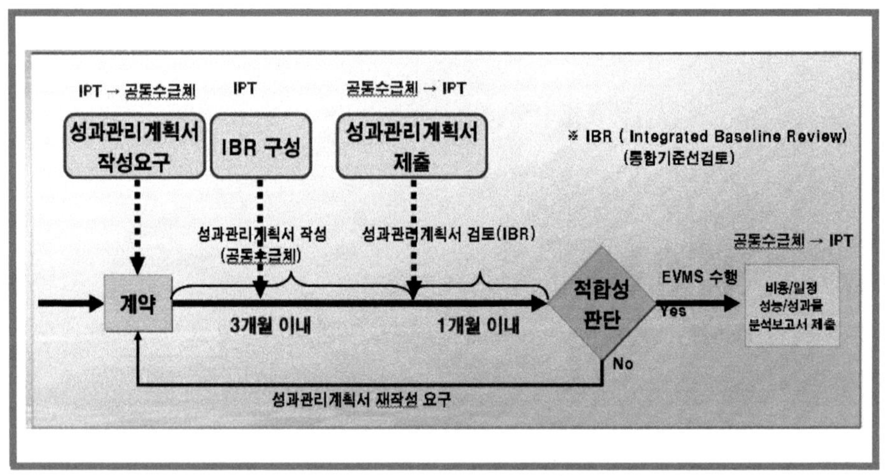

〈그림 6-19〉 IBR 수행절차

아. 8단계 : 성과측정

이 단계부터는 EVMS 실행단계로서 지금까지 계획단계에서 수립된 성과관리 기준선(PMB)에 따라 계약과정에서 확정된 성과 측정 기법에 의해 성과를 측정하게 된다. 성과는 각 통제계정별로 측정되어 전체 EV를 산정하게 된다.

자. 9단계 : 실비용 집계

EVMS 진행단계에서 가장 중요한 단계인 실비용 집계단계에서는 현재 평가 시점에서 투입된 재료비, 노무비, 경비 등에 대한 자료를 최소단위인 작업요소(WP)별로 집계하여 통제계정(CA)별로 구하고, 다시 전체 사업 차원에서 비용을 누적하여 실비용을 구한다.

차. 10단계 : 사업성과분석

성과측정과 실비용 집계과정에서 얻은 자료를 PMB와 비교해서 다양한 성과분석 자료를 생산해 낼 수 있다.

이러한 성과분석자료를 활용해서 사업의 현실태를 파악하고 예상되는 추세를 식별하여 사업 진행 방향을 예측할 수 있다. 프로젝트 완료시점에서 총 소요예산의 추정치를 예측할 수 있으며 이를 근거로 사업관리자는 예산의 추가 배정이나 조정을 통한 관리적인 조치를 취하게 된다.

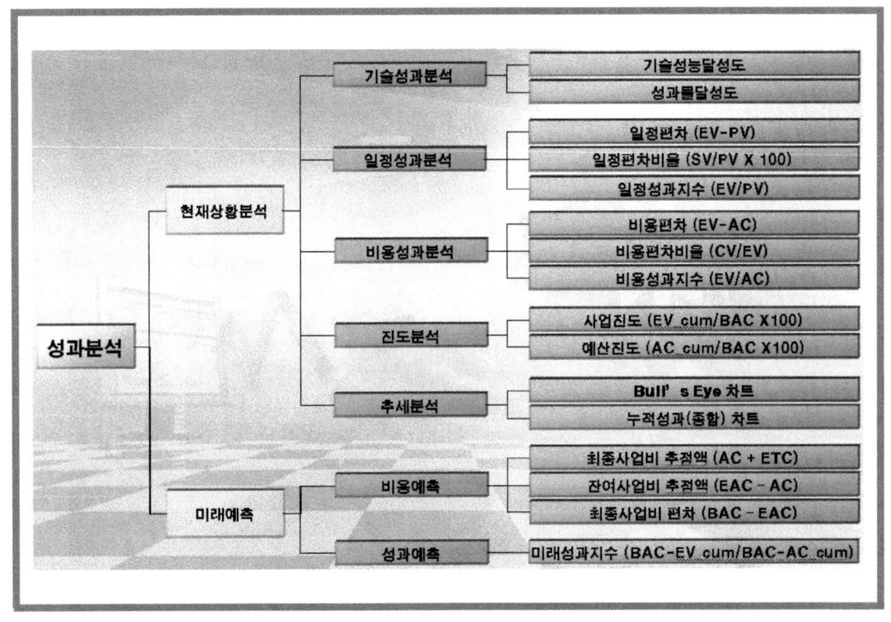

〈그림 6-20〉 성과분석 자료수집

카. 11단계 : 보고서 작성 및 제출

성과관리 프로세스에 의해 산출되는 보고서는 작업분할구조별 보고서(WBS), 조직분할 구조별 보고서(OBS), 성과관리 기준선 변경내역 보고서(PMB), 인력운용 현황보고서, 문제분석 보고서 5종이 있으며, WBS별, CA별로 편차분석 보고서와 통제 계정별 대책 보고서 등이 있다.

타. 12단계 : 조기경보 및 문제점 식별 및 조치

사업관리기관은 통제계정별로 제출되는 월별 성과분석보고서 또는 편차분석보고서를 통하여 현재기준에서의 편차값을 확인하고 미래시점에서의 최종사업비 추정액 및 최종사업비 편차 등을 고려하여 위험도를 판단한다. 편차값이나 지수가 미리 정해진 일정한도를 벗어날 경우에는 관리적 조치를 위하여 안정적인 사업진행을 도모할 수 있다.

비용 및 일정 성과지수를 이용하여 통제계정별 조기경보 및 문제점을 식별할 수 있다. 즉, CPI > 1, SPI > 1이면 비용도 절감되고 일정도 단축

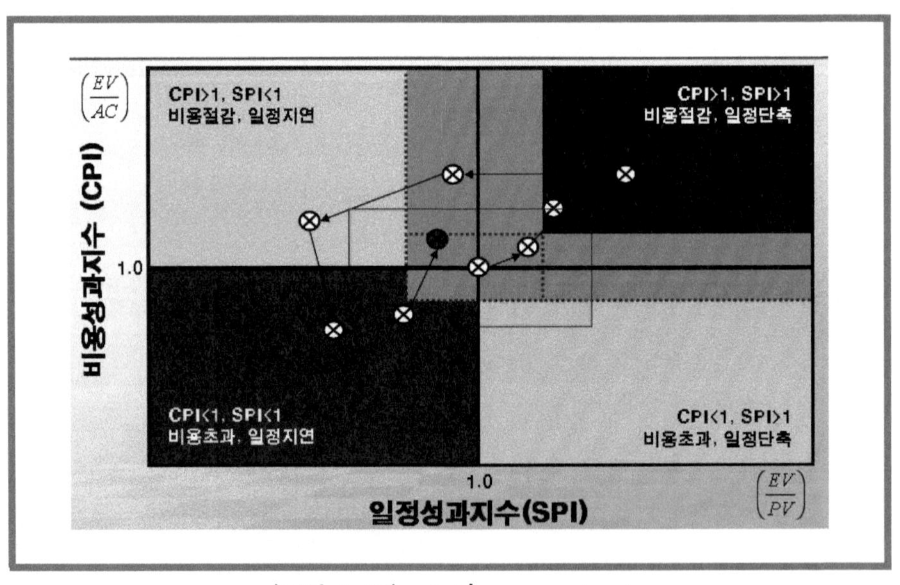

〈그림 6-21〉 Bull’s eye chart

되는 상황을 의미하고, CPI < 1이면 비용도 초과되면서 일정도 지연되는 상황임을 말해준다.

파. 13단계 : 원가정산 자료측정

EVMS는 원가 정산 체계와 직접 연동되어 있을 때에 그 효과를 증진시킬 수 있다. 현재 한국의 회계법상에서는 EVMS에서 생산된 회계자료는 직접적으로 정산자료로 활용될 수 없다는 EVMS의 한계가 있다. 향후, EVMS를 원가 정산에 연계시켜 실시간 원가 정산이 가능한 방안이 반드시 강구 되어야 한다.

그러나 EVMS 수행과정에서 통제계정별로 축적된 실비용의 집계된 내용은 어떤 형태로든지 정산자료로 활용이 가능한 만큼 체계적으로 자료축적이 이루어져야 한다.

하. 14단계 : 변경관리

EVMS 수행의 기본은 성과관리기준선(PMB)인데 계약상황이 변경되거나 내부적인 문제에 따라 재계획 되는 경우에는 PMB 자체가 변경되어야 한다. 특히, 계약범위 내에서 수행기관이 내부적으로 조정되거나 예산, 일정, 기술적인 측면에서 기존계획이 문제가 있을 경우 또는 잔여 예산 및 일정 내에서 잔여 사업을 재계획할 경우와 같은 상황이 발생하면 적정수준에서 PMB가 다시 변경 되어야 할 것이다. 계획단계에서 수립한 계획예산(PV)이 지나치게 비현실적으로 판단된 부분이 있다면 PMB 변경이 불가피하다.

4. 비용분석과 EVMS 연계방안

가. PRICE 모델을 이용한 PMB 설정 방안

EVMS를 성공적으로 수행하기 위해서는 모든 평가의 기준이 되는 PMB 설정이 가장 중요하다. 앞에서 살펴본 바와 같이 PMB를 설정하기 위해서는 각 작업에 소요될 비용을 예산자료로 배분해야 하는데 이런 비용자료를 획득하는 방법이 PMB 설정의 중요한 요소로 작용한다. 각 작업에 대한 예상 비용자료를 비용추정 전산모델을 통해 획득함으로써 정확한 계획예산을 추정하여 적정수준의 PMB 설정을 목표로 하고 있다.

그러나 사업의 초기단계에는 PMB를 구축하는데 필요한 충분한 비용자료가 확보되어 있지 않다. WBS가 식별되어 있다고 하더라도 WBS 요소별로 정확한 계획예산을 사전에 충분히 알 수는 없다. 이 경우에는 PRICE 모델에 의해 비용추정을 실시한 후 그 값들을 변형시켜 EVMS에 적용시킬 수 있다.

이에 대한 방법으로 아래 <그림 6-22>와 같이 비용추정 전산모델인

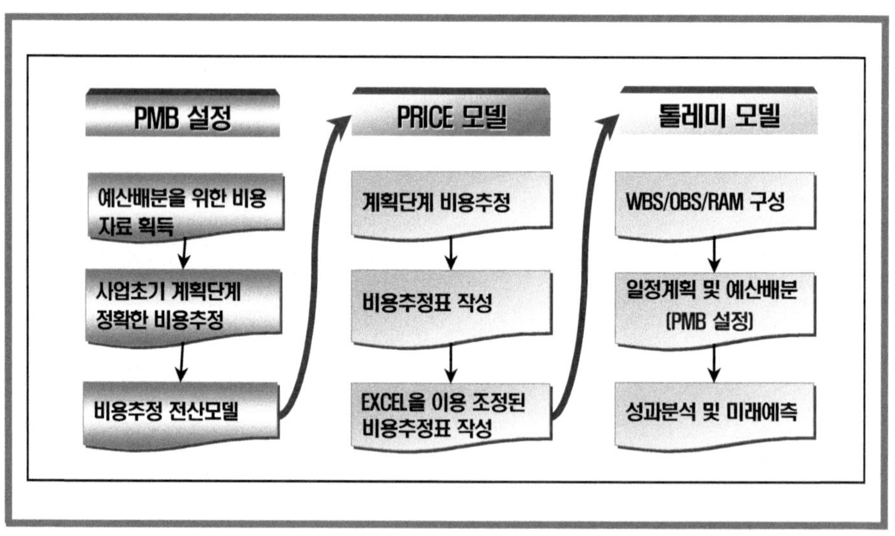

〈그림 6-22〉 비용추정 전산모델을 이용한 PMB 설정방법

PRICE 모델의 비용추정 결과를 활용하고 한국형 헬기(KHP)사업에 활용되고 있는 성과관리 전산모델(이하 Ptolemy)을 이용하여 PMB를 설정하는 방법을 제시하고자 한다. 구체적인 방법은 PRICE 모델을 통해 추정된 일정계획별 예산, 즉 EBS별 비용추정표를 제 비율 및 원가구조의 차이를 보정, Ptolemy 모델에 적용함으로써 보다 정확한 PMB를 구축하고자 한다.

PMB는 사업기간 경과에 따른 계획예산(PV)의 누계곡선이므로 PRICE 모델에서 추정된 비용자료를 작업별 예산배분의 비용자료로 활용한다면 사업초기 계획단계에서 과학적인 계획예산 반영이 가능할 뿐 아니라 PMB 설정에 대한 신뢰성과 일관성이 향상될 것이다.

나. EVMS 적용을 위한 원가관리 개선방안

방산물자 제조원가[34]는 직접재료비와 직접노무비, 그리고 직접경비를 합하여 직접원가를 계산하고 직접원가에 방산원가 계산규칙의 이윤산정기준 및 제 비율 적용지침에 따라 방위사업청에서 매년 업체별로 정하는 제 비율을 적용한 간접비(간접재료비, 간접노무비, 간접경비)를 더하여 제조원가를 계산한다. 여기에 이윤을 더하여 계상가격을 계산한다. 또한 이윤은 위의 방법으로 정해진 제 비율을 적용한 금액과 투하자본보상액, 계약수행노력보상액, 그리고 계약위험 보상액을 더한 금액 중 큰 금액을 선택하여 적용한다. 그러나 이러한 비목별 계산기준에 의해 원가가 계산된다면 WBS에 의한 비용관리를 기대하기는 힘들 것이고 이는 EVMS를 실제 사업에 적용할 때 많은 문제가 발생할 것이 예측된다.

결국 EVMS를 효과적으로 적용하기 위해서는 비용과 일정을 WBS별로 관리함이 필수적이므로 원가계산시 WBS를 기준으로 시스템을 세분화하여 비용을 산출해야 한다. 그러나 현행 법규에 따른다면 해당 직접비를 산출하고 제 비율을 적용하여 총사업비를 계산하므로 EVMS의 효과를 감소시킨다.

---

34) 방산원가는 방산물자를 생산 또는 연구하기 위하여 소비하는 각종 재화와 용역을 화폐가치로 환산한 가액을 의미한다.

<도표 6-2>는 PRICE 모델의 비용 및 원가구성 요소를 요약한 것으로 미국에서는 원가를 엔지니어링 부문과 제작 부문을 한 축으로 하고 개발단계 비용요소와 생산단계 비용요소를 또 다른 축으로 하여 2차원적인 매트릭스를 구성한 후 각각의 요소에 대해 노무비, 재료비, 경비, 일반관리비, 그리고 이윤을 집계하여 총비용을 산출한다.

〈도표 6-2〉 PRICE 모델 원가구성요소

구 분	개발단계 비용요소	생산단계 비용요소	원 가 구 성 요 소				
엔지니어링	도면제작	도면제작	노무비			일반관리비	이 윤
	설 계	설 계	노무비			일반관리비	이 윤
	체계공학		노무비			일반관리비	이 윤
	사업관리	사업관리	노무비	재료비	경 비	일반관리비	이 윤
	데이터	데이터	노무비	재료비		일반관리비	이 윤
제 작		생 산	노무비	재료비		일반관리비	이 윤
	시 제	시 제	노무비	재료비		일반관리비	이 윤
	공구/장비	공구/장비	노무비	재료비		일반관리비	이 윤

미국의 원가계산이 우리의 원가계산과 다른 중요한 특징은 비용을 측정하고 집계하려는 단위의 초점이 시스템을 위한 활동에 맞추어져 있다는 것이다. 국내의 원가측정은 생산하고자 하는 시스템 전체에서 총사업비를 재료비, 노무비, 경비 등으로 구분해 놓은 것에 불과한 반면, 미국의 원가측정은 도면제작, 설계, 체계공학, 사업관리, 데이터의 엔지니어링 부문과 생산, 시제, 공구/장비의 제작 부문 등 시스템을 개발하고 생산하기 위해 수행되는 각 활동에 따라 원가구성요소를 측정하고 집계한다.[35] 이러한 원가계산방법은 WBS에 기초한 비용관리와 일맥상통하는 것이어서 EVMS 기법을 적용한 원가관리를 위해서는 WBS 중심의 원가계산 및 보

35) 공군 전발단, "성과관리체계 EVMS 군 적용방안," p.108.

고체계를 구성해야 한다.

이러한 WBS 중심의 EVMS 기법을 적용한 원가계산을 위해서는 먼저 활동의 원인과 성과를 결정하는 작업활동별 원가분석이 선행되어야 하며 이러한 방법은 활동분석에서 파악된 각 WP들이 얼마만큼의 자원을 소비하였는지를 알아내어 활동별 총원가를 구하는 과정이 필요하다.

구체적으로 실제사업에 EVMS 기법 적용을 위한 원가관리 개선방안을 제시하면 다음과 같다.

① WBS 중심의 사업관리를 위하여 기능조직보다는 직능조직에 의한 원가관리가 필요하며 PM(사업 총괄자)의 권한을 확대하여 인력규모 확정, 자재구매, 품질, 개발, 생산, 평가 등 전 분야에 걸쳐 조정통제가 가능하도록 하여야 한다. 또한 EVMS에서 사업관리의 기본단위인 통제계정 관리자(CAM)에게 WP별로 원가를 관리하고 실시간 정산을 하는 시스템이 구축되어야 한다.

② 일정한도의 과잉지출 차단을 위해 사전에 설정한 한계치를 초과한 비용지출시 CAM에 의해 원인을 규명하고 개선책을 강구해야 한다.

③ 원활한 사업추진을 위해 별도의 예비비를 책정, 완충역할을 해야 하며[36)]구체적으로 예비비는 사업 초반에 계약을 수행하는 시점에서 고려할 수 없는 기능의 변경이나 개발 중에 나타난 비용추가 요인을 흡수하기 위해 총사업 수준의 관점에서 관리되는 예산으로 전체 사업예산의 5% 정도를 책정하여 운용해야 한다.

④ 현재 일부 방산업체에서 자체적으로 자원관리 및 EVMS를 도입하여 현장 작업 단위별로 작업에 대한 원가를 전산입력하고 있으며 이러한 원가회계 시스템과 EVMS를 연계하면 전산화된 원가시스템 운영으로 원가정산의 용이성, 신속성, 효율성을 증대시킬 것이다.

⑤ 규정 측면으로는 '방위사업법'의 개정이 선행되어야 하며 이를 토대로 시행령과 시행규칙의 개정이 이루어져야 하고, 실제적인 실무지침서격인 '방산계약 사무처리규칙' 및 '방산물자의 원가계산에 관한

---

36) 국방부, "T-50 체계개발 계획서," 1998.

규칙'의 개정이 순차적으로 이루어져야 한다.

⑥ 사업시작 전 비용과 원가에 대한 명확한 구분 및 사업진행 중 발생하는 문제점들을 수시 보완하기 위한 원가관리 심의기구 구성이 필요하다. 예를 들면, 해외에서 물품을 구입하고 돈을 미리 지불하여 실비용으로 이미 집계가 되었지만 운송과정 문제로 인해 물품이 도착하지 않아 전체적으로 성과를 달성하지 못해 비용편차가 악화되는 경우가 발생할 수도 있는데 이러한 경우에는 위원회가 사업단과 업체간 의사소통의 역할을 할 것이다.

⑦ EVMS 기법을 적용하기 위해서는 사업진행 중 지속적으로 실비용(AC)을 계산해야 하며 다음과 같은 문제가 발생할 수 있다. 재료비를 계산함에 있어 전체 구입재료 중 일부만을 사용하고 나머지는 창고에 보관하는 경우도 있으며 전자부품의 경우 실제 작업 활동에는 1~2개가 사용되지만 구매시에는 100개 또는 1,000개 단위로 구매를 해야 하는 경우도 발생한다. 이러한 경우 실비용 계산을 위한 재료비 산정시 부득이하게 대량 구매가 필요한 재료는 앞에서 언급한 위원회 심의를 통해 전체금액을 보상해 줌으로써 성과분석을 위한 정확한 실비용 계산이 가능함은 물론 업체의 손실을 최소화할 수 있다.

5. 비용분석과 연계한 EVMS 적용시 문제점 및 해결방안 

비용관리는 해당 사업의 통제계정별 소요비용을 산출하고 이의 추진과정과 연계하여 시간대별 사업비의 산정 및 진도에 따른 집행계획수립과 사업비 실적관리를 통하여 사업기간 중 안정적인 예산확보 및 집행의 체계적인 관리계획을 수립하는 것이다. 비용관리는 계획된 예산 내에서 사업의 완료를 위해 요구되는 프로세스이며 자원계획, 원가산정, 예산편성, 비용통제 순으로 진행된다. 자원계획은 사업활동을 수행하기 위해 사용해야 하는 물리적 자원(인력, 장비, 자재) 및 물량을 결정하는 프로세스이다. 자원기획을 통해 WBS의 최하단위 요소별로 소요되는 자원의 형태와 수량을 기술하게 된다.

원가산정은 사업의 활동을 완료하기 위해 필요한 자원의 원가를 근사치로 산정하는 프로세스이며, 예산편성은 사업의 성과측정에 대한 비용기준선을 설정하기 위해 개별 활동 항목에 원가를 배정하는 프로세스이다.

비용기준선은 연도별, 분기별, 월별 등 기간별 예산이 편성되며 비용성과관리기준선 및 Cash Flow를 알 수 있게 한다. 비용통제는 사업의 활동 진행 중에 비용기준선 변경의 영향, 변경 결정, 실제 변경관리 프로세스이다.

사업비용 재추정 및 비용조정관리체계는 예산변경 / 계약변경 / 집행 실적 분석계획과 사업비용 재추정 결과보고체계에 대한 계획이 수립되어야 가능하다. 또한 전체 사업을 관리하기 위한 비용관리전산시스템은 비용·일정 통합관리체계와의 연계를 통해 보다 효율적인 비용관리체계를 구축할 수 있다.

주요 무기체계 획득사업이나 연구개발사업에 대해 경제적 획득을 보장하기 위해 사업추진과정에서 비용평가는 반드시 실시하는 제도로 정착되어 가고 있다. 하지만 지금까지는 사업추진 전 단계에서 일관된 비용통제 및 관리보다는 중기계획에 예산을 반영하기 전이나 집행 직전 계약을 위해 비용평가를 실시하는 경우가 많았다.

사업추진 중 어느 한 단계에서만 집중적으로 비용분석을 하고 사업진행간 전·후 연계된 분석 없이는 그 효과를 극대화 할 수 없다. 또한 집행승인에 이어 개발에 착수하게 되면 사업별 담당자에 의해 사업의 진행상태를 보고 받고 있어 전문적이며 체계적인 비용관리가 되기 어려운 실정이다. 또한 비용 / 일정 통제와 관련된 부분들이 계약 이후에는 사업관리나 경제성 측면보다는 예산집행, 재무관리, 감사대비 등 행정처리 위주의 비용관리로 이루어져 사업의 성과관리 측면에서 전문적 비용평가가 이루어지지 않고 있다.

비용통제 관리체계 개선을 위해서는 비용분석 및 검증체계를 설정된 현재 기획관리 단계별로 실시하던 것을 획득단계별로 실시하고, 단계별 설정된 사업목표 비용을 달성할 수 있는 대안을 검토해야 할 것이다. 집행 승인 사업에 대해서는 비용성과 보고 자료를 체계적으로 데이터베이스에 입력시켜 사업관리 및 통제에 활용할 수 있도록 해야 한다

국내 무기체계 연구개발 사업은 증가되는 반면, 전력증강예산은 감소하는 추세에 있기 때문에 비용절감이 절실히 요청되고 있으며, 이에 따라 신뢰성 있는 비용분석을 위하여 미국 등 선진국에서 널리 활용되고 있는 제도와 기법 등을 도입 발전시키려는 여러 가지 노력들이 취해지고 비용분석에 대한 기반이 어느 정도 구축되어 가는 시점이다.

하지만 사업의 추진이 결정된 이후 사업별 담당자에 의해서 사업의 진행상태를 주기적으로 보고받는 행정적인 관리수준에서 그치고 있다. 따라서 전문적이고 체계적인 비용관리는 사실상 부재한 실정이라고 할 수 있다. 각 군 본부의 경우도 추진이 결정된 사업에 한해서 사업추진간 기술 및 일정관리 측면에서 발생 가능한 제반 문제점 해결에 치중하고 비용측면의 계획대비 실적에 대한 평가 관리기능은 미흡한 실정이다. 국과연의 경우에는 종합적인 비용분석을 담당하는 부서가 운영되고 있으나 각 사업 주관 부서별로 비용관리 전담요원이 별도로 편성된 것이 아니라 연구팀원 중의 일부 인원이 기타 연구업무와 병행하여 비용관련 자료를 제공하고 있다.

또한 비용/일정통제와 관련된 부분들이 사업관리보다는 예산/재무부분에 집중적으로 언급되고 있어 비용 및 일정통제가 사업관리보다는 재무보고 측면에서 취급되고 있다. 특히 연구개발사업의 진행상태(사업예산계획 대 집행)를 분석하는 방법으로 계획값과 실적값을 비교하는 재래식 편차분석방법을 사용하고 있으며, 편차분석방법의 문제점을 보완하기 위해 사업진도를 퍼센트 완료로 표시하여 별도 설정 관리하고 있으나 미래에 대한 예측 불가, 문제의 조기경보 미흡, 가용 데이터의 활용 미흡, 사업진도의 주관적 추정에 따른 신뢰성 저하, 비용/일정의 이원화 운용 등에 따

른 문제 해소는 미흡한 것으로 볼 수 있다.

일정관리도 우리의 수준은 국가계약법에 의거 계약업체의 계약시 납품 지연이 초래 되었을 경우 지체상금을 계약업체가 지불하도록 하여 일정 지연을 막고 있지만 이는 계약업체에 일방적으로 일정관리책임을 전가하는 것이다. 계약업체 측면에서 납품기한준수를 위해 편법을 사용할 수 있으며, 연구개발처럼 불확실성이 매우 높은 사업에 있어서는 일정지연이 발생될 가능성이 많음에도 불구하고 단지 지체상금으로만 업체에게 일방적인 책임을 지우는 것은 바람직하지 않다.

그리고 무엇보다도 이러한 비용 및 일정 관리체계를 구현하기 위한 하부기반이 매우 취약한 연구개발 투자비용을 조정, 통제하는 제도적 장치가 미흡하여 현행 연구개발사업의 비용관리와 연계된 방위사업청 사업주관부서 및 관련부서, 각 군 사업통제부서, 사업단, 국과연, 기품원, 방산업체 등 각 기관의 기능 및 역할분담, 세부 업무 수행절차 등에 관한 규정이 미흡함에 따라서 연구개발 투자비용의 계획, 집행, 분석평가 부서 상호간 체계적이고 일관된 협조가 어려운 실정이다.

또한 EVMS 실행단계에서 사용된 실제발생비용(AC)의 합이 최종 원가정산으로 직접 사용될 수 없다는데 가장 큰 문제가 있다. 그렇게 되면 사업종료 후 원가정산을 EVMS와 별개로 진행되어야 하는 만큼 주계약업체나 협력업체의 행정부담이 가중될 수밖에 없다.

미국의 경우도 주요 정부 획득사업에 EVMS를 적용하도록 강제[37]하고 있으나 실제 EVMS를 적용함에 있어 예상과 달리 비용이 증가하거나 일정이 지연되는 경우가 빈번히 발생한다는 것이 문제점으로 지적되고 있다.

최근 발표 자료에 의하면 미국 국방연구개발사업에서 비용증가는 물가증가를 감안하더라도 평균 20~30%[38], 일정 지연은 평균 30%[39] 정도가

37) OMB Cicular N0 A-11 Part 7 Planning, Budgeting Acquisition and Management of Capital Asset, 2004.

38) NAVAIR Cost Growth Study, ISPA/SCEA 2001, 34th DoDCAS.

39) The Relationship Between Cost Growth and Schedule Growth, Acquisition Review Quartiy, Spring 2003, 35th DoDCAS, SCEA.

되는 것으로 알려지고 있다. 이러한 결과는 비용과 일정에서 위험을 충분히 예측, 결정, 완화하지 못하였음을 보여 주는 것으로써 비용과 일정 증가 문제 해결에 EVMS와 위험관리를 통합하여야 한다는 주장이 설득력을 얻고 있다.[40)]

EVMS는 비용과 일정 편차를 측정하여 사업개시 후 20% 정도 공정이 진전되면 최종비용추정액(EAC)을 예측할 수 있는 사업관리기법으로 가정 널리 받아들여지고 있다. 그러나 EVMS의 약점은 최종 사업비용과 일정을 예측하기 위해 사용되는 비용성과지수(CPI)와 일정성과지수(SPI)가 과거의 실적을 근거로 산출되기 때문에 미래 작업의 난이도와 인력의 숙련도가 과거와 다르다면 미래에 나타날 비용, 일정 편차의 크기는 그것이 나타나기 전까지 예측할 수 없고, 단순히 고립된 문제의 원인만을 알려줄 뿐, 편차를 바로 잡기 위해 어떤 만회조치를 하여야 할지 알려주지 못하며, 미리 적절한 조치를 하였다면 발생하지 않았을 수도 있었으나 그 원인을 사전에 알지 못하기 때문에 이미 발생한 "문제"만을 식별하는데 도움을 줄 뿐이다.

---

40) Intergrating Risk Management with EVM, National Deffense Industrial Association, 2004, pp.2-3.

참고문헌

1. 강성진 외 3, 백두/금강 운영유지비 비용분석, 2000
2. 강성진외 4명, KMH 비용분석, 국방대학교, 2004
3. 강성진 외 6, KHP 사업의 경제적 파급효과 분석, 2004
4. 강성진, 무기체계 획득단계별 비용추정 방법연구, 국방연구 제52권 2호, 2009
5. 강성진, 무기체계 비용추정 위험분석 방안, 2009 안보연구시리즈 제10집 제5호, 국방대안보문제연구소
6. 강성진, 비용분석과 EVMS 연계발전 방향연구, 국방부 안보문제연구소 학술과제, 2007
7. 공군 전발단, 성과관리체계 EVMS 군 적용방안 연구, 2005
8. 국방부, 국방조달원가실무, 조달본부, 2000
9. 국방부, T-50 체계개발 계획서, 1998.
10. 김철환, 자주국방을 위한 효율적인 무기체계 획득방안, <안보연구 시리즈>제5집 5호, 국방대 안보문제 연구소, 2004
11. 김덕수, 공공프로젝트의 성과관리 발전에 관한 연구, 한남대학교, 2005
12. 이주형 · 김성배, 국방 연구개발사업의 사업관리 기법 연구, 한국국방연구원 연구보고서, 2005. 2.
13. 이호석 외 4, 무기체계 운영유지비용 분석방법론 연구, KIDA 연구보고서(무02-1784), 2002
14. 조남훈외 3명, 비용분석지수표준화 연구, 한국국방연구원, 2001
15. KIDA, 효과적인 비용관리방안 연구, 한국국방연구원, 2008
16. KIDA, 효과적인 비용관리방안 연구, 한국국방연구원, 2009
17. KIDA, 무기체계 운영유지 비용분석 방법론 연구, 2002. 11.
18. DSMC, Earned Value Management Textbook, 2000. p.17.
19. Francis M. Dello Russo, Paul R. Garvey and Beverly S. Woodward, What Every

systems Engineer shoud know about Cost and Cost Risk Analysis, The MITRE Institute, 2002.3.
20. Gene Fisher, Cost Consideration in System Analysis, RAND, 1963.
21. GAO : "GAO Cost Estiomaiong and Assessment Guide"
22. Intergrating Risk Management with EVM, National Deffense Industrial Association, 2004
23. Mark. V. Arena 외 7, Impossible certainty, RAND
24. Novick, David and Fredric S. Pardee, RAND 보고서, 1969
25. NASA, NASA Cost Estimating Handbook, 2004
26. NAVAIR Cost Growth Study, ISPA/SCEA 2001, 34th DoDCAS.
27. OMB, Principles of Budgeting for Capital Asset Acquisition, Office of Management and Budget, US Government Printing Office, Washington D.C., USA, 1997.
28. OMB Cicular N0 A-11 Part 7 Planning, Budgeting Acquisition and Management of Capital Asset, 2004.
29. The Relationship Between Cost Growth and Schedule Growth, Acquisition Review Quartiy, Spring 2003, 35th DoDCAS, SCEA.
30. US. Army Cost Estimating Reference Book

찾아보기

■ ㅇ ■

■ ㅈ ■

■ ㅊ ■

■ ㅌ ■

■ ㅍ ■

저자 약력

■ 강 성 진(E-mail : sjkang20559@naver.com)

- 1970 ~ 1974 육군사관학교, 이학사
- 1981 ~ 1983 미해군대학원, OR/SA 석사
- 1985 ~ 1988 Texas A&M Univ, 산업공학 박사
- 1997 ~ 1999 국방대학원 교학처장
- 2000 ~ 2001 국방대학교 관리대학원 교학처장
- 2002 ~ 2004 국방대학교 기획조정실장
- 2004 ~ 2005 국방대 관리대학원 국방과학부장
- 2005 ~ 2007 국방대 교수부장
- 2007 국방경영분석학 회장
- 2008 미해군대학원 / stanford visiting scholar
- 1989 ~ 현재 국방대학교 운영분석학과 교수

비용추정론 [대한민국학술원 2011년 우수학술도서 선정]

초 판 1쇄 발행 —— 2010년 5월 7일
초 판 2쇄 발행 —— 2024년 4월 17일
지은이 —— 강 성 진
펴낸이 —— 전 두 표
펴낸데 —— 도서출판 두남
서울시 강동구 성내로 6길 34-16 두남빌딩
신 고 : 제25100-1988-9호
TEL : (02) 478-2066, 2067
FAX : (02) 478-2068
E-mail : dnbooks@dunam.co.kr
http://www.dunam.co.kr

정가 22,000원

ISBN 978-89-6414-091-8 93320